PLUSPUNKT DEUTSCH

Leben in Deutschland

KURSBUCH GESAMTBAND

B1

Jin | Schote | Weimann

Zusatzmaterialien online verfügbar unter
www.cornelsen.de/webcodes. **Code: teceqo**

Dieses Buch als E-Book nutzen:
Use this book as an e-book:
mein.cornelsen.de
hro5-fx-rb2k

Cornelsen

Symbole

2.14 Hörtext in der PagePlayer-App oder auf CD

Ü14-15 Verweis auf die passende Übung im Arbeitsbuch

VIDEO Clip 08 Seite 201 Video-Clip in der PagePlayer-App oder auf DVD

Portfolio

interaktive Übungen in der PagePlayer-App

Pluspunkt Deutsch B1
Leben in Deutschland

Kursbuch, Gesamtband

Im Auftrag des Verlags erarbeitet von Friederike Jin, Joachim Schote und Gunther Weimann
Video-Drehbuch und Übungen zum Video von Dagmar Giersberg

Redaktion: Anita Grunwald
Gertrud Deutz (Redaktionsleitung)
Redaktionelle Mitarbeit: Dieter Maenner
Bildredaktion: Anita Grunwald und Katharina Hoppe-Brill
Unter besonderer Mitwirkung von: Georg Krüger
Beratende Mitwirkung: Georg Krüger (Berlin), Britta Dutke (Buxtehude), Verena Paar-Grünbichler (Graz), Antonia Wilke (Berlin)
Illustrationen: Christoph Grundmann
Umschlaggestaltung, Layout und technische Umsetzung: finedesign Büro für Gestaltung, Berlin
Basierend auf Pluspunkt Deutsch von: Joachim Schote

www.cornelsen.de

3. Auflage, 7. Druck 2025

Alle Drucke dieser Auflage sind inhaltlich unverändert und können im Unterricht nebeneinander verwendet werden.

Druck: Livonia Print, Riga

ISBN: 978-3-06-120765-6
978-3-06-120784-7 (E-Book)

PEFC zertifiziert
Dieses Produkt stammt aus nachhaltig bewirtschafteten Wäldern und kontrollierten Quellen.
www.pefc.de

Vorwort

Liebe Deutschlernende, liebe Deutschlehrende,

PLUSPUNKT DEUTSCH – *Leben in Deutschland* ist ein Grundstufenlehrwerk für Erwachsene ohne Deutsch-Vorkenntnisse. Es ist besonders geeignet für Lernende, die sich im deutschen Alltag zurechtfinden wollen.

PLUSPUNKT DEUTSCH – *Leben in Deutschland* setzt die Kannbeschreibungen des Gemeinsamen europäischen Referenzrahmens konsequent um und orientiert sich eng an den Vorgaben des Rahmencurriculums für Integrationskurse. Das Lehrwerk führt zum *Deutsch-Test für Zuwanderer* (DTZ).

Das **Kursbuch** enthält zwölf Einheiten sowie vier fakultative Stationen. Im Vordergrund stehen Themen des alltäglichen Lebens und ihre sprachliche Bewältigung. Jede Einheit enthält eine Doppelseite *Sprechen aktiv* mit Sprechübungen zur Automatisierung. Die abschließende Seite *Gewusst wie* fasst die wichtigsten Redemittel und grammatischen Strukturen übersichtlich zusammen. Die fakultativen achtseitigen *Stationen* bieten eine spielerische Wiederholung des Gelernten, drei Doppelseiten zu den Handlungsfeldern *Arbeit und Beruf* sowie *Diversität und Interkulturalität* (in Station 4 vier Doppelseiten) und Übungen zur Vorbereitung auf den DTZ und eine Seite zu Regionen und Landschaften.

Im Anhang am Ende des Kursbuchs finden Sie
- Videoseiten für die vertiefende Arbeit mit den dreizehn Videoclips,
- einen Modelltest zum *Deutsch-Test für Zuwanderer* (DTZ),
- die Hörtexte, die alphabetische Wortliste sowie eine Liste der unregelmäßigen Verben und der Verben mit Präpositionen.

Die Hörtexte und Phonetikübungen aus dem Kursbuch sowie alle Video-Clips mit Spielszenen zu den Themen der Einheiten finden Sie in der kostenlosen **PagePlayer-App.** Alternativ gibt es separate **Audio-CDs** und eine **Video-DVD.**

Das **Arbeitsbuch,** zu dem es zwei **Lerner-Audio-CDs** gibt, unterstützt die Arbeit mit dem Kursbuch. Es enthält ein umfangreiches Übungsangebot. Ein besonderes Plus sind die vier Seiten zur Wortschatzarbeit mit einem Bildlexikon, Übungen und Lerntipps. Im Anhang des Arbeitsbuches finden Sie eine systematische Zusammenfassung der Grammatik.

Die **Handreichungen für den Unterricht** enthalten Tipps für den Unterricht, Vorschläge für Differenzierungsmaßnahmen sowie Kopiervorlagen, Diktate und Tests.

Der **digitale Unterrichtsmanager (UMA)** ermöglicht die Vorbereitung des Unterrichts am PC/Laptop sowie den Einsatz des Kursbuchs im Unterricht mit dem Whiteboard oder Beamer.

Viel Spaß und Erfolg mit **PLUSPUNKT DEUTSCH** – *Leben in Deutschland* wünschen Ihnen

Autoren und Verlag

Mit der PagePlayer-App, die Sie kostenlos in Ihrem App-Store herunterladen können, haben Sie die Möglichkeit, alle Audios und Videos auf Ihr Smartphone oder Tablet zu laden. So sind alle Inhalte überall und jederzeit offline griffbereit.

Alternativ finden Sie diese im Webcodeportal unter **www.cornelsen.de/codes**

Inhalt

* Rahmencurriculum für Integrationskurse / Gemeinsamer europäischer Referenzrahmen

Inhalt

* Rahmencurriculum für Integrationskurse / Gemeinsamer europäischer Referenzrahmen

Sprache im Kurs

Sprechen Sie.

Hören Sie.

Lesen Sie.

Schreiben Sie.

Ergänzen Sie.

Kreuzen Sie an.

Sprechen Sie nach.

Lesen Sie den Dialog zu zweit.

Spielen Sie den Dialog.

Frauen – Männer – Familien

Sie lernen

- über Familie und Partnerschaft sprechen
- über eine Statistik sprechen
- über Gleichberechtigung sprechen
- über Aufgaben im Haushalt sprechen
- über Erfahrungen in Deutschland sprechen
- *obwohl* und *trotzdem*, *weil* und *deshalb*
- Genitiv und Genitivpräpositionen

1 a **Beschreiben Sie die Situationen auf den Fotos.**

Das Foto eins ist eine Familienfeier. Vielleicht …

1 b **Was machen Familien? Sammeln Sie im Kurs.**

In einer Familie unterstützt man sich gegenseitig.

Ich denke, in einer Familie streitet man sich auch.

2 Ü1-2 **Wie wichtig ist Ihre Familie für Sie?**

über die Familie sprechen
Ich habe eine/keine große Familie. / Meine Familie ist mir sehr wichtig.
Ich habe ein/kein sehr enges/gutes Verhältnis zu meiner Familie / meinen Eltern / …
Ich kann mich immer auf meine Eltern / meine Geschwister / … verlassen.
Meine Familie lebt in … / Ich vermisse … / Ich besuche …

1 A Familie heute

1.02

1 a Hören Sie den Radiobericht. Was ist richtig? Kreuzen Sie an.

1 ☐ Es gibt heute in Deutschland viel mehr Familien mit Kindern als 1996.
2 ☐ Jede/r fünfte Deutsche lebt ohne Partner oder Partnerin und ohne Kinder.
3 ☐ Jedes zehnte Paar mit Kindern ist unverheiratet.
4 ☐ In Deutschland gibt es immer mehr sogenannte „Patchworkfamilien".
5 ☐ In vielen Familien leben Großeltern, Eltern und Kinder zusammen.

1 b Hören Sie noch einmal. Was bedeuten die Begriffe? Erklären Sie sie.

alleinstehend • Patchworkfamilie • klassisches Familienmodell • alleinerziehend

2 a Lesen Sie die Überschrift. Was denken Sie, worum geht es in dem Text?

Familie Löper – drei Generationen unter einem Dach

2 b Lesen Sie den Text. Waren Ihre Vermutungen richtig?

Ü3

Im Haus von Familie Löper leben drei Generationen unter einem Dach zusammen: Im Erdgeschoss wohnen Hilde (66) und Karl Löper (68), im Dachgeschoss wohnt ihr Sohn Andreas (35) mit seiner 9-jährigen Tochter Miriam und im ersten Stock wohnen Beate (39), die Tochter von Hilde und Karl, ihr Mann Michael (43) und ihre drei Kinder Max, Katrin und Isa (5, 7 und 12 Jahre alt).

Andreas Löper sieht in dem Zusammenleben viele Vorteile: „Obwohl ich alleinerziehend bin, fühle ich mich nicht allein. Die Familie gibt mir Unterstützung. Ich kann in Vollzeit arbeiten, denn meine Eltern kümmern sich nach dem Hort um Miriam. Und wenn sie mal keine Zeit haben, helfen meine Schwester und mein Schwager."

Auch Beate Löper ist zufrieden, dass sie mit ihrem Bruder und ihren Eltern zusammenlebt: „Wir helfen einander, wo wir können."

Hilde Löper sagt zu dem Familienleben: „Karl und ich sind jetzt Rentner. Trotzdem sind wir noch sehr aktiv. Wir unternehmen viel zusammen und unterstützen unsere Kinder gern. Und wenn wir Hilfe brauchen, können wir uns auf unsere Kinder verlassen. Sie fahren uns zum Beispiel regelmäßig zum Arzt und erledigen auch Einkäufe für uns."

Familie Löper beim gemeinsamen Essen

Michael Bosse-Löper ist nach der Heirat mit Beate gern in ihr Elternhaus gezogen: „Ich war Einzelkind und habe immer eine große Familie vermisst. Obwohl es hier manchmal etwas laut und hektisch ist, bin ich über das Zusammenleben mit Beates Familie sehr glücklich. Natürlich gibt es manchmal Streit und verschiedene Meinungen. Meine Schwiegereltern haben z. B. eine ganz andere Meinung über die Erziehung der Kinder. Trotzdem akzeptieren sie unsere Erziehungsmethoden." Karl Löper ergänzt: „Unser ‚Großfamilienleben' funktioniert so gut, weil es Regeln gibt und weil wir offen über Probleme reden."

2 c Wer ist wer? Zeichnen Sie den Stammbaum von Familie Löper.

Verwandte
der Schwiegervater – die Schwiegermutter
der Schwager – die Schwägerin

2d Lesen Sie noch einmal. Wo steht was im Text? Notieren Sie die Zeilen.

1 Es ist immer eine Person da, die sich um die Kinder kümmert. Zeile(n): ....

2 Manchmal gibt es Meinungsverschiedenheiten. Zeile(n): ....

3 Es gibt Regeln für das Zusammenleben. Zeile(n): ....

4 Hilde und Karl können sich immer auf ihre Kinder verlassen. Zeile(n): ....

3a Suchen Sie im Text in 2b alle Sätze mit *obwohl* und *trotzdem* und notieren Sie sie wie im Beispiel. Markieren Sie die Verben.

Obwohl ich alleinerziehend bin, fühle ich mich nicht allein.
Karl und ich sind jetzt Rentner. Trotzdem sind wir noch sehr aktiv.

3b Lesen Sie den Grammatikkasten und formulieren Sie die Sätze aus 3a um.

Ü4

obwohl* und *trotzdem
Obwohl ich alleinerziehend bin, fühle ich mich nicht allein.
Ich bin alleinerziehend. **Trotzdem** fühle ich mich nicht allein.

4a Lesen Sie und ordnen Sie die Bilder zu.

1 Die Oma lebt in Kiel. Sie besuchen sie oft.
2 Es ist noch früh am Morgen. Die Kinder sind schon sehr munter.
3 Die Kinder streiten sich ständig. Die Eltern bleiben ruhig.
4 Der Mann hatte einen Einkaufszettel. Er hat nicht alles eingekauft.
5 Sie interessiert sich nicht für Fußball. Sie schaut mit ihrem Mann ein Fußballspiel an.
6 Die Eltern sind oft nicht einer Meinung. Sie finden immer eine gemeinsame Lösung.

4b Schreiben Sie die Sätze aus 4a mit *obwohl* und *trotzdem* und erzählen Sie.

Ü5-7

Obwohl es noch früh am Morgen ist, ...

5a Interview. Arbeiten Sie in Kleingruppen. Notieren Sie drei Fragen an Familie Löper.

Herr Bosse-Löper, wie lange sind Sie verheiratet?

5b Was glauben Sie? Was antwortet ...? Beantworten Sie die Fragen der anderen Gruppe.

1

B Irina Bulgakova erzählt

1.03

1 a **Hören Sie das Interview. In welcher Reihenfolge kommen diese Themen vor?**

- ☐ die Situation von Frauen nach einer Scheidung
- ☐ Mutterschutz
- ☐ Wohnsituation von jungen Ehepaaren
- ☐ Betreuungsmöglichkeiten für Kinder
- ☐ Heiratsalter von Frauen

1 b Ü8-9 **Lesen Sie das Interview. Was sagt Frau Bulgakova? Kreuzen Sie die richtigen Aussagen an und korrigieren Sie die falschen.**

Migrantinnen in Deutschland 2/2016

Wie leben Frauen in Deutschland? Was denken Migrantinnen darüber?

Migrantinnen in Deutschland im Gespräch mit Irina Bulgakova, 32, aus Russland.

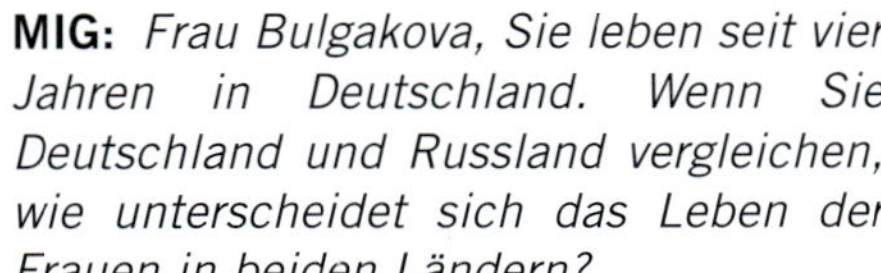

MIG: *Frau Bulgakova, Sie leben seit vier Jahren in Deutschland. Wenn Sie Deutschland und Russland vergleichen, wie unterscheidet sich das Leben der Frauen in beiden Ländern?*

IB: Also in vielen Dingen haben Frauen in Russland und Deutschland gleiche Rechte. Zum Beispiel gibt es für Frauen, die ein Kind bekommen, ein Mutterschutzgesetz. Das heißt, sie müssen dann nicht arbeiten. Aber ich habe auch Unterschiede bemerkt. Zum Beispiel gründen viele deutsche Frauen erst eine Familie, wenn sie mit ihrer Ausbildung oder dem Studium fertig sind und einen Beruf haben. Meiner Erfahrung nach ist das in Russland oft anders. Ich habe zum Beispiel noch während des Studiums geheiratet und es unterbrochen, weil ich ein Kind bekommen habe.

MIG: *Heißt das, dass die Frauen in Russland bei der Heirat jünger sind als in Deutschland?*

IB: Ja, ich glaube schon. Im Durchschnitt sind die Frauen in Russland bei der Hochzeit jünger als viele Deutsche, ungefähr Mitte 20. Und anders als hier leben in Russland viele junge Ehepaare am Anfang bei den Eltern des Ehemannes, weil das Geld für eine eigene Wohnung nicht reicht. Ich kenne Frauen, die in dieser Situation ihren alten Freundeskreis verloren haben, denn für ein Leben außerhalb der Familie und der Arbeit hatten sie keine Zeit mehr. Ich denke, das ist in Deutschland anders.

MIG: *In Deutschland beklagen sich viele berufstätige Eltern über die schlechten Betreuungsmöglichkeiten für Kinder. Wie ist das in Russland?*

IB: Ich finde, dass das in Russland besser geregelt ist. Oft übernehmen die Großeltern die Betreuung der Kinder und große Betriebe haben manchmal eigene Kindergärten, in denen die Kinder auch übernachten können. Das Risiko, dass eine Frau wegen eines Kindes nicht arbeiten kann, ist meiner Meinung nach in Deutschland größer als in Russland. Ein Problem ist aber, dass Frauen oft viel weniger verdienen als Männer. Aber dieses Problem gibt es hier ja auch, allerdings nicht ganz so stark.

MIG: *Welche Unterschiede gibt es noch?*

IB: Wie in Deutschland gibt es in Russland viele Scheidungen. Die Scheidung in Russland ist unkomplizierter, aber ich glaube, dass die Situation der Frauen in Russland nach der Scheidung schlechter ist. Sie bleiben nach der Scheidung oft mit den Kindern allein. Das aber macht die Frauen in Russland auch sehr stark. Sie sind sehr aktiv und können ihr Leben gut regeln. Andererseits finde ich, dass die Frauen in Deutschland freier und unabhängiger sind, unter anderem auch, weil sie zum Beispiel nach einer Scheidung mehr Rechte haben.

MIG: *Und wie ist das mit dem Haushalt und der Erziehung der Kinder?*

...

-27-

1 ☐ Sie sagt, dass die Frauen in Russland früher als in Deutschland heiraten.
2 ☐ Sie findet die Kinderbetreuung in Russland schlechter als in Deutschland.
3 ☐ Sie sagt, dass jung verheiratete Ehepaare oft keine eigene Wohnung haben.
4 ☐ Sie denkt, dass es in Russland weniger Ehescheidungen als in Deutschland gibt.

2 Finden Sie in dem Interview alle Sätze mit Genitivformen und notieren Sie sie.

Ü10-11

Genitiv

m	des/eines Mannes/Vaters
n	des/eines Studiums
f	der/einer Arbeit
Pl.	der/- Kinder

Genitiv zwischen Nomen: die Mehrheit der Frauen, die Eltern des Mannes
Präpositionen mit Genitiv: wegen, während, des Studiums / der Ausbildung; innerhalb, außerhalb des Landes / der Stadt

Wie unterscheidet sich das Leben der Frauen in beiden Ländern?

3 Beschreiben Sie die Statistiken. Schreiben Sie Sätze wie im Beispiel und berichten Sie.

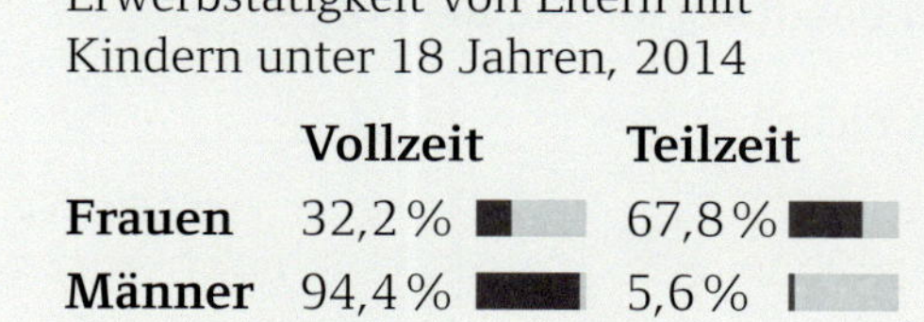

1

Erwerbstätigkeit von Eltern mit Kindern unter 18 Jahren, 2014

	Vollzeit	Teilzeit
Frauen	32,2 %	67,8 %
Männer	94,4 %	5,6 %

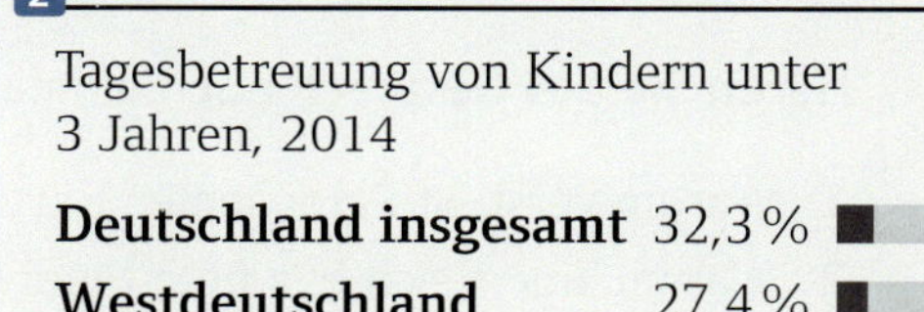

2

Tagesbetreuung von Kindern unter 3 Jahren, 2014

Deutschland insgesamt	32,3 %
Westdeutschland	27,4 %
Ostdeutschland	52,0 %

1. 2014 haben 5,6 % der Männer mit minderjährigen Kindern in Teilzeit gearbeitet.

2. In Deutschland hatten 2014 32,3 % der Kinder unter 3 Jahren eine Tagesbetreuung.

4 Ordnen Sie die Sätze den Bildern zu und ergänzen Sie die Endungen.

Ü12-14

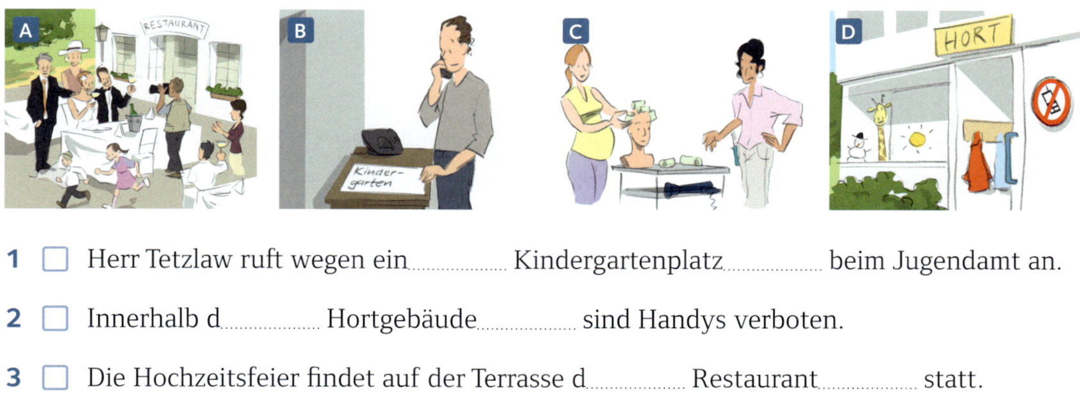

1 ☐ Herr Tetzlaw ruft wegen ein........ Kindergartenplatz........ beim Jugendamt an.
2 ☐ Innerhalb d........ Hortgebäude........ sind Handys verboten.
3 ☐ Die Hochzeitsfeier findet auf der Terrasse d........ Restaurant........ statt.
4 ☐ Susanna hat während d........ Ausbildung........ ihr erstes Kind bekommen.

1

C Konflikt in der Partnerschaft

1 a Ü15-17 **Sehen Sie sich die Fotos an und ordnen Sie die Begriffe zu. Beschreiben Sie dann die Situation (Foto G). Was denken Sie, worüber sprechen der Mann und die Frau?**

A G B C D E F

1 ☐ die Spülmaschine aus-/einräumen		5 ☐ bügeln	
2 ☐ die Wäsche in den Schrank legen		6 ☐ staubsaugen	
3 ☐ die Wäsche aufhängen/abnehmen		7 ☐ die Kinder abholen	
4 ☐ den Müll wegbringen		8 ☐ sich ausruhen	

1.04 **1 b** **Hören Sie das Gespräch und überprüfen Sie Ihre Vermutungen.**

1 c **Hören Sie das Gespräch noch einmal und beantworten Sie die Fragen.**

1 Warum versteht Peter seine Frau zuerst nicht?
2 Warum ärgert sich Eva über Peter?
3 Warum will Peter jetzt nicht die Küche aufräumen?
4 Warum will Eva, dass Peter es heute noch macht?

Peter versteht Eva zuerst nicht, weil er ...

2 Ü18-20 **Verbinden Sie die Sätze. Schreiben Sie Sätze mit *weil* und *deshalb*.**

Sätze mit *weil* und *deshalb*
Er versteht seine Frau nicht. Er sieht eine Fernsehsendung.
Er versteht seine Frau nicht, **weil** er eine Fernsehsendung sieht.

Er sieht eine Fernsehsendung. **Deshalb** versteht er seine Frau nicht.

1 Peter hat den ganzen Tag gearbeitet. Er will sich ausruhen.
2 Er muss morgen andere Dinge erledigen. Er soll heute die Küche aufräumen.
3 Peter kümmert sich nicht um den Haushalt. Eva ärgert sich.
4 Eva hat auch den ganzen Tag gearbeitet. Sie will die Hausarbeit nicht alleine machen.

Weil Peter den ganzen Tag ... / Peter hat den ganzen Tag gearbeitet. Deshalb ...

3 **Wie ist das bei Ihnen? Wer übernimmt im Haushalt welche Aufgaben? Erzählen Sie.**

D Gleichberechtigung

1 a **Lesen Sie den Online-Artikel. Was will die Online-Zeitung wissen?**

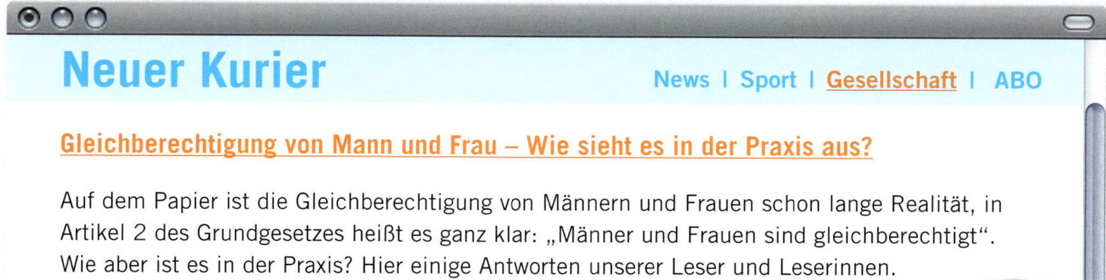

Neuer Kurier

News | Sport | Gesellschaft | ABO

Gleichberechtigung von Mann und Frau – Wie sieht es in der Praxis aus?

Auf dem Papier ist die Gleichberechtigung von Männern und Frauen schon lange Realität, in Artikel 2 des Grundgesetzes heißt es ganz klar: „Männer und Frauen sind gleichberechtigt". Wie aber ist es in der Praxis? Hier einige Antworten unserer Leser und Leserinnen.

1 b **Lesen Sie die Texte und beantworten Sie die Fragen.**
Ü21

Mein Mann und ich haben die klassischen Rollen getauscht: Ich verdiene das Geld und er ist Hausmann. Trotzdem finde ich, etwas stimmt bei uns nicht. Er kümmert sich nämlich viel zu wenig um den Haushalt und ich muss nach der Arbeit immer noch viel zu Hause machen. Das ärgert mich manchmal. *Annika, 34 Jahre*

Für meine Frau und mich sind Gleichberechtigung und Respekt in der Beziehung sehr wichtig. Wir arbeiten beide halbtags und wir kümmern uns beide um die Erziehung unserer Kinder. Meiner Meinung nach sind die Frauen in unserer Gesellschaft aber noch nicht überall gleichberechtigt, z. B. verdienen sie immer noch weniger als Männer. *Dan, 31 Jahre*

Gleichberechtigung? – Davon sind wir noch weit entfernt! Obwohl auch Männer die Kinder erziehen sollten, machen das oft nur die Frauen. Und obwohl viele Frauen studieren, machen nur wenige Karriere. Mir scheint, viele Männer wollen gar nicht, dass die Frauen die gleichen Rechte und Chancen haben wie sie. *Viktoria, 37 Jahre*

Also ich sehe das anders als Viktoria: Ich arbeite in der Stadtbibliothek. Ich habe eine Chefin und drei von unseren vier AbteilungsleiterInnen sind auch weiblich. Ich habe manchmal das Gefühl, dass die Stadt bei Bewerbungen für hohe Posten Frauen sogar vorzieht und Männer weniger Chancen haben. *Niko, 42 Jahre*

1. Warum ist Annika mit ihrer Situation nicht ganz zufrieden?
2. Wie arbeiten Dan und seine Frau?
3. Was kritisiert Viktoria an den Männern?
4. Was sagt Niko über die Chancen von Männern bei Bewerbungen?

1 c **Geben Sie die vier Texte aus 1b mit eigenen Worten wieder.**

Annika sagt, dass sie und ihr Mann die klassischen Rollen getauscht haben.

2 a **Welchem Text aus 1b stimmen Sie zu? Welchem nicht? Kommentieren Sie.**
Ü22

seine Meinung äußern	**über Erfahrungen sprechen**
Ich stimme … zu. Ich glaube/finde auch, dass …	Ich lebe seit … in Deutschland
Ich sehe das anders als …	Ich habe beobachtet, dass …
Ich denke/finde nicht, dass …	Ich habe den Eindruck, dass …

2 b **Schreiben Sie Ihre Meinung: Sind Männer und Frauen im Alltag gleichberechtigt?**

Sprechen aktiv

Wörter sprechen

1.05

1 a **Ergänzen Sie die Wörter und den Artikel. Kontrollieren Sie dann mit dem Hörtext.**

schutz • kind • alltag • haus • familie • familie • leben • leben • berechtigung • betreuung

1 .... Familien........
2 .... Patchwork........
3 .... Gleich........
4 .... Zusammen........
5 .... Familien........
6 .... Groß........
7 .... Eltern........
8 .... Einzel........
9 .... Kinder........
10 .... Mutter........

1 b **Hören Sie noch einmal und sprechen Sie nach.**

Grammatik sprechen

2 a **Schreiben Sie Sätze mit *trotzdem* und *obwohl*.**

1 Das Wasser ist kalt. Die Leute baden im See.
2 Es gibt viele Sehenswürdigkeiten. Sie machen keine Fotos.
3 Er hat viel gegessen. Er hat immer noch Hunger.
4 Es ist Sonntag. Sie steht um 6.00 Uhr auf.
5 Er wohnt schon lange in der Wohnung. Er grüßt seine Nachbarn nicht.
6 Sein Zug hatte Verspätung. Er ist pünktlich zu dem Termin gekommen.
7 Sie hat eine gute Arbeit. Sie verdient nicht viel.
8 Er hat das Buch schon gelesen. Er liest es noch einmal.

Das Wasser ist kalt. Trotzdem baden die Leute im See.
Obwohl das Wasser kalt ist, baden die Leute im See.

2 b **Sprechen Sie kleine Dialoge wie im Beispiel.**

3 Fragen und antworten Sie wie im Beispiel.

1 Warum ist Frau Bathi heute nicht im Büro? – Weil sie eine Geschäftsreise macht.
2 Warum muss Herr Grünwald im Bett bleiben? – Weil er eine Erkältung hat.
3 Warum ist das Geschäft nicht geöffnet? – Weil heute Feiertag ist.
4 Warum konnten die Flugzeuge nicht starten? – Weil es stark geschneit hat.

- Warum ist Frau Bahti heute nicht im Büro?
- Weil Sie eine Geschäftsreise macht.
- Sie macht eine Geschäftsreise? Deshalb ist sie nicht im Büro?
- Ja, genau.

Flüssig sprechen

1.06 **4 Hören Sie zu und sprechen Sie nach.**

VIDEO

Clip 01
Seite 195

Dialogtraining

1.07 **5 a Hören und lesen Sie den Dialog.**

Friederike
Francesco

- Wie war dein Tag?
- Anstrengend! Wir haben gerade echt viel zu tun, weil eine Kollegin im Urlaub ist.
- Hast du Hunger? Sollen wir etwas essen gehen?
- Ich glaube, ich möchte lieber hier bleiben. Wir können doch hier was Leckeres essen und eine Flasche Wein aufmachen.
- Ich möchte aber eigentlich nicht kochen. Heute ist mein freier Tag. Und ehrlich gesagt habe ich den ganzen Tag darauf gewartet, dass wir etwas Nettes zusammen machen.
- Tut mir leid, dass ich so müde bin. Es ist wirklich doof, dass ich zurzeit so oft sonntags arbeiten muss.
- Ja, wir haben wirklich wenig Zeit zusammen.
- Obwohl wir uns schon gegenseitig mit dem Haushalt helfen.
- Ja, ich finde auch, dass ich wirklich sehr viel im Haushalt mache. Ich bin ein Opfer der Gleichberechtigung.
- Nein, du bist super. Ich bin froh, dass wir uns die Arbeit im Haushalt teilen. Ich kenne nicht viele Männer, die das so machen.
- Ich auch nicht. … Wir hatten lange kein entspanntes Wochenende zusammen.

5 b Schreiben Sie Fragen zum Dialog. Fragen und antworten Sie dann im Kurs.

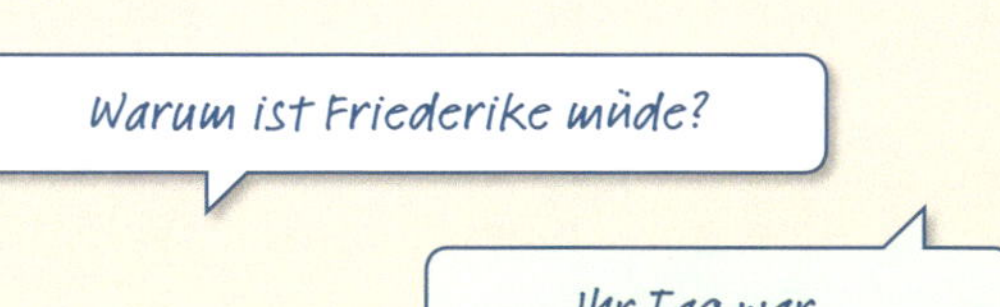

5 c Lesen Sie den Dialog zu zweit.

Gewusst wie

Kommunikation

über die Familie sprechen

Meine Familie ist sehr wichtig für mich.
Alle in der Familie sollten sich gegenseitig helfen und einander unterstützen.
Obwohl wir manchmal Streit haben, verstehen wir uns gut.
Ich habe ein sehr enges Verhältnis zu meinen Geschwistern. Ich kann mich immer auf sie verlassen.

über Gleichberechtigung sprechen

Ich glaube, dass es in Deutschland Gleichberechtigung gibt.
Frauen und Männer haben die gleichen Rechte, aber die Karrierechancen von Männern sind besser.
Es ist wichtig, dass sich Männer genauso viel um den Haushalt und die Kinder kümmern wie die Frauen.

über Erfahrungen in Deutschland sprechen

Ich lebe seit zwei Jahren in Deutschland und habe beobachtet, dass viele Väter mit ihren Kindern auf den Spielplatz gehen.

Ich habe den Eindruck, dass oft die Frauen die Hausarbeit machen, obwohl sie auch berufstätig sind.

Grammatik

Satzverbindungen mit *obwohl* und *trotzdem*

Ich bin alleinstehend.	Ich	fühle	mich nicht allein.
Ich bin alleinstehend.	**Trotzdem**	fühle	ich mich nicht allein.
Ich fühle mich nicht allein,	**obwohl**	ich alleinstehend	bin.
Obwohl ich alleinstehend bin,	fühle ich mich nicht allein.		

Satzverbindungen mit *weil* und *deshalb*

Er versteht seine Frau nicht.	Er	hört	Musik.
Er versteht seine Frau nicht,	**weil**	er Musik	hört.
Er hört Musik.	**Deshalb**	versteht	er seine Frau nicht.

Genitiv

	Genitiv
m	des/eines Mannes/Vaters
n	des/eines Studiums/Kindes
f	der/einer Arbeit
Pl.	der/- Kinder

Genitiv zwischen Nomen: die Mehrheit der Frauen, die Eltern des Mannes
Präpositionen mit Genitiv: außerhalb, innerhalb des Landes / der Stadt; während, wegen des Studiums / der Ausbildung

Die Maskulin- und Neutrum-Nomen (m/n) haben im Genitiv Sg. die Endung **-s**, die meisten einsilbigen Nomen **-es**
Ebenso: meines/deines … Vaters, **meiner/deiner** Mutter **meines/deines** … Kindes / **meiner/deiner** Kinder

- Wie heißt der Bruder deines Vaters?
- Der Bruder meines Vaters heißt Toni.

Die digitale Welt

2

Sie lernen

- über digitale Medien und die eigene Mediennutzung sprechen
- über Vor- und Nachteile des Online-Shoppings sprechen
- über Fortbildung und Umschulung sowie E-Learning sprechen
- *zu* + Infinitiv
- Präpositionen + *-einander*

1.08

1 a **Hören Sie und ordnen Sie die Dialoge den Fotos zu.**

1 b Ü1-2 **Hören Sie noch einmal. Zu welchem Foto passen die Wörter/Wortgruppen? Ordnen Sie zu.**

- ☐ ein TV-Paket abonnieren
- ☐ das Tablet
- ☐ ein großes Display haben
- ☐ Mails checken
- ☐ Fotos auf Facebook posten
- ☐ ein Selfie machen
- ☐ das Smartphone
- ☐ eine App herunterladen
- ☐ kostenloses WLAN
- ☐ eine gute Kamera haben

1 c **Was machen die Personen auf den Fotos? Worüber sprechen sie? Sprechen Sie im Kurs.**

2 **Welche digitalen Medien nutzen Sie wann, wie oft, warum? Berichten Sie.**

über digitale Medien sprechen

Ich schreibe regelmäßig/selten/… E-Mails.
Ich checke/lese meine Mails mehrmals am Tag / …
Ich habe (k)ein Facebook-Konto / …-Konto.
Ich poste (nicht) oft Fotos.
Facebook/Youtube finde ich (nicht) gut.
Ich lade oft/selten/… Apps herunter.
Videos schaue ich mir (nicht so) gern auf meinem Smartphone/Tablet an.

A Die sozialen Netzwerke

1 a Ü3-4

Lesen Sie den Zeitungsartikel. Welche Überschrift passt?

☐ **Keine Lust, Bücher zu lesen**

☐ **Generation Smartphone**

☐ **Smartphones machen süchtig**

Wir leben in einer Medienwelt. Junge Menschen wachsen mit ihnen auf. Sie können sich ein Leben ohne Internet nicht vorstellen. Sie nutzen in ihrem Alltag ständig digitale Medien. Fast immer haben sie ihre Smartphones dabei. Sie informieren sich im Internet, tauschen sich nach der Schule über das Internet mit Freunden aus, schreiben SMS. Sie posten Selfies auf Facebook, chatten mit Freunden, schauen sich in der U-Bahn oder im Zug Videos auf Youtube an, laden Musik aus dem Netz herunter oder spielen Computerspiele. Es ist leicht, mit dem Smartphone unterwegs zu kommunizieren und Kontakte zu knüpfen. Die sozialen Netzwerke verändern, wie Jugendliche miteinander kommunizieren. Sie benutzen oft mehrere Medien gleichzeitig. Sie unterhalten sich zum Beispiel mit Freunden, hören Musik und schauen sich Facebook-Seiten an.

Jugendliche zwischen 14 und 19 Jahren verbringen täglich fast drei Stunden im Netz. 80 % der Jugendlichen nutzen dabei soziale Netzwerke und Videoportale. Und mehr als zwei Drittel nehmen an Gesprächsforen oder Chats teil. Ist es aber gut, immer online zu sein? Viele Jugendliche haben keine Lust, Bücher zu lesen. Sie haben oft auch keine Zeit, sich zu unterhalten. Sie schauen immer nur auf ihre Smartphones. Viele Eltern haben deshalb Angst, dass die Smartphones ihre Kinder süchtig machen. Jugendliche müssen in der Schule und zu Hause lernen, mit den neuen Medien umzugehen.

1 b **Lesen Sie den Zeitungsartikel noch einmal und kreuzen Sie an: Richtig oder falsch?**

		R	F
1	Jugendliche heute kennen keine Welt ohne digitale Medien.	☐	☐
2	Es ist heute einfach, unterwegs zu kommunizieren.	☐	☐
3	Die sozialen Netzwerke sind bei Jugendlichen sehr beliebt.	☐	☐
4	Jugendliche chatten fast drei Stunden täglich.	☐	☐
5	Es ist gut für Jugendliche, immer online zu sein.	☐	☐
6	Jugendliche haben gelernt, mit den neuen Medien umzugehen.	☐	☐

1 c Ü5

Wortverbindungen. Lesen Sie den Artikel noch einmal und ergänzen Sie die Verben.

1 Kontakte *knüpfen*
2 Selfies ....
3 Medien ....
4 an einem Chat ....
5 (keine) Lust ....
6 Videos ....

2a Lesen Sie den Grammatikkasten. Ergänzen Sie die Sätze mithilfe des Textes in 1a.

***zu* + Infinitiv**

Tarek hat **vergessen**, seine E-Mails **zu** checken.	*auch*: anfangen, versuchen, …
Haben Sie Lust, Musik **zu** hören?	*auch*: Zeit/Angst/… haben
Es ist einfach, Apps herunter**zu**laden.	*auch*: Es ist gut/leicht/…
Es macht Spaß, Computerspiele **zu** spielen.	*auch*: Es macht Freude/…

1 Es ist leicht, ...

2 Ist es gut, ...?

3 Viele Jugendliche haben keine Lust, ...

4 Sie haben oft keine Zeit, ...

5 Jugendliche müssen lernen, ...

2b Arbeiten Sie zu zweit. Fragen und antworten Sie.

Ü6-8

Macht es Ihnen Spaß,	Selfies zu posten?	Natürlich!
Ist es leicht/schwer,	Bilder in Flickr hochzuladen?	Selbstverständlich.
Haben Sie schon versucht,	Spiele-Apps herunterzuladen?	Ja, klar!
Haben Sie manchmal Lust,	mit Freunden zu chatten?	Bis jetzt noch nicht.
Ist es in Ordnung,	Fotos von anderen zu posten?	Eigentlich nicht.
	Filme auf dem Handy anzuschauen?	Nein.

2c Ordnen Sie die Bilder zu und schreiben Sie Sätze mit *zu* + Infinitiv.

A

B

C

D

1 ☐ Es ist wichtig – Freunde haben
2 ☐ Sarah – hat keine Lust – Hausaufgaben machen
3 ☐ Es macht keinen Spaß – im Regen joggen
4 ☐ Jakob – hat vergessen – das Handy – ausschalten

3 Ratespiel. Wer ist das? Schreiben Sie drei Sätze über sich auf ein Blatt. Sammeln Sie alle Blätter ein und hängen Sie sie im Kursraum auf. Wer hat welche Sätze geschrieben?

Ich versuche, … • Ich habe schon oft vergessen, … • … Ich habe (keine) Zeit, … • Es macht mir (keinen) Spaß, … • Ich habe heute (keine) Lust, … • Ich liebe es, …

Ich versuche, jeden Tag Klavier zu üben.

Das ist bestimmt …

B Online einkaufen

1 Sehen Sie die Fotos an und sprechen Sie im Kurs. Wo kaufen Sie was ein?

A

B

C

D

Ich kaufe gern in Kaufhäusern ein. Da gibt es eine große Auswahl.

Bücher kaufe ich nur noch online. Das ist viel praktischer.

2a Lesen Sie den Text. Ordnen Sie jedem Abschnitt die passende Überschrift zu.

Ü9

1 Was kaufen die Deutschen im Netz?
2 Es gibt auch Nachteile beim Einkauf im Internet.
3 Online-Shopping wird immer beliebter.
4 Warum ist das Online-Shopping so erfolgreich?

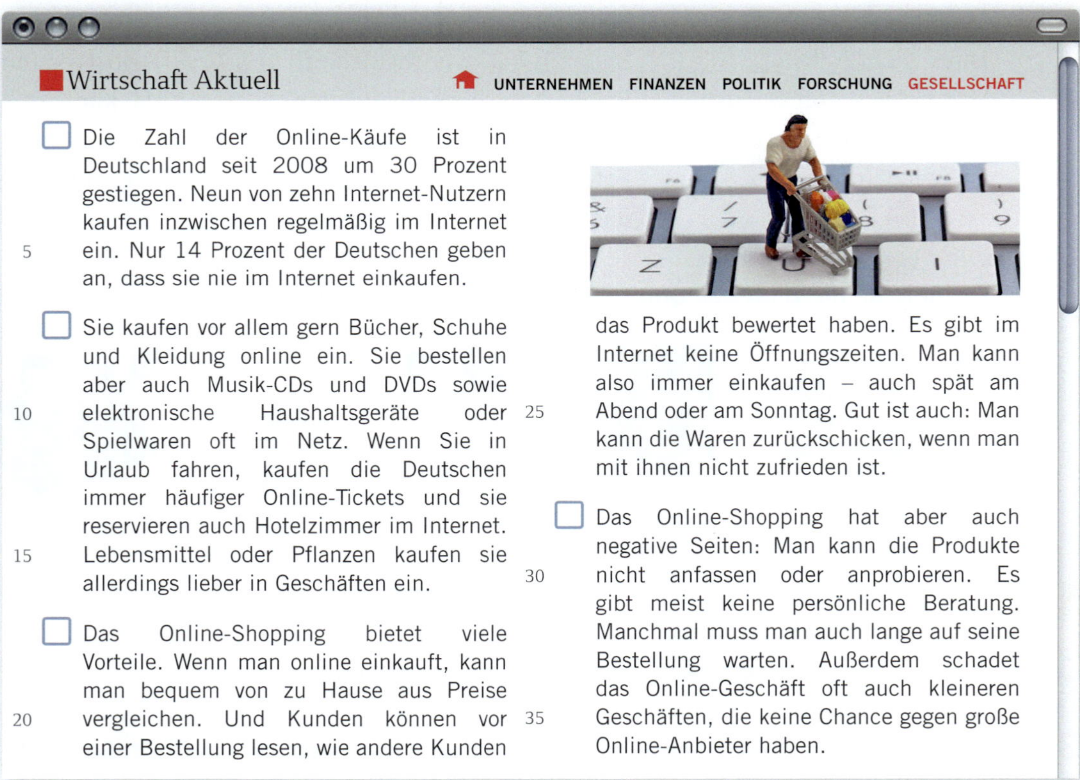

Wirtschaft Aktuell

UNTERNEHMEN FINANZEN POLITIK FORSCHUNG GESELLSCHAFT

☐ Die Zahl der Online-Käufe ist in Deutschland seit 2008 um 30 Prozent gestiegen. Neun von zehn Internet-Nutzern kaufen inzwischen regelmäßig im Internet ein. Nur 14 Prozent der Deutschen geben an, dass sie nie im Internet einkaufen.

☐ Sie kaufen vor allem gern Bücher, Schuhe und Kleidung online ein. Sie bestellen aber auch Musik-CDs und DVDs sowie elektronische Haushaltsgeräte oder Spielwaren oft im Netz. Wenn Sie in Urlaub fahren, kaufen die Deutschen immer häufiger Online-Tickets und sie reservieren auch Hotelzimmer im Internet. Lebensmittel oder Pflanzen kaufen sie allerdings lieber in Geschäften ein.

☐ Das Online-Shopping bietet viele Vorteile. Wenn man online einkauft, kann man bequem von zu Hause aus Preise vergleichen. Und Kunden können vor einer Bestellung lesen, wie andere Kunden das Produkt bewertet haben. Es gibt im Internet keine Öffnungszeiten. Man kann also immer einkaufen – auch spät am Abend oder am Sonntag. Gut ist auch: Man kann die Waren zurückschicken, wenn man mit ihnen nicht zufrieden ist.

☐ Das Online-Shopping hat aber auch negative Seiten: Man kann die Produkte nicht anfassen oder anprobieren. Es gibt meist keine persönliche Beratung. Manchmal muss man auch lange auf seine Bestellung warten. Außerdem schadet das Online-Geschäft oft auch kleineren Geschäften, die keine Chance gegen große Online-Anbieter haben.

2b Lesen Sie den Text noch einmal und beenden Sie die Sätze.

1 Die Deutschen kaufen im Internet vor allem gern …
2 Im Internet bestellen sie selten …
3 Viele Menschen kaufen im Internet ein, weil …
4 Nachteile des Online-Shoppings sind, dass …
5 Wenn man mit den Waren unzufrieden ist, kann man …

1.09

3a Hören Sie und kreuzen Sie an: Richtig oder falsch?

		R	F
1	Vor allem jüngere Menschen kaufen im Internet ein.	☐	☐
2	Die Frau kauft gern Schuhe online ein.	☐	☐
3	Der Mann liest gern im Netz, was andere Kunden über ein Produkt schreiben.	☐	☐
4	Der Mann hat schon schlechte Erfahrung beim Internet-Einkauf gemacht.	☐	☐

3b Hören Sie noch einmal und ergänzen Sie die Tabelle.

	Einkäufe im Internet: Was?	Einkäufe in Geschäften: In welchen? Was?	Erfahrungen beim Online-Einkauf:
Frau			
Mann			

4 Im Internet einkaufen. Was passt zusammen? Verbinden Sie.

Ü10

1 Wie möchte ich zahlen? Mit Kreditkarte, per Paypal oder auf Rechnung?
2 Ich will jetzt nicht mehr im Online-Shop einkaufen. Ich will bezahlen.
3 Ich klicke etwas an. Ich möchte es kaufen.
4 Ich bin mit den Allgemeinen Geschäftsbedingungen einverstanden.
5 Ich muss mein Passwort noch einmal schreiben.
6 Stimmt alles? Der Preis? Die Menge? Meine Adresse?
7 Das Produkt gefällt oder passt mir nicht. Ich kann es zurückschicken.

A Passwort bestätigen
B Zahlungsmethode wählen
C Zum Warenkorb hinzufügen
D Bestellung prüfen
E Ich stimme den AGB zu
F 14 Tage Rückgaberecht
G Zur Kasse gehen

5 Projekt: Online-Shopping. Beantworten Sie die Fragen. Vergleichen Sie dann Ihre Antworten in der Gruppe und stellen Sie Ihre Ergebnisse auf einem Poster zusammen.

– Kaufen Sie im Internet ein?
– Welche Erfahrungen haben Sie gemacht?
– Wo sehen Sie die Vorteile und wo die Nachteile?

über Vorteile und Nachteile sprechen
Ein Vorteil/Nachteil des Online-Shoppings ist, dass …
Von Vorteil/Nachteil ist, dass …
Das Problem ist, dass …
Ich finde (nicht) gut, dass man beim Online-Shopping …

C Umschulung und Fortbildung

1 a Sehen Sie sich die Fotos an und beschreiben Sie sie. Was fällt Ihnen zum Thema Lernen ein? Sammeln Sie.

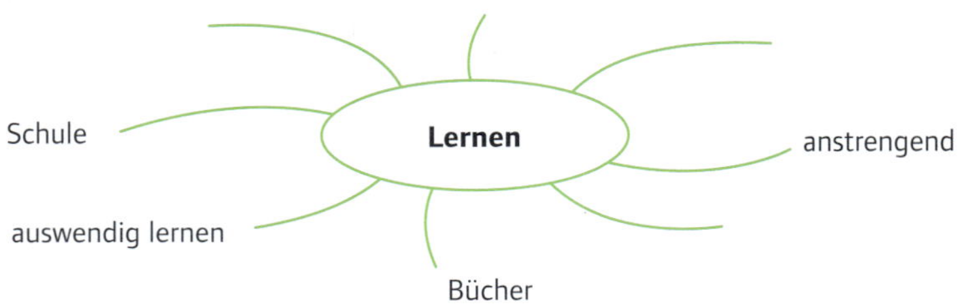

1 b Wörterbucharbeit. Ordnen Sie den Definitionen die Begriffe „E-Learning", „Umschulung" und „Fortbildung" zu.

1 Unter … (wörtlich: elektronisches Lernen) versteht man alle Formen von Lernen mit elektronischen oder digitalen Medien.

2 In einer … kann man sich für eine neue Arbeitstätigkeit qualifizieren: *Früher war er Koch, jetzt macht er eine … zum Busfahrer.*

3 In einer … werden Qualifikationen in einem erlernten Beruf erweitert oder ergänzt.

1.10 **2 a** Ü11 **Ein Gespräch über eine Fortbildung. Hören Sie das Gespräch und kreuzen Sie an: Richtig oder falsch? Korrigieren Sie dann die falschen Sätze.**

		R	F
1	Eleni macht eine Fortbildung in der Pflege.	☐	☐
2	Sie nimmt an einem E-Learning-Kurs teil.	☐	☐
3	Sie muss zu Hause am Computer lernen.	☐	☐
4	Es gibt keine Lehrer oder Lehrerinnen.	☐	☐
5	Wenn sie eine Frage hat oder etwas nicht versteht, kann sie eine E-Mail schreiben.	☐	☐
6	Sie nimmt häufig an Online-Chats mit anderen Kursteilnehmern teil.	☐	☐
7	Man muss den Kurs in einer bestimmten Zeit beenden.	☐	☐
8	Wenn Eleni die Prüfung besteht, bekommt sie ein Zertifikat.	☐	☐

2 b Umschulung und Fortbildung. Arbeiten Sie zu zweit. Machen Sie ein Partnerinterview mit dem Fragebogen auf Seite 189 und berichten Sie dann im Kurs.

D Eine moderne Liebesgeschichte

1 a Ü12-13 **Lesen Sie Evis Bericht und bringen Sie die Bilder in die richtige Reihenfolge.**

Über das Netz zur großen Liebe

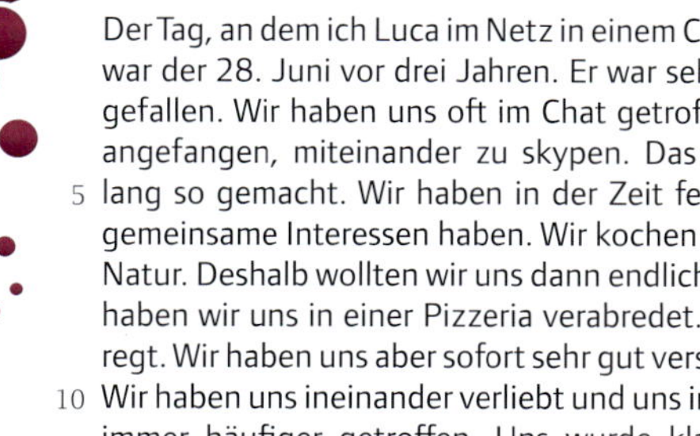

Der Tag, an dem ich Luca im Netz in einem Chat kennengelernt habe, war der 28. Juni vor drei Jahren. Er war sehr lustig, das hat mir gut gefallen. Wir haben uns oft im Chat getroffen und dann haben wir angefangen, miteinander zu skypen. Das haben wir drei Monate lang so gemacht. Wir haben in der Zeit festgestellt, dass wir viele gemeinsame Interessen haben. Wir kochen sehr gern und lieben die Natur. Deshalb wollten wir uns dann endlich mal treffen. Im Oktober haben wir uns in einer Pizzeria verabredet. Ich war ziemlich aufgeregt. Wir haben uns aber sofort sehr gut verstanden und viel gelacht. Wir haben uns ineinander verliebt und uns in den folgenden Wochen immer häufiger getroffen. Uns wurde klar, dass wir füreinander bestimmt waren. Schließlich habe ich Luca meinen Eltern vorgestellt. Er war ihnen zum Glück sofort sympathisch. Es war mir wichtig, dass sie ihn mögen. Im Januar sind wir zusammen zum Skifahren in Urlaub gefahren. Da hat mich Luca gefragt, ob ich ihn heiraten möchte. Ich war total glücklich! Geheiratet haben wir dann im Juni – ein Jahr nach unserem ersten Chat im Netz.

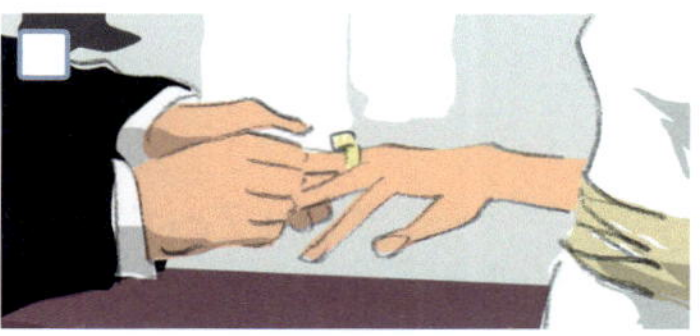

1 b **Lesen Sie den Text noch einmal und beantworten Sie die Fragen.**

1. Wo haben sich Evi und Luca kennengelernt?
2. Welche Interessen haben sie?
3. Wo haben sie sich zum ersten Mal gesehen?
4. Wann haben sie geheiratet?

1 c **Lesen Sie die den Grammatikkasten und ergänzen Sie *miteinander*, *ineinander* oder *füreinander*.**

Präpositionen + *-einander*.
Evi und Luca haben jeden Tag **miteinander** geskypt.

1. Evi fährt mit Luca in den Urlaub. Luca fährt mit Evi in den Urlaub.
   Sie fahren .... in den Urlaub.
2. Sie ist immer für ihn da und er ist immer für sie da.
   Sie sind immer .... da.
3. Evi und Luca haben sich .... verliebt.

2 **Schreiben Sie die Liebesgeschichte aus der Sicht von Luca oder schreiben Sie, wie die Geschichte von Luca und Evi weitergeht.**

2

Sprechen aktiv

Wörter sprechen

1.11

1 a Welches Verb passt nicht? Streichen Sie. Kontrollieren Sie mit dem Hörtext.

1 E-Mails checken / ~~machen~~
2 Apps teilnehmen / herunterladen
3 Fotos posten / chatten
4 an einem E-Learning-Kurs bestätigen / teilnehmen
5 Produkte bewerten / surfen
6 das Passwort einkaufen / bestätigen
7 Waren bestehen / zurücksenden
8 Kundenbewertungen lesen / ausschalten
9 eine Fortbildung zurückschicken / machen
10 ein Zertifikat skypen / bekommen
11 den AGBs vergessen / zustimmen
12 süchtig machen / haben
13 das Handy ausschalten / bestätigen
14 die Natur bestellen / lieben

1.11

1 b Hören Sie und sprechen Sie nach.

Grammatik sprechen

2 a Schreiben Sie Fragen mit *zu* + Infinitiv.

1 Hast du Zeit / nach dem Kurs einkaufen
2 Ist es nicht langweilig / immer nur im Internet surfen
3 Hast du schon angefangen / Deutsch lernen
4 Hast du Lust / heute Nachmittag in den Park gehen
5 Ist es für dich leicht / Kontakte knüpfen
6 Macht es Spaß / Videos auf dem Smartphone anschauen
7 Hast du keine Angst / die vielen Passwörter vergessen
8 Haben Sie vergessen / das Päckchen abholen

Hast du Zeit, nach dem Kurs einzukaufen?

2 b Sprechen Sie kleine Dialoge wie im Beispiel.

Hast du Zeit, nach dem Kurs einzukaufen?

Ja klar. Das geht.

3 a Ergänzen Sie die Antworten mit den Präpositionen. Sprechen Sie dann die Dialoge.

für • gegen • in • mit • von

1
- Sind Ole und Ava ein gutes Team?
- Nein, sie arbeiten nicht .... einander, sondern .... einander.

2
- Tom und Linda sind jetzt ein Paar?
- Ja, sie haben sich beim Tanzkurs .... einander verliebt.

3
- Du hast von deinem Mitbewohner das Tapezieren gelernt?
- Ja, und er von mir das Backen. Wir haben viel .... einander gelernt.

4
- Hast du ein gutes Verhältnis zu deiner Schwester?
- Ja, ein sehr gutes. Wir sind immer .... einander da.

3 b **Sehen Sie die Bilder an und sprechen Sie Dialoge wie im Beispiel.**

Was haben Frank und Emma am Montag gemacht?

Sie haben miteinander ...

Flüssig sprechen

1.12 **4** **Hören Sie zu und sprechen Sie nach.**

VIDEO
Clip 02
Seite 196

Dialogtraining

1.13 **5 a** **Hören Sie den Dialog. Was sagt Friederike zum Online-Shopping? Kreuzen Sie an.**

A ☐ Es ist leicht, Preise zu vergleichen.
B ☐ Man kann zu jeder Tageszeit shoppen.
C ☐ Es ist bequem.
D ☐ Man kann viel Geld sparen.
E ☐ Man kann die Farben gut sehen.
F ☐ Man muss nicht in die Stadt fahren.

5 b **Lesen Sie den Dialog zu zweit.**

- Hast du schon wieder etwas bestellt?
- Naja. Ich habe nach Schuhen geguckt.
- Irgendwie verstehe ich nicht, warum ihr Frauen immer Schuhe kaufen müsst. Und überhaupt: Wie kann man Schuhe im Internet bestellen?
- Es ist total bequem. Ich sitze auf dem Sofa und mache ein paar Klicks und die Schuhe kommen ins Haus geflogen.
- Dann probierst du sie an und sie passen dir nicht. Du packst alles wieder ins Paket und bringst das Paket zur Post. In der gleichen Zeit hast du im Laden schon zehn Paar Schuhe anprobiert.
- Im Laden kann ich dir die Schuhe nicht zeigen.
- Du kannst ein Selfie machen und es bei Facebook posten und alle deine Freunde fragen, wie ihnen die Schuhe gefallen.
- Das kann ich zu Hause auch. Und sag mir mal, wo ich jetzt – am Sonntagabend um 22 Uhr – noch shoppen soll? Das geht eben nur online. Nach der Arbeit habe ich keine Lust mehr, in die Stadt zu gehen.
- Ja, ich weiß.
- Und am Wochenende haben wir kaum Zeit. Und die wenige Zeit, die wir miteinander haben, wollen wir sicher nicht im Schuhladen verbringen.
- Nein, nein.

Gewusst wie

Kommunikation

über digitale Medien sprechen

Ich schreibe jeden Tag E-Mails.
Ich checke meine Mails mehrmals am Tag.
Ich bin bei Facebook.
Es macht Spaß, Selfies zu posten.
Es ist wirklich sehr einfach, Apps herunterzuladen.
Videos schaue ich mir nicht so gern auf meinem Smartphone an.
Ich habe angefangen, mit Freunden zu chatten.

über Online-Shopping sprechen

Ich bestelle oft Schuhe online.
Er kauft im Internet ein, weil es bequem ist.
Im Internet kann man Preise und die Bewertungen von Produkten vergleichen.
Ein Vorteil von Online-Shopping ist, dass man immer einkaufen kann.

über Umschulung und Fortbildung sprechen

Ich mache einen E-Learning-Kurs.
Ich lerne zu Hause am Computer oder unterwegs am Tablet.
Ich kann lernen, wann und wo ich will.
Ich nehme regelmäßig an Chats mit den anderen Kursteilnehmern teil.
Ich mache eine Umschulung zum Koch.

über Vor- und Nachteile sprechen

Ein Vorteil/Nachteil vom Online-Shopping / von E-Learning-Kursen ist, dass …
Von Vorteil/Nachteil ist, dass …
Das Problem ist, dass …
Ich finde (nicht) gut, dass man beim Online-Shopping / bei Online-Kursen …

Grammatik

zu + Infinitiv

	zu + Infinitiv steht nach:
Sie **verbietet** ihrem Sohn, Fotos **zu** posten. **Vergiss** nicht, heute Abend Brot **zu** kaufen. Er hat **versucht**, die Aufgabe **zu** lösen.	bestimmten Verben (z. B. anfangen, verbieten, vergessen, versuchen, …)
Er **hat** keine **Zeit**, die App herunter**zu**laden.	Ausdrücken mit Nomen + *haben* (z. B. Zeit/Lust/ … haben)
Es ist gut, nach der Arbeit eine Pause **zu** machen.	Ausdrücken mit *Es ist* + Adjektiv (z. B. Es ist gut/schlecht/schwierig/…)
Es macht Spaß, Selfies auf Facebook **zu** posten.	Ausdrücken mit *Es macht* … (z. B.: Es macht Spaß/Freude/…)

Der Infinitiv mit *zu* steht oft am Ende des Satzes. Bei trennbaren Verben steht *zu* zwischen dem trennbaren Verbteil und dem Verbstamm.

Präpositionen + *-einander*.

Evi und Stefano haben jeden Tag **miteinander** geskypt.
Frank und Murat haben am Sonntag **gegeneinander** Fußball gespielt.
Lena und Sabine sind immer **füreinander** da.
Anna und Robert haben sich letztes Jahr **ineinander** verliebt.

Der erste Eindruck

Sie lernen

- Personen beschreiben
- über eine Firma sprechen
- Stellengesuche schreiben
- über Verhalten und Kleidung beim Bewerbungsgespräch sprechen
- Adjektivdeklination mit Artikel im Dativ
- Adjektivdeklination ohne Artikel
- *um … zu* + Infinitiv, *damit*
- *anstatt … zu* + Infinitiv, *nicht … sondern*

1.14 **1** **Welches Foto passt? Hören Sie und ordnen Sie die Dialoge den Fotos zu. Vergleichen Sie im Kurs.**

1.14 **2a** Ü1-2 **Hören Sie noch einmal. Ordnen Sie die Adjektive den Personen auf den Fotos zu und sammeln Sie weitere Adjektive.**

verärgert • genervt • gepflegt • streng • höflich • hilfsbereit • interessiert • desinteressiert • nervös • …

2b **Beschreiben Sie die Situationen auf den Fotos.**

- Wo sind die Personen und was machen sie?
- Wie verhalten sich die Personen?
- Welchen Eindruck machen die Personen auf Sie?

Der Bewerber auf Foto 1 macht einen gepflegten Eindruck. Das passt zur Situation. Aber er wirkt ein bisschen zu nervös.

Personen beschreiben

Der eine Mann auf Foto …	… macht einen gepflegten/nervösen/… Eindruck.
Die Frau rechts auf Foto …	… verhält sich angemessen/unangemessen/…
Der Mann auf Foto …	… sieht wütend/gelangweilt/… aus.

3 A Eine Firma stellt sich vor

1 a Lesen Sie den Text und ergänzen Sie die Sätze.

Ü3-5

Arbeiten bei der Heriton AG

Seit 1972 stellen wir technisch anspruchsvolle Druckmaschinen her. Am Anfang haben wir nur für den deutschen Markt produziert, aber mit der hochmodernen Maschine „Superprint" haben wir uns auch auf den internationalen Märkten etabliert. Unser Exportanteil beträgt aktuell 74 Prozent und die Tendenz ist steigend. Heute sind wir ein weltweit bekanntes und erfolgreiches Unternehmen. Mit dem ausgezeichneten Ruf, den wir uns durch unser jahrelanges Engagement erarbeitet haben, sehen wir optimistisch in die Zukunft. Neben dem Firmenhauptsitz in Furtwangen haben wir noch eine Fabrik in Tschechien und Vertriebsbüros in Brasilien, China und den USA. Heute erwirtschaften wir mit 1621 Mitarbeitern 425 Mio. Euro Umsatz pro Jahr.

Wir sind stets auf der Suche nach motivierten und qualifizierten Mitarbeitern und Mitarbeiterinnen. Haben Sie z. B. eine Ausbildung als Mechatroniker/in oder Industriemechaniker/in, einen Hochschulabschluss in der Fachrichtung Maschinenbau oder eine kaufmännische Ausbildung und wollen Sie gerne in einem engagierten Team arbeiten? Dann senden Sie Ihre Bewerbung an: personal@heriton.de

Auch dieses Jahr bilden wir in technischen und kaufmännischen Berufen aus.
Das neue Ausbildungsjahr beginnt am ersten September. Freie Ausbildungsplätze finden Sie hier.

1 Die Heriton AG gibt es seit …
2 Zuerst hat die Firma nur für …
3 Heute exportiert sie …
4 In dem Unternehmen arbeiten …
5 Pro Jahr erwirtschaftet Heriton …
6 Die Firma sucht …

1 b Lesen Sie den Text noch einmal und markieren Sie die Artikel und Adjektive im Dativ mit dem Nomen, das dazugehört.

Adjektivdeklination im Dativ mit Artikel

m	(mit) de**m** / eine**m** ausgezeichnet**en** Ruf
n	(in) de**m** / eine**m** engagiert**en** Team
f	(mit) de**r** /eine**r** hochmodern**en** Maschine
Pl.	(auf) de**n** /- international**en** Märkte**n**

Adjektive im Dativ haben nach Artikel immer die Endung **-en**.

2 Was denken Sie, wer ist wer? Ordnen Sie zu und beschreiben Sie die Personen.

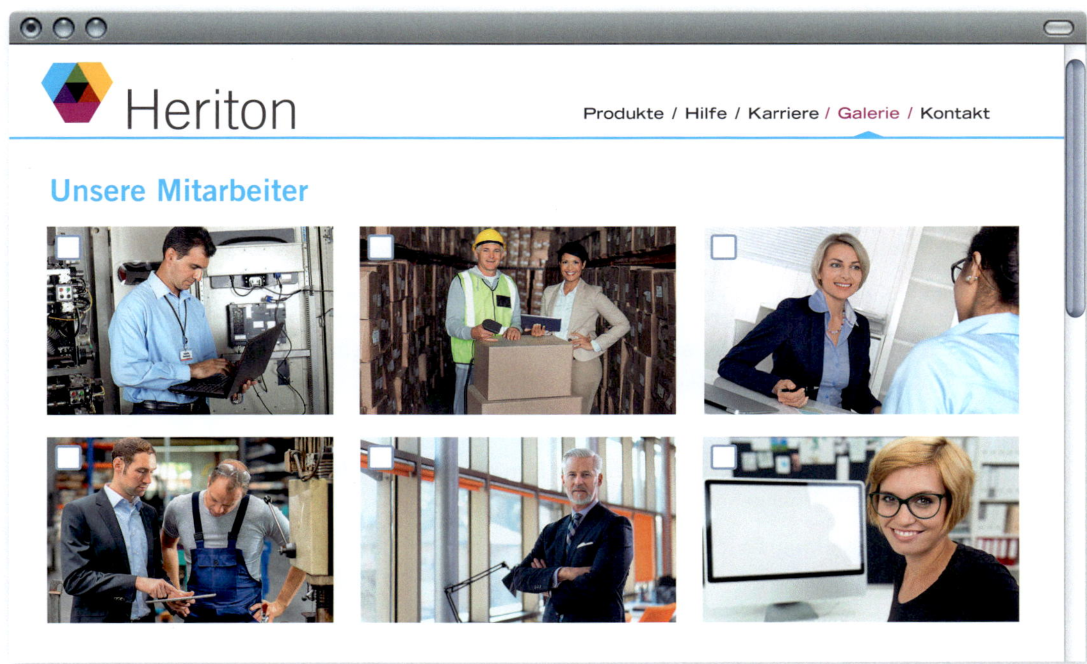

1 Geschäftsführer/in
2 Lagerhelfer/in
3 Mechaniker/in
4 Kundenbetreuer/in
5 Kunde/in
6 Auszubildender/-e
7 Abteilungsleiter/in der Einkaufsabteilung
8 Maschinenbauingenieur/in

Die Frau mit den kurzen blonden Haaren, der hellblauen Bluse und dem blauen Blazer ist vielleicht ...

Ich denke, der Mann mit der blauen Arbeitshose und dem grauen T-Shirt ist ...

1.15

3 a Surab Kostov interessiert sich für eine Ausbildung bei der Heriton AG. Er ruft seinen Freund Boris Ionow an, der bei der Firma arbeitet. Lesen Sie die Texte und hören Sie das Gespräch. Welcher Text passt?

☐ Boris Ionow ist mit seiner Arbeit nicht zufrieden, das Betriebsklima ist schlecht. Er kann seinem Freund Surab nicht empfehlen, eine Ausbildung bei der Heriton AG zu machen.

☐ Boris Ionow gefällt seine Arbeit bei der Heriton AG, obwohl es manchmal sehr stressig ist. Er berichtet ein wenig über die Firma und gibt seinem Freund Surab Tipps für die Bewerbung.

3 b Hören Sie das Gespräch noch einmal und beantworten Sie die Fragen.

1 Wann hat Surab Kostov seinen Sprachkurs beendet?
2 Was für einen Ausbildungsplatz sucht er jetzt?
3 In welcher Abteilung arbeitet Boris Ionow?
4 Wie ist die wirtschaftliche Situation der Firma?
5 Wie viele Auszubildende fangen jedes Jahr in der Firma an?
6 Warum sollte sich Surab Kostov auch bei anderen Firmen bewerben?

Surab hat den Kurs ...

3 B Stellenanzeigen

1 a Ü6 **Lesen Sie die Stellenanzeigen. Was passt zu wem? Ordnen Sie zu.**

A ☐ Ava war früher Sekretärin. Sie möchte nach ihrer Elternzeit wieder arbeiten.
B ☐ Safi ist Verkäufer in einer Boutique. Er möchte in seinem Beruf weiterkommen.
C ☐ Zelis hat in ihrer Heimat als Krankenschwester gearbeitet und sucht jetzt eine Stelle.

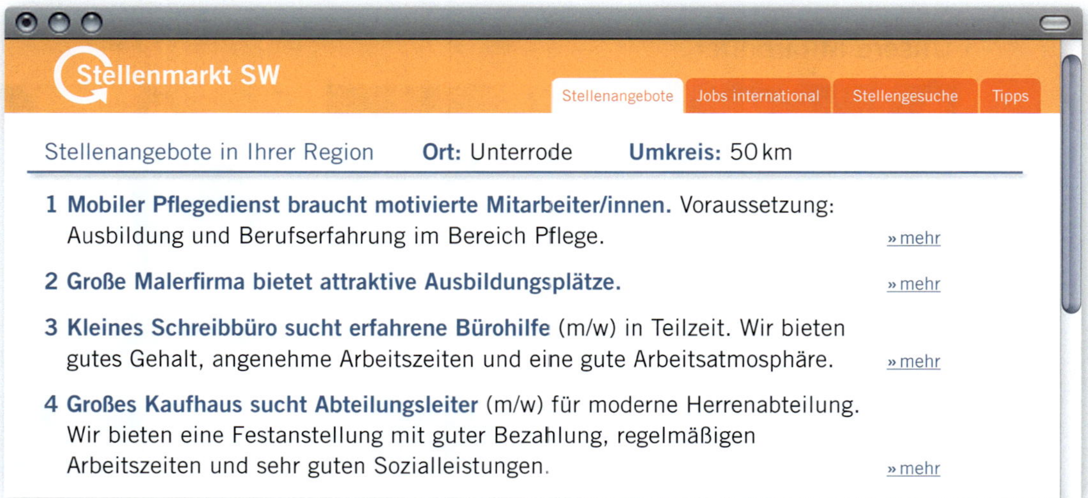

1 b **Lesen Sie die Anzeigen noch einmal. Suchen Sie alle Nomen mit Adjektiven. In welchem Kasus stehen sie? Notieren Sie.**

kleines Schreibbüro – neutrum, Singular, Nominativ

Adjektivdeklination ohne Artikel

	Nominativ	Akkusativ	Dativ
m	mobil**er** Pflegedienst	mobil**en** Pflegedienst	mobil**em** Pflegedienst
n	klein**es** Schreibbüro	klein**es** Schreibbüro	klein**em** Schreibbüro
f	groß**e** Malerfirma	groß**e** Malerfirma	groß**er** Malerfirma

2 a Ü7-8 **Ergänzen Sie die Endungen in den Stellenangeboten und Stellengesuchen.**

1 Engagiert....... Webdesigner sucht neu....... Aufgabe in modern....... Werbebüro.

2 Zweisprachig....... Erzieherin sucht interessant....... Stelle in städtisch....... Hort.

3 Sprachschule mit nett....... Atmosphäre sucht engagiert....... Lehrkraft für Deutsch.

2 b **Schreiben Sie Stellengesuche.**

Mehrsprachig Zuverlässig Gut ausgebildet Erfahren Engagiert Flexibel	Erzieher/in Architekt/in ...lehrer/in Ingenieur/in ...	mit	sehr gut langjährig ausgezeichnet ...	Englisch-kenntnissen Erfahrung Ausbildung Abschluss ...	sucht	interessant neu anspruchsvoll attraktiv sicher ...	Arbeitsplatz Stelle Job Arbeit Tätigkeit ...

C Richtig bewerben

1 a **Frau Ott hat sich beworben. Ordnen Sie die Ausdrücke den Fotos zu. Zwei bleiben übrig.**

- ☐ Zeugnisse einscannen
- ☐ den Arbeitsvertrag unterschreiben
- ☐ Bewerbungsfotos machen
- ☐ sich auf das Bewerbungsgespräch vorbereiten
- ☐ eine Absage bekommen
- ☐ per Post eine Zusage bekommen
- ☐ die Bewerbung per E-Mail abschicken
- ☐ eine Einladung zum Bewerbungsgespräch bekommen

1 b **Sammeln Sie weitere Wörter/Wortgruppen zum Thema Bewerbung.**

1.16

1 c **Hören Sie das Interview. Diese Aussagen sind falsch. Korrigieren Sie sie.**

1. Frau Ott ist jetzt Abteilungsleiterin.
2. Die Online-Bewerbungen waren für sie kein Problem.
3. Sie hat schnell eine neue Arbeit gefunden.
4. Sie war vor dem Bewerbungsgespräch sehr ruhig, weil sie gut vorbereitet war.

1 d **Hören Sie noch einmal. Wie ist die Bewerbung von Frau Ott abgelaufen? Machen Sie Notizen und berichten Sie.**

2 **Lesen Sie die Tipps zur Online-Bewerbung und beantworten Sie die Fragen.**

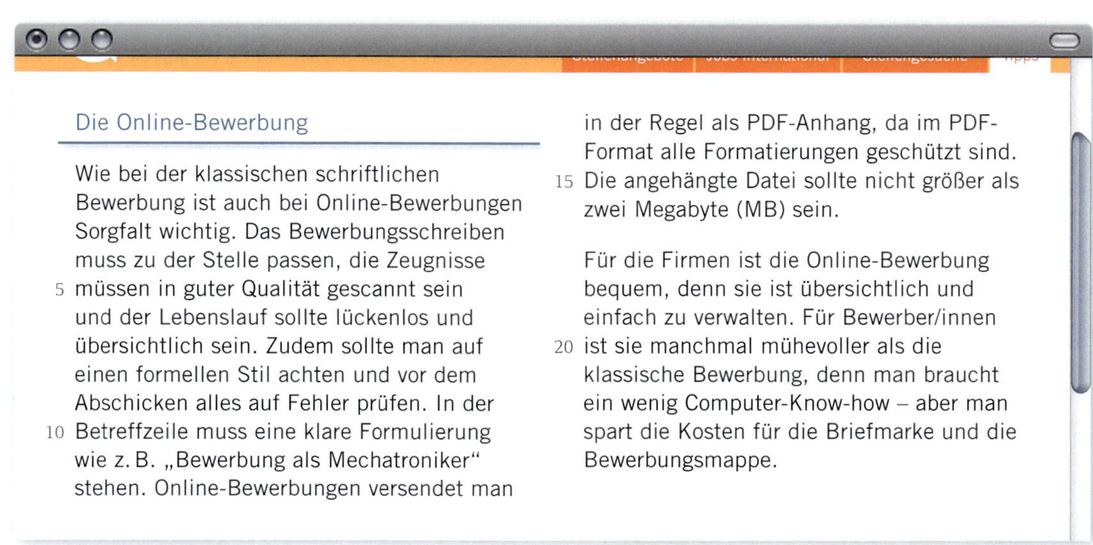

Die Online-Bewerbung

Wie bei der klassischen schriftlichen Bewerbung ist auch bei Online-Bewerbungen Sorgfalt wichtig. Das Bewerbungsschreiben muss zu der Stelle passen, die Zeugnisse müssen in guter Qualität gescannt sein und der Lebenslauf sollte lückenlos und übersichtlich sein. Zudem sollte man auf einen formellen Stil achten und vor dem Abschicken alles auf Fehler prüfen. In der Betreffzeile muss eine klare Formulierung wie z. B. „Bewerbung als Mechatroniker" stehen. Online-Bewerbungen versendet man in der Regel als PDF-Anhang, da im PDF-Format alle Formatierungen geschützt sind. Die angehängte Datei sollte nicht größer als zwei Megabyte (MB) sein.

Für die Firmen ist die Online-Bewerbung bequem, denn sie ist übersichtlich und einfach zu verwalten. Für Bewerber/innen ist sie manchmal mühevoller als die klassische Bewerbung, denn man braucht ein wenig Computer-Know-how – aber man spart die Kosten für die Briefmarke und die Bewerbungsmappe.

1. Wie sollte das Anschreiben sein?
2. Was ist der Vorteil von PDF-Dateien?
3. Worauf muss man beim Lebenslauf achten?
4. Wie sollte der Stil des Bewerbungsschreibens sein?
5. Welchen Vorteil haben Online-Bewerbungen?

1.17

3a Herr Ehrlicher spricht mit seiner Frau. Hören Sie und kreuzen Sie an: Was ist richtig?

Sie unterhalten sich **A** ☐ vor **B** ☐ nach dem Bewerbungsgespräch.

3b Was passt zusammen? Verbinden Sie. Kontrollieren Sie danach mit der CD.

1. Seine Frau hat ihm Tipps für die Kleidung gegeben,
2. Er hat sich über die Firma informiert,
3. Er hat seine Stärken analysiert,
4. Er nimmt den Einladungsbrief mit,
5. Er nimmt ein Taxi,
6. Seine Frau hat den Einladungsbrief in seine Tasche getan,

A um sicher zu wirken.
B um nicht zu spät zu kommen.
C um ihn am Empfang zu zeigen.
D damit er ihn nicht vergisst.
E damit er gut aussieht.
F um gut vorbereitet zu sein.

um … + zu* + Infinitiv / *damit

Gleiches Subjekt: *um … zu* + Infinitiv oder ***damit***
Er nimmt ein Taxi. Er will nicht zu spät kommen.
Er nimmt ein Taxi, **um** nicht zu spät zu kommen. / Er nimmt ein Taxi, **damit** er nicht zu spät kommt.

Verschiedene Subjekte: immer ***damit***
Seine Frau ruft ein Taxi. Er will/soll nicht zu spät kommen.
Seine Frau ruft ein Taxi, **damit** er nicht zu spät kommt.

4 Schreiben Sie Sätze wie im Beispiel. *Damit* oder *um … zu* + Infinitiv?

Ü9-12

1. Er hat den Lebenslauf ausgedruckt. Er will ihn korrigieren.
2. Er bewirbt sich bei mehreren Firmen. Er möchte mehr Chancen haben.
3. Herr Ehrlicher korrigiert den Bewerbungsbrief. Der Brief soll fehlerfrei sein.
4. Er nimmt an einem Bewerbungstraining teil. Er möchte alles richtig machen.
5. Seine Frau hat mit ihm das Bewerbungsgespräch geübt. Er will gut vorbereitet sein.

1 Er hat den Lebenslauf ausgedruckt. Er will ihn korrigieren.
-> Er hat den Lebenslauf ausgedruckt, um ihn zu korrigieren.

5 Wozu braucht Herr Ehrlicher das? Ordnen Sie zu. Fragen und antworten Sie.

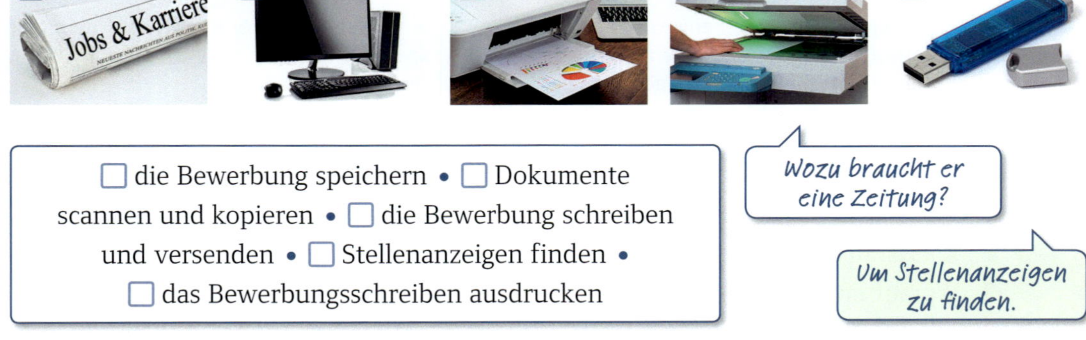

6 a Was macht Herr Murks anders als Herr Ehrlicher? Ordnen Sie die Sätze/Satzteile zu.

sondern er kritisiert seine alte Firma • anstatt seine Gesprächspartnerin anzusehen • Anstatt angemessene Kleidung zu tragen • sondern sehr unhöflich • sondern redet ohne Pause

1 Herr Murks hört seiner Gesprächspartnerin nicht zu, *sondern* ……………………………………

……….

2 Er sieht auf den Boden, …………………………………………………………………….

3 Er spricht nicht positiv über seine alte Firma, …………………………………………

……….

4 ……………………………………………………………, trägt er Jeans und T-Shirt.

5 Er ist nicht freundlich, ………………………………………………………………………….

6 b Lesen Sie den Grammatikkasten. Formulieren Sie die Sätze aus 6a um.

Ü13-17

(an)statt + zu + Infinitiv / nicht …, sondern

Mit *(an)statt* + *zu* + Infinitiv und *nicht …, sondern …* kann man sagen, dass man etwas macht und etwas anderes nicht macht.

Er spricht **nicht** positiv über seine alte Firma, **sondern** er kritisiert seine alte Firma.
Anstatt positiv über seine alte Firma **zu** sprechen, kritisiert er seine alte Firma.

1. Anstatt seiner Gesprächspartnerin zuzuhören, … 2. Er sieht …

7 Tipps zum Bewerbungsgespräch. Was ist Ihrer Meinung nach richtig? Markieren Sie und vergleichen Sie dann im Kurs.

Ü18

1 ☐ Frauen sollten immer einen Hosenanzug tragen.
2 ☐ Tattoos sollte man verdecken.
3 ☐ Männer sollten immer eine Krawatte tragen.
4 ☐ Die Kleidung muss zu der Stelle passen.
5 ☐ Im Sommer können Männer auch kurze Hosen tragen.
6 ☐ Die Kleidung muss gepflegt und ordentlich sein.

Ich denke, wenn man sich als Friseur bewirbt, dann kann man seine Tattoos zeigen. Aber bei einer Bank lieber nicht.

Grammatik sprechen

1 **Am Buffet. Fragen und antworten Sie.**

Mögen Sie grünen Tee?

Nein, schwarzer Tee schmeckt mir besser.

frisches Weißbrot

gemischter Salat mit grünen Oliven

mexikanischer Kaffee

spanische Paella

grüner Tee

schwarzer Tee

italienische Nudeln

bayrische Weißwurst

französische Zwiebelsuppe

russische Soljanka

chinesische Wantansuppe

indischer Reissalat

gegrilltes Hähnchen

gebackener Käse

bulgarische Fleischtaschen

italienisches Mineralwasser

asiatische Meeresfrüchte

japanisches Sushi

italienisches Eis

heiße Himbeeren

Soll ich dir indischen Reissalat mitbringen?

Nein ich möchte lieber italienisches Eis mit heißen Himbeeren.

Wörter sprechen

2 **Was passt? Ordnen Sie zu. Sprechen Sie dann Minidialoge wie im Beispiel.**

streng • nervös • hilfsbereit • desinteressiert • genervt • verärgert • (un)höflich

Die Frau auf Bild 1 macht einen verärgerten Eindruck.

Ja, das finde ich auch.

Flüssig sprechen

1.18 **3** **Hören Sie zu und sprechen Sie nach.**

VIDEO
Clip 03
Seite 197

Dialogtraining

1.19 **4a** **Hören und ergänzen Sie den Dialog.**

● Lea ● Friederike

- ● Das ist ....[1]. Genau richtig. So siehst du viel besser aus als mit dem schwarzen Kostüm und mit den hohen Schuhen. Das war zu ....[2]. Jetzt siehst du toll aus. Und du zeigst, wie du bist.
- ● Ist das wirklich ....[3] für ein Bewerbungsgespräch?
- ● Ja, klar. Das macht einen ....[4] Eindruck, ist aber nicht ....[5]. Das passt perfekt!
- ● Danke, Friederike. Du bist wirklich die beste Tante der Welt! Hast du noch einen Tipp?
- ● Na ja. Du darfst natürlich nicht ....[6] sein.
- ● Ich bin nie unhöflich.
- ● Sei einfach zu allen Leuten, die du in der Firma triffst, besonders ....[7]. Außerdem ist es wichtig, nicht ohne Pause zu reden, sondern gut zuzuhören. Zeig den Leuten, dass du ....[8] und engagiert bist. Und du solltest alles tun, um nicht zu spät zu kommen.
- ● Ich bin natürlich ....[9]. Das ist ja wohl klar!

4b **Lesen Sie den Dialog zu zweit.**

Gewusst wie

Kommunikation

Personen und ihr Verhalten beschreiben

Der Mann in dem grauen Anzug ist vielleicht ein Kunde.
Die Frau mit dem roten Kleid und dem blauen Mantel sieht elegant aus.
Ich finde, diese Person sieht unhöflich aus. Sie verhält sich nicht angemessen.
Der Mann trägt einen Anzug mit einer gelben Krawatte. Er macht einen sehr gepflegten Eindruck.

Tipps für eine Bewerbung geben

Es ist wichtig, dass man sich über die Firma und die Stelle informiert.
Das Bewerbungsschreiben muss zum Stellenangebot passen. Der Lebenslauf muss lückenlos sein.
Man sollte sich auf das Bewerbungsgespräch gut vorbereiten. Wichtig ist auch passende Kleidung und ein gepflegtes Aussehen. Man sollte nicht zu spät kommen.

Grammatik

Adjektivendungen im Dativ nach dem bestimmten und unbestimmten Artikel

m	(mit) de**m**/eine**m** ausgezeichnet**en** Ruf
n	(in) de**m**/eine**m** engagiert**en** Team
f	(mit) de**r**/eine**r** hochmodern**en** Maschine
Pl.	(auf) de**n**/- international**en** Märkte**n**

Adjektivendungen mit Nomen ohne Artikel

	Nominativ	Akkusativ	Dativ
m	lokal**er** Pflegedienst	lokal**en** Pflegedienst	(mit) lokal**em** Pflegedienst
n	klein**es** Schreibbüro	klein**es** Schreibbüro	(mit) klein**em** Schreibbüro
f	groß**e** Malerfirma	groß**e** Malerfirma	(mit) groß**er** Malerfirma
Pl.	modern**e** Firmen	modern**e** Firmen	(mit) modern**en** Firme**n**

anstatt … zu + Infinitiv / *nicht …, sondern …*

Mit ***(an)statt*** + ***zu*** + **Infinitiv** und ***nicht*** …, ***sondern*** kann man sagen, dass man etwas macht und etwas anderes nicht macht.

Herr Murks hört seinen Gesprächspartnern ***nicht*** zu, ***sondern*** redet ohne Pause.
Anstatt seinen Gesprächspartnern ***zuzuhören***, redet Herr Murks ohne Pause.

um … zu + Infinitiv / damit

Gleiches Subjekt: *um* … *zu* + Infinitiv oder ***damit***
Er nimmt ein Taxi. Er will nicht zu spät kommen.
Er nimmt ein Taxi **um** nicht zu spät **zu kommen**.
Er nimmt ein Taxi, **damit** er nicht zu spät **kommt**.

Verschiedene Subjekte: immer ***damit***
Seine Frau hat ihm eine neue Krawatte gekauft, **damit** er gut aussieht.

Spiel und Spaß

1 a Was verbinden Sie mit den Wörtern? Wählen Sie ein Wort aus und schreiben Sie einen Text wie im Beispiel.

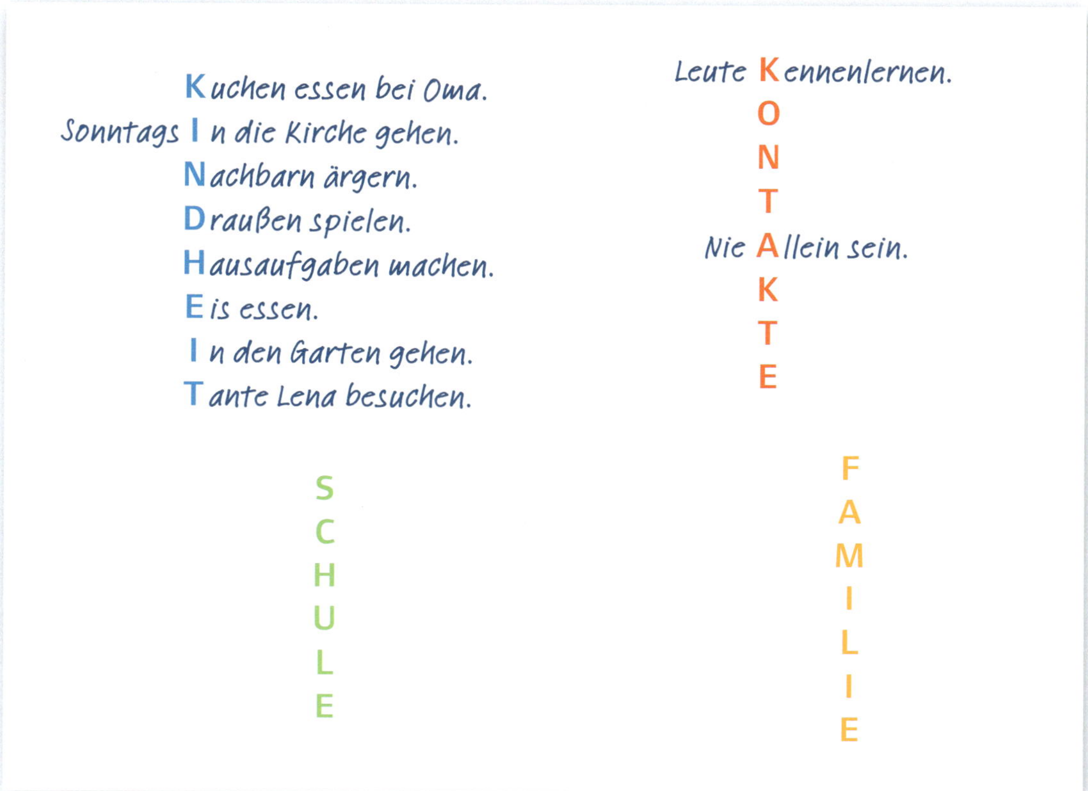

1 b Schreiben Sie einen Text wie in 1 a mit Ihrem Namen.

2 Spielen Sie in Gruppen. Sie haben pro Spielrunde (= pro Wortfeld) 30 Sekunden Zeit. Welche Gruppe findet die meisten Wörter zum Wortfeld?

Ausbildungsberufe in den Bereichen IT und Medien

1 a **Lesen Sie die Texte und ordnen Sie die Überschriften zu.**

A Im Verkauf die passende IT-Lösung finden
B Das richtige Design für die Zielgruppe entwerfen
C Programmierer und Helfer bei Softwareproblemen

Berufsinfos kompakt

Steckbriefe

> **INFO** Die Berufe auf dieser Seite sind Ausbildungsberufe, man braucht also kein Studium. Die Ausbildung dauert drei Jahre und findet in einem Ausbildungsbetrieb und der Berufsschule statt (duale Ausbildung).

☐ Fachinformatiker/in Fachrichtung Anwendungsentwicklung

Fachinformatiker/innen der Fachrichtung Anwendungsentwicklung übernehmen in Absprache mit ihren Kunden die Entwicklung und Programmierung der Software. Hierfür benötigen sie Kenntnisse in den gängigen Programmiersprachen und der erforderlichen Werkzeuge. Auch die Beratung und Schulung der Anwender gehört zu ihrem Aufgabengebiet. Wenn es Probleme mit einer Software gibt, suchen sie die Fehler und lösen das Problem. Für diesen Beruf sollte man vor allem technisches Verständnis mitbringen, aber auch Kreativität und die Fähigkeit, Laien technische Sachverhalte verständlich zu erklären. Da man in diesem Beruf immer auf dem neusten Stand der Technik sein muss, sollte man außerdem bereit sein, sich kontinuierlich weiterzubilden.

» mehr Informationen

☐ IT-System-Kaufmann/-frau

IT-System-Kaufleute unterstützen ihre Kunden bei der Suche nach für sie passenden Softwarelösungen, Telefonanlagen oder anderen Computersystemen. Nach eingehender Analyse erstellen sie informations- und telekommunikationstechnische Angebote. Während ihrer Ausbildung erhalten sie kaufmännische, technische und organisatorische Kenntnisse, um Angebote zu kalkulieren, die Kunden über Finanzierungsmöglichkeiten zu informieren, Verträge zu schließen und Leistungen abzurechnen. Auch die Beschaffung von Hard- und Software und die Installation von IT-Systemen gehört zu ihren Aufgaben. IT-System-Kaufleute sind kompetente Ansprechpartner für ihre Kunden und vermitteln ihr Wissen in Schulungen zur Nutzung der neuen Systeme und Anlagen.

» mehr Informationen

☐ **Mediengestalter/in Digital und Print – Fachrichtung Konzeption und Visualisierung**

Sie entwerfen und produzieren mediales Material, z. B. Broschüren, Anzeigen, Internetseiten. Sie ermitteln, welche Zielgruppen angesprochen werden sollen, und erstellen Konzeptionen. Dann setzen sie ihre Ideen in verschiedenen Entwürfen um. Dafür erstellen sie Illustrationen und Grafiken, suchen geeignete Fotos und stimmen die Gestaltung auf das jeweilige Medium (z. B. Flyer, Webseite für mobile Geräte) ab. Sind die Kunden mit dem Ergebnis (Entwurf) zufrieden, arbeiten die Mediengestalter/innen die Entwürfe aus und übergeben am Ende das Produkt an den Kunden (z. B. eine gedruckte Broschüre, eine fertige Webseite). Als Mediengestalter/in sollte man Kreativität und einen Sinn für Ästhetik mitbringen und zeichnen können. Wichtig sind jedoch auch: kaufmännisches Denken, Organisationstalent sowie Kundenorientierung und Kommunikationsfähigkeit.

» mehr Informationen

1 b Lesen Sie die Texte noch einmal und beantworten Sie die Fragen.

1 Was nutzen Fachinformatiker/innen zum Entwickeln und Programmieren von Software?
2 Warum ist es wichtig, dass Fachinformatiker/innen technische Sachverhalte einfach erklären können?
3 Bei welchen Fragen berät ein/e IT-System-Kaufmann/-frau die Kunden?
4 Warum sollten IT-System-Kaufleute gut rechnen können?
5 Was entwerfen und gestalten Mediengestalter/innen?
6 Warum sollten Mediengestalter/innen zeichnen können?

1.20

2 a Hören Sie den Anfang des Interviews. Welchen Beruf aus 1a lernt Florian Pfeifer?

1.21

2 b Hören Sie die Fortsetzung des Interviews und markieren Sie: Richtig oder falsch?

		R	F
1	Florian macht bald die Zwischenprüfung.	☐	☐
2	Er leitet gerade ein Projekt.	☐	☐
3	Voraussetzung für die Ausbildung ist das Abitur.	☐	☐
4	Florian hofft, dass die Firma ihn nach der Ausbildung übernimmt.	☐	☐
5	Für den Beruf sind Kontaktfreudigkeit und Computerkenntnisse wichtig.	☐	☐

3 Projekt: Recherchieren Sie im Netz. Präsentieren Sie einen Ausbildungsberuf, den Sie interessant finden.

– Welche Aufgaben hat man in diesen Berufen?
– Wo kann man später arbeiten?
– Welche Voraussetzungen sollte man mitbringen?
– Wieviel Geld bekommt man während der Ausbildung?

WWW-Tipp:
http://www.berufenet.arbeitsagentur.de

Gleichberechtigung

1 **Wer hat die gleichen Rechte und Pflichten? Wer nicht? Ordnen Sie in Ihrem Heft zu wie im Beispiel.**

Mann – Frau • Ehemann – Ehefrau • Eltern – Kinder • Bruder – Schwester • Vermieter – Mieter • Chef /in – Angestellte/r • Lehrer/in – Schüler/in • Verkäufer/in – Käufer/in • eheliche Kinder – nichteheliche Kinder • Kollege – Kollegin

 die gleichen Rechte und Pflichten	 nicht die gleichen Rechte und Pflichten
....	*Chef/in – Angestellte/r*

Ein Chef oder eine Chefin und die Angestellten in einer Firma sind nicht gleichberechtigt. Zum Beispiel gibt der Chef oder die Chefin Anweisungen. Die Angestellten müssen die Anweisungen befolgen.

2a **Beschreiben Sie die Situationen. Wer hat welche Funktion? Was sagen die Personen? Vermuten Sie.**

1.22 **2b** **Hören Sie und vergleichen Sie mit Ihren Vermutungen.**

3 Gleichberechtigung in Deutschland*. Lesen Sie die Fragen. Lesen Sie dann die Zeitleiste und beantworten Sie die Fragen.

1 Seit wann sind nach dem Gesetz auch Männer für die Hausarbeit verantwortlich?
2 Seit wie viel Jahren darf ein Arbeitgeber Frauen nicht mehr schlechter bezahlen als Männer?
3 Seit wann kann eine Frau vor Gericht klagen, wenn ihr Mann sie zu sexuellen Handlungen zwingt?
4 Wer durfte nach dem Gesetz bis 1957 in der Familie über alle wichtigen Dinge bestimmen?

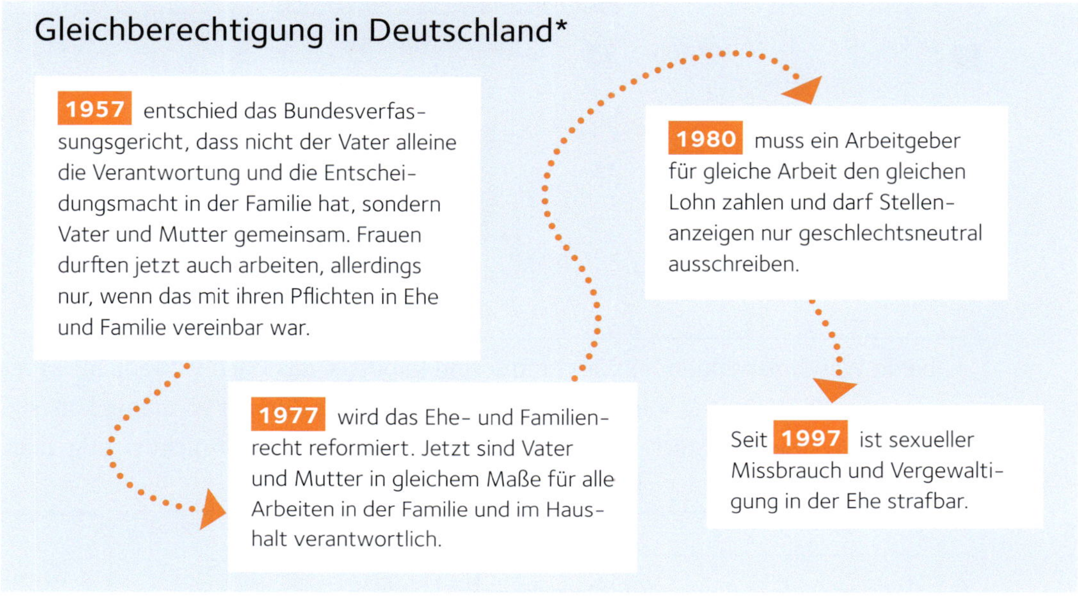
Gleichberechtigung in Deutschland*

1957 entschied das Bundesverfassungsgericht, dass nicht der Vater alleine die Verantwortung und die Entscheidungsmacht in der Familie hat, sondern Vater und Mutter gemeinsam. Frauen durften jetzt auch arbeiten, allerdings nur, wenn das mit ihren Pflichten in Ehe und Familie vereinbar war.

1977 wird das Ehe- und Familienrecht reformiert. Jetzt sind Vater und Mutter in gleichem Maße für alle Arbeiten in der Familie und im Haushalt verantwortlich.

1980 muss ein Arbeitgeber für gleiche Arbeit den gleichen Lohn zahlen und darf Stellenanzeigen nur geschlechtsneutral ausschreiben.

Seit **1997** ist sexueller Missbrauch und Vergewaltigung in der Ehe strafbar.

4 Hören Sie zwei Frauen zum Thema Gleichberechtigung. Kreuzen Sie an: Was ist richtig?

1.23

1 ☐ Als Ingeborg Weser jung war, fanden viele Menschen Jungen wichtiger als Mädchen.
2 ☐ Sie hatte in ihrem Leben nicht die Chance zu studieren.
3 ☐ Sie meint, dass es nicht genügt, wenn es gute Gesetze für die Gleichberechtigung gibt.

Ingeborg Weser, 65 Jahre

4 ☐ Lea Kara ist mit der Situation in Deutschland zufrieden.
5 ☐ Lea findet es ungerecht, wenn Frauen nicht genauso wie Männer nachts allein auf die Straße gehen können.
6 ☐ Sie denkt, dass die Leute vor 100 Jahren falsche Vorstellungen von Frauen hatten.

Lea Kara, 21 Jahre

5 Vergleichen Sie die Situation in Deutschland mit der Situation in Ihrem Heimatland. Wählen Sie zwei Stichwörter aus und erzählen Sie.

langsam/vorsichtig fahren • studieren • Entscheidungen in der Familie • Arbeit und Beruf • Geld verdienen • Gesetze • Hausarbeit • Kindererziehung • Vergewaltigung • sexuelle Belästigung - gleichberechtigt vor dem Gesetz • finanziell unabhängig

*in der BRD

Probleme im Haus und in der Wohnung

6 **Beschreiben Sie die Bilder. Welche Probleme gibt es?**

1 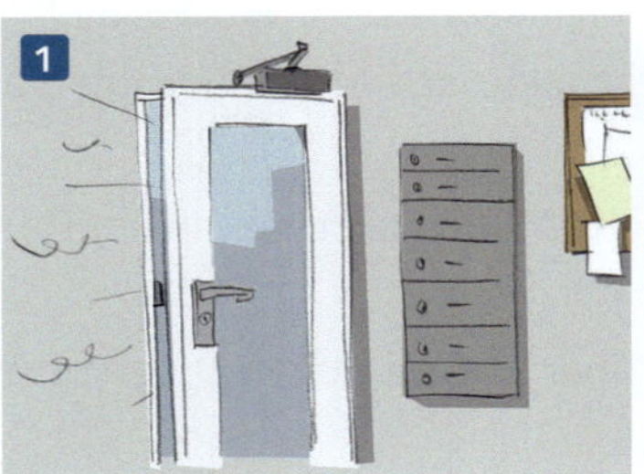

2 

3 

4 

5 

beide Waschmaschinen im Waschraum sind kaputt • das Dach ist undicht, es regnet in die Wohnung • die Fenster sind undicht, das Zimmer ist immer kalt • das Wasser wird nicht richtig warm • die Haustür schließt nicht richtig, man kann sie nachts nicht abschließen

Auf Bild 1 schließt die Haustür nicht richtig.

Auf Bild 2 sind die Waschmaschinen im Waschraum kaputt. Die Hausbewohner…

1.24 **7a** **Hören Sie das Gespräch. Über welche Probleme aus 1 sprechen die Nachbarn? Kreuzen Sie in 1 an.**

7b **Hören Sie noch einmal und ergänzen Sie die Sätze.**

1 Herr Olafson geht zu einer Freundin, weil er ....

2 Der Hausmeister hat vielleicht vergessen, dass ....

3 Frau Tusk will eine E-Mail an den Vermieter schreiben, weil ....

4 Das macht sie für sich selbst und ....

8 **Ergänzen Sie die E-Mail auf Seite 45 von Frau Tusk an ihre Vermieterin.**

Bescheid gesagt • Sehr geehrte • Mit freundlichen Grüßen • beide Waschmaschinen • Bitte • passiert • kümmern • Voraus

Von: post@tusk.de
An: huizinga@web.de
Betreff: Florianstraße 5, Waschmaschinen im Waschraum

.... Frau Huizinga,

seit schon fast zwei Wochen funktionieren ....

im Waschraum nicht mehr. Wir haben schon dem Hausmeister ....

...., aber leider ist nichts ....

.... Deshalb wende ich mich an Sie, mit der

...., sich um das Problem zu ....

....

Zurzeit müssen die Hausbewohner zu Freunden fahren oder zwanzig Minuten zum nächsten Waschsalon fahren, um ihre Wäsche zu waschen.

Herzlichen Dank im ....

....

Agnieszka Tusk

1.25

9 Bringen Sie das Gespräch mit dem Hausmeister in die richtige Reihenfolge. Kontrollieren Sie dann mit dem Hörtext.

- ☐ • Ja, richtig, sie musste die E-Mail schreiben, nachdem ich Ihnen schon vor einigen Tagen Bescheid gesagt hatte …
- ☐ • Ja, Frau Huizinga, die Vermieterin hat deshalb von Frau Tusk eine E-Mail bekommen.
- ☐ • Guten Tag, Herr Hinzpeter, sind Sie wegen der Waschmaschinen gekommen?
- ☐ • Ich tue, was ich kann.
- ☐ • Aber jetzt sind Sie ja da!
- ☐ • Es tut mir wirklich leid. Danach habe ich ganz vergessen, nach den Waschmaschinen zu schauen.
- ☐ • Hoffentlich können Sie das Problem schnell lösen. Es wäre sehr unbequem, wenn die Waschmaschinen noch ein paar Tage mehr kaputt sind.
- ☐ • Ja, und ich gehe auch gleich in den Waschraum. Ich hoffe, dass ich das Problem alleine lösen kann. Sonst muss ich den Kundendienst holen.

10 Wählen Sie ein Problem aus 1 aus und schreiben Sie einen Beschwerdebrief. Spielen Sie dann einen Dialog mit dem Hausmeister.

Hausbewohner

Herr/Frau … es gibt da ein Problem mit…
Der/Das/Die … ist kaputt/funktioniert nicht.
Deshalb …
Können Sie sich das bitte mal anschauen?
Wann wird das repariert?
Wie lange wird das dauern, bis … repariert ist?

Hausmeister

Ja, was gibt es?
Was ist das Problem?
Ja, das schau ich mir gleich an.
Heute schaffe ich das nicht mehr. Ich komme ….
Das kann ich nicht reparieren.
Ich muss einen Handwerker/Fachmann/Techniker rufen.
Morgen kommt ein … und repariert den/das/die …
Das dauert nicht lange / … Tage.

Prüfungsvorbereitung DTZ

Leseverstehen

1 **Teil 1. Sie wollen Ihrer Familie und Freunden Kurse an der Volkshochschule empfehlen. Lesen Sie die Aufgaben 1–5 und das Inhaltsverzeichnis des VHS-Katalogs. Wo (a, b oder c) finden Sie etwas Passendes? Markieren Sie Ihre Lösungen für die Aufgaben 1–5 auf dem Antwortbogen auf Seite 261.**

Beispiel:

0 Eine Freundin möchte wissen, wie man eine gute Bewerbung schreibt.
- a Alltagswissen
- b Arbeit und Beruf
- c Andere Seite

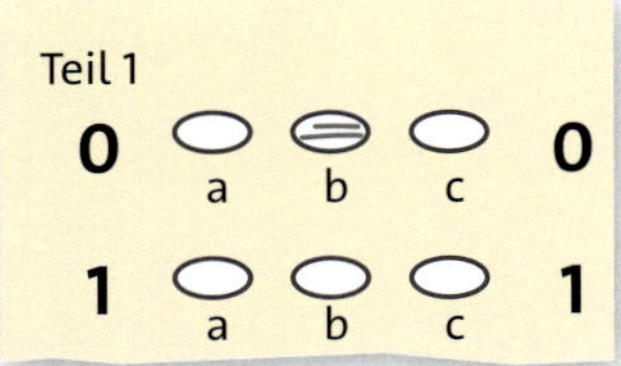

1 Ein Freund von Ihnen sucht Hilfe, weil sein Sohn Probleme in der Schule hat.
- a Schulabschlüsse – Grundbildung
- b Für Jugendliche
- c Andere Seite

2 Ihr/e Ehepartner/in will die japanische Küche kennenlernen.
- a Gesundheit
- b Essen und Trinken
- c Andere Seite

3 Eine Freundin muss für ihre Arbeit Englisch lernen.
- a Sprachen
- b Arbeit und Beruf
- c Andere Seite

4 Ein Freund möchte gerne Theater spielen.
- a Literatur und Theater
- b Kunst
- c Andere Seite

5 Ihre Tochter (16 Jahre) möchte gerne lernen, wie man gut fotografiert.
- a Kunst
- b Für Jugendliche
- c Andere Seite

1

INHALT

vhs

2 **Vergleichen und besprechen Sie Ihre Lösungen in Partnerarbeit.**

1 Regionen und Landschaften

1 a **Lesen Sie die E-Mail und ordnen Sie die Fotos den Abschnitten zu. Zu einem Abschnitt gibt es kein Foto.**

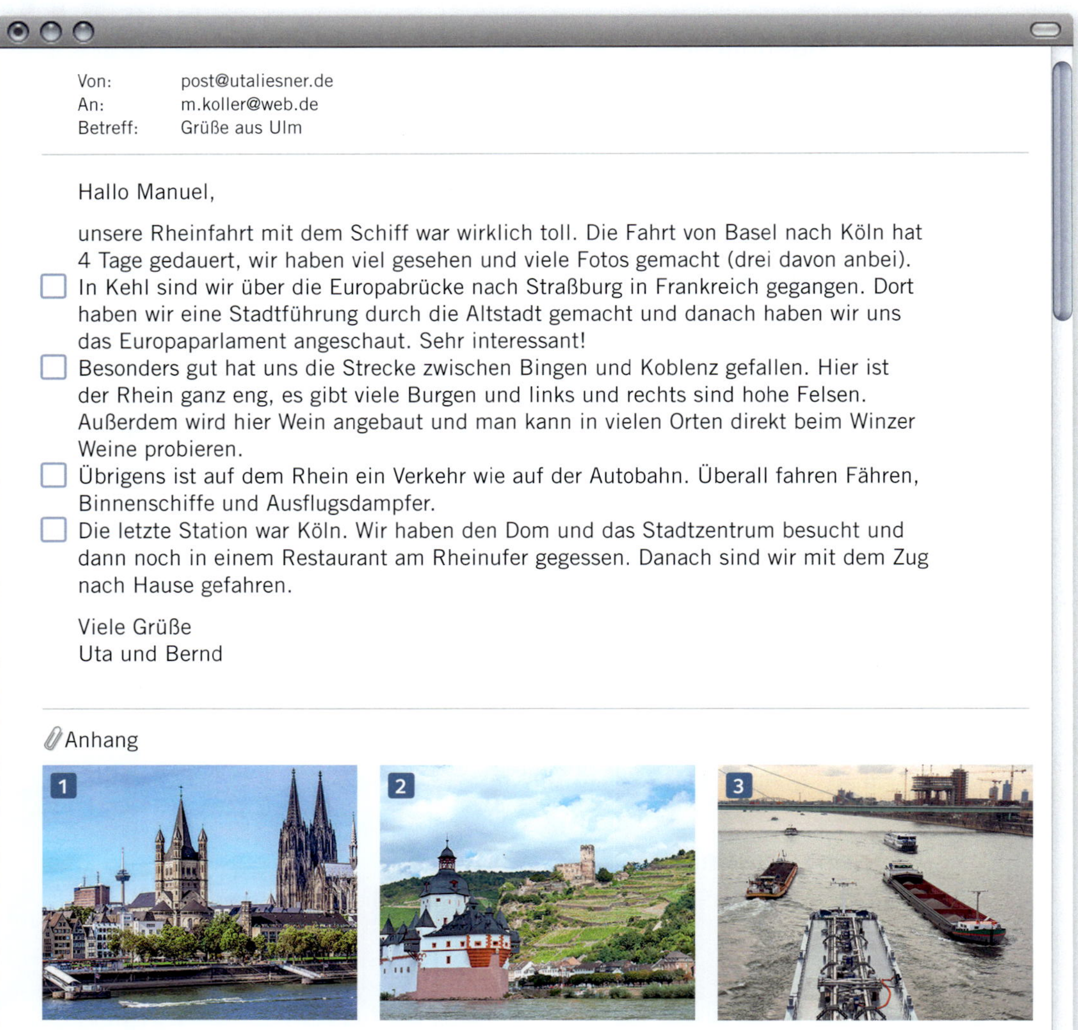

Von: post@utaliesner.de
An: m.koller@web.de
Betreff: Grüße aus Ulm

Hallo Manuel,

unsere Rheinfahrt mit dem Schiff war wirklich toll. Die Fahrt von Basel nach Köln hat 4 Tage gedauert, wir haben viel gesehen und viele Fotos gemacht (drei davon anbei).

☐ In Kehl sind wir über die Europabrücke nach Straßburg in Frankreich gegangen. Dort haben wir eine Stadtführung durch die Altstadt gemacht und danach haben wir uns das Europaparlament angeschaut. Sehr interessant!

☐ Besonders gut hat uns die Strecke zwischen Bingen und Koblenz gefallen. Hier ist der Rhein ganz eng, es gibt viele Burgen und links und rechts sind hohe Felsen. Außerdem wird hier Wein angebaut und man kann in vielen Orten direkt beim Winzer Weine probieren.

☐ Übrigens ist auf dem Rhein ein Verkehr wie auf der Autobahn. Überall fahren Fähren, Binnenschiffe und Ausflugsdampfer.

☐ Die letzte Station war Köln. Wir haben den Dom und das Stadtzentrum besucht und dann noch in einem Restaurant am Rheinufer gegessen. Danach sind wir mit dem Zug nach Hause gefahren.

Viele Grüße
Uta und Bernd

Anhang

1 2 3

1 b **Lesen die E-Mail noch einmal und beantworten Sie die Fragen.**

1 Wo hat die Fahrt angefangen?
2 Wie lange hat sie gedauert?
3 Was war besonders schön?
4 Was haben Uta und Bernd in Köln gemacht?

2 **Suchen Sie auf der Karte im Umschlag andere wichtige Flüsse in Deutschland und beantworten Sie die Fragen.**

Weser • Donau • Oder • Elbe

1 Welcher Fluss ist nur in Deutschland? ....
2 Welcher Fluss ist ein Grenzfluss? ....
3 Welcher Fluss kommt aus einem anderen Land? ....
4 Welcher Fluss fließt in ein anderes Land? ....

Damals, gestern, heute

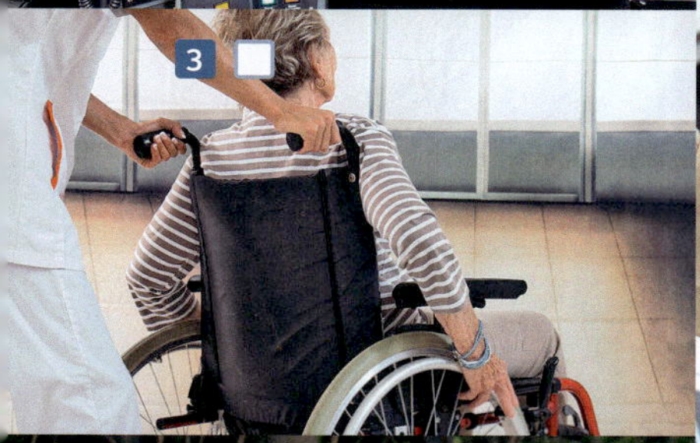

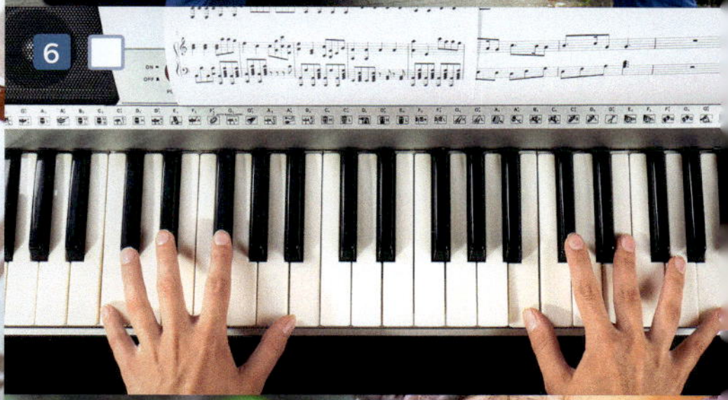

Sie lernen

- über Vergangenes berichten
- eine Kurzbiografie verstehen und schreiben
- einen Text zu einem historischen Thema verstehen
- regelmäßige und unregelmäßige Verben im Präteritum
- temporale Nebensätze mit *wenn* und *als*

1 a Ü1 **Sehen Sie die Fotos an. Wo sind der Mann und die Frau (Foto 1)? Worüber sprechen sie (Fotos 2–7)?**

Die Frau war wahrscheinlich …

Der Mann sitzt …

Vielleicht sprechen sie über …

1.26 **1 b** **Hören Sie das Gespräch zwischen Alina und Manu. Wer spricht worüber? Markieren Sie in den Fotos: A (= Alina) oder M (= Manu).**

1 c **Hören Sie noch einmal und machen Sie Notizen.**

	Familienstand?	Beruf?	Wohnort?	Freizeit?
Alina				
Manu				

2 **Arbeiten Sie zu zweit. Sie treffen nach längerer Zeit einen Bekannten / eine Bekannte und möchten erfahren, was er/sie in der letzten Zeit gemacht hat. Schreiben Sie Fragen und Antworten. Spielen Sie dann den Dialog im Kurs.**

4 A Lebensläufe

1 a Ü1-5 **Bilden Sie zwei Gruppen: rot und grün. Lesen Sie Ihren Text und ergänzen Sie die Sätze.**

LEBEN AKTUELL

Das Promi-Lexikon – Helene Fischer und Miroslav Nemec

am 26.03.2015 in Berlin bei der Echo-Preisverleihung

HELENE FISCHER

Helene Fischer gehört heute zu den erfolgreichsten Sängern und Sängerinnen Deutschlands. Sie hat bereits mehr als neun Millionen CDs verkauft. Als Fischer vier Jahre alt war, wanderten ihre Eltern von Sibirien nach Deutschland aus. Schon als Kind wollte Helene Fischer Sängerin werden. Nach der Realschule besuchte sie die *Stage & Musical School* in Frankfurt am Main. 2003 beendete sie ihre Ausbildung zur Musicaldarstellerin. In den folgenden Jahren hatte sie Auftritte in verschiedenen Theaterproduktionen und Musicals. 2004 schickte ihre Mutter eine Demo-CD an einen Künstlermanager. Mit Erfolg – 2006 veröffentlichte Fischer ihr erstes Album *Von hier bis unendlich*. 2011 erreichte sie mit dem Album *Für einen Tag* zum ersten Mal Platz 1 in Deutschland. 2012 spielte sie in der Fernsehserie *Das Traumschiff* mit. Es folgten weitere Alben, Konzerttournees sowie zahlreiche Fernsehauftritte als Sängerin und Moderatorin. 2015 besuchten 800.000 Fans ihre Konzerttournee *Farbenspiel* und Fischer konnte sich über den Musikpreis „Hit des Jahres“ freuen. Bei ihrem ersten großen Fernsehauftritt 2005 lernte Helene Fischer den Fernsehmoderator und Sänger Florian Silbereisen kennen. Seit 2008 sind sie ein Paar.

Schauspieler und Musiker

MIROSLAV NEMEC

Miroslav Nemec ist ein beliebter deutscher Schauspieler, der in der Fernsehserie *Tatort* den Münchner Polizisten Ivo Batic spielt. Bis zu seinem zwölften Lebensjahr lebte er bei seinen Eltern in Zagreb. Nach der Scheidung seiner Eltern wohnte er bei Verwandten in Bayern und besuchte in Traunstein das Gymnasium. Schon während seiner Schulzeit spielte Musik eine wichtige Rolle in seinem Leben. Als 15-Jähriger gründete er eine Rockband, in der er auch Leadsänger war. Nach dem Gymnasium studierte er Musik in Salzburg. Danach machte er noch eine Ausbildung zum Schauspieler in Zürich. In den 1980er Jahren spielte er an verschiedenen Theatern in Deutschland. In dieser Zeit arbeitete er auch immer wieder für das Fernsehen. Seit 1991 ist er regelmäßig im Münchner Tatort als Kommissar Batic zu sehen. Nemec ist außerdem in zwei Musikbands aktiv und 2011 veröffentlichte er unter dem Titel *Miroslav - Jugoslav* eine autobiographische Erzählung über sein Leben zwischen Zagreb und München. 1994 gründete er mit Freunden den Verein *Hand in Hand e.V.*, der Kriegswaisen aus dem ehemaligen Jugoslawien eine neue Heimat gibt. Nemec hat drei Töchter und ist seit 2000 mit Katrin Jäger zusammen. Die beiden heirateten 2013.

8

1. Helene Fischers Eltern wanderten …
2. Sie wollte …
3. Sie veröffentlichte …
4. Sie erreichte …
5. 2005 lernte sie …

1. Bis zu seinem zwölften Lebensjahr lebte er …
2. Er besuchte …
3. Als 15-Jähriger gründete er …
4. Er studierte …
5. Er spielte …

1b Verben im Präteritum. Lesen Sie den Grammatikkasten und ergänzen Sie die Sätze.

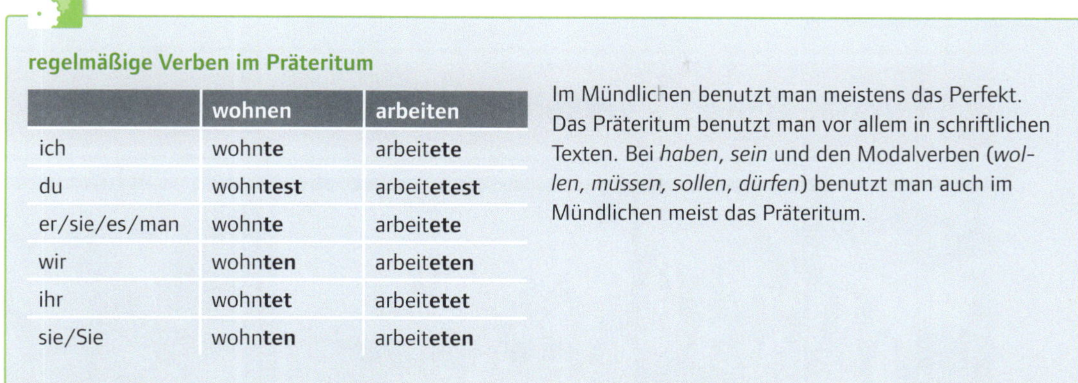

regelmäßige Verben im Präteritum

	wohnen	arbeiten
ich	wohn**te**	arbeit**ete**
du	wohn**test**	arbeit**etest**
er/sie/es/man	wohn**te**	arbeit**ete**
wir	wohn**ten**	arbeit**eten**
ihr	wohn**tet**	arbeit**etet**
sie/Sie	wohn**ten**	arbeit**eten**

Im Mündlichen benutzt man meistens das Perfekt. Das Präteritum benutzt man vor allem in schriftlichen Texten. Bei *haben*, *sein* und den Modalverben (*wollen, müssen, sollen, dürfen*) benutzt man auch im Mündlichen meist das Präteritum.

1 Helene Fischers Vater .... (arbeiten) als Sportlehrer, ihre Mutter war Ingenieurin.

2 Schon als Kind .... (tanzen) sie sehr gern.

3 Helene Fischers Eltern .... (glauben) von Anfang an an das Talent ihrer Tochter.

4 2006 .... (veröffentlichen) Helene Fischer ihre erste CD.

5 Miroslav Nemec .... (leben) bis 1966 in Zagreb.

6 Er .... (besuchen) ein Gymnasium in Traunstein.

7 Als Schüler .... (gründen) er eine Rockband.

8 Er .... (machen) eine Ausbildung zum Schauspieler.

1c Sie sind Experte/Expertin für Ihren Text. Notieren Sie Informationen zu Ihrer Person und berichten Sie über sie. In jeder Gruppe müssen beide Farben (rot und grün) sein.

2a Und Sie? Schreiben Sie mindestens drei Sätze über Ihr Leben früher auf ein Blatt. Benutzen Sie die Verben aus dem Schüttelkasten im Präteritum.

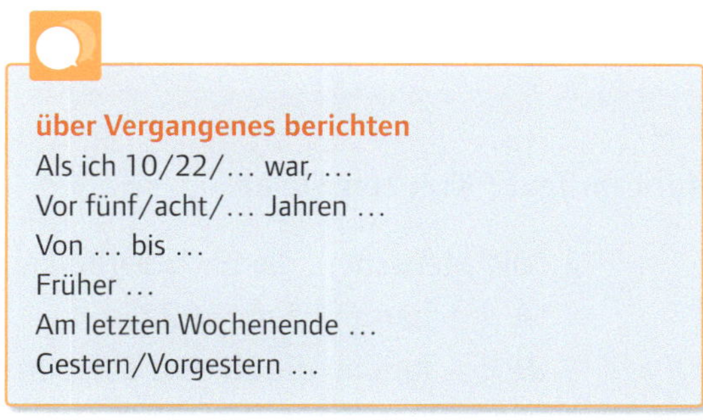

über Vergangenes berichten

Als ich 10/22/… war, …
Vor fünf/acht/… Jahren …
Von … bis …
Früher …
Am letzten Wochenende …
Gestern/Vorgestern …

arbeiten • fühlen • beenden • brauchen • gründen • haben • kaufen • können • leben • lernen • machen • müssen • organisieren • sein • spielen • studieren • tanzen • wohnen • auswandern

2b Wer ist das? Hängen Sie Ihre Blätter aus 2a im Kurs auf. Lesen Sie die Sätze und raten Sie.

Ah, ich glaube, das ist Malakeh.

B Zeitgeschichte

1 a Ü6 **Immer mehr Verkehr. Lesen Sie den Text und ordnen Sie die Fotos den Abschnitten zu.**

Zeitgeschichte

Tempo, Tempo – Verkehr in den 1920er Jahren

☐ Heute hat fast jeder Haushalt in Deutschland ein Auto. In den 1920er Jahren war das noch nicht so. Aber die Autoproduktion wuchs von Jahr zu Jahr. 1922 gab es erst ca. 83.000 Pkw in Deutschland, 1924 waren es schon 124.000 und 1932 fast 500.000 Autos. Vor allem waren aber Motorräder bei den Menschen sehr beliebt, weil sie nicht so teuer wie Autos waren. 1930 fuhren 800.000 Motorräder auf Deutschlands Straßen! Ein Vorteil war auch: Für kleinere Motorräder brauchte man damals keinen Führerschein. Die Deutschen waren also am Anfang ein Volk von Motorradfahrern, nicht Autofahrern.

☐ Wenn Menschen in den 1920er Jahren aus kleineren Städten nach Berlin kamen, dann staunten sie nicht über die vielen Häuser und Straßen, sie staunten viel mehr über den Verkehr. Besonders viel Verkehr gab es auf dem Potsdamer Platz. Täglich fuhren mehr als 20.000 Autos über den Platz. Deshalb stellte man dort Ende 1924 die erste Ampel in Deutschland auf. Der Autoverkehr nahm jedes Jahr zu und damit stieg auch die Zahl der Verkehrsunfälle. 1927 starben mehr als 2.000 Menschen auf deutschen Straßen.

☐ Neben dem Straßenverkehr nahm auch der Verkehr in der Luft immer mehr zu. Nach dem Krieg 1918 begann die große Zeit der Zeppeline – man nannte sie auch „Luftschiffe". Mit ihnen konnte man zum Beispiel von Europa nach Amerika fliegen. 65 Stunden dauerte die Reise. Aber auch der Passagierflugzeugverkehr fing in den 1920er Jahren an. Am 6. April 1926 flog ein Passagierflugzeug der Lufthansa von Berlin-Tempelhof über Halle, Erfurt und Stuttgart nach Zürich. Während des Fluges sahen die Passagiere Stummfilme. 1927 kamen neue Strecken hinzu, z. B. die Strecke München – Venedig.

-21-

1 b **Lesen Sie den Text noch einmal. Was steht im Text? Kreuzen Sie an.**

1 In den 1920er Jahren
- **A** ☐ gab es noch keine Autos.
- **B** ☐ gab es eine halbe Million Pkw.
- **C** ☐ fuhren viele Menschen Motorrad.

2 Die Menschen, die nach Berlin kamen,
- **A** ☐ hatten häufig Unfälle.
- **B** ☐ fanden die Häuser beeindruckend.
- **C** ☐ staunten über den Straßenverkehr.

3 Schon 1918 baute man die ersten
- **A** ☐ Autobahnen.
- **B** ☐ Flugschiffe.
- **C** ☐ Ampeln.

4 Die Lufthansa flog bereits 1926 nach
- **A** ☐ Zürich.
- **B** ☐ Amerika.
- **C** ☐ Venedig.

2a Unterstreichen Sie im Text in 1a die Präteritumformen der folgenden Verben.

Ü7-9

wachsen • geben • fahren • kommen • zunehmen • steigen • sterben • beginnen • nennen • anfangen • fliegen • sehen • hinzukommen

2b Das Präteritum der unregelmäßigen Verben. Schreiben Sie die Verben in eine Tabelle.

a	i/ie	o	u	Sonderformen
geben – ich gab du gabst er/sie gab wir gaben ihr gabt sie/Sie gaben			wachsen – ich wuchs du wuchst er/sie wuchs wir wuchsen ihr wuchst …	nennen – ich nannte du nanntest er/sie nannte wir nannten ihr nanntet sie/Sie nannten

2c Ergänzen Sie die Sätze. Verwenden Sie das Präteritum.

1. 1927 .... (geben) es 27.000 Motorräder in Deutschland.
2. Der Verkehr .... (zunehmen) in den 1920er Jahren stark ....
3. Wenn die Menschen nach Berlin .... (kommen), staunten sie über den Verkehr.
4. Die Zahl der Verkehrsunfälle .... (steigen) damals stark.
5. Die Lufthansa .... (fliegen) 1927 von München nach Venedig.
6. Die Passagiere .... (sehen) während des Fluges Stummfilme.

3 Unregelmäßige Verben erkennen. Lesen Sie den Text. Markieren Sie alle Verben und finden Sie in Partnerarbeit den Infinitiv zu den Präteritumsformen.

Ü10

schrieb – schreiben

Bert Lübcke, ein Passagier der ersten Schnellverbindung Berlin – Zürich (14.05.1928), schrieb 1987: „Ich fand den Flug damals fantastisch. In vier Stunden von Berlin nach Zürich – das ging so schnell! Besonders die Aussicht gefiel mir sehr. Ich saß am Fenster, trank ein Glas Champagner und sah die Welt von oben – ein wunderschönes Erlebnis!"

4 Unregelmäßige Verben lernen. Arbeiten Sie mit der Liste unregelmäßiger Verben (ab Seite 253). Legen Sie zehn Lernkarten mit Verben an, die Sie lernen möchten.

essen –
aß – gegessen

Als Kind aß ich gern Eis.

C Zeitzeugen

1.27

1 a
Ü11

Herr Obermeier berichtet über sein Leben. Hören Sie das Interview und sehen Sie die Fotos an. Worüber spricht er nicht? Kreuzen Sie an.

☐ 1945, München, unser Wohnhaus ist zerstört

☐ Klettern in den Alpen

☐ am Pilsensee

☐ auf dem Oktoberfest

☐ unser erstes Auto

☐ März 1972, Ilse im Büro

1 b

Hören Sie noch einmal, machen Sie Notizen und beantworten Sie die Fragen.

1 Wie alt ist Herr Obermeier?
2 Wie viele Geschwister hat er?
3 Was hat er als Kind gern gemacht?
4 Wie viele Stunden pro Woche musste er als Lehrling arbeiten?
5 Wo hat er seine Frau kennengelernt?
6 Warum hat er erst 1962 geheiratet?
7 An welchen Urlaub erinnert er sich noch heute?
8 Was hat seine Frau gemacht, als die Kinder klein waren?

1 c

Schreiben Sie einen Text über das Leben von Josef Obermeier (Kindheit, Ausbildung, Arbeit, Familie).

Josef Obermeier wurde 1938 in München geboren. ...

2 a
Ü12-14

Nebensätze mit *wenn* und *als*. Lesen Sie den Grammatikkasten und kreuzen Sie an.

Nebensätze mit *wenn* und *als*

	Vergangenheit	Gegenwart/Zukunft
einmal	**Als** ich Ilse kennenlernte, wohnte ich noch bei meinen Eltern.	**Wenn** die Sonne morgen scheint, gehe ich mit meinen Enkelkindern spazieren.
mehrmals	**Wenn** das Wetter schön war, (dann) bin ich zum Pilsensee gefahren.	**Wenn** das Wetter schön ist, (dann) verbringe ich im Sommer viel Zeit im Garten.

	einmal	mehrmals
1 Wenn es im Winter kalt war, hat Josef Obermeier gefroren.	☐	☐
2 Als sie eine Wohnung in Pasing hatten, haben sie geheiratet.	☐	☐
3 Wenn du morgen zu mir kommst, zeige ich dir Fotos von früher.	☐	☐
4 Immer wenn er viel Stress hat, bekommt er Kopfschmerzen.	☐	☐

2b Das Leben von Ilse Obermeier. Schreiben Sie Sätze mit *wenn* oder *als*.

als – vier Jahre alt – nach Hechendorf ziehen

als – sechs Jahre alt – in die Schule kommen

als – 19 Jahre alt – Josef kennenlernen

wenn – Geburtstag hatte – es gibt Kuchen

wenn – es regnete – mit dem Zug zur Schule fahren

wenn – die Früchte reif waren – bei der Ernte helfen

1 Als Ilse vier Jahre alt war, zog sie ...

3 Projekt. Wie war das bei Ihnen? Schreiben Sie über Ihr Leben in Ihrem Heimatland und jetzt in Deutschland. Wie war es damals? Wie ist es heute?

über das eigene Leben früher und heute berichten

Als ich … Jahre alt war, bin/musste ich …
Mit … Jahren konnte/musste/… ich …
Nach der Schule/Ausbildung habe ich …
Wenn …, dann …
Als …

Hier gibt es (keinen/kein/keine) …
Heute / Jetzt habe ich / haben wir (keinen/kein/keine) …
Hier / Heute kann / muss ich (nicht) …
Ich finde es (nicht) gut, dass ich hier …

Mein Leben

Früher

Ich wuchs in Cape Coast auf. Das ist in Westafrika, in Ghana. Mein Eltern und Großeltern waren Fischer. Ich habe schon als Kind von meinem Vater das Fischen gelernt. Früher gab es bei uns sehr viele Fische, aber heute ist es schwer. Als ich sechs Jahre alt war, bin ich zur Schule gekommen ...

Heute

Heute lebe ich in ...

4 Sprechen aktiv

Wörter sprechen

1.28

1 a **Ergänzen Sie die Wörter. Kontrollieren Sie mit dem Hörtext.**

reif • veröffentlicht • Ampel • Flugverkehr •
Musikband • Passagiere • Ernte • Verkehrsunfälle

1 Es gab schon damals sehr viele .... Am Potsdamer Platz stellte man deshalb 1924 eine .... auf, um den Verkehr zu regeln.

2 Im letzten Jahr sind mehr als 100 Millionen .... mit Lufthansa geflogen. Der .... wächst jedes Jahr.

3 Er spielt Gitarre in einer erfolgreichen .... Er hat schon drei Alben ....

4 Ilses Eltern hatten einen Bauernhof. Wenn die Früchte und das Getreide .... waren, half Ilse bei der ....

1 b **Hören Sie die Sätze aus 1a und sprechen Sie sie nach.**

Grammatik sprechen

1.29

2 a **Infinitiv, Präteritum, Perfekt. Ergänzen Sie und kontrollieren Sie mit dem Hörtext.**

e – a – o	e – a – e	ie – o – o
1 nehmen – ...	6 essen – ...	11 frieren – ...
2 sprechen – ...	7 geben – ...	12 fliegen – ...
3 helfen – ...	8 sehen – ...	13 ziehen – ...
i – a – u	**a – u – a**	**e – a – a**
4 finden – ...	9 fahren –	14 kennen – ...
5 trinken – ...	10 wachsen – ...	15 nennen – ...

2 b **Sprechen Sie zu zweit. A sagt ein Verb im Infinitiv, B ergänzt das Präteritum und das Partizip (Perfekt).**

3 a **Wie war das eigentlich? Schreiben Sie die Antworten zu den acht Fragen.**

1 Wo haben Sie gelebt, als Sie sechs Jahre alt waren?
2 Wie alt waren Sie, als Sie nach Deutschland kamen?
3 Was haben Sie gedacht als Sie anfingen, Deutsch zu lernen?
4 Was haben Sie gemacht, wenn Sie als Kind traurig waren?
5 Was haben Sie gemacht, wenn Sie Schulferien hatten?
6 Was haben Sie als Kind gerne gemacht, wenn das Wetter schön war?
7 Was haben Sie gemacht, wenn es regnete?

3 b Arbeiten Sie zu zweit. Fragen und antworten Sie wie im Beispiel.

Wo hast du gelebt, als du sechs Jahre alt warst?

Als ich sechs Jahre alt war, …

Flüssig sprechen

1.30

4 Hören Sie zu und sprechen Sie nach.

VIDEO
Clip 04
Seite 198

Dialogtraining

1.31

5 a Hören Sie den Dialog. Was ist falsch? Streichen Sie.

1. Die Firma gibt es schon seit vielen Jahren / erst seit kurzem.
2. Das Unternehmen war zu Beginn in München / Berlin.
3. Die Firma entwickelte besondere Züge / Bremsen.
4. Die Firma ist heute weltweit / in Europa führend in ihrem Bereich.

5 b Ergänzen Sie den letzten Satz und lesen Sie den Dialog zu zweit.

- Die Firma ist ziemlich cool.
- Wirklich? Erzähl mal. Wie heißt die Firma überhaupt?
- Also, die Firma heißt Knorr-Bremse. Das ist ein altes Familienunternehmen. Die Firma gibt es schon seit über 100 Jahren. Sie wurde 1905 von Georg Knorr in Berlin gegründet.
- Und was haben die damals genau gemacht?
- Das Unternehmen entwickelte damals eine besondere Bremse. Knorr-Bremse war in den 1920er Jahren der größte Hersteller von Bremsen für Züge in Europa.
- Wow!
- Im Jahr 1939 hatten etwa 90 Prozent aller deutschen Lkw von 7 bis 16 Tonnen eine solche Bremse. Cool, wie?
- Schon …
- Nach dem Zweiten Weltkrieg ging die Firma nach München. Dort entwickelte sie sich zu einem der weltweit führenden Unternehmen im Bereich der Bremstechnologie.
- Meinst du, das ist das Richtige für dich? Interessierst du dich denn für Bremsen? Du warst doch nie ein Fan von Technik, oder?
- Ach, Tantchen! ……………………………………………………………………………

Gewusst wie

Kommunikation

über Vergangenes berichten

In den 1920er Jahren begann die Zeit des Motorrad- und Autoverkehrs. Anfang der 30er Jahre fuhren auf Deutschlands Straßen bereits 800.000 Motorräder und 500.000 Autos. Vor allem in Berlin nahm der Verkehr stark zu. Deshalb stellte man dort Ende 1924 die erste Ampel in Deutschland auf. Auch der Flugverkehr mit Passagieren fing in den 1920er Jahren an. Am 6. April 1926 flog ein Passagierflugzeug von Berlin nach Zürich.

eine Lebensgeschichte beschreiben

Herr Obermeier wurde 1928 in München geboren, aber er wuchs ab 1945 in Hechendorf auf. Seine Familie wohnte in einer kleinen 3-Zimmer-Wohnung. Die Zeit nach dem Krieg war hart, denn es gab wenig zu Essen, viele Häuser waren zerstört und es gab sehr viele Flüchtlinge. Herr Obermeier hatte trotzdem eine schöne Kindheit. Er kam mit sechs Jahren in die Schule und war als Kind fast immer draußen. Wenn das Wetter schön war, fuhr er mit Freunden zum Schwimmen. Nach der Schule machte er eine Ausbildung.

Grammatik

Präteritum

regelmäßige Verben im Präteritum		
	wohnen	arbeiten
ich	wohn**te**	arbeit**ete**
du	wohn**test**	arbeit**etest**
er/es/sie/man	wohn**te**	arbeit**ete**
wir	wohn**ten**	arbeit**eten**
ihr	wohn**tet**	arbeit**etet**
sie/Sie	wohn**ten**	arbeit**eten**

unregelmäßigen Verben im Präteritum			
gehen	fahren	fliegen	geben
ging	fuhr	flog	gab
ging**st**	fuhr**st**	flog**st**	gab**st**
ging	fuhr	flog	gab
ging**en**	fuhr**en**	flog**en**	gab**en**
ging**t**	fuhr**t**	flog**t**	gab**t**
ging**en**	fuhr**en**	flog**en**	gab**en**

Einige unregelmäßige Verben haben die gleichen Endungen wie regelmäßige Verben:
ich brach**te**, du brach**test**, er/sie brach**te**, wir brach**ten**, ihr brach**tet**, sie/Sie brach**ten**.
Ebenso: bringen – brach**te**, nennen – nann**te**, denken – dach**te**, wissen – wuss**te**, kennen – kann**te**, mögen – moch**te**
Sie finden eine Liste mit allen unregelmäßigen Verben aus Pluspunkt Deutsch ab Seite 253.

Temporale Nebensätze mit *wenn* und *als*

Einmaliges Ereignis in der Vergangenheit: **als**
Als ich sechs Jahre alt war, bin ich in die Schule gekommen.

Mehrmaliges Ereignis in der Vergangenheit: **wenn**
Ereignisse in der Gegenwart und Zukunft: **wenn**

Wenn das Wetter gut war, bin ich schwimmen gegangen.
Immer **wenn** ich in München bin, gehe ich in den Englischen Garten.
Wenn wir nächste Woche im Urlaub sind, passen unsere Nachbarn auf unsere Katze auf.

Aus der Arbeitswelt

Sie lernen

- über einen Arbeitskonflikt diskutieren
- Stellenanzeigen verstehen
- eine Bewerbung schreiben
- eine Gehaltsabrechnung verstehen
- Adjektive mit *un-* und *–los*
- Nomen, die man wie Adjektive dekliniert
- temporale Nebensätze mit *während, bevor* und *nachdem*

1 **Sehen Sie sich das Bild an und ordnen Sie die Abteilungen zu. Beschreiben Sie dann die Firma. Was ist wo? Was sehen Sie?**

die Produktion • die Personalabteilung • die Verkaufsabteilung • der Konferenzraum • die Geschäftsführung • die Cafeteria • der Empfang • die Marketingabteilung

1.32 **2a** **Hören Sie die Interviews. Wo arbeiten Paolo Marin, Ina Winter und Mayara Rodriguez?**

2b Ü1 **Hören Sie noch einmal und beantworten Sie die Fragen.**

1 Worüber diskutieren die Mitarbeiter von Matzon oft?
2 Wo hat Herr Marin seine Ausbildung gemacht?
3 Wofür ist er heute verantwortlich?
4 Wofür ist Frau Winter zuständig?
5 Warum macht sie sich keine Sorgen um die Zukunft?
6 Welchen Aufgabenbereich hat Frau Rodriguez?

3 **Was sind wichtige Themen am Arbeitsplatz? Sammeln Sie Wörter und sprechen Sie im Kurs.**

Ich finde, Sicherheit ist ein wichtiges Thema.

5

A Ein Arbeitskonflikt

1 Ü2 **Lesen Sie die Zeitungsmeldung und beantworten Sie die Fragen.**

Unterroder Bote

Arbeitnehmerproteste in Unterrode

3.000 Menschen haben am Dienstag in Unterrode gegen die mögliche Schließung des Matzon-Werks demonstriert. In Zukunft will der Zulieferer für Autoteile in Rumänien produzieren. Maria Pustova, die bei Matzon in der Produktion arbeitet, sagt: „Wir haben alle Angst, dass wir arbeitslos werden. Wir müssen für unsere Arbeitsplätze kämpfen. Ich bin jetzt 56 und in meinen Alter ist es fast unmöglich, eine neue Arbeit zu finden." Pessimistisch ist auch Alfonso Moran, der im Kundenservice tätig ist: „Ich suche jetzt eine neue Arbeit, denn die Situation hier ist ziemlich unsicher." Hans Maier, der Vorsitzende des Betriebsrats, fordert Verhandlungen darüber, dass das Werk in Unterrode bleibt. Er droht mit Streik, wenn die Verhandlungen erfolglos bleiben. Alexandra Lauter, die Vertreterin der Geschäftsführung, sagt: „Hier in Unterrode sind die Kosten für die Produktion einfach zu hoch. Wir arbeiten unrentabel. Wir müssen billiger werden, denn sonst sind wir gegen die Konkurrenz aus der Automobilbranche chancenlos. Deshalb bauen wir das Werk in Rumänien."

Große Sorgen hat auch die Bürgermeisterin von Unterrode, Luise Hambacher. Sie erklärt: „Die Situation bei Matzon ist nicht nur für die Beschäftigten bei Matzon ein Problem, sondern auch für die Stadt und alle Bürger. Matzon ist in Unterrode ein wichtiger Arbeitgeber. Wenn das Unternehmen nicht hier bleibt, bekommen wir weniger Steuern und müssen vielleicht das Schwimmbad schließen. Es ist auch möglich, dass private Geschäfte schließen müssen."

1 Was produziert Matzon?
2 In welchem Land plant Matzon ein neues Werk?
3 Was will der Betriebsrat?
4 Wann ist ein Streik möglich?
5 Was sagt Frau Lauter über die Produktion in Unterrode?
6 Welche Sorgen hat die Bürgermeisterin?

Die Firma Matzon produziert Autoteile.

2 Ü3-5 **Lesen Sie die Zeitungsmeldung noch einmal und finden Sie die passenden Adjektive.**

1 keine/ohne Arbeit - ....
2 keine/ohne Chance - ....
3 kein/ohne Erfolg - ....
4 nicht sicher - ....
5 nicht rentabel - ....
6 nicht möglich - ....

Adjektive mit Negation

mit der Vorsilbe **un-**:	Die Arbeitsplätze sind **nicht sicher**. Die Arbeitsplätze sind **unsicher**.
mit der Nachsilbe **-los**:	Sie hat **keine Arbeit**. Sie ist **arbeitslos.**

3 a Die Einigung. Lesen Sie die Zeitungsmeldung und kreuzen Sie an: Richtig oder falsch?

Ü6-8

Unterroder Bote

Einigung in Unterrode

Nach vierwöchigen Verhandlungen haben der Betriebsrat und die Geschäftsführung von Matzon einen Kompromiss für das Werk in Unterrode gefunden. Ein Teil der Produktion bleibt jetzt in Unterrode. Von den 1.500 Beschäftigten müssen 500 den Betrieb verlassen. Der Vorsitzende des Betriebsrats Hans Maier ist nicht ganz zufrieden. Er sagt: „Wir konnten 1.000 Arbeitsplätze retten, aber leider verlieren 100 Angestellte in der Verwaltung und 400 Produktionsmitarbeiter ihren Arbeitsplatz. Wir haben mit der Geschäftsführung einen Sozialplan vereinbart. Die Beschäftigten, die ihre Arbeit verlieren, bekommen Abfindungen und Angebote für Fortbildungen. Gut ist, dass wir eine Betriebsvereinbarung ausgehandelt haben, die den Mitarbeitern, die bleiben, für die nächsten drei Jahre Kündigungsschutz garantiert.“ Alexandra Lauter von der Geschäftsführung ist zufrieden: „Mit dem Kompromiss können wir in Rumänien produzieren, um Kosten zu sparen, und gleichzeitig Arbeitsplätze in Unterrode sichern.“

		R	F
1	Matzon kündigt in Unterrode nur 100 Mitarbeitern.	☐	☐
2	Mitarbeiter, die ihre Arbeit verlieren, bekommen Hilfen.	☐	☐
3	Für die Mitarbeiter, die bleiben, ist der Arbeitsplatz für drei Jahre sicher.	☐	☐
4	Das Unternehmen baut das Werk in Rumänien nicht.	☐	☐

3 b Lesen Sie noch einmal und ergänzen Sie die Sätze.

Nomen, die man wie Adjektive dekliniert

	Nominativ	Akkusativ	Dativ
m	der Angestellt**e**	de**n** Angestellt**en**	de**m** Angestellt**en**
	ein Angestellt**er**	eine**n** Angestellt**en**	eine**m** Angestellt**en**
f	die Angestellt**e**	die Angestellt**e**	mit de**r** Angestellt**en**
	eine Angestellt**e**	eine Angestellt**e**	eine**r** Angestellt**en**
Pl.	die Angestellt**en**	die Angestellt**en**	de**n** Angestellt**en**
	- Angestellt**e**	- Angestellt**e**	- Angestellt**en**

1 Von den 1.500 Beschäftigt.................. müssen 500 den Betrieb verlassen.

2 Der Vorsitzend.................. des Betriebsrats ist nicht ganz zufrieden.

3 Leider verlieren 100 Angestellt.................. in der Verwaltung ihren Arbeitsplatz.

4 Die Beschäftigt.................., die ihren Arbeitsplatz verlieren, bekommen Abfindungen.

4 Ist die Lösung des Arbeitskonflikts für die Mitarbeiter/innen und das Unternehmen gut? Diskutieren Sie im Kurs.

eine Meinung äußern

Meiner Meinung nach ist das (nicht) gut für …
Besonders wichtig finde ich, dass…
Das sehe ich auch so. / Das sehe ich anders.

5

B Die schriftliche Bewerbung

1 Ü9 **Was erwarten Firmen von ihren Mitarbeitern/Mitarbeiterinnen? Bilden Sie Gruppen und sammeln Sie Wörter in einer Tabelle. Vergleichen Sie dann im Kurs.**

Ausbildung	Kenntnisse/Erfahrung	Eigenschaften
das Studium	die Sprachen	teamfähig

2 Ü10 **Lesen Sie die Stellenanzeigen. Welche Ausbildung, welche Kenntnisse und welche Eigenschaften brauchen die neuen Mitarbeiter/Mitarbeiterinnen? Notieren Sie.**

Tagesanzeiger Südwest

HARTWIG MOTORENBAU

Seit über 50 Jahren liefern wir Teile für die Automobilindustrie.
Uns fehlt ein berufserfahrener und dynamischer

Mitarbeiter (m/w) für den Kundenservice

Voraussetzungen:
- Kaufmännische Ausbildung
- gute Englischkenntnisse
- selbstständiges Arbeiten
- Teamfähigkeit

Wir bieten ein attraktives Gehalt sowie ein angenehmes Betriebsklima mit sehr guten Aufstiegsmöglichkeiten.

Bewerbung an:
Herrn Werner Herold
Hartwig Motorenbau
Industriestraße 3
45127 Essen

Brüninghaus GmbH

Wir sind ein Zulieferer für die internationale Automobilindustrie mit Sitz in Hilden. Wir suchen ab sofort

einen/eine Mitarbeiter/in für den Verkauf

Wir erwarten ein abgeschlossenes Wirtschaftsstudium, mehrere Jahre Berufserfahrung im Verkauf bei einem Automobilzulieferer und gute Branchenkontakte. Freundlichkeit im Kundenkontakt, systematisches Arbeiten, sichere Englisch- und PC-Kenntnisse sowie Teamfähigkeit und Engagement sind uns wichtig.

In Ihrer Position sind Sie zuständig für die Bearbeitung der Kundenanfragen, die Kundenbetreuung, die Gewinnung von Neukunden sowie die Vorbereitung der Preisverhandlungen.

Bitte senden Sie Ihre elektronische Bewerbung an: **elke-dreis@brhaus.de.**

	Ausbildung	Kenntnisse	Eigenschaften
Hartwig Motorenbau		gute Englischkenntnisse	
Brüninghaus GmbH			

1.33 **3** **Hören Sie das Gespräch zwischen Herrn und Frau Moran. Beantworten Sie die Fragen.**

1 Warum kann sich Herr Moran nicht bei der Firma Brüninghaus bewerben?
2 Welchen Nachteil hat das Stellenangebot der Firma Hartwig Motorenbau?
3 Welchen Beruf hat Frau Moran?
4 Was sagt sie über ihre Chancen, in Unterrode eine Arbeit zu finden?
5 Warum bewirbt sich Herr Moran bei der Firma Hartwig Motorenbau?

4a Ü11-13 Lesen Sie das Bewerbungsschreiben von Herrn Moran und vergleichen Sie es mit den Erwartungen der Firma Hartwig Motorenbau. Wie zeigt Herr Moran, dass er die richtige Person für die ausgeschriebene Stelle ist? Markieren Sie.

Alfonso Moran
Martinsgasse 7
30111 Unterrode
Tel.: 05913-56732
E-Mail: a.moran@web.de

Hartwig Motorenbau
Herrn Werner Herold
Industriestraße 3
45127 Essen

Unterrode, 9. Mai 20...

Bewerbung als Mitarbeiter für den Kundenservice

Sehr geehrter Herr Herold,

mit großem Interesse habe ich im Tagesanzeiger Südwest Ihre Anzeige für eine Stelle als Mitarbeiter im Kundenservice gelesen. Ich bin seit sechs Jahren mit Freude im Kundenservice eines Automobilzulieferers tätig und bin es gewohnt, selbstständig sowie im Team zu arbeiten.

Meine Ausbildung zum Kaufmännischen Angestellten habe ich bei der Firma Matzon in Unterrode gemacht. Seit 2009 arbeite ich bei Matzon im Kundendienst. Ich bin unter anderem für die Kontakte zu den Kunden in Großbritannien zuständig und beherrsche Englisch in Wort und Schrift. In den Anlagen finden Sie weitere Details zu meinem beruflichen Werdegang.

Die Tätigkeit in Ihrer Firma interessiert mich, da ich mich gerne beruflich weiterentwickeln möchte. Ich bin sicher, dass meine Berufserfahrung auch in Ihrem Betrieb nützlich sein kann. Über die Möglichkeit zu einem persönlichen Gespräch würde ich mich freuen.

Mit freundlichen Grüßen

Alfonso Moran

Anlagen Lebenslauf, zwei Zeugniskopien

4b Vergleichen Sie Ihre Ergebnisse aus 4a und sprechen Sie im Kurs.

Die Firma erwartet, dass der Mitarbeiter selbstständig ist und Herr Moran schreibt, dass er gerne selbstständig arbeitet.

Herr Moran schreibt, dass er ...

5 Was macht Herr Moran? Ordnen Sie die Sätze den Bildern zu. Vergleichen Sie mit den Sätzen im Grammatikkasten.

1 Er schreibt die Bewerbung.
2 Er liest die Stellenanzeige.
3 Er sortiert die Bewerbungsunterlagen.
4 Er denkt über seine Stärken nach.

Nebensätze mit *bevor, während* und *nachdem*

Bevor Herr Moran die Bewerbung schreibt, liest er die Stellenanzeige.
Während Herr Moran die Bewerbung schreibt, denkt er über seine Stärken nach.
Nachdem Herr Moran die Bewerbung geschrieben hat, sortiert er die Bewerbungsunterlagen.

Achtung: Nach *nachdem* kann das Verb nicht im Präsens stehen.

6a Was machen Herr und Frau Moran am Morgen? Schreiben Sie Sätze.

Ü14-16

1 Zuerst kocht Herr Moran Kaffee. Dann frühstücken sie zusammen.

Bevor sie zusammen ...., ...

2 Sie frühstücken zusammen und sprechen über die Situation bei Matzon.

Während ...., ...

3 Sie frühstücken zusammen. Danach geht Herr Moran zur Arbeit.

Nachdem ....

6b Was macht Frau Moran am Vormittag? Schreiben Sie Sätze mit *bevor, während, nachdem*.

1 11.00 Uhr: Sie spielt Klavier.
2 12.00 Uhr: Sie liest Stellenanzeigen für Musiklehrerinnen. Sie macht Notizen.
3 13.00 Uhr: Sie druckt eine interessante Anzeige aus.

C Die Gehaltsabrechnung

5

1 Ü17 **Herr Moran hat die Stelle bei Hartwig Motorenbau bekommen. Lesen Sie seine Gehaltsabrechnung und ordnen Sie die passenden Zeilen zu.**

A So viel überweist die Firma an Herrn Moran: ………

B Dieses Geld bezahlt Herr Moran als Steuern an den Staat: 2, ………

C Diese Beträge sind für die Sozialversicherungen: ………

D So viel verdient Herr Moran brutto: ………

E Herr Moran ist Mitglied der evangelischen Kirche. Deshalb muss er diese Steuern bezahlen: ………

Entgeltabrechnung 02/2016 **Firma: Hartwig Motorenbau**

	Alfonso **Moran** Familienstand: verheiratet Krankenkasse: AOK	Personal-Nr.: 68 Steuer-ID-Nr.: 92786356581 Steuerklasse: III
1	**Brutto-Gehalt**	**2.850,00 Euro**
2	Lohnsteuer	185,83 Euro
3	Solidarzuschlag	4,76 Euro
4	Kirchensteuer	14,86 Euro
5	AN-Anteil Krankenversicherung	233,70 Euro
6	AN-Anteil Rentenversicherung	266,48 Euro
7	AN-Anteil Arbeitslosenversicherung	42,45 Euro
8	AN-Anteil Pflegeversicherung	33,49 Euro
9	Summe Abzüge laufender Monat	781,57 Euro
10	**Netto-Gehalt**	**2.068,43 Euro**

2 **Vergleichen Sie die Gehaltsabrechnung mit Ihrem Heimatland.**

1 Wie viel verdienen bei Ihnen die Menschen im Durchschnitt?

2 Welche Abzüge (z. B. Steuern, Sozialversicherungen) gibt es? Wie hoch sind die Abzüge?

In meinem Heimatland gibt es keine Kirchensteuer.

Eine Arbeitslosenversicherung haben wir nicht.

3 **Projekt: Gehälter in Deutschland. Wie viel verdient man in Deutschland im Durchschnitt in verschiedenen Berufen? Recherchieren Sie im Internet. Wählen Sie dafür geeignete Begriffe für eine Suchmaschine aus.**

Einkommen Deutschland **suchen**

durchschnittlicher Verdienst **suchen**

Durchschnittsgehalt Mechatroniker **suchen**

Sprechen aktiv

Wörter sprechen

1 a **Ergänzen Sie die Sätze.**

1 Wenn man keinen Erfolg hat, ist man ....

2 Sie ist in ihrem Beruf nicht zufrieden, sie ist ....

3 Wenn eine Person keine Chance hat, ist sie ....

4 Eine Situation, die nicht sicher ist, ist ....

5 Wenn ein Text ohne Fehler ist, ist er ....

6 Wenn etwas nicht möglich ist, ist es ....

7 Er hat seine Arbeit verloren, er ist ....

8 Ihm ist die Situation nicht klar, sie ist ihm ....

1 b **Arbeiten Sie zu zweit. Sprechen Sie die Sätze wie im Beispiel.**

Wenn man keinen Erfolg hat, ...

... ist man erfolglos.

Grammatik sprechen

2 a ***Bevor, während, nachdem.* Arbeiten Sie zu zweit. Partner/in B arbeitet auf Seite 189. Fragen Sie Ihren Partner / Ihre Partnerin und ergänzen Sie Susannes Tagesablauf.**

Susannes Samstag

9:00 (bevor)	9:30 (während)	10:30	11:30 (während)
Sie	Sie frühstückt. Sie	Sie spielt Klavier	Sie joggt. Sie ....
12:30 (bevor)	**14:00**	**16:30 (nachdem)**	**18:00 (nachdem)**
Sie	Sie macht mit Rafael einen Spaziergang.	Sie	Sie ....

Was macht Susanne, bevor sie frühstückt?

Was macht Susanne nachdem sie mit Rafael einen Spaziergang gemacht hat?

2 b ***Bevor, während, nachdem.* Arbeiten Sie zu zweit. Partner/in B arbeitet auf Seite 190. Lesen Sie Rafaels Tagesablauf und beantworten Sie die Fragen Ihres Partners / Ihrer Partnerin.**

Rafaels Samstag

9:00 Er duscht.	9:30 Er frühstückt. Er checkt seine E-Mails.	10:30 Er liest ein Buch.	11:30 Er fährt zu Susanne. Er hört seine Lieblings-CD.
12:30 Er isst mit seiner Freundin Mittag.	14:00 Er geht mit seiner Freundin spazieren.	16:30 Er bucht mit seiner Freundin einen Urlaub.	18:00 Er fährt nach Hause.

Bevor er frühstückt, duscht er.

Während er frühstückt, …

Flüssig sprechen

1.34 **3** **Hören Sie zu und sprechen Sie nach.**

VIDEO
Clip 05-06
Seite 199

Dialogtraining

1.35 **4a** **Hören Sie den Dialog. Wer hat welches Problem? Notieren Sie.**

Friederike:
Frau Amani:

4b **Lesen Sie den Dialog zu zweit. Wie geht das Gespräch vielleicht weiter? Schreiben Sie noch zwei Fragen und Antworten. Spielen Sie den Dialog dann zu zweit.**

● Frau Amani ● Friederike

- ● Was kann ich für Sie tun?
- ● Ich habe in den letzten Monaten sehr viel sonntags gearbeitet. Das war eine Zeit lang okay, aber langsam wird es sehr unangenehm. Ich möchte einfach mehr Zeit für meine Freunde und meine Familie haben.
- ● Aber Sie haben doch dafür den Mittwoch frei.
- ● Schon, aber alle anderen arbeiten ja am Mittwoch und mein Partner eben auch. Wir haben zu wenig Zeit füreinander. Frau Amani, ich weiß, dass gerade viele Kollegen krank sind. Aber so geht das irgendwie nicht weiter.
- ● Ja. Ich weiß nur gerade auch nicht, was wir da machen können.
- ● In meinem Arbeitsvertrag steht, dass ich höchstens einmal im Monat ein Wochenende arbeiten muss. Das ist für mich auch so in Ordnung. Aber mehr geht eben nicht.
- ● Eventuell könnte ich Ihnen anbieten, dass wir die Sonntagsdienste ein bisschen besser bezahlen. Aber bevor ich das machen kann, muss ich mit dem Abteilungsleiter sprechen.
- ● Mehr Gehalt ist gut. Aber eigentlich löst das mein Problem nicht.
- ● Ich weiß, wir brauchen mehr Personal. Leider ist es nicht einfach, zuverlässiges Pflegepersonal zu finden.

5

Gewusst wie

Kommunikation

über eine Firma sprechen

Die Firma, in der ich arbeite, produziert Motorenteile. Sie hat 400 Mitarbeiter, 300 arbeiten in der Produktion und 100 in der Verwaltung. Ich arbeite in der Produktion und bin Mitglied des Betriebsrats. Das Unternehmen hat seinen Sitz in der Nähe von Hannover. Die Geschäftsführung möchte jetzt ein Werk in Portugal bauen, um dort zu produzieren. Die Geschäftsführung sagt: „Wenn wir eine Chance gegen die Konkurrenz haben wollen, müssen wir unsere Kosten senken." Das ist im Moment ein großes Thema bei den Kollegen in der Firma. Viele verstehen die Entscheidung der Geschäftsführung nicht.

über einen Arbeitskonflikt diskutieren

- Ich bin der Meinung, dass der Betriebsrat und die Geschäftsführung eine gute Lösung gefunden haben. Der Betriebsrat konnte nicht alle Arbeitsplätze retten, aber für die Beschäftigten, die ihre Arbeit verlieren, gibt es einen Sozialplan.
- Das sehe ich anders. Meiner Ansicht nach ist der Kompromiss keine gute Lösung. Viele Menschen werden arbeitslos und es ist schwer, eine neue Stelle zu finden.
- Das sehe ich auch so. Für die Mitarbeiter ist der Kompromiss, den man gefunden hat, nicht so positiv.

Grammatik

Nomen, die man wie Adjektive dekliniert

	Nominativ	Akkusativ	Dativ
m	der Vorsitzen**de**	den Vorsitzen**den**	dem Vorsitzen**den**
	ein Vorsitzen**der**	einen Vorsitzen**den**	einem Vorsitzen**den**
f	die Vorsitzen**de**	die Vorsitzen**de**	der Vorsitzen**den**
	eine Vorsitzen**de**	eine Vorsitzen**de**	einer Vorsitzen**den**
Pl.	die Vorsitzen**den**	die Vorsitzen**den**	den Vorsitzen**den**
	- Vorsitzen**de**	- Vorsitzen**de**	- Vorsitzen**den**

Adjektive mit *-los* und *-un*

ohne Arbeit – arbeits**los**
ohne Erfolg – erfolg**los**
ohne Chancen – chancen**los**

nicht gewöhnlich – **un**gewöhnlich
nicht sicher – **un**sicher
nicht angenehm – **un**angenehm

Nebensätze mit *bevor*, *während* und *nachdem*

Bevor	er die Bewerbung	schreibt,	liest er die Stellenanzeige.
Während	er die Bewerbung	schreibt,	denkt er über seine Stärken nach.
Nachdem	er die Bewerbung	geschrieben hat,	sortiert er die Bewerbungsunterlagen.

Achtung: Nach *nachdem* kann das Verb nicht im Präsens stehen.

Wünsche

1 2 3 4 5 6

Sie lernen

- sagen, was einem im Leben wichtig ist
- sagen, was man sich wünscht oder gern tun würde
- über Verbraucherschutz sprechen
- Ratschläge geben, Vorschläge machen
- Konjunktiv II
- Reflexivpronomen im Dativ

1 a **Ordnen Sie die Wörter den Fotos zu. Beschreiben Sie die Fotos.**

eine gute Ausbildung bekommen • Freunde haben • eine gute Arbeit haben • ein Haus haben • eine Familie gründen • in Wohlstand leben • gesund sein

1 b **Arbeiten Sie zu zweit. Schreiben Sie zu den Fotos Minidialoge. Vergleichen Sie im Kurs.**

1.36 **2 a** Ü1 **Was ist im Leben wichtig? Hören Sie den Radiobeitrag und machen Sie Notizen.**

	Nadra Zungu	*Carlos Andrade*	*Karina Lau*	*Ferdinand Suter*
Alter / Beruf	*14, Schülerin*			*29, Wirtschaftsingenieur*
Was ist wichtig?			*Freiheit, …*	

2 b **Was ist Ihnen wichtig? Sammeln Sie.**

Mir ist es wichtig, dass mein Kind in Sicherheit aufwächst.

6 A Wünsche und Wirklichkeit

1 a Ü2 **Lesen Sie den Zeitungsartikel und ergänzen Sie die Prozentzahlen. Wo im Text finden Sie die Informationen? Markieren Sie.**

Das wünschen sich die Deutschen

Eine Befragung von 2.000 Personen hat gezeigt, dass sie sich vor allem Dinge wünschen, die man nicht kaufen kann.

90 % der Befragten hätten gern mehr Zeit für sich und für ihre Familien. 77 % möchten glücklich verheiratet sein. 56 % möchten bis ins hohe Alter gesund bleiben und viele wären gern körperlich fitter. Auch zum Thema Arbeit gibt es Wünsche: Viele hätten gern einen unbefristeten Arbeitsvertrag, einen anderen Job oder flexiblere Arbeitszeiten. Weitere häufige Wünsche sind z. B.: „mehrere Sprachen sprechen", „gut kochen können" und „sich ehrenamtlich engagieren". Und fast jeder vierte Deutsche (23 %) träumt manchmal davon, sein Leben zu verändern. Aber die Deutschen haben auch materielle Wünsche. 80 % würden gern ein Haus oder eine Wohnung besitzen. 77 % träumen von finanzieller Sicherheit, sie würden gern genug Geld verdienen, um gut leben zu können. Für 39 % ist das Thema „sichere Rente" sehr wichtig. Nur 7 % träumen von einem Lottogewinn.

1 mehr Freizeit: .... **2** eine glückliche Ehe: .... **3** finanzielle Sicherheit: ....

4 Gesundheit: .... **5** Wohneigentum: .... **6** das Leben verändern: ....

1 b **Vergleichen Sie die Ergebnisse der Umfrage mit Ihren Wünschen von Seite 69.**

2 a Ü3 ***Hätte, wäre, würde*. Lesen Sie den Grammatikkasten und ergänzen Sie die Sätze.**

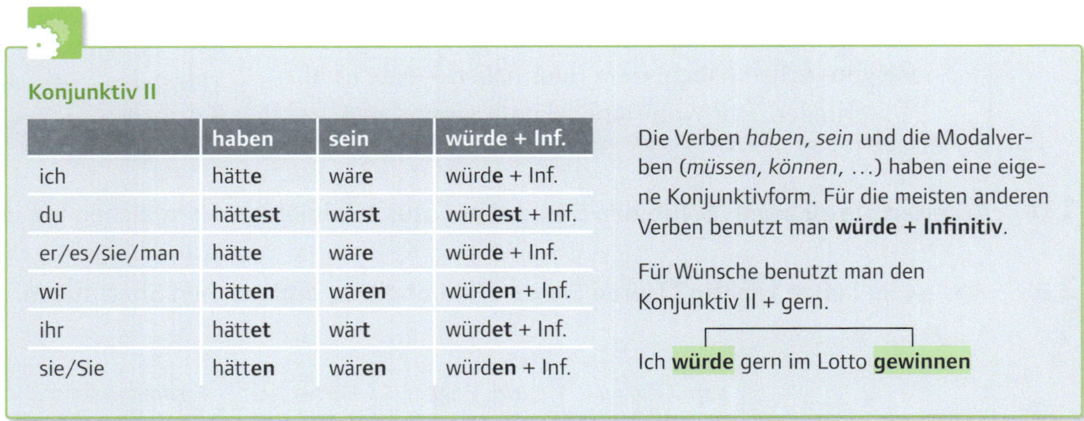

Konjunktiv II

	haben	sein	würde + Inf.
ich	hätte	wäre	würde + Inf.
du	hätt**est**	wär**st**	würd**est** + Inf.
er/es/sie/man	hätte	wäre	würde + Inf.
wir	hätt**en**	wär**en**	würd**en** + Inf.
ihr	hätt**et**	wär**t**	würd**et** + Inf.
sie/Sie	hätt**en**	wär**en**	würd**en** + Inf.

Die Verben *haben*, *sein* und die Modalverben (*müssen, können, …*) haben eine eigene Konjunktivform. Für die meisten anderen Verben benutzt man **würde + Infinitiv**.

Für Wünsche benutzt man den Konjunktiv II + gern.

Ich **würde** gern im Lotto **gewinnen**

1 Viele Deutsche .... gern mehr Zeit für sich und für ihre Familien.

2 Sie .... gern körperlich fitter und bis ins hohe Alter gesund.

3 Sie .... gern mehrere Sprachen sprechen.

4 Sie .... gern genug Geld verdienen, um gut leben zu können.

2 b **Und Sie? Welche Wünsche haben Sie? Schreiben Sie Sätze mit *hätte/wäre/würde gern*.**

3a Was wäre wenn? Ordnen Sie die Sätze den Bildern zu.

1 Wenn Sina ein neues Fahrrad hätte, würde sie heute eine Radtour machen.
2 Wenn es warm wäre, würde Sascha im See baden gehen.
3 Wenn Peter nicht verletzt wäre, würde er heute Basketball spielen.

3b Was ist die Wirklichkeit? Ergänzen Sie die Sätze wie im Beispiel.

1 Sina hat kein neues Fahrrad. Sie macht heute keine ……………………

2 Es ist nicht warm, ……………………

3 Peter ist ……………………

4 *Wenn*-Sätze mit Konjunktiv II. Ergänzen Sie die Sätze.

Ü4

Sie ist gern Pilotin. • Ich habe Pauls Telefonnummer. • Oskar gewinnt im Lotto. • Wir lernen Klavier spielen. • ~~Ich schlafe bis 10 Uhr.~~ • Tonka und Rico haben Kinder.

1 Wenn ich morgen frei hätte, *würde ich bis 10 Uhr schlafen*.

2 Wenn Tina sich einen Beruf aussuchen könnte, …………………… .

3 Wenn wir mehr Zeit hätten, …………………… .

4 ……………………, würde er ein Haus am Meer kaufen.

5 ……………………, würde ich ihn anrufen.

6 ……………………, würden sie beide Teilzeit arbeiten.

5 Was wäre, wenn …? Was würden Sie tun, wenn …? Notieren Sie drei Fragen und interviewen Sie Ihren Partner / Ihre Partnerin. Berichten Sie im Kurs.

Was würdest du tun, wenn du zehn Jahre jünger wärst?

Wenn ich zehn Jahre jünger wäre, …

Was wäre, wenn du viel Geld hättest?

6a Hören und lesen Sie den Dialog. Was ist richtig? Kreuzen Sie an.

1.37 Ü5-9

- Amir, musst du am Wochenende arbeiten?
- Leider ja. Es wäre schön, wenn ich nicht immer am Wochenende arbeiten müsste. Dann könnten wir ab und zu ins Kino gehen. Was machst du am Wochenende, Rafik?
- Du weißt ja, ich mache gerade einen Englischkurs. Ich müsste Hausaufgaben machen und Vokabeln lernen. Aber ich habe keine Lust. Ich glaube, ich fahre lieber zu meinem Bruder.
- Du solltest für den Englischkurs lernen. Du willst doch die Prüfung bestehen, oder?

1 ☐ Amir kann nicht mit Rafik ins Kino gehen, weil er arbeiten muss.
2 ☐ Rafik muss keine Hausaufgaben machen, deshalb fährt er zu seinem Bruder.
3 ☐ Amir findet es nicht so gut, dass Rafik nicht für den Englischkurs lernen will.

6b Lesen Sie den Grammatikkasten und ergänzen Sie die Sätze. Benutzen Sie den Konjunktiv II der Modalverben *können, müssen, sollen*.

Konjunktiv II der Modalverben *können, müssen, sollen*

ich	könn**te**	müss**te**	soll**te**	wir	könn**ten**	müss**ten**	soll**ten**
du	könn**test**	müss**test**	soll**test**	ihr	könn**tet**	müss**tet**	soll**tet**
er/es/sie/man	könn**te**	müss**te**	soll**te**	sie/Sie	könn**ten**	müss**ten**	soll**ten**

1 Wenn wir mehr verdienen würden, ... wir nicht so viel arbeiten.

2 Wenn ich morgen nicht so früh aufstehen ...., ... ich heute Abend tanzen gehen.

3 Wenn es wärmer wäre, ... die Kinder jetzt ins Schwimmbad gehen.

4 Wenn ihr die Prüfung bestehen wollt, ... ihr regelmäßig üben.

7a Vorschläge und Ratschläge mit *könnte* und *sollte*. Schreiben Sie Sätze.

Ü10-11

1 Laura und Simon, ihr seht müde aus. … (ihr – mal eine Pause machen)
2 Ich habe einen Vorschlag: … (wir – mal wieder – ans Meer fahren)
3 Rauchen ist wirklich ungesund. … (Sie – unbedingt – damit aufhören!)
4 Ich helfe dir gerne beim Umzug. … (ich – zum Beispiel – die Regale aufbauen)

7b Geben Sie Ratschläge. Spielen Sie Minidialoge wie im Beispiel.

Fahrrad kaputt • sich heute nicht gut fühlen • müde sein • ein Geburtstagsgeschenk für die Schwiegermutter brauchen • morgen einen Test schreiben • …

So ein Ärger, mein Fahrrad ist kaputt!

Du könntest es reparieren.

B Geburtstagswünsche

1.38 **1 a** Ü12-15 **Hören Sie das Gespräch. Was wünschen sich Lukas und Alina? Notieren Sie.**

Lukas wünscht sich ....
Alina wünscht sich ....

1 b **Hören Sie noch einmal und ergänzen Sie.**

- Alina und Lukas, ihr habt ja beide bald Geburtstag. Was wünscht ihr .... denn?
- Also, ich wünsche .... einen Fußball und ich hätte auch gern neue Fußballschuhe.
- Und ich wünsche .... ein Smartphone zum Geburtstag.
- Ein Smartphone? Smartphones sind aber ziemlich teuer!
- Ich weiß, aber alle meine Freunde haben ein Smartphone.
- Dann brauchst du einen Vertrag mit Internet. Das können wir .... nicht leisten.
- Es gibt aber auch günstige Tarife für Jugendliche.
- Du hast doch etwas Geld gespart, oder? Du könntest .... das Smartphone selbst kaufen und wir könnten die Gebühren für das erste Jahr bezahlen. Was meinst du?

1 c **Lesen Sie den Grammatikkasten und ergänzen Sie die Sätze.**

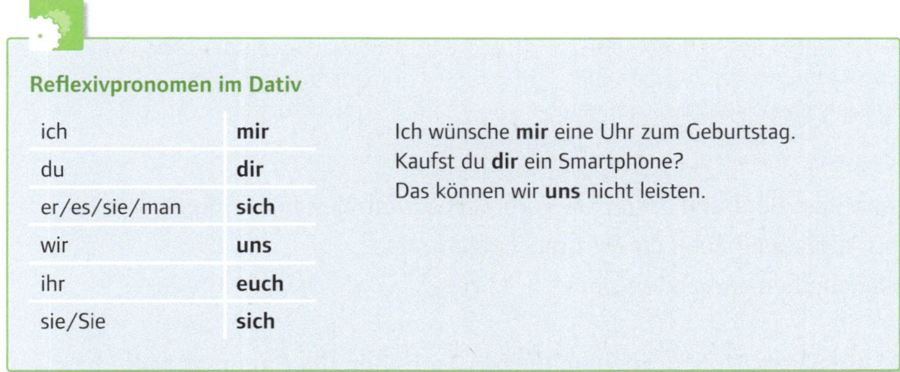

Reflexivpronomen im Dativ

ich	**mir**
du	**dir**
er/es/sie/man	**sich**
wir	**uns**
ihr	**euch**
sie/Sie	**sich**

Ich wünsche **mir** eine Uhr zum Geburtstag.
Kaufst du **dir** ein Smartphone?
Das können wir **uns** nicht leisten.

1 Was wünschst du .... zum Geburtstag?
2 Lucas wünscht .... einen Fußball und neue Fußballschuhe.
3 Einen teuren Smartphone-Vertrag können .... die Eltern nicht leisten.
4 Die Mutter schlägt vor, dass Alina .... das Smartphone selbst kauft.

2 Ü16 **Und Sie? Spielen Sie Minidialoge. Fragen und antworten Sie wie im Beispiel.**

C Verbraucherschutz

1 a Ü17

Lesen Sie den Text und beantworten Sie die Fragen.

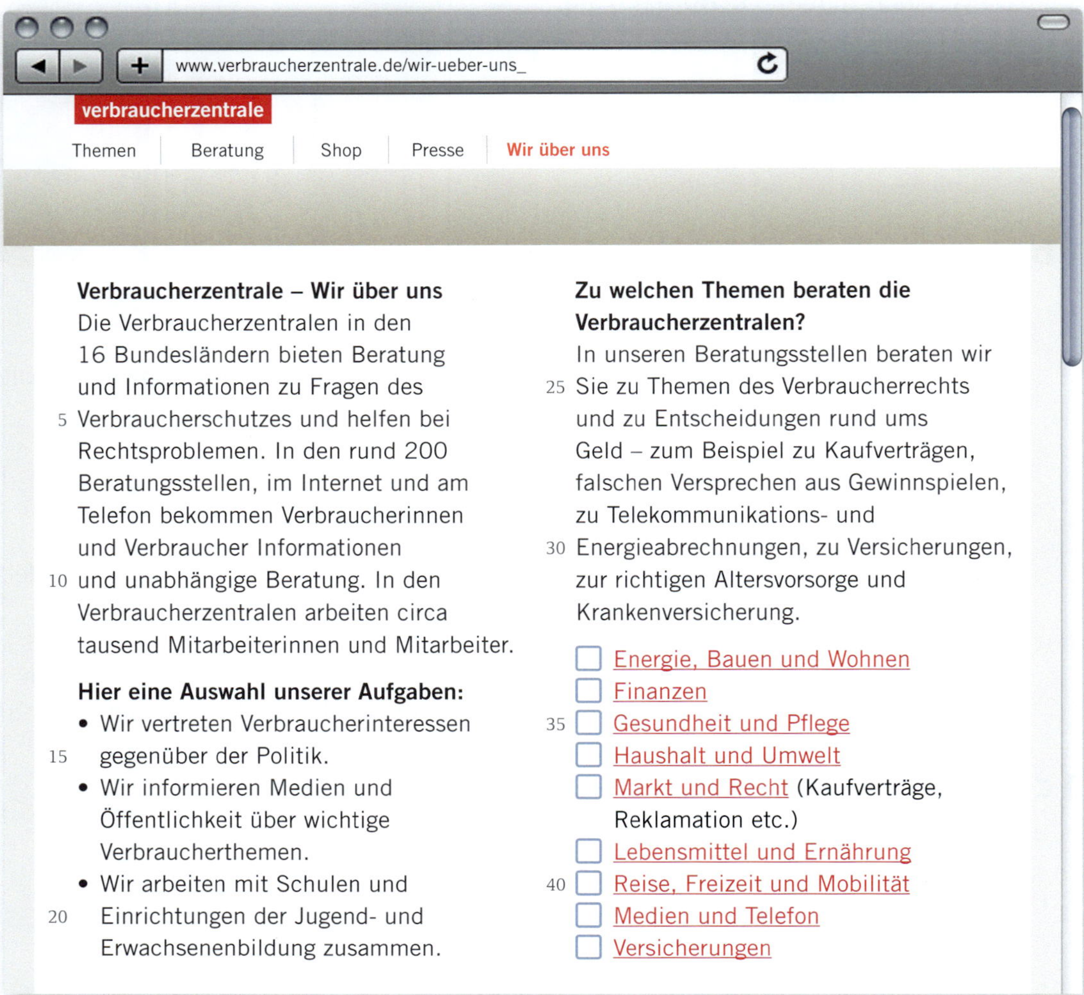

www.verbraucherzentrale.de/wir-ueber-uns_

verbraucherzentrale

Themen | Beratung | Shop | Presse | Wir über uns

Verbraucherzentrale – Wir über uns
Die Verbraucherzentralen in den 16 Bundesländern bieten Beratung und Informationen zu Fragen des Verbraucherschutzes und helfen bei Rechtsproblemen. In den rund 200 Beratungsstellen, im Internet und am Telefon bekommen Verbraucherinnen und Verbraucher Informationen und unabhängige Beratung. In den Verbraucherzentralen arbeiten circa tausend Mitarbeiterinnen und Mitarbeiter.

Hier eine Auswahl unserer Aufgaben:
- Wir vertreten Verbraucherinteressen gegenüber der Politik.
- Wir informieren Medien und Öffentlichkeit über wichtige Verbraucherthemen.
- Wir arbeiten mit Schulen und Einrichtungen der Jugend- und Erwachsenenbildung zusammen.

Zu welchen Themen beraten die Verbraucherzentralen?
In unseren Beratungsstellen beraten wir Sie zu Themen des Verbraucherrechts und zu Entscheidungen rund ums Geld – zum Beispiel zu Kaufverträgen, falschen Versprechen aus Gewinnspielen, zu Telekommunikations- und Energieabrechnungen, zu Versicherungen, zur richtigen Altersvorsorge und Krankenversicherung.

- ☐ Energie, Bauen und Wohnen
- ☐ Finanzen
- ☐ Gesundheit und Pflege
- ☐ Haushalt und Umwelt
- ☐ Markt und Recht (Kaufverträge, Reklamation etc.)
- ☐ Lebensmittel und Ernährung
- ☐ Reise, Freizeit und Mobilität
- ☐ Medien und Telefon
- ☐ Versicherungen

1 Wo kann man Beratung durch die Verbraucherzentralen bekommen?
2 Welche Aufgaben haben die Verbraucherzentralen?
3 Zu welchen Themen beraten sie?

1 b **Lesen Sie die Sätze. Unter welchem Link in 1a finden die Personen Hilfe bzw. entsprechende Informationen? Ordnen Sie zu.**

1 Irina hat eine Pauschalreise gemacht. Das Hotel war viel schlechter als im Vertrag mit dem Reiseveranstalter beschrieben.
2 Herr und Frau Lastowka wollen eine Wohnung kaufen und brauchen einen Kredit.
3 Die Mutter von Alex ist sehr alt und krank. Alex möchte sich über die Kosten eines mobilen Pflegedienstes informieren.
4 Frau Asalis Tochter möchte ein Smartphone. Frau Asali möchte sich über Verträge für Jugendliche informieren.
5 Martina Nowak möchte kein Fleisch mehr essen. Sie möchte wissen, was man bei einer vegetarischen Ernährung beachten sollte.

1 c **Welche Themen interessieren Sie? Wozu hätten Sie gern Informationen bzw. Beratung? Berichten Sie.**

1.39 **2a** Ü18 **Telefongespräche mit Verbraucherzentralen. Hören Sie und ordnen Sie die Dialoge den Fotos zu. Ein Foto passt nicht.**

A ☐ 

B ☐ 

C ☐ 

2b Hören Sie die Dialoge noch einmal und kreuzen Sie an: Was ist richtig?

1 Die Buchhandlung hat die Bücher zurückgenommen, weil
- **A** ☐ der Kunde einen Gutschein akzeptiert hat.
- **B** ☐ Buchhandlungen Bücher zurücknehmen müssen.
- **C** ☐ sie kulant war.

2 Die Buchhandlung muss die CD-ROM nicht zurücknehmen, weil
- **A** ☐ es kein allgemeines Umtauschrecht gibt.
- **B** ☐ der Kunde keinen Gutschein, sondern das Geld zurück wollte.
- **C** ☐ die CD-ROM reduziert war.

3 Herr Baldini
- **A** ☐ möchte den alten Telefonanschluss kündigen.
- **B** ☐ möchte den neuen Telefonanschluss nicht.
- **C** ☐ hat einen neuen Telefonanschluss.

4 Er kann den Vertrag innerhalb von 14 Tagen widerrufen, weil
- **A** ☐ er die Rechnung noch nicht bezahlt hat.
- **B** ☐ er den Vertrag zu Hause unterschrieben hat.
- **C** ☐ Haustürgeschäfte verboten sind.

2c Haben Sie solche oder ähnliche Situationen auch schon einmal erlebt? Berichten Sie.

1.40 **3a Umtausch. Ordnen Sie den Dialog. Kontrollieren Sie mit dem Hörtext.**

- ☐ Das ist kein Problem. Vielen Dank.
- ☐ Haben Sie den Kassenzettel?
- ☐ Guten Tag. Dieses Buch hat mir ein Freund zum Geburtstag geschenkt, aber ich habe es schon. Ich würde es deshalb gern umtauschen.
- ☐ Ja, mein Freund hat ihn mir gegeben. Bitte sehr.
- ☐ Danke. Sie können sich ein Buch zum gleichen Preis oder ein Buch, das teurer ist, aussuchen. Dann müssten Sie allerdings die Differenz bezahlen.

3b Rollenspiel. Arbeiten Sie zu zweit. Spielen Sie Dialoge. Partner/in A und Partner/in B finden ihre Rollen auf Seite 190.

Sprechen aktiv

Wörter sprechen

1.41

1 a Was passt zusammen? Ordnen Sie zu und kontrollieren Sie mit dem Hörtext.

1 Hast du flexible Arbeitszeiten?
2 Was bedeutet „vegetarische" Ernährung?
3 Ist es dir wichtig, gut zu verdienen?
4 Haben Sie einen unbefristeten Arbeitsvertrag?
5 Welche materiellen Wünsche haben die Deutschen?
6 Wo kann man sich über das Thema Mobilfunkvertrag informieren?

A Leider nicht, ich bin nur bis zum 31.12. angestellt.
B Das heißt, dass man keinen Fisch und kein Fleisch isst.
C Nein, ich muss immer von 8 bis 16:30 Uhr arbeiten.
D Die Verbraucherschutzzentrale bietet Beratung zu wichtigen Verbraucherthemen an.
E Ja, denn ich glaube, man hat weniger Sorgen, wenn man finanzielle Sicherheit hat.
F Viele hätten gern ein Haus oder eine eigene Wohnung.

1.42

1 b Hören Sie die Dialoge aus 1a und sprechen Sie nach.

1 c Sprechen Sie die Dialoge aus 1a zu zweit.

Grammatik sprechen

2 Ratschläge geben. Sprechen Sie Minidialoge. Benutzen Sie den Konjunktiv II von *sollen* und *können*.

1 • Ich habe zu wenig Zeit für meine Kinder.
• … (weniger arbeiten)
2 • Was wollen wir heute kochen?
• … (Lasagne machen)
3 • Emir kann nicht Auto fahren.
• … (den Führerschein machen)
4 • Ich bin mit meinem Job unzufrieden
• … (eine neue Stelle suchen)
5 • Hast du einen Tipp für meinen Urlaub mit Luisa?
• … (ein Wochenende in ein Wellness-Hotel fahren)

Ich habe zu wenig Zeit für meine Kinder.

Du solltest vielleicht weniger arbeiten.

3 a Träumerei. Interviewen Sie Ihren Partner / Ihre Partnerin.

1 Was würdest du machen, wenn du zwei Millionen Euro hättest?
2 Welche drei Dinge hättest du gerne?
3 Wo wärst du jetzt am liebsten?
4 Wohin würdest du gern einmal reisen?
5 Was würdest du gerne lernen? (z. B. eine Sprache, ein Instrument, …)

Was würdest du machen, wenn du zwei Millionen Euro hättest?

Ich würde noch einmal studieren und ich würde eine Weltreise machen.

3 b Berichten Sie im Kurs.

> *Wenn Catalina zwei Millionen Euro hätte, dann würde sie noch einmal studieren und eine Weltreise machen.*

> *Darius würde gern Klavier spielen lernen.*

Flüssig sprechen

1.43 **4** Hören Sie zu und sprechen Sie nach.

VIDEO

Clip 07
Seite 200

Dialogtraining

1.44 **5 a** Hören Sie den Dialog. Warum möchte Francesco einen neuen Fernseher haben? Sammeln Sie Antworten im Kurs.

> *Er möchte einen neuen Fernseher haben, weil ...*

5 b Hören Sie noch einmal und ergänzen Sie dann die letzte Antwort.

Friederike
Francesco

- Was suchst du?
- Ich gucke nach einem Fernseher. Ich hätte gern einen internetfähigen Fernseher.
- Du meinst einen Fernseher, mit dem man online fernsehen kann?
- Ja, Herzchen! Fernsehen und surfen und shoppen. Alles, was du willst.
- Was wäre denn besser mit einem internetfähigen Fernseher?
- Dann hätten wir viel mehr Programme. Es gibt eine Menge Filme und Serien in Online-Videotheken. Wenn wir jetzt nicht mehr so oft ins Kino gehen, hätte ich wenigstens zu Hause gern eine gute Auswahl. Du guckst doch auch gern Serien.
- Ja, schon … Oh, der ist aber ganz schön teuer!
- Ja, leider. Aber auch schön groß! Der gefällt mir überhaupt richtig gut. Er sieht ziemlich cool aus. Wenn er nicht so teuer wäre, würde ich den nehmen.
- Muss der Bildschirm denn so groß sein? Sollten wir nicht lieber einen kleineren nehmen? So viel Platz haben wir auch wieder nicht.
- Der Bildschirm ist doch ganz flach. Der braucht gar nicht viel Platz.
- Sag mal, willst du den Fernseher etwa online bestellen?
- ....

5 c Lesen Sie den Dialog zu zweit.

Kommunikation

sagen, was man sich wünscht

Ich würde gern mehrere Sprachen sprechen.
Ich wäre gern Pilot.
Ich hätte gern mehr Zeit für meine Familie.
Ich wünsche mir zum Geburtstag ein Smartphone.

sagen, was man tun würde, wenn ...

Ich würde in Urlaub fahren, wenn ich nicht arbeiten müsste.
Wenn es wärmer wäre, könnten wir ins Schwimmbad gehen.

Ratschläge geben

Du solltest mehr Obst essen.
Du könntest mal dein Zimmer aufräumen.
Sie müssten regelmäßiger üben.

etwas umtauschen

Eine Freundin hat mir zum Geburtstag dieses Buch geschenkt, aber ich habe das Buch schon. Kann ich mir ein anderes Buch aussuchen? Den Kassenzettel habe ich.

Vorschläge machen

Wir könnten zusammen ins Kino gehen.
Ich könnte dir bei den Hausaufgaben helfen.

Grammatik

Konjunktiv II

	haben	sein	können	müssen	sollen	würde + Inf.
ich	hätte	wäre	könnte	müsste	sollte	würde
du	hättest	wärst	könntest	müsstest	solltest	würdest
er/es/sie/man	hätte	wäre	könnte	müsste	sollte	würde
wir	hätten	wären	könnten	müssten	sollten	würden
ihr	hättet	wärt	könntet	müsstet	solltet	würdet
sie/Sie	hätten	wären	könnten	müssten	sollten	würden

Wunsch: Ich **würde** gern im Lotto **gewinnen**. Sie **wäre** gern Pilotin.
Irreale Bedingung: Wenn ich nicht arbeiten **müsste**, **könnte** ich jetzt Musik hören.
Ratschlag: Du **solltest** mehr Sport treiben.
Vorschlag: Wir **könnten** ins Kino gehen.
Höfliche Bitte: **Würden** Sie bitte hier unterschreiben? **Könnten** Sie das bitte wiederholen?

Reflexivpronomen im Dativ

	Dativ
ich	**mir**
du	**dir**
er/es/sie	**sich**
wir	**uns**
ihr	**euch**
sie/Sie	**sich**

Bei einigen Verben steht das Reflexivpronomen immer im Dativ, z. B.: sich etwas wünschen, sich etwas kaufen, sich etwas leisten.
Ich wünsche **mir** neue Fußballschuhe.
Bei reflexiven Verben mit Akkusativ-Objekt steht das Reflexivpronomen im Dativ, z. B.:
Ich wasche mich. ABER: Ich wasche **mir** die Haare.

Spiel und Spaß

1 **Was ist passiert? Arbeiten Sie zu dritt und wählen Sie ein Foto aus. Notieren Sie, was Ihnen zu dem Foto einfällt. Schreiben Sie dann einen Zeitungsbericht (Wer? Was? Wo?), ein Gedicht oder eine Geschichte. Geben Sie Ihrem Text einen Titel und hängen Sie ihn im Kurs auf. Welcher gefällt Ihnen am besten?**

leben • arbeiten • wollen • müssen • können • sein • haben • treffen • gehen • kommen • verpassen • vermissen • wünschen • …

Vor drei Jahren wohnte …

vor … Jahren • an einem Sommertag • früher • dann • danach • schließlich • …

2a **Wörter raten. Wählen Sie ein Wort aus der Liste aus und erklären Sie es Ihrem Lernpartner / Ihrer Lernpartnerin, aber sagen Sie es nicht. Er/Sie muss das Wort raten.**

die Großfamilie	die Ausbildung	das Nettogehalt
die Gleichberechtigung	der Betriebsrat	das Unternehmen
das Vorstellungsgespräch	die Schwiegereltern	der Verbraucherschutz
der Streik	das Passwort	der Kredit

Ich spreche von einer Familie, die sehr groß ist.

Wenn alle die gleichen Rechte, Chancen und Pflichten haben, nennt man das: …

2b **Suchen Sie weitere Wörter aus den Lektionen 1–6 und erklären Sie sie.**

2 Arbeit und Beruf

Akademische Berufe

1 **Was denken Sie? Für welche Berufe braucht man ein Studium? Kreuzen Sie an und vergleichen Sie Ihre Ergebnisse im Kurs.**

- ☐ Politiker/in
- ☐ Journalist/in
- ☐ Friseur/in
- ☐ Ingenieur/in
- ☐ Erzieher/in
- ☐ Psychologe/-in
- ☐ Künstler/in
- ☐ Handwerker/in
- ☐ Arzt/Ärztin
- ☐ Sozialarbeiter/in
- ☐ Architekt/in
- ☐ Manager/in
- ☐ Chemiker/in
- ☐ Lehrer/in
- ☐ Elektriker/in
- ☐ Polizist/in
- ☐ Informatiker/in
- ☐ Rechtsanwalt/-anwältin
- ☐ Krankenschwester/-pfleger

Wenn man Rechtsanwalt werden möchte, muss man auf jeden Fall studieren.

Viele Politiker haben studiert, aber man kann auch ohne ein Studium Politiker werden.

1.45 **2a** **Hören Sie das Interview mit dem Studienberater Günter Bertram. Welche Berufe aus Aufgabe 1 nennt er?**

2b **Hören Sie das Interview noch einmal und ordnen Sie zu.**

1. Diplom, Bachelor, Master und Promotion
2. Das Staatsexamen
3. Allgemeine Hochschulreife
4. Das Fachabitur
5. Eine Fachoberschule
6. Das Gymnasium bietet
7. An Fachhochschulen
8. An der Universität
9. Studiengebühren
10. Auf dem zweiten Bildungsweg

- **A** ist eine Prüfung des Staates.
- **B** ist ein anderes Wort für Abitur.
- **C** lernt man mehr Theorie als an der Fachhochschule.
- **D** sind Hochschulabschlüsse.
- **E** hat eine berufliche Orientierung.
- **F** macht man auf Fachoberschulen.
- **G** muss man an staatlichen Hochschulen nicht bezahlen.
- **H** kann man neben dem Beruf das Abitur oder die Mittlere Reife machen.
- **I** eine allgemeine und breite Schulbildung.
- **J** wird auch geforscht, aber mit starkem Praxisbezug.

3 **Vergleichen Sie die Informationen über Hochschulen und Studium in Deutschland mit Ihrem Heimatland. Welche Unterschiede gibt es?**

Bei uns gibt es nur Universitäten, keine Fachhochschulen.

In meiner Heimat kostet ein Studium ...

Unter der Internetadresse www.bildungsserver.de bekommen Sie weitere Informationen über das deutsche Bildungssystem. Man kann in Deutschland auch studieren, wenn man das Abitur bzw. einen Schulabschluss in einem anderen Land und in einer anderen Sprache gemacht hat. Ausländer, die in Deutschland studieren wollen, brauchen eine Anerkennung, dass ihr Schulabschluss das gleiche Niveau hat wie das Abitur und sie müssen eine Sprachprüfung machen.

4 Lesen Sie die Texte und beantworten Sie die Fragen.

BH Berufe heute | 03/2016

Das Know-how des Übersetzers

„Jeder kann doch Englisch!", ist eine Aussage, über die Florian Willer nur lachen kann. Der 33-jährige ist seit sieben Jahren selbstständiger technischer Übersetzer für Englisch-Deutsch und Deutsch-Englisch. An der Fachhochschule Flensburg hat er *Internationale Fachkommunikation* studiert. „Um technische Fachtexte übersetzen zu können, muss man einen breiten Wortschatz sowie fundierte Grammatikkenntnisse in beiden Sprachen mitbringen und zudem die Materie so gut beherrschen, dass man auch den Ausgangstext versteht!", erklärt Willner. Seine Kunden wissen seine Fachkompetenz zu schätzen. Willer hat über 50 Auftraggeber, für die er zum Teil schon seit Jahren arbeitet. Nach seiner Diplomprüfung hat Florian Willer zunächst ein dreimonatiges Praktikum bei einer Berliner Übersetzungsagentur gemacht. Er sagt: „Das war eine wichtige Hilfe für meinen Einstieg in die Berufspraxis. Ich habe von den Kollegen viel über den Umgang mit den Kunden, das richtige Zeitmanagement und sinnvolle technische Hilfsmittel gelernt ."

Traumberuf Apothekerin

Maria Blum wollte schon als kleines Kind Apothekerin werden. Doch der Weg zur eigenen Apotheke war lang und manchmal auch ziemlich stressig. Vor allem vor den Examensprüfungen ihres Pharmazie-Studiums musste Maria Blum viele Stunden lernen. Nach acht Semestern Studium und erfolgreichem zweitem Staatsexamen kam dann noch ein praktisches Jahr in einer Apotheke und schließlich das dritte Staatsexamen. „Für das Studium muss man Spaß an den Naturwissenschaften, also Chemie, Biologie und Mathe, mitbringen, sonst hat man keine Chance", so Blum. Die 42-Jährige leitet nun seit drei Jahren die Fontane-Apotheke in Bochum. An ihrem Beruf schätzt sie vor allem den Kontakt mit den Kunden: „In einer Apotheke ist es nie langweilig. Es kommen ganz unterschiedliche Menschen, die Medikamente brauchen, aber auch Rat suchen. Oft bin ich auch Übersetzerin, die den Kunden die Wirkung von Medikamenten mit einfachen Worten erklären muss." Aber auch dass sich der Beruf gut mit dem Familienleben vereinbaren lässt, macht sie zufrieden. „Meine Arbeitszeiten sind planbar, das ist sehr viel Wert!", so die dreifache Mutter.

1 Wo und was hat Florian Willer studiert?
2 Welche Kenntnisse sind für seine Arbeit wichtig?
3 Warum war das Praktikum für Herrn Willer wichtig?
4 Was hat Maria Blum studiert und wie lange dauerte die Ausbildung?
5 Welche Voraussetzung muss man für das Studium mitbringen?
6 Was schätzt Frau Blum besonders an ihrem Beruf?

Erzieherinnen und Erzieher

5a **Beschreiben Sie die Fotos. Was machen die Erzieher/innen?**

5b **Kennen Sie eine Erzieherin oder einen Erzieher? Wo arbeitet er/sie? Erzählen Sie.**

6a **Lesen Sie die Fragen 1-4 und den Informationstext. Beantworten Sie die Fragen in Ihrem Heft.**

1 Wie alt sind die Personen, die Erzieher/innen betreuen?
2 Wo arbeiten Erzieher/innen?
3 Wie lange dauert die Ausbildung?
4 Wie viel verdient ein/e Erzieher/in?

Berufsporträt Erzieher/in

Erzieherinnen und Erzieher betreuen und fördern Kinder, Jugendliche und junge Erwachsene.

Vielfältige Arbeitsplätze

Die Arbeit der Erzieher/innen ist vielfältig. Sie arbeiten zum Beispiel in einer Krippe, in einer Kita, in einem Hort, in Ganztagsschulen, in Jugendheimen oder Erziehungsheimen, in Einrichtungen für Menschen mit Behinderung, in Ferienheimen oder in Suchtberatungsstellen.

Die Ausbildung zum/zur Erzieher/in

Voraussetzung für die Ausbildung ist die mittlere Reife / der mittlere Bildungsabschluss. Die Ausbildung dauert in der Regel 4 Jahre, in einigen Bundesländern auch nur 2 Jahre. Nach den ersten zwei Jahren an einer Fachschule kann man als Sozialassistent/in arbeiten, nach weiteren zwei Jahren kann man Erzieher/in werden. Wenn man einen anderen Beruf gelernt hat, kann man auch eine Umschulung zum/zur Erzieher/in machen. Die Art und Dauer der Umschulung ist unterschiedlich.

Das Einkommen von Erzieher/innen

Während der Ausbildung an der Fachschule bekommt man kein Gehalt, nur während des Berufspraktikums bekommt man eine Praktikumsvergütung. Wenn man Erzieher/in ist, hängt das Gehalt von der Berufserfahrung, der Einrichtung und dem Arbeitsort ab. Im Durchschnitt verdienen Erzieher/innen in Deutschland 2768 Euro brutto.

6b **Welche Ausbildung haben Erzieher/innen in Ihrem Heimatland? Wie viel verdienen sie? Vergleichen Sie.**

7a Männer und Frauen als Erzieher/innen. Lesen Sie die Aussagen von Eltern und ergänzen Sie die Tabelle.

Frau Mehriz: Ich habe zwei Kinder, die jetzt schon in der Schule sind. Meine Kinder haben immer nur Erzieherinnen gehabt. Die Erzieherinnen waren gut, aber ich finde es trotzdem schade, dass sie in den vier Jahren in der Kita keinen männlichen Erzieher hatten. Ich finde es wichtig, dass die Kinder auch Männer als Vorbilder haben. Das ist nicht nur für Jungen wichtig, sondern auch für Mädchen.

Frau Wolters: Meine Tochter ist seit einem Jahr in der Kita. Ihre Erzieher haben jetzt schon dreimal gewechselt. Sie waren unzufrieden mit der Arbeit in unserer Einrichtung, die Arbeit ist schlecht organisiert und die Erzieher/innen sind oft überlastet. Das merkt man dann an ihrer Arbeit mit den Kindern. Sie haben keine Geduld, haben keinen Spaß an ihrer Arbeit und bieten den Kindern keine interessanten Beschäftigungen. Ich bin sehr unzufrieden und überlege, die Kita zu wechseln, denn ich glaube nicht, dass es besser wird.

Herr Tobler: Mein Sohn ist jetzt drei Jahre alt und geht in die Kita. Dort hat er einen Erzieher, den er sehr gerne mag. Letztes Jahr gab es ein Problem für ihn. Einige Eltern haben sich bei der Kitaleitung beschwert, weil der Erzieher homosexuell ist und sich auch offen dazu bekennt. Das gab große Diskussionen und es war sehr kränkend für den Erzieher. Ich bin froh, dass die Kitaleitung eindeutig hinter ihm gestanden hat, und dass er nicht in eine andere Kita gewechselt ist. Wir haben ihn auch sehr unterstützt, denn er ist ein sehr guter, engagierter Erzieher. Die Gesellschaft ist vielfältig, da ist es doch normal, dass auch die Erzieher/innen vielfältig sind!

	Wie viele Kinder?	Erzieher oder Erzieherinnen?	Zufriedenheit mit dem/der Erzieher/in?
Frau Mehriz			
Herr Tobler			
Frau Wolters			

7b Wie muss ein Erzieher/eine Erzieherin sein? Was muss er/sie können? Arbeiten Sie zu dritt. Wählen Sie ein Wort aus und erklären Sie, warum das für die Arbeit in der Kita wichtig ist.

geduldig • durchsetzungsfähig • kreativ • sportlich • phantasievoll • konzentriert • Lust, mit Kindern zu spielen • gut beobachten können • kontaktfreudig • zuverlässig • verantwortungsbewusst • teamfähig • kräftig • sanft • nachdenklich • gute technische Kenntnisse • Ausdauer • humorvoll

Wir haben „durchsetzungsfähig" gewählt. Ich denke, dass es wichtig ist, dass …

8 Könnten Sie sich vorstellen, Erzieher/in zu werden? Warum (nicht)?

Praktikum

9a **Was macht ein Praktikant/ eine Praktikantin? Sammeln Sie im Kurs.**

9b **Lesen Sie den Praktikumsbericht. Ordnen Sie die Überschriften den Abschnitten zu.**

A	Aufgaben in der Verwaltung	**C**	Missverständnisse	**E**	Die Möbelfirma Schmitz
B	Aufgaben in der Produktion	**D**	Neue Erfahrungen	**F**	Pläne nach dem Praktikum

1 ....

Vom 1.11.2017 bis 28.2.2018 habe ich in der Möbelfirma Schmitz in Unterrode ein Praktikum gemacht, weil ich mich für eine Ausbildung zum Schreiner interessiere. Die Firma hat 60 Mitarbeiter und stellt Qualitätsmöbel her. Ich war vier Wochen in der Produktion und zwei Wochen in der Verwaltung. Mein Arbeitstag dauerte von 8.00 bis 16.30 Uhr mit einer halben Stunde Mittagspause.

2 ....

In der Verwaltung habe ich bei Herrn Gomez und Frau Walthari gearbeitet. Ich habe die Post geholt und verteilt, und ich habe oft Dokumente wie zum Beispiel Rechnungen ausgedruckt. Dabei habe ich viel gelernt. Frau Walthari hat mir zum Beispiel erklärt, wie eine Rechnung richtig geschrieben wird, welche Informationen sie enthalten muss usw.

3 ....

In der Produktionsabteilung habe ich bei Herrn Delon gearbeitet. Unter anderem habe ich Material für die Produktion geholt und fertige Teile ins Lager gebracht. Herr Delon hat mir auch gezeigt, wie die Maschinen funktionieren, und nach einer Woche durfte ich sie auch bedienen.

4 ....

Während des Praktikums habe ich viele neue Dinge gelernt und interessante Erfahrungen gemacht. So habe ich zum Beispiel an der Weihnachtsfeier im Dezember teilgenommen. Die Mitarbeiter der Firma haben sich an einem Donnerstagabend in einem Restaurant getroffen.

5 ....

Auch aus Fehlern habe ich gelernt. So habe ich zum Beispiel die Mülltrennung zuerst nicht verstanden und in der Werkstatt einige Holzabfälle in den Behälter für Kunststoffe geworfen. Da ist gleich Herr Delon gekommen und hat mir gezeigt, wohin die Holzabfälle kommen. Am Anfang meiner Zeit im Büro habe ich auch einmal die Post zu spät weggebracht. Frau Walthari hat mir dann gesagt, dass die Post jeden Tag spätestens um 16.00 Uhr beim Postamt sein muss.

6 ....

Nach diesem Praktikum steht für mich fest, dass der Beruf Schreiner genau richtig ist und die Firma hat mir auch einen Ausbildungsvertrag angeboten. Aber die Ausbildung beginnt erst im Herbst. Ich habe also noch einige Monate Zeit. Die Beraterin vom Wegweiser Bildung hat mir empfohlen, bis dahin einen Berufsvorbereitungskurs zu machen.

9c **Schreiben Sie zu jedem Abschnitt eine W-Frage. Fragen und antworten Sie im Kurs.**

Wie viele Mitarbeiter hat die Firma Schmitz?

1.46

10a **Welche Dialoge passen zu dem Praktikumsbericht? Hören Sie zu und kreuzen Sie an.**

☐ Dialog 1 ☐ Dialog 2 ☐ Dialog 3 ☐ Dialog 4

10b **Hören Sie noch einmal. Welche Sätze sind falsch? Korrigieren Sie die falschen Sätze.**

1 Herr Petrovic hat den Müll zuerst falsch getrennt.
2 Herr Petrovic bringt die Post immer pünktlich zum Postamt.
3 Frau Unger hat nach dem Telefongespräch noch einen Termin.
4 Herr Gomez hat alle Daten für die Rechnungen und Angebote geliefert.

11 **Wählen Sie eine Situation aus und spielen Sie zu zweit einen Dialog.**

Situation 1
Sie müssen manchmal ins Archiv und Dokumente holen, aber sie schalten nie das Licht aus, wenn Sie das Archiv verlassen. Ein Kollege/eine Kollegin weist Sie darauf hin, dass Sie immer das Licht ausschalten sollten, um Energie zu sparen.

Situation 2
Sie sind Bürobote/-botin in einer großen Firma und verteilen die Post. Frau Ru findet seit Montag auch die Post für Herrn Cobain in ihrem Postfach. Das versteht sie nicht. Sie entschuldigen sich. Sie glaubten, dass Herr Cobain seit Montag in Urlaub ist und Frau Ru seine Vertreterin ist.

Situation 3
Sie haben mit einem Kollegen über die Urlaubsplanung gesprochen. Jetzt müssen Sie das Gespräch beenden, weil Sie einen Anruf aus der Personalabteilung erwarten.

Herr/Frau... ich muss Ihnen etwas sagen. Sie vergessen immer, ... Das ist wichtig, denn wir wollen doch Energie sparen.	Oh, das tut mir leid! Das nächste Mal, wenn ich im Archiv bin, ...
Herr/Frau ..., warum legen Sie immer ...? Herr Cobain ist ...	Ich dachte, er ... Entschuldigen Sie, ab morgen mache ich es wieder richtig.
Also ..., ich nehme im August Urlaub und du im September. Ist das okay so? Entschuldige bitte, aber ich muss jetzt zurück ins Büro, denn ...	Ja, damit bin ich einverstanden. Kein Problem.

Prüfungsvorbereitung DTZ

Hörverstehen

1.47 **1** **Hören Teil 1. Sie hören vier Ansagen. Zu jeder Ansage gibt es eine Aufgabe. Welche Lösung (a, b oder c) passt am besten? Markieren Sie Ihre Lösungen für die Aufgaben 1–4 auf dem Antwortbogen auf Seite 261.**

0 **Beispiel:** Welchen Termin schlägt Frau Renner vor?
- a 15.00 Uhr.
- b 11.00 Uhr.
- c 11.15 Uhr.

Teil 1

0	○ a	⊜ b	○ c	0
1	○ a	○ b	○ c	1
2	○ a	○ b	○ c	2

1 Wo fährt der Zug nach Heilbronn ab?
- a Am selben Bahnsteig gegenüber.
- b Von Gleis 2.
- c Von Gleis 10 b.

2 Was ist im Sonderangebot?
- a Hackfleisch.
- b Wurst.
- c alle Käsesorten.

3 Was soll Hannelore mitbringen?
- a Die Tasche.
- b Die Eintrittskarten.
- c Die Brille.

4 Was sollen die Badegäste machen?
- a Im Wasser bleiben.
- b Das Wasser sofort verlassen.
- c Im Schwimmbad Schutz suchen.

1.48 **2** **Hören Teil 2. Sie hören vier Ansagen aus dem Radio. Zu jeder Ansage gibt es eine Aufgabe. Welche Lösung (a, b oder c) passt am besten? Markieren Sie Ihre Lösungen für die Aufgaben 5–8 auf dem Antwortbogen auf Seite 261.**

5 Wie wird das Wetter am Montag?
- a Es wird sonnig.
- b Es regnet.
- c Es wird wärmer als am Sonntag.

6 Bis wann ist am Samstag geöffnet?
- a Bis 18.00 Uhr.
- b Bis 20.00 Uhr.
- c Bis 24.00 Uhr.

7 Was hören Sie?
- a Die Nachrichten.
- b Eine Sportsendung.
- c Ein Interview.

8 Wo sind die Tiere?
- a Auf der A5.
- b Auf der A8.
- c Auf der B30.

1.49 **3** **Hören Teil 3. Sie hören zwei Gespräche. Zu jedem Gespräch gibt es zwei Aufgaben. Entscheiden Sie bei jedem Gespräch, ob die Aussage dazu richtig oder falsch ist und welche Antwort (a, b oder c) am besten passt. Markieren Sie Ihre Lösungen für die Aufgaben 9–12 auf dem Antwortbogen auf Seite 261.**

Beispiel:

01 Sie hören ein Gespräch in einer Apotheke.

02 Die Frau soll die Tabletten
- a fünfmal am Tag nehmen.
- b dreimal am Tag nehmen.
- c einmal am Tag nehmen.

Teil 3

01	⊜ richtig	◯ falsch		**01**
02	◯ a	⊜ b	◯ c	**02**
9	◯ richtig	◯ falsch		**9**
10	◯ a	◯ b	◯ c	**10**

9 Herr Haaf und Frau Gumpert wollen ein Straßenfest organisieren.

10 Warum kommt Herr Haaf erst um zehn Uhr abends?
- a Er geht mit seiner Tochter zu einem Konzert.
- b Er kommt erst spät von einer Geschäftsreise zurück.
- c Er muss eine Fotoausstellung eröffnen.

11 Das Gespräch findet in der Schule statt.

12 Stefan
- a findet die Schule im Moment nicht wichtig.
- b hatte auch im letzten Jahr schlechte Noten.
- c will nicht mit seiner Mutter sprechen.

1.50 **4** **Hören Teil 4. Sie hören Aussagen zu einem Thema. Welcher der Sätze a–f passt zu den Aussagen 13–15? Markieren Sie Ihre Lösungen für die Aufgaben 13–15 auf dem Antwortbogen auf Seite 261.**

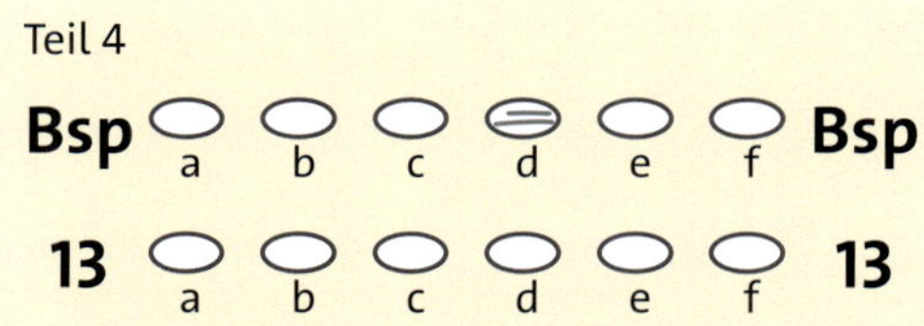

Teil 4

Bsp	◯ a	◯ b	◯ c	⊜ d	◯ e	◯ f	**Bsp**
13	◯ a	◯ b	◯ c	◯ d	◯ e	◯ f	**13**

- a Von Sport kann man auch krank werden.
- b Man sollte nur Sport treiben, wenn es auch wirklich Spaß macht.
- c Sport allein ist für die Gesundheit nicht genug.
- d Wenn man viel Sport macht, bleibt man gesund.
- e Sport ist vielleicht gut für die Gesundheit, aber nicht für die Umwelt.
- f Man kann auch ohne Sport fit und gesund sein.

Regionen und Landschaften

1 a **Lesen Sie die Einträge im Internetforum und notieren Sie zu jedem Foto eine Bildunterschrift.**

http://www.reisetipps.de/forum

Forum
Reisetipps

Hallo,
ich möchte gerne einen Kurzurlaub in der Lüneburger Heide machen. Was sind beliebte Sehenswürdigkeiten bzw. Ausflugsziele? Wer kann mir Tipps geben?
Vielen Dank, Juliana

Verfasst am: 02.11.2015, 13:15

Jule99
Anmeldedatum: 02.05.2010
Beiträge: 7

Liebe Juliana,
ich empfehle dir auch einen Besuch des Dorfes Müden. Hier gibt es sehr schöne alte Bauernhöfe, wie zum Beispiel den „Müllern Hof“. Ein interessantes Naturdenkmal ist die Eiche „Hillige Eeke“, der Baum ist über 600 Jahre alt und wirklich beeindruckend.
LG Nikolas

Verfasst am: 10.11.2015, 15:07

Nikolas
Anmeldedatum: 13.04.2006
Beiträge: 59

Hallo Juliana,
du musst unbedingt den Naturpark Lüneburger Heide besuchen. Da kann man sehr gut wandern, Rad fahren und tolle Fotos machen. Ich liebe diese Landschaft: die wunderschönen Farben des Heidekrauts, die sanften Hügel, die Schäfer mit ihren Schafherden …
Viel Spaß, Katharina

Verfasst am: 08.11.2015, 08:07

Kari17
Anmeldedatum: 25.10.2010
Beiträge: 5

1 b **Lesen Sie noch einmal und beantworten Sie die Fragen.**

1 Welche Tipps gibt Katharina für den Naturpark Lüneburger Heide?
2 Warum empfiehlt Nikolas das Dorf Müden?

2 **Was finden Sie interessant?**

3 **Wählen Sie eine Region Ihres Heimatlandes und stellen Sie sie vor.**

Reisen und Verkehr

1 Wandern in den Alpen

2 Urlaub auf „Balkonien"

3 Strandurlaub am Mittelmeer

4 mit dem Zelt durch Europa

5 Ausflug in den Freizeitpark

6 zu Besuch bei Verwandten

Sie lernen

- über Reisen sprechen
- Meldungen und Durchsagen verstehen
- über Situationen im Straßenverkehr sprechen
- über Autos sprechen
- *derselbe, dasselbe, dieselbe* und *dieselben*
- Passiv im Präsens, Perfekt und Präteritum

1 Ü1 **Beschreiben Sie die Fotos. Welche Urlaubssituation gefällt Ihnen? Warum?**

Auf Bild 5 ist eine Familie in einem Freizeitpark. Das gefällt mir, weil alle zusammen Spaß haben.

2.02 **2a** Ü2 **Hören Sie das Gespräch. Welche Fotos passen?**

2b **Hören Sie noch einmal und beantworten Sie die Fragen.**

1 Wo haben Samira und Henning Urlaub gemacht?

2 Wie war das Wetter?

3 Was hat ihnen (nicht) gefallen?

3 Ü3 **Wie machen Sie gerne Urlaub? Schreiben Sie auf Kärtchen und verteilen Sie sie im Kurs. Lesen und raten Sie dann, wer das Kärtchen geschrieben hat.**

Diese Person fährt gern im Winter nach ...

Ich glaube das ist Dunja.

7 A Urlaubsplanung

2.03

1 a **Hören Sie das Gespräch. Welche Fotos passen? Kreuzen Sie an.**

1 ☐ der Wellnessurlaub

2 ☐ die Gruppenreise

3 ☐ die Kreuzfahrt

4 ☐ der Campingurlaub

1 b Ü4 **Hören Sie noch einmal und beantworten Sie die Fragen.**

1 Warum will Herr Becker nicht auf die Insel Amrum fahren?
2 Was für einen Urlaub würde Frau Becker gern am Chiemsee machen?
3 Was findet Herr Becker nicht so gut, wenn sie nur Städte besuchen?
4 Was schlägt Frau Becker schließlich vor?

2 Ü5 **Lesen Sie den Grammatikkasten und ergänzen Sie den Text.**

derselbe/dasselbe/dieselbe/dieselben

	Nominativ	Akkusativ	Dativ
m	**der**selbe	**den**selbe**n**	**dem**selbe**n**
n	**das**selbe	**das**selbe	**dem**selbe**n**
f	**die**selbe	**die**selbe	**der**selbe**n**
Pl.	**die**selbe**n**	**die**selbe**n**	**den**selbe**n**

Familie Meier fährt jedes Jahr nach Wasserburg am Bodensee. Sie fährt jedes Jahr an **denselben** Ort.

Herr und Frau Becker haben die letzten Jahre ihre Ferien immer auf *derselben* .... Insel verbracht. Sie haben immer .... Ferienwohnung auf Amrum gebucht und sie sind immer an .... Strand gefahren. Herr Becker möchte aber nicht jedes Jahr an .... Ort Urlaub machen. Frau Becker schlägt eine Städtereise vor, denn das würde Abwechslung bieten: Sie würden nicht die ganze Zeit in .... Hotel wohnen und nicht ständig .... Sachen machen.

3 **Diskutieren Sie mit Ihrem Partner / Ihrer Partnerin über ein Urlaubsziel. Die Rollenkarte für Partner/in A finden Sie auf Seite 191, für Partner/in B auf Seite 193.**

B Meldungen und Durchsagen

2.04

1 a Hören Sie die zwei Durchsagen und ordnen Sie die Bilder zu.

1 b Was passt zusammen? Hören Sie noch einmal und verbinden Sie.

Ü6

1 Auf der A3 Richtung Würzburg gibt es sieben Kilometer Stau,
2 Achtung, an der Ausfahrt Stuttgart/Degerloch
3 Die B12 ist bei Mühldorf wegen Bauarbeiten
4 Wegen Bauarbeiten fahren von Samstag bis Montag
5 In diesem Zeitraum fährt

A zwischen Denzlingen und Emmendingen keine Züge.
B in beiden Richtungen gesperrt. Eine Umleitung ist ausgeschildert.
C ein Schienenersatzverkehr.
D liegen Gegenstände auf der Fahrbahn.
E der rechte Fahrstreifen ist gesperrt.

2 Was sollte/muss man in diesen Situationen machen? Sprechen Sie im Kurs.

Ü7

1 Sie fahren mit dem Auto auf der Autobahn A3. Im Radio kommt die Meldung, dass auf der A3 bei Frankfurt ein Falschfahrer unterwegs ist.
2 Die Innenstadt ist heute wegen einer Demonstration komplett für Autos gesperrt. Sie wollen heute Ihre Freunde besuchen, die in der Innenstadt wohnen.
3 Sie fahren jeden Morgen mit der S-Bahn von Mainz nach Wiesbaden zur Arbeit. Von Mittwoch bis Freitag gibt es keinen Bahnverkehr zwischen den beiden Städten.
4 Sie wollen wegen eines Termins von München nach Hamburg fliegen. Sie erfahren, dass die Flughafenmitarbeiter in München morgen streiken und alle Flüge ausfallen.

Wenn es einen Falschfahrer gibt, sollte man ...

Wenn die Innenstadt gesperrt ist, würde ich ...

langsam/vorsichtig fahren • ganz rechts fahren • mit dem Zug/Fahrrad fahren • anhalten und aussteigen • eine Mitfahrgelegenheit suchen • nicht durch die Innenstadt fahren • öffentliche Verkehrsmittel benutzen • eine Busverbindung suchen • mit dem Auto fahren • den Termin / den Besuch verschieben • ...

C Rund ums Auto

1 Ü8 **Sehen Sie das Bild an, ordnen Sie die Wörter zu und beschreiben Sie die Situation.**

- ☐ der Motor
- ☐ der Kofferraum
- ☐ der Scheibenwischer
- ☐ das Lenkrad
- ☐ die Kupplung
- ☐ die Warnweste
- ☐ der Kindersitz
- ☐ der Sicherheitsgurt
- ☐ der Scheinwerfer
- ☐ der Seitenspiegel
- ☐ das Gaspedal
- ☐ das Warndreieck
- ☐ der Erste-Hilfe-Kasten
- ☐ die Windschutzscheibe
- ☐ der Blinker
- ☐ die Motorhaube
- ☐ der Reifen
- ☐ der Tank
- ☐ die Bremse
- ☐ der Wagenheber
- ☐ der Schalthebel

2 **Arbeiten Sie zu zweit. Schreiben Sie für die Personen mit den Handys Dialoge. Spielen Sie dann die Telefongespräche im Kurs.**

A Der junge Mann ruft den Pannendienst. Er erklärt, dass sie eine Reifenpanne haben und wo sie sind.

B Der ältere Mann ruft seinen Bruder an und erklärt, dass sie nicht pünktlich zur Geburtstagsfeier kommen.

3 Ü9 **Autocheck vor der Fahrt. Was sollte man machen? Sprechen Sie im Kurs.**

das Licht prüfen • die Reifen kontrollieren • tanken • Warnwesten einpacken • das Warndreieck und den Erste-Hilfe-Koffer einpacken • den Ölstand und das Scheibenwischwasser kontrollieren • die Fahrzeugpapiere mitnehmen • …

Bevor man losfährt, sollte man das Licht prüfen.

4a Vor dem Urlaub. Lesen Sie und vergleichen Sie mit Ihren Ergebnissen aus 3.

Frau Schneider möchte in Urlaub fahren. Deshalb bringt sie ihr Auto zur Durchsicht in die Werkstatt. Hier wird es genau gecheckt. Es wird getestet, ob der Motor in Ordnung ist, die Bremsen, der Ölstand und der Reifendruck werden geprüft und die Lichtanlage wird kontrolliert. Zum Schluss wird das Auto gewaschen und das Scheibenwischwasser wird nachgefüllt.

4b Was passiert mit dem Auto in der Werkstatt? Erzählen Sie.
Ü10

Das Auto / Der Motor / Der Ölstand / Die Lichtanlage / Die Bremsen / Die Reifen	wird werden	gewaschen/gecheckt/ kontrolliert/getestet/ geprüft/repariert.

Passiv Präsens

Aktiv Präsens	Passiv Präsens
Der Mechaniker prüft den Motor.	Der Motor wird (von dem Mechaniker) geprüft.

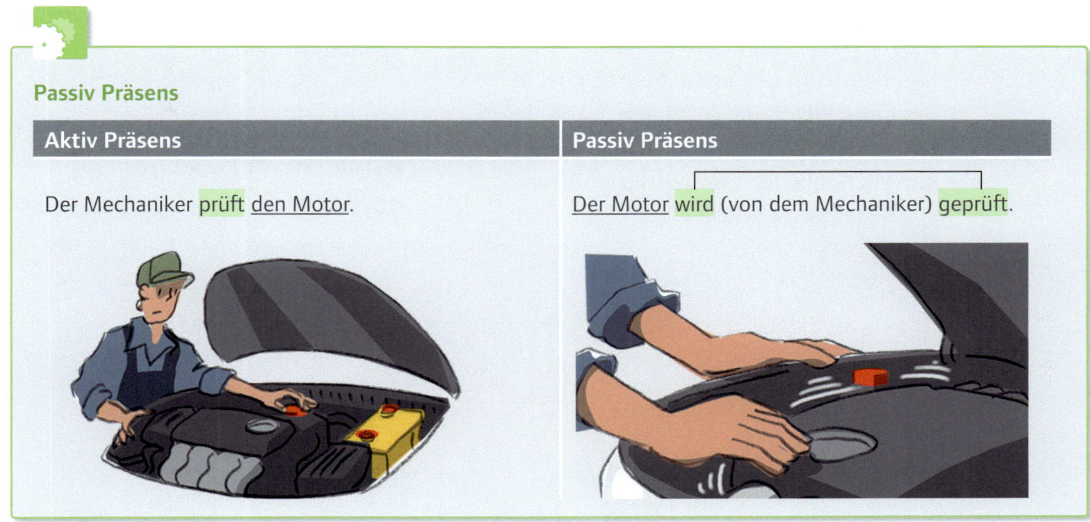

5 Schreiben Sie Sätze wie im Beispiel.
Ü11

1 Herr Fink – die Reifen wechseln
2 Frau Fink – das Auto waschen
3 der Mechaniker – das Fahrrad reparieren
4 der Pannendienst – das Auto abschleppen

1. Herr Fink wechselt die Reifen. -> Die Reifen werden ...

6 Ein Autounfall. Was passiert hier? Berichten Sie. Benutzen Sie das Passiv.
Ü12-13

die Zeugen befragen • das Auto abschleppen • den Verkehr umleiten • die Verletzten untersuchen • die Straße sperren • die Straße reinigen • …

7

D Zeitungsmeldungen

1 a Ü14 **Lesen Sie die Zeitungsmeldungen und schreiben Sie Fragen zu den Texten.**

Flugausfälle in Frankfurt

Am Sonntagabend sind am Flughafen Frankfurt wegen eines Orkans mit Windgeschwindigkeiten bis zu 210 km/h 250 Flüge gestrichen worden. Tausende Passagiere mussten auf dem Flughafen übernachten. Sie wurden von den Fluggesellschaften mit Decken, Getränken und Essen versorgt.

Zweijähriger auf Tour

In Bremen ist gestern ein kleiner Junge von der Polizei gesucht worden. Nach mehreren Stunden Suche wurde er im Stadtzentrum gefunden. Er ging dort in der Fußgängerzone spazieren.
Die Eltern des Jungen waren überglücklich, als der Zweijährige zu ihnen zurückgebracht wurde.

Verkehrschaos zum Sommerferienbeginn

Zum Ferienbeginn in fünf Bundesländern kam es am Wochenende auf den Autobahnen in Richtung Süden zu langen Staus. Viele Raststätten waren überfüllt und wurden gesperrt. An den Tankstellen an und neben den Autobahnen bildeten sich lange Warteschlangen. Nach einem schweren Unfall am Samstagabend wurde die A5 zwischen Butzbach und Bad Nauheim gesperrt. Erst heute Morgen um 7:00 Uhr ist der Verkehr wieder freigegeben worden.

Wo wurde der Zweijährige gefunden?

Passiv Präteritum und Passiv Perfekt

Passiv Präsens	Der Junge **wird**	von der Polizei	**gesucht**.
Passiv Präteritum	Der Junge **wurde**	von der Polizei	**gesucht**.
Passiv Perfekt	Der Junge **ist**	von der Polizei	**gesucht worden**.

1 b **Arbeiten Sie mit den Fragen aus 1a. Fragen und antworten Sie im Kurs.**

1 c Ü15-17 **Lesen Sie die Texte noch einmal und ergänzen Sie die passenden Verben im Passiv.**

1 Am Sonntagabend .... am Flughafen Frankfurt 250 Flüge .... (Perfekt)

2 Die Passagiere .... mit Getränken und Essen .... (Präteritum)

3 Ein kleiner Junge .... von der Polizei .... (Perfekt)

4 Viele Raststätten waren überfüllt und .... (Präteritum)

5 Der Verkehr .... erst um 07:00 Uhr wieder .... (Perfekt)

2 **Der Autounfall auf Seite 93 war gestern. Was ist passiert? Schreiben Sie Sätze im Passiv Präteritum und im Passiv Perfekt.**

Die Zeugen wurden befragt. / Die Zeugen sind ...

E Versicherung und Steuern für Autos

1 Lesen Sie den Text und korrigieren Sie die falschen Aussagen.

Ü18

Feste Kosten für das Auto: Kfz-Steuer und Kfz-Haftpflichtversicherung

Ein großer Teil der Kosten z. B. für Benzin oder Diesel hängt davon ab, wie viele Kilometer oder wie oft man fährt. Andere Kosten aber sind fest. Die Kfz-Steuer wird nach Größe, Alter und danach festgelegt, wie stark das Auto die Umwelt belastet. Außerdem muss jeder Autobesitzer eine Haftpflichtversicherung haben, die die Kosten der Unfallopfer bezahlt, wenn man einen Unfall verursacht. Das Gesetz schreibt u. a. vor, dass z. B. Personenschäden mindestens bis zu 7,5 Mio. Euro gedeckt sein müssen. Viele Leute haben zusätzlich eine Teilkasko- oder eine Vollkaskoversicherung, obwohl diese gesetzlich nicht vorgeschrieben sind. Diese Versicherungen decken auch Schäden am eigenen Fahrzeug. In der Teilkaskoversicherung sind z. B. Schäden durch Diebstahl, durch Brand oder Unwetter versichert. In der Vollkaskoversicherung sind außerdem Schäden versichert, die man am Auto hat, wenn man selbst einen Unfall verursacht.

1 Die Kfz-Steuer ist für alle Autos gleich.
2 Die Kfz-Haftpflichtversicherung bezahlt Schäden am eigenen Auto.
3 Alle Autofahrer/innen müssen eine Teilkasko- oder eine Vollkaskoversicherung haben.
4 Die Vollkaskoversicherung bezahlt nichts, wenn man einen Unfall verursacht.

2.05

2a Hören Sie das Telefongespräch. Was will Herr Falcao?

Er will …

A ☐ eine neue Kfz-Versicherung abschließen.
B ☐ die Kfz-Versicherung wechseln.

2b Hören Sie noch einmal und markieren Sie. Was ist für die Berechnung des Versicherungsbeitrags wichtig?

Ü19

A ☐ das Alter des Fahrers / der Fahrerin
B ☐ der Wohnort des Fahrers / der Fahrerin
C ☐ die Muttersprache des Fahrzeughalters / der Fahrzeughalterin
D ☐ der Fahrzeugtyp
E ☐ die Farbe des Fahrzeugs
F ☐ der regelmäßige Abstellplatz des Fahrzeugs
G ☐ das Alter des Fahrzeugs

3 Autofahren in Ihrem Heimatland. Interviewen Sie Ihren Partner / Ihre Partnerin. Arbeiten Sie mit dem Fragebogen auf Seite 192. Berichten Sie dann im Kurs.

Sprechen aktiv

Wörter sprechen

2.06

1 a **Ergänzen Sie den Artikel und kontrollieren Sie mit dem Hörtext.**

1 .... Bremse
2 .... Wagenheber
3 .... Warndreieck
4 .... Motorhaube
5 .... Blinker
6 .... Scheinwerfer
7 .... Scheibenwischer
8 .... Sicherheitsgurt

1 b **Hören Sie noch einmal und sprechen Sie nach.**

1 c **Ergänzen Sie Wörter aus 1 a. Fragen und antworten Sie dann wie im Beispiel.**

1 Wenn man abbiegen will, muss man den .... benutzen.
2 Wenn man eine Panne hat, muss man das .... aufstellen.
3 Wenn es dunkel wird, muss man die .... anschalten.
4 Um den Reifen zu wechseln, braucht man einen ....
5 Wenn es regnet, schaltet man die .... ein.
6 Um anzuhalten, braucht man die ....

Was benutzt du, wenn du mit dem Auto abbiegst?

Den Blinker natürlich!

Grammatik sprechen

2 a **Freitagmorgen in der Blumenstraße. Was wird hier gemacht? Beschreiben Sie.**

Müll abholen • Tische nach draußen stellen • ein Fest vorbereiten • ein Haus bauen • Fenster putzen • Obst und Gemüse verkaufen • für eine neue Kita demonstrieren

Am Freitagmorgen wird in der Blumenstraße der Müll abgeholt. ...

2b **Sprechen Sie die Sätze aus 2a in der Vergangenheit.**

> Am Freitagmorgen wurde in der Blumenstraße der Müll abgeholt.

> Am Freitagmorgen sind Tische nach draußen gestellt worden.

Flüssig Sprechen

2.07 **3** **Hören Sie zu und sprechen Sie nach.**

VIDEO

Clip 08
Seite 201

Dialogtraining

2.08 **4a** **Hören Sie den Dialog. Wer sagt was? Ordnen Sie zu: Philipp = Phi, Friederike = Frie, Francesco = Fran.**

Friederike ↓ Francesco ↓ Philipp ↓

..............................: Ihr glaubt nicht, was mir gerade passiert ist. Ich bin die Georgstraße heruntergefahren, um einen Parkplatz zu suchen, und da kommt plötzlich ein Auto aus einer Einfahrt raus. Der Typ fährt einfach auf die Straße, ohne zu gucken. Und fährt mir voll ins Auto!

..............................: Oh, nein! Ist dir was passiert? Hast du dich verletzt?

..............................: Zum Glück nicht. Nur mein Auto ist ziemlich kaputt.

..............................: Aber du hast doch keine Schuld an dem Unfall. Dann zahlt doch die Versicherung.

..............................: Ja, aber das Ganze ist natürlich total nervig.

..............................: Habt ihr die Polizei gerufen?

..............................: Ja, natürlich. Die Polizei hat den Unfall aufgenommen. Jetzt werden alle Informationen an die Versicherung des anderen Autofahrers geschickt.

..............................: Und wie geht es jetzt weiter?

..............................: Die Versicherung meldet sich bei mir und dann muss ich den Wagen in die Werkstatt bringen. Dort wird der Schaden geschätzt.

..............................: Was glaubst du, wie hoch der Schaden ist?

..............................: Ich weiß nicht – 1.500 Euro vielleicht. Ich hoffe einfach, dass das Auto bald repariert wird. Wir wollten eigentlich nächste Woche in Urlaub fahren.

4b **Lesen Sie den Dialog zu dritt.**

Gewusst wie

Kommunikation

über Reisen sprechen

- Im Urlaub waren wir in den Alpen. Wir haben viele Wandertouren gemacht.
- Im letzten Jahr habe ich eine Gruppenreise durch Asien gemacht. Das war für mich eine ganz neue Erfahrung. Ich habe auf der Reise viele nette Leute kennengelernt.

über Autos sprechen

- Bei meinem Auto müssen die Bremsen und der Ölstand geprüft werden. Ich bringe mein Auto in die Werkstatt, damit es kontrolliert wird.
- Ich will ein Auto kaufen und habe mich bei verschiedenen Versicherungen informiert.

über Situationen im Straßenverkehr sprechen

Wenn auf der Autobahn ein Falschfahrer fährt, muss man sehr vorsichtig fahren.
Wenn eine Straßenbahn wegen Bauarbeiten nicht fährt, kann man oft in Busse umsteigen. Das nennt man Schienenersatzverkehr.
Die Autobahn wurde wegen eines Unfalls in beiden Richtungen gesperrt. Der Verkehr wurde über die Bundesstraße umgeleitet. Es kam zu langen Staus.
Die Raststätten und Tankstellen an der Autobahn A9 waren so voll, dass sie zeitweise gesperrt wurden.

Grammatik

Derselbe, dasselbe, dieselbe und dieselben

	Nominativ	Akkusativ	Dativ
m	**der**selbe Ort	**den**selben Ort	**dem**selben Ort
n	**das**selbe Hotel	**das**selbe Hotel	**dem**selben Hotel
f	**die**selbe Insel	**die**selbe Insel	**der**selben Insel
Pl.	**die**selbe**n** Leute	**die**selbe**n** Leute	**den**selbe**n** Leute**n**

Familie Meier fährt jedes Jahr nach Wasserburg am Bodensee.
Sie fährt jedes Jahr an **denselben** Ort.

Passiv

Der Mechaniker **prüft** den Motor.

Passiv Präsens	Der Motor	**wird**	(von dem Mechaniker)	**geprüft**.
Passiv Präteritum	Der Motor	**wurde**	(von dem Mechaniker)	**geprüft**.
Passiv Perfekt	Der Motor	**ist**	(von dem Mechaniker)	**geprüft worden.**

Das Passiv bildet man mit *werden* + Partizip Perfekt.
Beim Passiv ist die Aktion wichtiger als die Person.

Das Akkusativ-Objekt aus dem Aktivsatz wird zum Subjekt im Passivsatz. Das Subjekt aus dem Aktivsatz wird meistens nicht genannt. Es kann mit *von* + Dativ ergänzt werden.

Ein neuer Start

Sie lernen

- über Selbstständigkeit sprechen
- über Existenzgründung diskutieren
- sich über einen Kredit informieren
- Abläufe in der Vergangenheit beschreiben
- Relativpronomen *was* und *wo*
- Plusquamperfekt
- *N*-Deklination

2.09 **1 a** **Sehen Sie die Fotos an und hören Sie den ersten Teil des Interviews. Wer macht was? Ergänzen Sie.**

1 Hans Dill ist Inhaber einer …
2 Toni Vitello hat …
3 Irina Karelina hat sich selbstständig gemacht. Sie leitet einen …

2.10 **1 b** Ü1 **Hören Sie das Interview weiter und kreuzen Sie an: Wer sagt was?**

	Dill	Vitello	Karelina
1 Ich musste mir viele Informationen selbst beschaffen.	☐	☐	☐
2 Oft arbeite ich über 40 Stunden pro Woche.	☐	☐	☐
3 Anfangs musste ich einen hohen Kredit zurückzahlen.	☐	☐	☐
4 Für weitere Angestellte reicht das Geld nicht.	☐	☐	☐
5 Das Geschäft ist in den letzten Jahren härter geworden.	☐	☐	☐
6 Wenn die Kunden zufrieden sind, empfehlen sie uns weiter.	☐	☐	☐

2 Ü2 **Was bedeutet Selbstständigkeit im Beruf? Ordnen Sie zu und ergänzen Sie.**

sich selbst um die Sozialversicherungen kümmern müssen • Verantwortung für Mitarbeiter tragen • sich die Arbeit selbst einteilen • (nicht) gut verdienen • sein eigener Chef sein • selbst Entscheidungen treffen • …

Chancen / Vorteile	*Risiken / Nachteile*
…	…

8

A Existenzgründer

1 Der Weg ins Berufsleben. Welche Probleme kann es geben? Sammeln Sie im Kurs.

Meine Ausbildung wird in Deutschland nicht anerkannt.

Meinen Beruf gibt es hier nicht.

Ich habe noch Probleme mit der Sprache. Das Schreiben fällt mir schwer.

2a Ü3-4 Existenzgründer. Lesen Sie die Magazintexte und beantworten Sie die Fragen.

Die eigene Firma als Chance für einen Neustart

Erfolgreich mit Forever Clean

Berlin-Treptow – Aynur Boldaz-Özdemir kam mit 18 aus der Türkei nach Deutschland – ohne ein Wort Deutsch zu sprechen. Nachdem sie Deutsch gelernt hatte, fing sie an zu arbeiten – zuerst als Verkäuferin, später als Reinigungskraft in einem Krankenhaus. Die Arbeit hat ihr Spaß gemacht. Ihre Arbeit war aber sehr schlecht bezahlt, was sie unzufrieden machte. Schließlich beschloss sie, sich selbstständig zu machen. Sie hat sich auf die Selbstständigkeit sehr gut vorbereitet und neun Monate lang Kurse und ein Existenzgründerseminar besucht: Buchhaltung, Arbeitsrecht, Grundlagen der Unternehmensführung. Mit 32 Jahren gründete sie das Gebäudereinigungs-Unternehmen Forever Clean GmbH. Der Beginn der Selbstständigkeit war nicht leicht, „Sechs, sieben Jahre hat es gedauert, bis ich atmen konnte", sagt Boldaz-Özdemir. Jetzt hat sie es geschafft. Heute führt Frau Boldaz-Özdemir ein Unternehmen mit 400 Mitarbeitern und sie wird auf Kongresse eingeladen, wo sie über die Unternehmenskultur von Forever Clean spricht. 2014 erhielt ihre Firma eine Auszeichnung für ihr besonderes Engagement im Bereich Ausbildung und Beschäftigung von Menschen mit Behinderung.

Neustart mit Frühstücksservice

Heilbronn – Frische Brötchen nach Hause geliefert bekommen? Diesen Wunsch erfüllt Dieter Ebert. Er steht jeden Tag ab 3:45 Uhr in seiner Bäckerei, wo er - gemeinsam mit einer Angestellten – frische Brötchen, Brote und Kuchen für seine Kunden vorbereitet. Die Backwaren bringen er und zwei weitere Fahrer dann direkt zu den Kunden an die Haustür. Dieter Eberts Frühstücksservice läuft inzwischen sehr gut. Am Wochenende bekommen ca. 450 Kunden zwischen 6:30 Uhr und 9:00 Uhr ihre Frühstücksbrötchen. Dieter Ebert hatte Anfang 2013 seinen Job verloren. „Mit fast 47 Jahren hatte ich trotz langjähriger Berufserfahrung und guter Qualifikation kaum noch Chancen auf dem Arbeitsmarkt", berichtet er. Herr Ebert überlegte, wie es für ihn beruflich weitergehen könnte und beschloss schließlich, ein eigenes Geschäft aufzumachen. Er entwickelte eine Geschäftsidee, schrieb einen Businessplan, nahm einen Kredit bei einer Bank auf und suchte passende Geschäftsräume. Und es hat sich gelohnt: „Ich bin glücklich, mein eigener Chef zu sein. Der Schritt in die Selbstständigkeit war für mich die richtige Entscheidung", sagt er zufrieden.

21

1 Welchen Job hatte Frau Boldaz-Özdemir zuerst?
2 Warum hat sie sich selbstständig gemacht?
3 Wie hat sie sich auf die Selbstständigkeit vorbereitet?
4 Wie lange hat es gedauert, bis ihre Firma gut lief?
5 Welchen Service bietet Herr Ebert seinen Kunden an?
6 Warum hat er sich selbstständig gemacht?
7 Wie läuft sein Geschäft?
8 Was sagt Herr Ebert heute über seine Entscheidung?

2b Lesen Sie die Texte noch einmal und ergänzen Sie die Sätze.

1 Ihre Arbeit war aber sehr schlecht bezahlt,

was ....

2 Sie wird auf Kongresse eingeladen,

wo ....

3 Dieter Ebert steht jeden Tag ab 3.45 Uhr in der Bäckerei,

wo ....

3 Lesen Sie den Grammatikkasten und ergänzen Sie dann die Sätze mit *was* oder *wo*.
Ü5-7

Relativpronomen *was* und *wo*
Das Relativpronomen ***was*** bezieht sich auf einen ganzen Satz.
Am Anfang habe ich auch am Wochenende gearbeitet, **was** ziemlich anstrengend war.

Das Relativpronomen ***wo*** bezieht sich auf Ortsangaben.
Morgen fahre ich nach Frankfurt, **wo** ich eine Fortbildung besuche.

1 Die Firma Forever Clean ist heute sehr erfolgreich, ... Frau Boldaz-Özdemir sehr stolz macht.

2 Es gibt inzwischen auch Niederlassungen von Forever Clean in der Türkei, ... Frau Boldaz-Özdemir aufgewachsen ist.

3 Herr Ebert hat seine Firma in Heilbronn gegründet, ... er auch zu Hause ist.

4 Obwohl Herr Ebert gut qualifiziert ist, konnte er keine neue Arbeitsstelle finden, ... ihn ziemlich überrascht hat.

4 Was meinen Sie? Mit welcher Geschäftsidee könnte man in Ihrem Ort / Ihrer Region Erfolg haben? Sprechen Sie im Kurs und sammeln Sie Ideen.
Ü8

Bei uns gibt es viele Studenten, aber keinen Waschsalon in der Nähe der Uni. Ich glaube, das wäre eine gute Geschäftsidee.

B Der Senfsalon

2.11 **1 a** Ü9 **Hören Sie das Gespräch und betrachten Sie die Fotos. In welcher Reihenfolge kommen sie in dem Gespräch vor?**

1 b **Hören Sie den Text noch einmal und beantworten Sie die Fragen.**

1 Woher hatte das Ehepaar Schambach die Idee, Senfrezepte auszuprobieren?
2 Warum arbeiten Herr und Frau Schambach nicht in den Berufen, die sie gelernt haben?
3 War es einfach, einen Kredit für das Geschäft zu bekommen?
4 Warum haben sie sich nicht selbst beim Finanzamt angemeldet?
5 Wie lief das Geschäft am Anfang, wie läuft es jetzt?

1 c **Hören Sie noch einmal und ergänzen Sie das passende Verb im Infinitiv.**

1 auf die Idee k..........
2 Rezepte a..........
3 ein Gewerbe a..........
4 Geschäftsräume s..........
5 Aufträge b..........
6 viel Geld i..........

2 Ü10 **Lesen Sie die Sätze aus dem Interview und unterstreichen Sie die Verben.**

1 Nachdem wir einige gute Senfrezepte gefunden hatten, haben wir unseren ersten Senf auf einem Wochenmarkt verkauft.
2 Ich habe auch einen Existenzgründerkurs bei der Industrie- und Handeskammer (IHK) gemacht, denn ich hatte noch nie ein Geschäft eröffnet.
3 Nachdem wir das Gewerbe angemeldet hatten, kam ein Formular vom Finanzamt.
4 Wir hatten viel Geld investiert, aber im ersten Jahr haben wir noch nicht viel verdient.

Plusquamperfekt

Was ist passiert? (Präteritum oder Perfekt)	Was war vorher passiert? (Plusquamperfekt)
Sie **haben** ihren ersten Senf **verkauft**.	Sie **hatten** einige gute Rezepte **gefunden**.

Nachdem sie einige gute Rezepte **gefunden hatten**, **haben** sie ihren ersten Senf **verkauft**.
Das Plusquamperfekt bildet man mit dem Präteritum von *haben/sein* + Partizip II.

3 Ü11 Was war vorher? Ergänzen Sie die Sätze im Plusquamperfekt.

1 Als sie zum Bahnhof kam, *war* ....
(schon abfahren / der Zug)

2 Er ging sehr müde ins Bett. Vorher ....
(arbeiten / lange in seiner Werkstatt)

3 Ihr Mann ...., als sie nach Hause kam.
(das Essen / schon auf den Tisch stellen)

4 Nachdem ...., räumten wir die Wohnung auf.
(nach Hause gehen / die Gäste)

4a Ü12-13 Gestern im Büro. Was hat Herr John gemacht? Schreiben Sie.

im Büro ankommen / Kaffee machen • eine Tasse trinken / Computer einschalten • E-Mails lesen / sie beantworten • die Arbeit beenden / mit Kollegen sprechen • eine Präsentation vorbereiten / mit Kunden telefonieren

1. Nachdem Herr John im Büro angekommen war, hat er Kaffee gemacht.

4b Was haben Herr und Frau Schambach gemacht? Fragen und antworten Sie wie im Beispiel.

1 den Mietvertrag unterschreiben

2 die Räume renovieren

3 sich um die Werbung kümmern

4 den Laden einrichten

5 das Geschäft eröffnen

6 einen Online-Shop einrichten

Nachdem sie den Kredit bekommen hatten, unterschrieben sie ...

Was haben sie gemacht, nachdem sie den Mietvertrag unterschrieben hatten?

5 Ü14-15 Leben in Deutschland. Was haben Sie gemacht?

Nachdem ich nach Deutschland gekommen war, habe ich zuerst ...

C Der Weg in die Selbstständigkeit

1 a Ü16-17

Lesen Sie den Online-Ratgeber. Ordnen Sie jedem Abschnitt die passende Überschrift zu.

A Die Beratung • **B** Die Finanzierung • **C** Der Businessplan • **D** Die Geschäftsidee • **E** Die Entscheidung

Tipps zur erfolgreichen Existenzgründung

Sie wollen sich selbstständig machen und ein eigenes Unternehmen aufbauen? Existenzgründer/innen brauchen Mut, Wissen und gute Planung. Wir geben Ihnen einige Tipps.

Schritt 1 ☐: Ist die Selbstständigkeit wirklich der richtige Weg für Sie? Sind Sie fachlich qualifiziert? Haben Sie Erfahrungen in „Ihrer" Branche? Haben Sie eigene Ziele, die Sie erreichen wollen? Steht Ihre Familie hinter Ihnen? Diese einfachen Testfragen können Ihnen helfen, zu entscheiden, ob Sie sich wirklich selbstständig machen sollten.

Schritt 2 ☐: Was genau wollen Sie Ihren Kunden anbieten? Sie sollten „Ihren" Markt sehr gut kennen. Nutzen Sie das Internet, um sich zu informieren. Holen Sie sich aber auch Ratschläge von Menschen, die sich in der Branche gut auskennen. Versuchen Sie, folgende Fragen zu beantworten: Gibt es meine Idee schon? Wollen die Menschen mein Produkt? Was kann ich besser machen als die Konkurrenz, um Kunden zu gewinnen?

Schritt 3 ☐: Wenn Sie eine Geschäftsidee haben, lassen Sie sich von Experten beraten und nutzen Sie Weiterbildungsangebote. So bekommen Sie viele Informationen z. B. über Finanzen, Steuern, Versicherungen sowie weitere Ideen und Anregungen.

Schritt 4 ☐: Können Sie mit Ihrer Geschäftsidee genügend Geld verdienen? Machen Sie einen genauen Plan! In diesem muss stehen, welche Qualifikationen und Erfahrungen Sie haben, welches Produkt bzw. welche Dienstleistung Sie anbieten wollen, wer Ihre Kunden und wer Ihre Konkurrenten sind, wie viel Geld Sie brauchen und woher es kommen soll.

Schritt 5 ☐: Sie haben Ihren Geschäftsplan, aber es fehlt Ihnen das nötige Geld? Damit sind Sie nicht alleine. Wer sich selbstständig macht oder ein Unternehmen gründet, muss meistens einen Kredit aufnehmen. Nicht nur Banken bieten Finanzierungen an. Für junge Unternehmer gibt es auch viele Förderprogramme. Sprechen Sie darüber mit einem Finanzberater. Wenn Sie überlegen, wie viel Geld Sie brauchen, dürfen Sie nicht vergessen, dass Selbstständige die Kranken- und Pflegeversicherung selbst bezahlen müssen. Außerdem müssen sie selbst für die Rente sparen.

1 b **Lesen Sie den Online-Ratgeber noch einmal und beantworten Sie die Fragen.**

1. Was brauchen Existenzgründer?
2. Was sollten sie gut kennen?
3. Mit wem sollte man sprechen, wenn man eine Geschäftsidee hat?
4. Was muss alles im Businessplan stehen?
5. Von wem kann man die Finanzierung bekommen?

1 c **Woran muss man bei einer Existenzgründung noch denken? Sprechen Sie im Kurs.**

der Standort des Unternehmens • das Privatleben • die Kontakte zu Kunden und Lieferanten • die Ämter und Behörden • …

2a Lesen Sie den Grammatikkasten. Markieren Sie in 1a alle Nomen der *N*-Deklination.
Ü18

_N_-Deklination
Nur maskuline Nomen gehören zur *N*-Deklination. Sie haben im Plural sowie im Akkusativ, Dativ und Genitiv die Endung **-(e)n**: der Kunde (Nom.), den/dem/des Kunde**n** (Akk., Dat., Gen.)

Die meisten Nomen der *N*-Deklination enden im Nominativ auf -e (Name, Kunde, Experte) oder auf *-at/ -and/-ant/-ent/-ist* (Kandidat, Doktorand, Praktikant, Student, Tourist)
Zu den Nomen der *N*-Deklination gehören auch: Herr, Nachbar, Mensch, Pilot, Fotograf, Bauer.

2b Wo fehlt ein *-(e)n*? Ergänzen Sie.

1 Wenn man eine Geschäftsidee hat, sollte man mit einem Experte........ sprechen.

2 Wie ist denn der Name........ des Student........, mit dem du immer lernst?

3 • Wie war dein Tag? • Sehr gut. Ich habe einen neuen Kunde........ gewonnen.

4 • Kennen Sie Herr........ Schmidt? • Meinen Sie unseren neuen Kollege........?

5 • Wo warst du? • Ich habe einem Nachbar........ geholfen, einen Schrank aufzubauen.

3a Hören Sie das Gespräch und beantworten Sie die Fragen.
2.12 Ü19-21

1 Wo findet das Gespräch statt?

2 Was planen Herr und Frau Akay?

3b Hören Sie das Gespräch noch einmal. Kreuzen Sie die richtigen Aussagen an und korrigieren Sie die falschen.

1 ☐ Das Paar möchte von der Bank einen Kredit in Höhe von 40.000 Euro.
2 ☐ Sie haben kein Eigenkapital.
3 ☐ Sie wollen den Kredit innerhalb von 15 Jahren zurückzahlen.
4 ☐ Sie müssen 2,75 Prozent Zinsen zahlen.
5 ☐ Sie haben den Businessplan, den Mietvertrag und die Schufa-Auskunft dabei.
6 ☐ Die Bank braucht eine Schufa-Auskunft, weil sie wissen möchte, ob Herr und Frau Akay Schulden haben.
7 ☐ Herr und Frau Akay können den Kredit erst bekommen, wenn die Unterlagen vollständig geprüft wurden.

3c Rollenspiel: Bei der Bank. Arbeiten Sie zu zweit. Schreiben Sie einen Dialog und spielen Sie ihn im Kurs. Partner/in A findet seine/ihre Rolle auf Seite 191, Partner/in B auf Seite 193.

4 Können Sie sich vorstellen, sich selbstständig zu machen? Warum (nicht)? Schreiben Sie einen Text (ca. 100 Wörter).

Wörter sprechen

2.13

1 a **Was passt nicht? Streichen Sie. Korrigieren Sie dann mit dem Hörtext.**

1 an einem Existenzgründerseminar	machen	teilnehmen
2 ein Unternehmen	gründen	beantragen
3 sein eigener Chef	haben	sein
4 ein Geschäft	aufmachen	aufwachsen
5 eine Firma	leiten	investieren
6 einen Kredit	tragen	aufnehmen
7 die Unterlagen	treffen	prüfen
8 Weiterbildungsangebote	nutzen	führen
9 Eigenkapital	beantragen	haben
10 Schulden	haben	sein

1 b **Hören Sie noch einmal und sprechen Sie nach.**

1 c **Üben Sie zu zweit. A sagt das Nomen, B ergänzt das Verb.**

Grammatik sprechen

2 **Kettenübung Plusquamperfekt. Sprechen Sie zu viert. Bilden Sie Sätze wie im Beispiel.**

aufstehen • duschen • Brötchen kaufen • frühstücken • Zeitung lesen • Zähne putzen • E-Mails checken • Hausaufgaben machen • Vokabeln lernen • mit … telefonieren • im Supermarkt einkaufen • Mittagessen kochen • mit … Mittagessen • Musik hören • joggen gehen • …

3 a **Ergänzen Sie, wenn nötig, die Endung -*(e)n*.**

1 • Kennen Sie Herr...... Stein? • Ja, Herr...... Stein ist der Inhaber des Kiosks.

2 • Haben Sie schon mit dem Kunde...... gesprochen? • Nein, ich konnte den Kunde...... bisher nicht erreichen.

3 • Wie ist der Name des Kollege......? • Ich weiß nicht, wie der Kollege...... heißt.

4 • Ich habe zurzeit einen Praktikant...... im Büro. • Wie heißt der Praktikant......?

3b Sprechen Sie die Dialoge aus 3a zu zweit.

> Kennen Sie Herrn Stein?

> Ja, ...

Flüssig sprechen

2.14

4 Hören Sie zu und sprechen Sie nach.

VIDEO

Clip 09
Seite 202

Dialogtraining

2.15

5a Hören Sie den Dialog und kreuzen Sie an: Richtig oder falsch?

		R	F
1	Philipp macht sich selbstständig.	☐	☐
2	Er hat ein Seminar gemacht und Tipps für die Existenzgründung bekommen.	☐	☐
3	Er hat kein Eigenkapital, deshalb braucht er einen Kredit.	☐	☐
4	Er hat Angst, dass die Bank ihm keinen Kredit gibt.	☐	☐

5b Lesen Sie den Dialog und korrigieren Sie die falschen Aussagen aus 5a.

Philipp ↘ Francesco ↙

- ● Du, Francesco, ich wollte dir noch etwas erzählen. Bei mir in der Nähe gibt es einen kleinen Laden. Das war früher ein kleines Café. Und jetzt will ich dort ein kleines Restaurant eröffnen.
- ● Wow! Du willst dich selbstständig machen. Das ist mutig.
- ● Ja. Dann gibt es kein Urlaubsgeld mehr. Und wenn ich krank bin und nicht arbeiten kann, verdiene ich auch nichts. Das ist schon klar. Aber es ist eine große Chance für mich.
- ● Sicher! Was hast du denn schon alles gemacht?
- ● Vor einem halben Jahr habe ich ein Existenzgründungsseminar gemacht. Da habe ich viele gute Tipps bekommen, zum Beispiel, wie man die Finanzierung plant.
- ● Stimmt, du brauchst ja auch Geld für den Umbau.
- ● Ja, ich habe zwar ein bisschen Eigenkapital, aber ich brauche ungefähr doppelt so viel. Ich war gestern bei der Bank und habe mit denen über einen Kredit gesprochen. Und es sieht ganz gut aus.
- ● Toll! Also, ich finde das super, Philipp. Und, hast du schon überlegt, was du kochen möchtest? Du könntest ein Burger-Restaurant aufmachen. Burger sind voll im Trend!

5c Lesen Sie den Dialog zu zweit.

Gewusst wie

Kommunikation

über Selbstständigkeit sprechen

Viele träumen davon, selbstständig zu sein. Wenn man selbstständig ist, hat man viel Verantwortung.
Selbstständige müssen oft mehr Stunden pro Woche arbeiten als Angestellte.

über Existenzgründung diskutieren

Wenn man sich selbstständig macht oder ein Unternehmen gründet, braucht man Mut. Wenn man eine Firma gründen will, braucht man eine gute Geschäftsidee. Man sollte sich von Experten beraten lassen. Es ist wichtig, dass man die Finanzierung gut plant.

einen Kredit beantragen

- Wir möchten ein Geschäft eröffnen und brauchen einen Kredit in Höhe von 30.000 Euro.
- Wie viel Eigenkapital haben Sie?
- Wir haben 25.000 Euro Eigenkapital.
- Welche Laufzeit soll der Kredit haben?
- Ich denke, wir können den Kredit innerhalb von zehn Jahren zurückzahlen.
- Dann müssen Sie 1,75 Prozent Zinsen zahlen.

Grammatik

Relativpronomen *was* und *wo*

Das Relativpronomen ***was*** bezieht sich auf einen ganzen Satz.
Ihre Arbeit war schlecht bezahlt, **was** sie unzufrieden machte.

Das Relativpronomen ***wo*** bezieht sich auf Ortsangaben.
Sie wird auf Kongresse eingeladen, **wo** sie über Frauen als Unternehmerinnen spricht.

Plusquamperfekt

Was war vorher passiert? (Plusquamperfekt)	Was ist passiert? (Präteritum/Perfekt)
Sie **hatte** das Abitur **gemacht**.	Danach **begann** sie ein Studium in Ulm.
Er **war gekommen**.	Sie **haben** gemeinsam zu Abend **gegessen**.

Nachdem sie das Abitur **gemacht hatte**, **begann** sie ein Studium in Ulm.
Nachdem er gekommen **war**, **haben** sie gemeinsam zu Abend **gegessen**.

Das Plusquamperfekt bildet man mit dem Präteritum von *haben* oder *sein* + Partizip II des Verbs. Es wird häufiger in der geschriebenen Sprache gebraucht.

N-Deklination

Nur maskuline Nomen gehören zur *N*-Deklination. Sie haben im Plural sowie im Akkusativ, Dativ und Genitiv die Endung ***-(e)n***:

Nom.	der/ein Kunde
Akk.	den/einen Kunde**n**
Dat.	dem/einem Kunde**n**
Gen.	des/eines Kunde**n**
Pl.	die/- Kunde**n**

Die meisten Nomen der *N*-Deklination enden im Nominativ auf *-e* (Name, Kunde, Experte) oder auf *-at/-and/-ant/-ent/-ist* (Kandidat, Doktorand, Praktikant, Student, Tourist)
Zu den Nomen der *N*-Deklination gehören auch: Herr, Nachbar, Mensch, Pilot, Fotograf, Bauer.

Natur und Umwelt

Sie lernen

- eine Landschaft beschreiben
- über Umweltschutz, Energieformen und Mülltrennung diskutieren
- über Tiere sprechen
- Superlativ
- Nebensätze mit *seit/seitdem*
- Diminutiv *-chen*

2.16

1 a **Sehen Sie das Bild an und hören Sie das Interview. Markieren Sie: Welche Wörter hören Sie?**

☐☐ der Bauernhof	☐☐ die Ferienwohnungen	
☐☐ der Stall	☐☐ die Biogasanlage	
☐☐ die Kuh / die Kühe	☐☐ die Solaranlage	☐☐ das Tal
☐☐ der Wald	☐☐ das Gebirge	☐☐ der Bach
☐☐ die Wiese	☐☐ der Berg	☐☐ das Feld

1 b Ü1 **Ordnen Sie die Wörter in 1a dem Bild zu.**

1 c **Hören Sie noch einmal, machen Sie Notizen zu den Stichwörtern und berichten Sie.**

der Bauernhof • die Ferienwohnungen • die Energie • der Klimawandel • die Landschaft

Es gibt sechs Ferienwohnungen. Im Sommer kommen ...

2 Ü2-3 **Wie ist die Landschaft in Ihrer Heimat? Berichten Sie.**

In meiner Heimat gibt es viel Wüste und wenig Wiesen und Wald.

Im Norden gibt es viele Berge und Wälder, im Süden ist es flach und es gibt viel Landwirtschaft.

9 A Umweltschutz

1 a Lesen Sie die Blogeinträge. Zu welchen Fotos passen sie? Ordnen Sie zu.

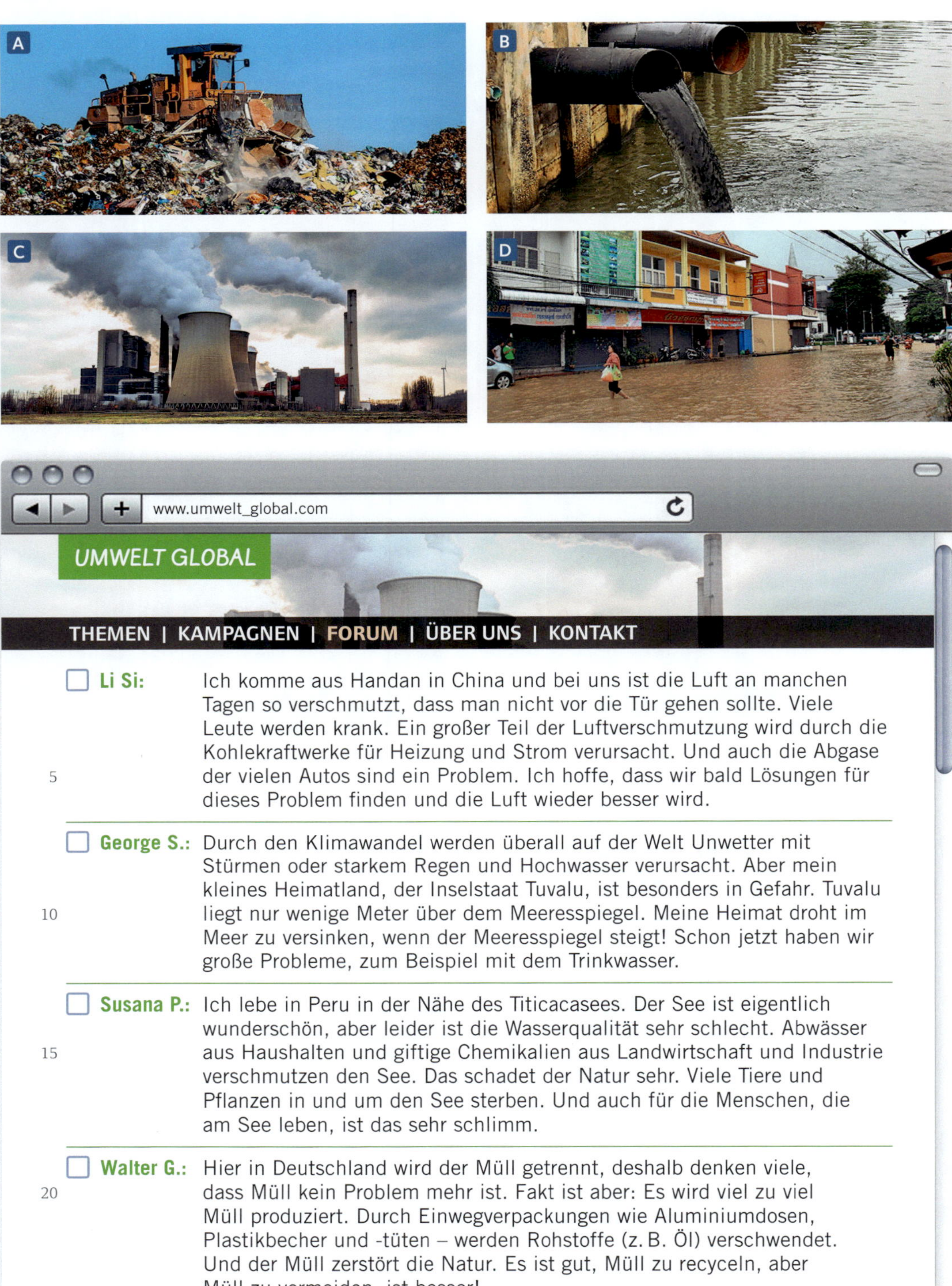

☐ **Li Si:** Ich komme aus Handan in China und bei uns ist die Luft an manchen Tagen so verschmutzt, dass man nicht vor die Tür gehen sollte. Viele Leute werden krank. Ein großer Teil der Luftverschmutzung wird durch die Kohlekraftwerke für Heizung und Strom verursacht. Und auch die Abgase der vielen Autos sind ein Problem. Ich hoffe, dass wir bald Lösungen für dieses Problem finden und die Luft wieder besser wird.

☐ **George S.:** Durch den Klimawandel werden überall auf der Welt Unwetter mit Stürmen oder starkem Regen und Hochwasser verursacht. Aber mein kleines Heimatland, der Inselstaat Tuvalu, ist besonders in Gefahr. Tuvalu liegt nur wenige Meter über dem Meeresspiegel. Meine Heimat droht im Meer zu versinken, wenn der Meeresspiegel steigt! Schon jetzt haben wir große Probleme, zum Beispiel mit dem Trinkwasser.

☐ **Susana P.:** Ich lebe in Peru in der Nähe des Titicacasees. Der See ist eigentlich wunderschön, aber leider ist die Wasserqualität sehr schlecht. Abwässer aus Haushalten und giftige Chemikalien aus Landwirtschaft und Industrie verschmutzen den See. Das schadet der Natur sehr. Viele Tiere und Pflanzen in und um den See sterben. Und auch für die Menschen, die am See leben, ist das sehr schlimm.

☐ **Walter G.:** Hier in Deutschland wird der Müll getrennt, deshalb denken viele, dass Müll kein Problem mehr ist. Fakt ist aber: Es wird viel zu viel Müll produziert. Durch Einwegverpackungen wie Aluminiumdosen, Plastikbecher und -tüten – werden Rohstoffe (z. B. Öl) verschwendet. Und der Müll zerstört die Natur. Es ist gut, Müll zu recyceln, aber Müll zu vermeiden, ist besser!

1 b Lesen Sie noch einmal und beantworten Sie die Fragen.
Ü4

1. Was sagt Li Si über die Luftverschmutzung in Handan?
2. Was sagt George über die Folgen des Klimawandels?
3. Was sagt Susana über die Verschmutzung des Titicacasees?
4. Warum findet es Walter wichtig, Müll zu vermeiden?

Li Si sagt, dass die Luft in ihrer Heimatstadt …

2 Welche Umweltprobleme finden Sie besonders wichtig? Schreiben Sie und berichten Sie dann im Kurs.

2.17

3 a Umweltschutz. Hören Sie und kreuzen Sie an: Was ist richtig?

Ü5-6

1 ☐ Herr Heim meint, dass die Umweltschutzgesetze ausreichen.
2 ☐ Herr Heim hat kein Auto.
3 ☐ Frau Widmer hat ein Umweltprojekt organisiert.
4 ☐ Die Familie von Frau Widmer versucht, möglichst viel Strom zu sparen.
5 ☐ Herr Sund findet die Mülltrennung falsch.
6 ☐ Er findet es leicht, bei Obst und Gemüse Verpackungsmüll zu vermeiden.
7 ☐ Frau Fichte denkt, dass die Politiker nicht genug für den Umweltschutz tun.
8 ☐ Sie sagt, dass sich die Situation in den letzten Jahren verbessert hat.

3 b Hören Sie die Meinungen noch einmal und verbinden Sie.

1 Seit ich den letzten Klimabericht gelesen habe,
2 Seit wir weniger Energie verbrauchen,
3 Seitdem ich mehr Rad fahre,
4 Seit man den Müll trennt,

A haben viele Leute beim Umweltschutz ein gutes Gewissen.
B fühle ich mich gesünder.
C bin ich pessimistisch.
D sparen wir viel Geld.

4 Lesen Sie den Grammatikkasten und verbinden Sie die Sätze mit *seit/seitdem*.

Ü7-10

Nebensätze mit *seit/seitdem*
Beginn in der Vergangenheit, dauert heute noch an: **Seit/Seitdem** er weniger heizt, spart er Geld.

1 Fabriken verschmutzen den See mit giftigen Chemikalien. Viele Tiere sind gestorben.
2 Es gibt weniger Kohlekraftwerke. Die Luftverschmutzung ist geringer geworden.
3 Hier fahren jetzt mehr Autos. Es gibt mehr Lärm.
4 Hier ist ein Naturschutzgebiet. Viele Tier- und Pflanzenarten sind zurückgekommen.
5 Ich kaufe auf dem Markt ein. Ich produziere weniger Verpackungsmüll.
6 Wir nutzen LED-Lampen. Wir haben eine niedrigere Stromrechnung.

5 Was kann man für den Umweltschutz tun? Diskutieren Sie über die Vorschläge.

Ü11

1 Benzin sollte fünf Euro pro Liter kosten.
2 Man sollte Wohnungen im Winter nur auf 18 °C heizen.
3 Jeder Mensch sollte pro Jahr nur maximal 8.000 Kilometer fliegen dürfen.
4 Ich schlage vor, dass man alle Kohlekraftwerke sofort abschaltet.

auf einen Vorschlag reagieren
Das fände ich super. / Das wäre gut.
Ja, das wäre vielleicht eine Lösung.
Ich denke, das ist unrealistisch.
Das geht doch gar nicht!

B Erneuerbare Energien

1 a Ü12 **Lesen Sie den Text. Welche Energieform zeigen die Fotos? Finden Sie die passenden Wörter im Text und notieren Sie wie im Beispiel.**

1 *die Kohle* – *fossile Energie*

2 *die W*... – *erneuerbare Energie*

3 *die S*...

4 *das E*...

5 *die K*...

6 *die W*...

Energie und Umweltschutz

Energie ist für uns lebenswichtig, aber für unsere Zukunft brauchen wir neue Energiequellen. Heute nutzen wir in Deutschland am meisten fossile Energieträger wie Kohle und Erdöl, die es aber nicht endlos gibt. Außerdem trägt die Nutzung von Öl und Kohle stark zur Luftverschmutzung und zum Klimawandel bei.

Die Kernenergie ist für das Klima und die Luft nicht schädlich, aber sie hat sehr viele Risiken. Die sichere Entsorgung von Atommüll ist sehr schwierig und Kernenergie kann für die Menschen und die Umwelt katastrophale Folgen haben. Nach dem Unfall im japanischen Kernkraftwerk Fukushima im März 2011 hat Deutschland deshalb entschieden, in Zukunft auf Kernenergie zu verzichten.

Immer wichtiger werden erneuerbare Energien wie Windkraft, Solarenergie, Wasserkraft oder Erdwärme. 27,8 Prozent des Stroms, den wir verbrauchten, kam 2014 von diesen Energieträgern. Am größten war hier der Anteil der Windenergie, der Anteil der Erdwärme war am geringsten.

„Der Vorteil von den erneuerbaren Energien ist, dass sie fast überall zur Verfügung stehen und dass sie für die Umwelt weniger schädlich sind", so Professor Heitmann vom Institut für Energieforschung. Er ergänzt jedoch: „Aber sie haben auch Nachteile. Windenergie gibt es z. B. nur, wenn es windig ist, die Solartechnologie ist zurzeit noch ziemlich teuer und momentan haben wir noch keine guten Möglichkeiten, diese Energie zu speichern."

Am besten wäre es daher, so wenig Energie wie möglich zu verbrauchen, damit die Umweltprobleme und die Kosten gering bleiben. Neben der Weiterentwicklung der erneuerbaren Energien brauchen wir also auch neue, energiesparende Technologien und eine sparsamere Nutzung der Rohstoffe.

1 b Lesen Sie noch einmal. Wo steht das im Text? Notieren Sie die Zeile(n).

1 Öl und Kohle sind eines Tages verbraucht. ....

2 Kernenergie ist sehr gefährlich. ....

3 In Deutschland hat die Kernenergie keine Zukunft mehr. ....

4 Erneuerbare Energien kann man an fast jedem Ort nutzen. ....

5 Die Speicherung der Energie ist momentan noch ein Problem. ....

6 Wir brauchen Maschinen und Geräte, die weniger Energie verbrauchen. ....

2 a Lesen Sie den Text noch einmal, markieren Sie alle Superlativformen und ergänzen Sie den Grammatikkasten.

	Komparativ	Superlativ
oft/häufig	häufig**er**	am häufig**sten**
groß	gr**ö**ß**er**	....
lang	l**ä**ng**er**	am l**ä**ng**sten**
kurz	k**ü**rz**er**	am k**ü**rz**esten**
gering	gering**er**	....

	Komparativ	Superlativ
gern	**lieber**	am **liebsten**
gut	**besser**	....
viel	**mehr**	....
hoch	**höher**	am **höchsten**
teuer	**teurer**	am teuer**sten**

2 b Lesen Sie den Text in 1a noch einmal. Fragen und antworten Sie im Kurs.
Ü13-14

1 Welche Energieträger sind zurzeit noch am wichtigsten?
2 Welche Energieträger sind für den Klimawandel am schädlichsten?
3 Welche Energieform findet der Autor des Textes am gefährlichsten?
4 Welche erneuerbare Energie benutzt man für die Stromerzeugung am meisten?
5 Welche Lösung für unsere Energieprobleme wäre am besten?

3 Komparativ oder Superlativ? Ergänzen Sie wie im Beispiel.
Ü15-16

1 Liechtenstein ist *kleiner als* Luxemburg. Monaco ist *am kleinsten*. (klein)

2 Der Rhein ist .... die Elbe. Die Donau ist .... (lang)

3 Welcher Monat ist in Berlin ....? – Der Juli! Er ist .... der August. (warm)

4 Welcher Monat ist ....? – Der Februar, er ist .... alle anderen Monate. (kurz)

4 Interview in der Klasse. Schreiben Sie mit Ihrem Partner / Ihrer Partnerin Fragen wie im Beispiel. Fragen Sie im Kurs und antworten Sie.
Ü17

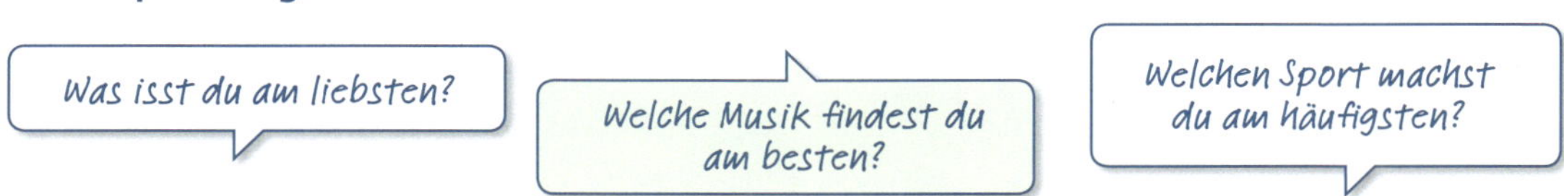

C Mülltrennung

1 Ü18 **Wohin kommt der Müll? Ordnen Sie zu und vergleichen Sie im Kurs.**

2.18 **2a Hören Sie das Gespräch. Über welche Abfälle sprechen Aya und Markus? Notieren Sie.**

2b Ü19-21 **Hören Sie noch einmal und markieren Sie: Richtig oder falsch?**

		R	F
1	Aya weiß nicht, was in den Biomüll gehört.	☐	☐
2	Kleinstetten hat andere Müllregeln als Unterrode.	☐	☐
3	Aya kannte die Mülltrennung aus ihrer Heimat.	☐	☐
4	Aya findet den Abfallkalender von Unterrode sehr praktisch.	☐	☐
5	In Kleinstetten kann man Schadstoffe zum Recyclinghof bringen.	☐	☐

3 **Projekt: Wie funktionieren die Mülltrennung bzw. Müllentsorgung in Ihrem Wohnort? Recherchieren Sie und gestalten Sie ein Plakat.**

- Gibt es einen Abfallkalender?
- Wo gibt es einen Recyclinghof? Was kann man dort wann abgeben?
- Wie werden die Mülltonnen abgeholt?
- Wo kann man Schadstoffe abgeben?
- Was macht man mit Sperrmüll?

D Tiere

2.19 **1 a** Ü22 **Hören Sie das Interview. Welche Tiere gibt es auf dem Birkenhof? Markieren Sie.**

1 b **Hören Sie noch einmal. Kreuzen Sie die richtigen Aussagen an und korrigieren Sie die falschen.**

1 ☐ Am Wochenende kommen viele Schulklassen zum Birkenhof.
2 ☐ Auf dem Birkenhof sollen die Kinder mit Tieren in Kontakt kommen.
3 ☐ Die Tiere, besonders die Häschen, darf man nicht streicheln.
4 ☐ Kinder können auf dem Birkenhof reiten.
5 ☐ Familie Brenner hat als Haustier einen kleinen Hund.

2 Ü23 **Lesen Sie den Grammatikkasten und kreuzen Sie an.**

> **Diminutiv**
> der Hund – das Hünd**chen** das Schaf – das Sch**ä**f**chen** die Katze – das Kätzchen
>
> Die Endung *-chen* signalisiert, dass etwas **A** ☐ sehr alt **B** ☐ sehr klein **C** ☐ sehr groß ist.

3 a **Welche Eigenschaften verbinden Sie mit welchen Tieren? Sprechen Sie im Kurs.**

klug • schnell • neugierig • gefährlich • nützlich • treu • elegant • ruhig
feige • bescheiden • mutig • faul • stolz • wild • schmutzig

3 b **Hatten/Haben Sie ein Haustier? Interviewen Sie sich gegenseitig und berichten Sie.**

Sprechen aktiv

Wörter sprechen

1 a **Was passt zusammen? Notieren Sie passende Wortverbindungen.**

Strom • Umweltprobleme • die Luft • den Sperrmüll • Müll • Rohstoffe • der Natur • Tiere	sparen • abholen • lösen • verschwenden • verschmutzen • vermeiden • schaden • streicheln

1 b **Üben Sie zu zweit. A nennt eine Wortverbindung, B bildet einen kurzen Satz.**

Grammatik sprechen.

2 a **Schreiben Sie Antworten wie im Beispiel.**

1 Seit wann hast du eine Katze? – Ich habe eine eigene Wohnung.
2 Seit wann macht Frau Gräfe mehr Sport? – Sie ist Rentnerin.
3 Seit wann wohnt Evangelos nicht mehr in Berlin? – Er hat eine Stelle in Hamburg.
4 Seit wann fährt Herr Koslow nicht mehr Auto? – Er hatte einen Unfall.
5 Seit wann spricht er nicht mehr mit Amalia? – Sie haben sich gestritten.

Ich habe eine Katze, seit ich eine eigene Wohnung habe.

2 b **Fragen und antworten Sie wie im Beispiel.**

- Seit wann hast du eine Katze?
- Seit ich eine eigene Wohnung habe.
- Seit du eine eigene Wohnung hast, hast du eine Katze?
- Ja, genau.

3 **Arbeiten Sie zu zweit. Partner/in B arbeitet auf Seite 192. Stellen Sie Ihrem Partner / Ihrer Partnerin die Fragen 1–3. Beantworten Sie dann seine/ihre Fragen (4–6).**

1 Was isst Andrea am liebsten?
☐ Pizza ☐ Spaghetti ☐ Kartoffeln

2 Wo ist es am kältesten?
☐ Nürnberg
☐ Frankfurt
☐ München

3 Welcher Berg ist am höchsten?
☐ Fichtelberg
☐ Feldberg
☐ Zugspitze

Was isst Andrea am liebsten?

4 Wer spielt am besten Fußball?
☹ Sabine ☺ Claudia 😐 Martin

5 Wo ist es am wärmsten?
☐ Berlin: 29 °C
☐ Hamburg: 26 °C
☐ Hannover: 24 °C

6 Welche Unterkunft kostet am meisten?
☐ Pension: 49 Euro
☐ Hotel: 69 Euro
☐ Ferienhaus: 80 Euro

Sabine spielt nicht gut Fußball, Martin spielt besser. Am besten spielt Claudia.

2.20

4 Flüssig sprechen. Hören Sie zu und sprechen Sie nach.

VIDEO

Clip 10 Seite 203

Dialogtraining

2.21

5 a **Hören Sie den Dialog. Was kritisiert Lea? Berichten Sie im Kurs.**

5 b **Schreiben Sie das Dialogende neu und ergänzen Sie das Gespräch. Spielen Sie dann den Dialog zu zweit.**

- Gestern war Philipp zum Essen da. Stell dir vor, auf dem Weg zu uns ist jemand in sein Auto reingefahren.
- Warum kommt er eigentlich mit dem Auto zu euch? Er wohnt doch ganz in der Nähe.
- Naja, ich weiß auch nicht.
- Er wohnt eine halbe Stunde von euch entfernt. Mit dem Fahrrad sind es höchstens 15 Minuten. Und dann fährt er mit dem Auto? So ein Klimakiller!
- Also bitte! Vielleicht war er vorher irgendwo anders.
- Hat er denn kein Fahrrad?
- Sag mal, warum regst du dich so auf?
- Mit dem Auto durch die Stadt zu fahren, ist doch die größte Umweltverschmutzung überhaupt. Wahrscheinlich fährt er auch noch ein Auto mit Dieselmotor.
- Ist das schlimm? Diesel ist eben billiger.
- Dieselautos sind am allerschlimmsten. Sie verpesten die Umwelt total. Das ist gesundheitsschädlich!
- Seit wann sind Umwelt- und Klimaschutz für dich so ein großes Thema?
- Sind sie, seit ich denken kann! Der Klimawandel ist ein riesengroßes Problem! Das weiß doch jeder.
- Oha! … Aber du hast dich letzte Woche noch von mir mit dem Auto von einer Party abholen lassen.
- Ach Tantchen, es kommt doch auf die Bilanz an.
- Auf die Bilanz?
- Ja, klar. Ich fliege nur ganz selten, ich kaufe Produkte aus der Region, ich esse kein Fleisch. Da kann ich mir dann auch mal den Luxus erlauben, mich von meiner Tante abholen zu lassen.
- …
- …

9

Gewusst wie

Kommunikation

über Umweltprobleme sprechen

- Die Luftverschmutzung hat stark zugenommen. Viele Menschen werden von den vielen Abgasen krank.
- Giftige Chemikalien verschmutzen das Wasser. Viele Pflanzen und Tiere sind schon gestorben.
- Der Klimawandel ist ein großes Problem. Wenn die Erde wärmer wird, gibt es mehr Stürme und Hochwasser.
- Ich finde es wichtig, dass man Energie spart und keine Rohstoffe verschwendet.

über Tiere sprechen

Wir haben viele Haustiere, die man auch streicheln kann: Schafe, Ziegen, Hasen, Katzen und einen Hund.

über Mülltrennung sprechen

Bei uns wird der Müll getrennt: Es gibt Container für Biomüll, Restmüll, Altpapier, Verpackungen und Glas. Aber es ist genau so wichtig, Müll zu vermeiden, wie Müll zu trennen.

eine Landschaft beschreiben

Neben dem Bauernhof ist ein Feld. Hinter dem Wald beginnt das Gebirge. Zwischen den Bergen ist ein Tal mit einem kleinen Bach und grünen Wiesen.

über Energieformen diskutieren

Öl, Gas und Kohle sind fossile Energieträger. Erneuerbare Energien, wie Solarenergie, Windenergie und Wasserkraft werden immer wichtiger.

Grammatik

Superlativ

	Komparativ	Superlativ
oft/häufig	häufiger	am häufig**sten**
groß	größer	am gr**ößten**
lang	länger	am läng**sten**
kurz	kürzer	am k**ürzesten**
gering	geringer	am gering**sten**

	Komparativ	Superlativ
gern	**lieber**	am **liebsten**
gut	**besser**	am **besten**
viel	**mehr**	am **meisten**
hoch	**höher**	am **höchsten**
teuer	**teurer**	am teuer**sten**

Einsilbige Adjektive mit *o*, *u* oder *a* im Stamm haben im Komparativ und Superlativ meistens einen Umlaut: lang → länger, gesund → gesünder.
Nach *t*, *d*, *s*, (*sch*), *x* und *z* ist die Endung im Superlativ ***-esten***, z B.: am kürz***esten***.

Nebensätze mit *seit/seitdem*

Beginn in der Vergangenheit, dauert heute noch an:
→ Seit/Seitdem er weniger Strom verbraucht, spart er Geld.

Diminutiv

der Hund → **das** Hünd**chen** die Katze → **das** Kätz**chen** das Pferd → **das** Pferd**chen**
Nomen mit *o*, *u* oder *a* im Stamm haben im Diminutiv oft einen Umlaut.
Plural und Singular sind im Diminutiv gleich: das Hündchen → die Hündchen.
Nomen mit der Endung *-chen* sind immer Neutrum: **das/ein** Hünd**chen**.

Spiel und Spaß

1 **Wiederholungsspiel. Immer zwei bis vier Personen aus dem Kurs spielen zusammen. Sie brauchen eine Münze und eine Spielfigur pro Spieler/in.**

1. Werfen Sie die Münze. Bei „Zahl" gehen Sie ein Feld weiter, bei „Kopf" zwei Felder.
2. Lesen Sie die Aufgabe, die im Feld steht, und lösen Sie sie.
3. Richtig? Gehen Sie ein Feld weiter! Falsch? Gehen Sie ein Feld zurück!
4. Wer zuerst das Ziel erreicht, hat gewonnen.

Kommunikation im Beruf

2.22 **1 a Drei Situationen im Beruf. Hören Sie und ordnen Sie die Fotos zu.**

A ☐ Gespräch mit einer Messebesucherin

B ☐ Vorstellung eines Praktikanten

C ☐ Planung der Urlaubszeiten

2.23 **1 b Hören Sie Situation eins noch einmal und beantworten Sie die Fragen.**

1. Was macht Herr Smikalla in der Firma?
2. Wie lange bleibt er in der Firma?
3. Welchen Aufgabenbereich hat Herr Kamenisch?
4. Was bietet er Herrn Smikalla an?

2.24 **1 c Hören Sie Situation zwei noch einmal und kreuzen Sie an: Was ist richtig?**

1 ☐ **A** Die Mitarbeiter/innen haben im nächsten Jahr zwei Wochen weniger Urlaub.
☐ **B** Im Sommer müssen sie zwei Wochen Urlaub im Block nehmen.
☐ **C** In den Sommermonaten dürfen sie nur zwei Wochen Urlaub machen.

2 ☐ **A** Die anderen Kollegen/-innen haben sich schon auf eine Urlaubsregelung geeinigt.
☐ **B** Die anderen Kollegen/-innen fahren zusammen in Urlaub.
☐ **C** Die anderen Kollegen/-innen wissen noch nicht, wann sie Urlaub machen wollen.

3 ☐ **A** Johan plant einen Urlaub in Hamburg.
☐ **B** Johan nimmt im September an einer Fortbildung teil.
☐ **C** Johan möchte nach Kanada reisen.

4 ☐ **A** Johan und Britta können nur während der Sommerferien Urlaub nehmen.
☐ **B** Britta macht im Juni Urlaub und Johan im September.
☐ **C** Britta macht im September Urlaub, dann aber länger als zwei Wochen.

2.25 **1 d Hören Sie Situation drei noch einmal und ergänzen Sie die Informationen.**

Firmenname: B&K Armaturen ....
gegründet: ....
Hauptsitz: Furtwangen ....
weiteres Werk in: ....
Mitarbeiter: ....
Umsatz: ....
Produkte: Armaturen für Bäder und Küchen ....
Exportanteil: ....
Exportländer: ....

2a **Stellen Sie die Firma mit den Informationen im Kasten vor.**

Name:	Milton GmbH	Exportanteil:	62%
Umsatz:	317 Mio.Euro	weiteres Werk:	Prag/Tschechien
gegründet:	1982	Exportländer:	EU-Staaten, USA
Produkte:	medizintechnische Geräte	Mitarbeiter:	621
Hauptsitz:	Ahrensburg		

2b **Bei welcher Firma / welchen Firmen haben Sie schon gearbeitet? Stellen Sie die Firmen kurz vor.**

3 **Schreiben Sie Dialoge und spielen Sie im Kurs.**

Situation 1

Der/Die Abteilungsleiter/in stellt einem Mitarbeiter / einer Mitarbeiterin in der Herrenabteilung eines Kaufhauses einen neuen Kollegen / eine neue Kollegin vor.

Kollegen/-innen vorstellen und begrüßen

- Ich möchte dir/Ihnen Herrn/Frau … vorstellen. Er/Sie ist unser neuer Kollege / unsere neue Kollegin.
- Angenehm. / Freut mich. / Schön, Sie kennenzulernen.
- Ich heiße/bin … Ich bin für … zuständig.
- Herzlich willkommen. Ich wünsche Ihnen einen guten Start. Wenn Sie Fragen haben, …
- Herzlichen Dank. Ich freue mich schon auf die Zusammenarbeit.

Situation 2

Sie besprechen mit Ihren Arbeitskollegen/-innen die Urlaubstermine für den nächsten Sommer. Die Rollenkarte für Partner/in B finden Sie auf Seite 191.

Partner/in A

Sie haben zwei schulpflichtige Kinder und können nur in den Sommerferien Urlaub machen. Die Sommerferien gehen von Anfang August bis Mitte September. Sie wollen drei Wochen Urlaub nehmen, sehr gerne ab dem 13. August.

Urlaubszeiten planen

Meine Kinder haben von … bis … Schulferien.
Ich möchte gern im … Urlaub machen. / Ich würde gern … Tage/Wochen vom … bis zum … Urlaub beantragen.
Kannst du nicht …? / Du könntest ….

Die Arbeitssuche

4 **Arbeitssuche. Welche Beratungsstelle ist zuständig? Lesen Sie die Informationen und ordnen Sie zu.**

1 ☐ Affaf Hadji hat wegen ihrer Kinder drei Jahre nicht in ihrem Beruf gearbeitet. Sie braucht jetzt eine Fortbildung, um in ihrem Beruf wieder arbeiten zu können.

2 ☐ Schota Kankawa hat in seinem Heimatland zwanzig Jahre als Bäcker gearbeitet. Er braucht Informationen über die Anerkennung seiner Qualifikation als Bäcker in Deutschland.

3 ☐ Youssef Barek möchte ein freiwilliges soziales Jahr machen.

Wegweiser für Arbeit, Beruf und Aus- und Weiterbildung der Stadt Unterrode

Unter folgenden Adressen finden Sie Hilfe und Beratung, wenn Sie Fragen zur Berufswahl allgemein, zur Berufsausbildung, zur Anerkennung ausländischer Abschlüsse oder Weiterbildungsmöglichkeiten haben.

A **Beratung für Frauen in Berufsfragen**
(Orientierung, Aus- und Weiterbildung, Existenzgründung)
Rathausstraße 14, (PLZ) Unterrode
Telefon 1234-9781
E-Mail: frau_und_beruf@stadt.unterrode.de
Ansprechpartnerin: Frau Martina Heise

Sprechzeiten:
Mo, Di, Mi, Fr 8.30–12 Uhr – Mo, Mi. 13.30–15.30 – Do 13.30–18 Uhr

B **Anerkennung ausländischer Bildungsnachweise - Handwerk**
Handwerkskammer Unterrode
Ansprechpartner: Frau Meid
Telefon 1234-9782
E-Mail: angela.meid@hwk-unterrode.de

C **Wegweiser Bildung – WeBi: Eingang Bildungswerk**
Hauptplatz 17, Unterrode
Öffnungs- und Beratungszeiten:
Di 14–18 Uhr; Mi 14–18 Uhr; Do 15–19 Uhr; Fr 14–18 Uhr

Angebote:
■ Beratung zu Bildungs- und Berufsabschlüssen ■ Wege nach der Schule
■ Erstausbildung ■ Studium ■ Praktikum ■ Freiwilligendienste

2.26 **5 a** **Hören Sie das Beratungsgespräch. Bei welcher Beratungsstelle aus 1 findet es statt? Ordnen Sie zu.**

2.26 **5b** **Welche Sätze sind richtig? Hören Sie noch einmal und korrigieren Sie die falschen Sätze.**

1 Herr Yang hat keinen Schulabschluss.
2 Er hat in der Tourismusbranche gearbeitet.
2 Er kann nicht mit den Händen arbeiten.
3 Er will seine Deutschkenntnisse verbessern.

6 **Schreiben Sie Fragen für ein Beratungsgespräch.**

1 Sie möchten Ihren Schulabschluss anerkennen lassen.
2 Sie haben in Ihrem Heimatland eine Ausbildung als Krankenpfleger gemacht. Sie wollen wissen, wer für die Anerkennung Ihres Berufsabschlusses zuständig ist.
3 Sie haben in Ihrem Heimatland als Bürokauffrau/kaufmann gearbeitet. Sie fragen nach Möglichkeiten, ein Praktikum in einem Büro zu machen.

Können Sie mir sagen, wo ich meinen Schulabschluss anerkennen lassen kann? Ich möchte gerne wissen, ...

2.27 **7a** **Ein Vorstellungsgespräch. In welcher Reihenfolge kommen diese Themen vor? Hören Sie zu.**

- ☐ Die Bewerberin berichtet über ihre Berufserfahrung.
- ☐ Die Bewerberin erklärt, warum sie noch nicht in Deutschland gearbeitet hat.
- ☐ Die Bewerberin beschreibt, welche schwierigen Situationen sie in Deutschland am Anfang bewältigen musste.
- ☐ Smalltalk

2.28 **7b** **Hören Sie den Anfang des Vorstellungsgesprächs noch einmal. Warum ist Smalltalk wichtig? Welche Themen sind geeignet, welche nicht? Diskutieren Sie.**

7c **Schreiben und spielen Sie mit Ihrem Lernpartner / Ihrer Lernpartnerin einen Smalltalk-Dialog.**

2.29 **7d** **Hören Sie den nächsten Teil des Gesprächs. Welche Redemittel hören Sie? Markieren Sie.**

Als ich nach Deutschland gekommen bin, war mein erstes Ziel … / Es war für mich eine Herausforderung … / Zuerst konnte ich … / Es hat einige Zeit gedauert, bis ich … / Aber jetzt kann ich … / Jetzt bin ich für einen beruflichen Neustart bereit. / Das Problem habe ich so gelöst: … / Ich musste lernen, dass … / Ich habe es geschafft / In meiner Heimat habe ich als … gearbeitet. / Ich habe schon Berufserfahrung. Zu meinen Aufgaben gehörte … / Ich fand bei meiner Arbeit besonders interessant, dass …

8 **Beschreiben Sie Ihre Berufserfahrung.**

3 Diversität und Interkulturalität

Zusammen wohnen

2.30 **1 a** **Auf einem Straßenfest. Hören Sie das Gespräch. Welche Fotos passen?**

1 b **Lesen Sie das Gespräch. Was finden Herr und Frau Richardson positiv, was finden sie eher negativ? Berichten Sie im Kurs.**

June und Harry Richardson

- Dürfen wir uns zu Ihnen setzen?
- Aber gerne, bitte sehr. Hier ist genug Platz.
- Vielen Dank. Darf ich mich vorstellen? Mein Name ist June Richardson und das ist mein Mann Harry.
- Freut mich sehr. Mein Name ist Urs Schiemann. Sie wohnen noch nicht so lange hier, richtig?
- Ja, wir sind erst vor zwei Monaten hier eingezogen. Wir kommen aus den USA. Dort haben wir für eine deutsche Firma gearbeitet und jetzt arbeiten wir für die Firma hier in München.
- Sie sind jetzt zum ersten Mal in Deutschland?
- Wir waren schon öfter zu Besuch bei Freunden in Deutschland, aber es ist jetzt das erste Mal, dass wir länger in Deutschland bleiben. So ein längerer Aufenthalt ist etwas anderes als ein kurzer Besuch.
- Was ist denn bei uns anders als in Ihrer Heimat?
- Mir ist aufgefallen, dass Hunde hier sehr viel dürfen und die Leute sie überallhin mitnehmen, sogar in Restaurants! Das ist in der Gegend in den USA, aus der wir kommen, verboten und das ist auch richtig so, denn ich finde Hunde in Restaurants nicht hygienisch.
- Sie haben Recht. Ich finde auch manchmal, dass Hunde viel zu viele Freiheiten haben und Hundebesitzer nicht immer gut auf ihre Hunde aufpassen.
- Gut finde ich, dass die Autofahrer sehr viel Rücksicht auf Radfahrer nehmen. Das habe ich oft beobachtet. Ist mein Eindruck richtig?
- Na ja, ich bin selbst Radfahrer und manchmal finde ich, dass die Autofahrer nicht gut aufpassen.
- Ich bin trotzdem sehr beeindruckt. Bei uns nehmen die Leute im Straßenverkehr nicht so viel Rücksicht aufeinander.

2.31

1c Hören Sie die Fortsetzung des Dialogs und beantworten Sie die Fragen.

1 Wie haben die Richardsons die Sonntagsruhe gestört?
2 Wie haben sie reagiert, als sich die Nachbarn beschwert haben?
3 Warum fühlen sich die Anwohner von öffentlichen Plätzen im Sommer oft gestört?

1d Was ist Ihre Meinung zu diesen Themen? Haben Sie schon mit Deutschen über Ihre Beobachtungen und Erfahrungen gesprochen? Berichten Sie im Kurs.

In meiner Heimat gibt es keine Mittagsruhe.

Für meine Kinder ist es auch schwer, in der Wohnung leise zu sein.

2a Herr Richardson erzählt, dass er sich bei dem Nachbarn für die Ruhestörung am Sonntag entschuldigt hat. Was hat er vielleicht gesagt? Welche Aussagen passen? Kreuzen Sie an.

- ☐ Oh, Entschuldigung, das soll nicht wieder vorkommen.
- ☐ Es tut mir leid, dass wir Sie geweckt haben. Wir hören natürlich sofort auf zu bohren.
- ☐ Okay, dann arbeiten wie eben morgen weiter.
- ☐ Ich hänge nur noch ein Regal auf. Das dauert ungefähr 15 Minuten. Den Rest mache ich dann morgen.

2b Wählen Sie eine Situation und spielen Sie einen kurzen Dialog.

Situation 1
Sie vergessen oft, die Tür zum Keller abzuschließen. Ein anderer Hausbewohner kritisiert Sie deshalb.

Situation 2
Ihr Nachbar lässt seinen Hund immer im Treppenhaus und auf dem Grundstück frei herumlaufen. Der Hund bellt oft sehr laut. Sie beschweren sich bei Ihrem Nachbarn.

Liebe Frau / Lieber Herr… ich habe oft gesehen, …
Ich möchte Sie darauf aufmerksam machen, dass …
Es ist für alle Hausbewohner nicht gut, dass …
Könnten Sie bitte in Zukunft darauf achten, dass …

Verstehe. Danke, dass Sie mich darauf aufmerksam machen.
Es tut mir leid, dass …
In Zukunft werde ich …

Prüfungsvorbereitung DTZ

Sprechen

1 **Teil 1. Über sich sprechen.**

Teilnehmer/in A und B

Stellen Sie sich bitte vor.

Name?	Wohnort?	Familie?
Geburtsort?	Arbeit/Beruf?	Sprachen?

2 **Teil 2. Über Erfahrungen sprechen.**

Teilnehmer/in A

A Sie haben in einer Zeitschrift ein Foto gefunden. Berichten Sie Ihrem Gesprächspartner oder Ihrer Gesprächspartnerin kurz:

- Was sehen Sie auf dem Foto?
- Was für eine Situation zeigt das Bild?

B Erzählen Sie bitte: Welche Erfahrungen haben Sie damit?

Teilnehmer/in B

B Sie haben in einer Zeitschrift ein Foto gefunden. Berichten Sie Ihrem Gesprächspartner oder Ihrer Gesprächspartnerin kurz:

– Was sehen Sie auf dem Foto?
– Was für eine Situation zeigt das Bild?

B Erzählen Sie bitte: Welche Erfahrungen haben Sie damit?

3 Teil 3 Gemeinsam etwas planen

Teilnehmer/in A und B

Sie wollen mit Ihrem Gesprächspartner / Ihrer Gesprächspartnerin gemeinsam eine Wohnung mieten. Planen Sie, was Sie tun müssen. Hier sind einige Notizen:

- *Wie groß soll die Wohnung sein?*
- *Wie viel darf sie kosten?*
- *Wo bekommt man Informationen über freie Wohnungen?*
- *Wann haben Sie Zeit, um gemeinsam Wohnungen zu besichtigen?*

Regionen und Landschaften

1 a **Kulturstadt Weimar. Lesen Sie die Blogeinträge und ordnen Sie die Fotos zu.**

Startseite | Blog: Tagebuch Deutschlandreise | Fotos | Über mich

1 Erster Tag in Weimar. Heute standen die Klassiker auf dem Programm: Wir waren im Goethehaus, in dem Goethe von 1792 bis zu seinem Tod 1832 wohnte, und auch in Schillers Wohnhaus. Danach haben wir uns noch das Denkmal der beiden Dichter Goethe und Schiller vor dem Nationaltheater angeschaut. Am Abend waren wir in einem Konzert in der Musikhochschule.

12. August

2 Heute haben wir die Herzogin Anna Amalia Bibliothek besichtigt – ein wunderschönes Gebäude mit über einer Millionen Büchern, viele davon aus dem 17. und 18. Jahrhundert! Am Nachmittag haben wir einen Spaziergang durch den Park an der Ilm gemacht und dabei eine Gruppe Studenten kennengelernt. Sie haben uns für heute Abend zu einer Ausstellungseröffnung in der Bauhaus-Universität eingeladen – ich bin gespannt!

13. August

3 Die Ausstellung gestern war superinteressant. Studenten aus den Bereichen Gestaltung, Medien und Architektur haben ihre Arbeiten präsentiert. Das war manchmal ein bisschen verrückt, aber sehr spannend! Danach waren wir auf der Eröffnungsparty und haben bis 2 Uhr getanzt. Heute gehen wir ins Bauhaus-Museum. Darauf freue ich mich schon, denn ich interessiere mich sehr für Maler wie Lyonel Feininger und die Architektur von Walter Gropius, dem ehemaligen Bauhaus-Direktor.

14. August

1 b **Welche der Sehenswürdigkeiten/Unternehmungen finden Sie interessant? Warum (nicht)? Begründen Sie.**

2 **Schreiben Sie mithilfe der Notizen im Schüttelkasten und der Informationen aus dem Blog einen Text über Weimar.**

liegt in Thüringen • 63.500 Einwohner • viele bedeutende Schriftsteller und andere Künstler lebten hier • auch heute bedeutende Kulturstadt • Bauhaus-Universität

3 **Wählen Sie eine Stadt aus und berichten Sie über sie.**

Gesund werden und bleiben

A Patientin in der Notaufnahme im Krankenhaus

B Krafttraining im Fitnessstudio

C Schwangerschaftsgymnastik in der Hebammenpraxis

D Nordic Walking stärkt Muskeln und Kreislauf

Sie lernen

- über Gesundheit sprechen
- über Arztbesuche und Krankenhausaufenthalte sprechen
- über Unfälle sprechen
- Partizip I
- *nicht nur …, sondern auch; sowohl … als auch; entweder … oder* und *weder … noch*

1 Ü1-2 **Sammeln Sie Wörter zum Thema Gesundheit.**

Berufe im Gesundheitswesen: die Hebamme, …
Symptome und Krankheiten: das Fieber, …
Gesundheit erhalten: die Rückengymnastik, …
Orte: die Arztpraxis, …
Tätigkeiten: Patienten untersuchen, …

2a **Was sehen Sie auf den Fotos? Beschreiben Sie die Situationen.**

3.02 **2b** **Sehen Sie die Fotos an und hören Sie. Zu welchen Fotos passen die Dialoge?**

Dialog 1 ☐ Dialog 2 ☐ Dialog 3 ☐ Dialog 4 ☐

2c **Hören Sie die Dialoge noch einmal und beantworten Sie die Fragen.**

1. Warum geht Max ins Fitnessstudio?
2. Warum empfiehlt die Ärztin Walking?
3. Warum war Petra in der Notaufnahme?
4. Was ist wichtig für schwangere Frauen?

3 **Arbeiten Sie zu zweit. Wählen Sie ein Foto aus und schreiben Sie einen Dialog.**

10 A Unfälle und ihre Folgen

3.03 **1 a** **Hören Sie die Radiomeldung. Welches Bild passt? Kreuzen Sie an.**

1 b **Hören Sie die Radiomeldung noch einmal. Kreuzen Sie an: Richtig oder falsch?**

		R	F
1	In der Wilhelmstraße hat es einen Verkehrsunfall gegeben.	☐	☐
2	Ein Radfahrer wurde von einem abbiegenden Autofahrer angefahren.	☐	☐
3	Der Radfahrer ist gestürzt und hat sich schwer verletzt.	☐	☐
4	Der Autofahrer hat angehalten und den Mann ins Krankenhaus gebracht.	☐	☐

1 c **Arbeiten Sie zu zweit. Beschreiben Sie den anderen Unfall aus 1a. Was ist passiert?**

2 a Ü3-6 **Lesen Sie die Zeitungsmeldungen und beantworten Sie die Fragen.**

Unfall in der Goethestraße

Neu-Ulmer (32) schwer verletzt

Am Mittwoch um 11:00 Uhr fuhr ein vom Goetheplatz kommender PKW einen 32-jährigen Fußgänger an, der zwischen den parkenden Autos auf die Straße gelaufen war. Der aus Neu-Ulm stammende Mann wurde ins Krankenhaus gebracht. Dem behandelnden Arzt zufolge sind die Verletzungen nicht lebensgefährlich.

Unfall auf dem Weg zur Schule

Mädchen (14) von Radfahrer angefahren

Eine Schülerin stieg am Montag an der Haltestelle Auweg aus dem Bus der Linie 18 aus. Ein Radfahrer beachtete die aussteigenden Fahrgäste nicht, fuhr die Schülerin an und verletzte sie. Der Radfahrer kümmerte sich nicht um die am Boden liegende Schülerin und beging Fahrerflucht. Die Polizei sucht Zeugen des Unfalls.

1 Wie kam es zu dem Unfall in der Goethestraße?
2 Was sagt der behandelnde Arzt über die Verletzungen des Fußgängers?
3 Worauf hat der Radfahrer im Auweg nicht geachtet?
4 Was hat er nach dem Unfall gemacht?

2 b Ü7 **Lesen Sie den Grammatikkasten und markieren Sie die Formen des Partizip I in 2a.**

Partizip I
Das Partizip I bildet man mit dem Infinitiv + *d* → parken**d**
Man benutzt es wie ein Adjektiv + Endung:
parken**de** Autos → Autos, die parken

ein vom Goetheplatz
kommender PKW

2c Ergänzen Sie das Partizip I in der richtigen Form.
Ü8-9

1 Die Kinder spielten zwischen den .... Autos. (parken)

2 Der Autofahrer übersah den .... Bus. (halten)

3 Die Mutter sprach mit dem .... Arzt. (behandeln)

4 Der auf dem Boden .... Mann hatte starke Schmerzen. (liegen)

5 Eine junge Frau kümmerte sich um das .... Kind. (weinen)

6 Der Autofahrer bat eine .... Frau um Hilfe. (vorbeikommen)

3a Olivers Unfall. Hören Sie und ordnen Sie die Bildunterschriften zu.
3.04

1

2

3
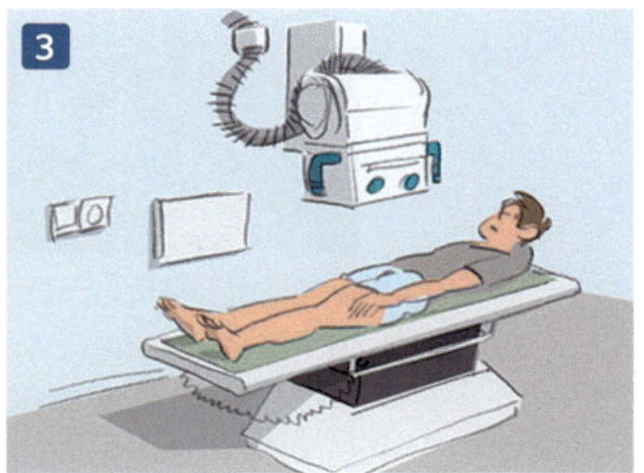

4
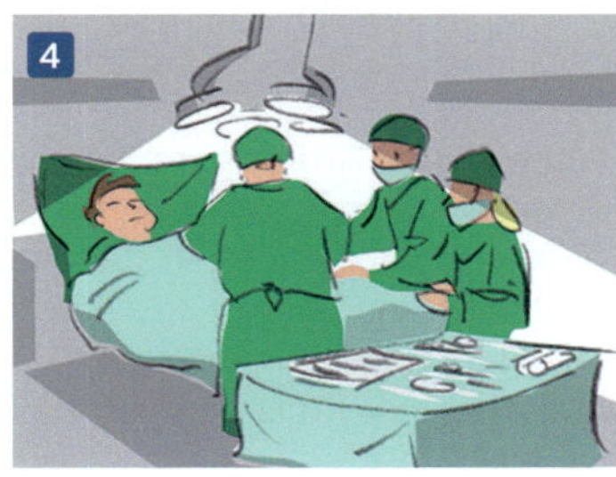

5

6

- ☐ bei der Physiotherapie
- ☐ in der Notaufnahme
- ☐ im Krankenhauszimmer
- ☐ beim Röntgen
- ☐ der Unfall
- ☐ im Operationssaal

3b Hören Sie noch einmal und beantworten Sie die Fragen.
Ü10

1 Seit wann kann Oliver wieder ohne Gehhilfen laufen?
2 Wie und wo ist der Unfall passiert?
3 Warum wurde Oliver operiert?
4 Wie lange musste er den Gips tragen?
5 Was hat ihm gut getan?
6 Wie waren seine Erfahrungen im Krankenhaus?

4 Wann und warum geht man ins Krankenhaus? Sprechen Sie im Kurs.
Ü11-12

nach einem Herzinfarkt • bei ansteckenden Krankheiten • wegen einer Operation • zur Beobachtung von Krankheitssymptomen • zur Geburt/Entbindung • …

Es gibt Untersuchungen, die nur in Krankenhäusern gemacht werden.

Viele Frauen bekommen ihr Baby im Krankenhaus. Man kann aber auch in ein Geburtshaus gehen oder zu Hause entbinden.

B Die Krankenkasse informiert

1 a **Lesen Sie die Texte und ordnen Sie die Überschriften zu.**

A Ein kleiner Pieks kann Leben retten
B Wenn die Seele leidet
C Vorsorge lohnt sich

www.kk-vital.de/Info

Versicherung und Tarife | Beratung | Mitglied werden | Info aktuell | Kontakt | KK Vital

☐ Sie sind 35 Jahre alt oder älter? Dann sollten Sie alle zwei Jahre zum Check-up 35 gehen – auch wenn Sie sich gesund und fit fühlen. Die Vorsorgeuntersuchung Check-up 35 ist kostenlos. Die Untersuchung ist besonders wichtig, wenn Sie regelmäßig Zigaretten rauchen oder Alkohol trinken. Zum Check-up gehören: ein Vorgespräch mit dem Arzt, eine körperliche Untersuchung und ein Beratungsgespräch. Im Vorgespräch möchte der Arzt wissen, welche Krankheiten Sie hatten oder haben, ob Sie regelmäßig Medikamente einnehmen und welche Krankheiten es in Ihrer Familie gibt. Bei der körperlichen Untersuchung misst der Arzt den Blutdruck und den Puls, er hört das Herz und die Lunge ab und tastet den Bauch ab. Das Blut und der Urin werden untersucht. Zum Schluss erklärt der Arzt Ihnen die Ergebnisse und gibt Tipps für ein gesundes Leben.

☐ Die Grippeschutzimpfung soll eine Grippeerkrankung verhindern. Die Grippe (Influenza) beginnt plötzlich mit hohem Fieber, Kopf- und Muskelschmerzen sowie starkem Husten. Pro Jahr sterben in Deutschland bis zu 11.000 Menschen an der Grippe. Die Grippeimpfung kann also Leben retten. Die Grippesaison beginnt im Dezember. Da es circa 14 Tage dauert, bis der Impfschutz aufgebaut ist, sollte man sich schon im Herbst gegen die Grippe impfen lassen. Vor allem für Babys, ältere Menschen ab 60 Jahren und Schwangere wird die Impfung empfohlen. Man muss sich übrigens jedes Jahr wieder gegen die Grippe impfen lassen, da sich die Viren von Jahr zu Jahr sehr stark verändern.

☐ Psychische Krankheiten können jeden treffen: Frauen und Männer, Junge und Alte, Berufstätige und Arbeitslose. Es gibt viele Gründe, warum Menschen psychisch krank werden. Symptome können zum Beispiel sein:

- Man ist über eine längere Zeit traurig, schnell erschöpft, schläft schlecht und hat starke Ängste.
- Man kann seine alltäglichen Aufgaben nicht mehr erledigen und kann sich schlecht konzentrieren.
- Man hat körperliche Beschwerden (z. B. Bauch- oder Rückenschmerzen), für die keine Ursache gefunden werden können.

Manche Menschen haben Angst davor, bei einem/-er Psychotherapeuten/-in Hilfe zu suchen, weil sie nicht gern über Gefühle sprechen. Und einige sind auch unsicher, weil sie nicht wissen, was in einer Therapie passiert oder sie sich fragen, ob Psychotherapie überhaupt wirkt. Eine Psychotherapie kann aber in vielen Fällen sehr hilfreich sein. Für eine notwendige psychotherapeutische Behandlung übernehmen wir die Kosten.

1 b Ü13-14 **Lesen Sie die Texte noch einmal und kreuzen Sie an: Welche zwei Aussagen sind richtig?**

1 Der Check-up 35 …
- **A** ☐ kostet nichts.
- **B** ☐ ist für alle 35-Jährigen Pflicht.
- **C** ☐ wird auch Versicherten ohne Beschwerden empfohlen.

2 Beim Check-up 35 …
- **A** ☐ wird ein Röntgenbild gemacht.
- **B** ☐ misst der Arzt den Blutdruck.
- **C** ☐ nimmt der Arzt Blut ab.

3 Die Grippe …
- **A** ☐ ist eine einfache Erkältung.
- **B** ☐ kann sehr gefährlich sein.
- **C** ☐ bekommt man vor allem im Winter.

4 Die Grippeschutzimpfung …
- **A** ☐ muss jedes Jahr wiederholt werden.
- **B** ☐ sollte schon vor Beginn der Grippesaison stattfinden.
- **C** ☐ schützt auch vor Erkältungen.

5 Psychische Erkrankungen …
- **A** ☐ bekommen vor allem ältere Menschen.
- **B** ☐ können alle treffen.
- **C** ☐ können verschiedene Symptome haben.

6 Eine Psychotherapie …
- **A** ☐ müssen Versicherte selbst zahlen.
- **B** ☐ kann häufig helfen.
- **C** ☐ ist für manche Patienten zunächst fremd.

1 c **Ergänzen Sie das Verb und markieren Sie dann die Wortverbindungen in 1 a.**

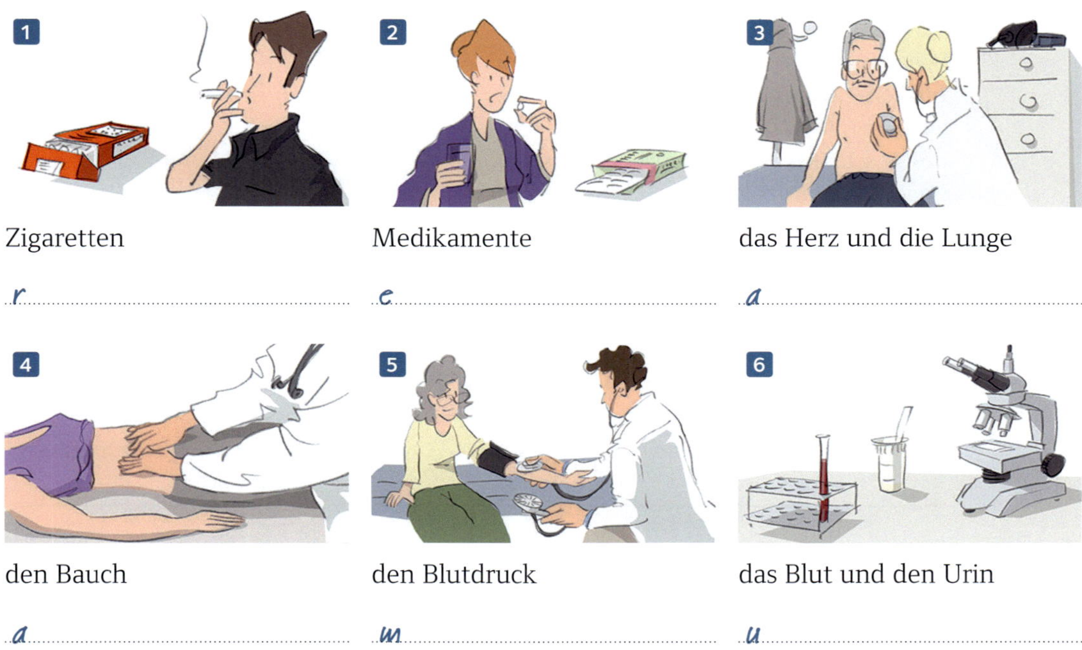

1 Zigaretten r……………

2 Medikamente e……………

3 das Herz und die Lunge a……………

4 den Bauch a……………

5 den Blutdruck m……………

6 das Blut und den Urin u……………

2 **Welche Erfahrungen haben Sie mit dem deutschen Gesundheitssystem gemacht? Gibt es Unterschiede zu Ihrem Heimatland? Berichten Sie im Kurs.**

über Erfahrungen mit dem Gesundheitssystem sprechen

Ich habe gute/schlechte Erfahrungen mit … gemacht.
Als ich …
Im Vergleich zu meinem Heimatland …
Ich finde (nicht) gut, dass man in Deutschland …
Ich habe (nicht) lange auf einen Termin beim … warten müssen.
Ungewohnt ist für mich, dass in Deutschland …

C Tipps für ein langes Leben

1 a Ü15 **Lesen Sie den Zeitungsbericht. Ordnen Sie die Fotos den Abschnitten zu.**

Wie wird man Hundert?

In Deutschland wurden die Menschen vor 1890 durchschnittlich nur 40 Jahre alt und 1950 etwa 70. Der medizinische Fortschritt und die gute Ernährung haben dazu geführt, dass Frauen in den westlichen Ländern heute durchschnittlich 80,6 und Männer 74,5 Jahre alt werden. Bis zum Jahr 2030 erwarten Wissenschaftler, dass die Menschen noch viel älter als heute werden. Die Menschen müssen sich aber die Frage stellen, was sie tun können, um auch im Alter gesund und fit zu bleiben. Unsere Tipps für Sie:

☐ Regelmäßige Bewegung an der frischen Luft ist sehr wichtig für ein gesundes Altern. Körperliches Training hilft bei der Vorbeugung und Behandlung vieler Krankheiten wie z. B. Bluthochdruck, Diabetes, Rückenschmerzen, Depressionen und Demenz. Ärzte empfehlen, täglich mindestens 10.000 Schritte zu gehen, das sind ungefähr sechs bis sieben Kilometer. Aber nicht nur regelmäßiges Laufen, sondern auch Gymnastik, Gartenarbeit, Radfahren, Schwimmen, Tanzen oder Tennis sind gut geeignet.

☐ Ärzte sind sich einig, dass gesunde Ernährung extrem wichtig für ein gesundes Altern ist. Man sollte weder viel Fleisch noch viel Wurst essen. Man sollte täglich sowohl Gemüse und Salat als auch Obst essen. Eine weitgehend vegetarische Ernährung bringt also viele gesundheitliche Vorteile. Und natürlich sollte man keine Drogen nehmen, nicht rauchen und nur wenig Alkohol trinken.

☐ Es ist jedoch nicht nur wichtig, sich körperlich zu bewegen, sondern auch geistig aktiv zu bleiben. Auch im Alter kann man eine neue Sprache oder ein Instrument lernen, sich künstlerisch betätigen oder sich sozial engagieren und anderen helfen. Und auch der Kontakt zu Freunden sowie eine positive Lebenseinstellung sind wichtige Faktoren für ein gesundes Altern.

1 b **Lesen Sie noch einmal. Steht das im Zeitungsbericht: Ja (J) oder nein (N)?**

		J	N
1	In den westlichen Ländern werden die Menschen immer älter.	☐	☐
2	Man sollte dreimal pro Woche Ausdauertraining machen.	☐	☐
3	Es ist wichtig, sich gesund zu ernähren.	☐	☐
4	Zu einer gesunden Ernährung gehören täglich Obst und Gemüse.	☐	☐
5	Wenn man gesund alt werden will, sollte man auch geistig aktiv bleiben.	☐	☐
6	Wichtig für die Gesundheit ist genug Schlaf.	☐	☐

1 c **Was denken Sie? Stimmen Sie den Aussagen im Text zu? Haben Sie weitere Tipps?**

Eine gute Ernährung ist sicher wichtig, wenn man alt werden will. Aber ich glaube nicht, dass ...

2a Lesen Sie den Grammatikkasten. Lesen Sie die Sätze 1–4 und streichen Sie die Konjunktion, die nicht passt.

Ü16-19

Doppelkonjunktionen

Er trinkt **nicht nur** Tee, **sondern auch** Saft zum Frühstück.
Er trinkt **sowohl** Tee **als auch** Saft zum Frühstück.
Sie trinkt **entweder** Tee **oder** Saft zum Frühstück.
Sie trinkt **weder** Tee **noch** Saft zum Frühstück.

1. Man sollte *weder / sowohl* zu viel Fleisch *noch / als auch* zu viel Wurst essen.
2. Man sollte täglich *weder / sowohl* Gemüse und Salat *noch / als auch* Obst essen.
3. Man sollte *nicht nur / entweder* körperlich, *sondern auch / oder* geistig aktiv bleiben.
4. Man muss sich zwischen zwei Kursen entscheiden: *nicht nur / entweder* Tennis *sondern auch / oder* Nordic Walking.

2b Spielen Sie im Kurs. Fragen und antworten Sie wie im Beispiel mit *sowohl … als auch, weder … noch, entweder … oder* und *nicht nur …, sondern auch*.

Ü20

du Sie ich	mögen trinken essen spielen	Wein/Bier/Kaffee/Tee/… Nudeln/Reis/Pizza/Pommes/… Fußball/Basketball/Tennis/Golf/… Fleisch/Fisch/Spinat/Erbsen/… Klavier/Gitarre/…

Mögen Sie lieber Fisch oder Fleisch?

Ich mag weder Fisch noch Fleisch. Ich bin Vegetarierin.

3.05

3a Ein Radiointerview. Hören Sie. Wer spricht mit wem? Worüber sprechen die Personen?

3b Hören Sie noch einmal. Sammeln Sie Informationen und berichten Sie.

100-Jährige in Deutschland	Frau Weber: Wohnsituation	Frau Weber: Familiensituation	ihr „Rezept für die Gesundheit"
		- verwitwet, Mann vor sechs Jahren gestorben	

4 Was tun Sie für Ihre Gesundheit? Was möchten Sie verändern? Sprechen Sie zu zweit.

über gute Vorsätze sprechen

Ich plane in Zukunft mehr/weniger/öfter/seltener, …
Ich möchte auf jeden/keinen Fall …
Ich habe mir vorgenommen, …

10 Sprechen aktiv

Wörter sprechen

1 a **Was passt zusammen? Ordnen Sie zu.**

1	die Muskeln	**A**	bekommen
2	die Kosten	**B**	sprechen
3	ein Baby	**C**	übernehmen
4	über Gefühle	**D**	behandeln
5	eine Krankheit	**E**	machen
6	ein Röntgenbild	**F**	messen
7	den Blutdruck	**G**	suchen
8	Hilfe	**H**	stärken

1 b **Üben Sie zu zweit. Partner/in A sagt das Nomen, Partner/in B ergänzt das Verb.**

die Muskeln …

Grammatik sprechen

2 a **Üben Sie zu zweit. A beginnt einen Satz mit *sowohl …*, *weder …* oder *entweder …*, B ergänzt ihn mit *als auch …*, *noch …* bzw. *oder …***

Morgens trinke ich sowohl Wasser…

… als auch Kaffee.

2 b **Sehen Sie die Bilder an und schreiben Sie Antworten mit *sowohl … als auch*, *weder … noch*, *entweder … oder*. Sprechen Sie dann die Dialoge zu zweit.**

1

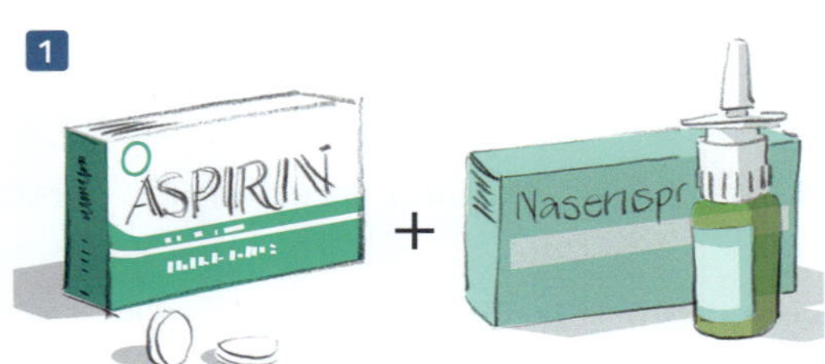

- *Tarek hat Schnupfen und Kopfschmerzen. Was kauft er in der Apotheke?*
- ……………………………………

2

- *Warum kann Naomi keine Nachrichten schauen?*
- ……………………………………

……………………………………

3

$E=mc^2$

- *Was will Paul später mal studieren?*
- ……………………………………

……………………………………

……………………………………

2c **Das bin ich. Schreiben Sie Sätze über sich. Verwenden Sie *sowohl … als auch, weder … noch, entweder … oder, nicht nur … sondern auch*. Sprechen Sie zu zweit.**

Ich gehe weder joggen noch schwimmen.

Ach, magst du keinen Sport?

Ich habe sowohl einen Sohn als auch eine Tochter.

Das wusste ich nicht. Wie alt sind deine Kinder?

Flüssig sprechen

3.06

3 **Hören Sie zu und sprechen Sie nach.**

VIDEO

Clip 11
Seite 204

Dialogtraining

3.07

4a **Hören die den Dialog und ergänzen Sie die Wörter.**

Friederike
Francesco

- Hallo, Süße! Wo bist du?
- Ich sitze im Café und mache Pause.
- War es anstrengend?
- Ja, ich war gerade bei einem neuen ……[1]. Ein junger Mann, der einen ……[2] hatte. Er hat nicht nur beide Arme gebrochen, sondern auch noch ein ……[3]. Ich weiß gar nicht, wie er allein zu Hause zurechtkommt. Er kann sich fast nicht bewegen.
- Ein Pflegeroboter ist für solche Fälle gar keine schlechte Idee, oder?
- Ja. Das hat er auch gesagt. Er wollte auf keinen Fall länger im Krankenhaus bleiben. Und für die ……[4] ist er noch nicht fit genug. Mit gebrochenen Knochen macht ……[5] ja keinen Sinn.
- Nein, nicht wirklich.
- Aber zu Hause ist er eben allein.
- Hat er keine Freunde?
- Doch, aber die arbeiten tagsüber natürlich. Und er hat keinen ……[6] zu seiner Familie, weder zu seinen Eltern noch zu seinen Geschwistern.
- Puh! Dann braucht er dich ja wirklich.
- Ja, das sieht so aus.

4b **Lesen Sie den Dialog zweimal zu zweit. Beim zweiten Mal haben Friederike und Francesco schlechte Laune.**

Gewusst wie

Kommunikation

über Gesundheit und Arztbesuche sprechen

Ich bin gesund und fühle mich fit.
Ich gehe alle zwei Jahre zum Check-up, also zur Vorsorgeuntersuchung.
Ich habe mich im Herbst gegen die Grippe impfen lassen.
Die Krankenschwester hat meinen Blutdruck und den Puls gemessen.
Der Arzt hat mein Herz und meine Lunge abgehört.
Die Hebamme hat ihren Bauch abgetastet.
Wenn man psychische Probleme hat, kann man zu einem Psychotherapeuten gehen.
Viele Menschen haben im Alter Diabetes, Bluthochdruck oder eine Demenz.

über Unfälle sprechen

- Es gab einen Verkehrsunfall auf dem Weg zur Schule. Eine Autofahrerin hat einen Fußgänger angefahren. Der Fußgänger wurde schwer verletzt und ins Krankenhaus gebracht.
- Ich war heute Zeuge eines Unfalls an der Bushaltestelle. Ein Radfahrer beachtete die aussteigenden Fahrgäste nicht und fuhr eine Frau an. Sie stürzte und brach sich den Arm. Der Radfahrer beging Fahrerflucht.

über Krankenhausaufenthalte sprechen

Ich bin auf der Treppe gestürzt und hatte starke Schmerzen im Bein. Meine Nachbarin hat den Notarzt gerufen. In der Notaufnahme im Krankenhaus musste ich lange warten. Von meinem Bein wurde ein Röntgenbild gemacht. Das Bein war leider gebrochen. Ich wurde sofort operiert und bekam dann einen Gips. Nach der Operation bin ich mit Gehhilfen gelaufen. Als der Gips ab war, habe ich mit der Physiotherapie begonnen.

Grammatik

Doppelkonjunktionen

Mit *nicht nur …, sondern auch* und mit *sowohl … als auch* zählt man Sachen auf:
Er trinkt zum Frühstück Saft. Er trinkt zum Frühstück auch Kaffee.
→ Er trinkt **nicht nur** Saft, **sondern auch** Kaffee zum Frühstück. (Er trinkt beides.)
→ Er trinkt **sowohl** Saft **als auch** Kaffee zum Frühstück. (Er trinkt beides.)

Mit *weder … noch* kann man etwas negieren:
Sie trinkt zum Frühstück keinen Saft. Sie trinkt zum Frühstück auch keinen Kaffee.
→ Sie trinkt **weder** Saft **noch** Kaffee zum Frühstück. (Sie trinkt beides nicht.)

Entweder … oder bezeichnet Alternativen oder Möglichkeiten:
Er trinkt zum Frühstück Kaffee. Manchmal trinkt er zum Frühstück aber auch Tee.
→ Er trinkt **entweder** Kaffee **oder** Tee zum Frühstück. (Er trinkt Kaffee **oder** Tee.)

Partizip I

Das Partizip I bildet man mit dem Infinitiv + *d* → parken**d**
Man benutzt das Partizip I wie ein Adjektiv + Endung: parken**de** Autos → Autos, die parken

Politik und Gesellschaft

1 Diskussion im Elternbeirat

2 Trainer im Sportverein

3 Mitglieder der freiwilligen Feuerwehr

4 kostenlose Essenausgabe der Tafel

5 Landesausländerbeirat Hessen

6 Hilfe für Flüchtlinge am Bahnhof Flensburg

Sie lernen

- über gesellschaftliches Engagement sprechen
- über politische Systeme sprechen
- über aktuelle Themen im Wohnort und über Kommunalpolitik sprechen
- *je ... desto*
- Superlativ vor dem Nomen

3.08

1 a **Sehen Sie die Fotos an und hören Sie die Interviews. Wo engagieren sich die Personen? Ordnen Sie die passenden Fotos zu und berichten Sie.**

☐ Herr Franke ☐ Frau Luschkowa
☐ Frau Schmidt ☐ Herr Nasri

Frau Schmidt engagiert sich im Elternbeirat am Gymnasium ihrer Kinder.

Herr Franke ist ...

1 b **Hören Sie noch einmal. Was ist richtig? Kreuzen Sie an.**

Ü1-2

1 ☐ Herr Franke ist gern bei der freiwilligen Feuerwehr, weil ihm die Übungen Spaß machen und er das Gemeinschaftsgefühl mag.
2 ☐ Der Elternbeirat sichert einen Austausch zwischen Elterninteressen und Schule.
3 ☐ Frau Luschkowa berät Menschen, die nach Deutschland kommen wollen.
4 ☐ Herr Nasri hilft Flüchtlingen bei Behördengängen und übersetzt für sie.

2 **Wo kann man sich gesellschaftlich engagieren? Wo haben Sie sich schon engagiert?**

Ich habe früher in meiner Freizeit eine Fußballmannschaft trainiert.

Ich habe keine Zeit, ...

A Das politische System Deutschlands

1 a Ü3-4 **Was sehen Sie auf den Fotos? Lesen Sie den Text, ordnen Sie die Fotos zu und berichten Sie im Kurs.**

1 ☐

2 ☐

3 ☐

4 ☐

5 ☐

Infoblatt Deutschland

A Deutschland ist ein demokratischer Staat. Die Hauptstadt ist Berlin. Dort sind die Bundesregierung, der Bundestag und viele wichtige Behörden. Der Bundestag ist das Parlament Deutschlands. Er wird alle vier Jahre von den Bürgern und Bürgerinnen gewählt. Seine Sitzungen finden im Reichstag statt. Bei der Wahl im Jahr 2013 wurden Abgeordnete aus vier Parteien in den Bundestag gewählt: CDU/CSU, SPD, Die Linke und die Grünen. Die CDU/CSU und die SPD sind die Regierungsparteien. Die anderen Parteien sind in der Opposition.

B Der/Die Bundeskanzler/in ist der/die Chef/in der Regierung. Er/Sie wird vom Bundestag gewählt und bestimmt die Richtung der Politik. Sein/Ihr Amtssitz ist das Bundeskanzleramt.

C Der Sitz des/der Bundespräsidenten/-in ist das Schloss Bellevue in Berlin. Der/Die Bundespräsident/in wird alle fünf Jahre von der Bundesversammlung gewählt. Er/Sie repräsentiert die Bundesrepublik Deutschland gegenüber dem Ausland. Außerdem ernennt er/sie die Minister/innen, die der/die Bundeskanzler/in vorschlägt.

D Deutschland besteht aus 16 Bundesländern. Jedes Bundesland hat ein eigenes Parlament, genannt Landtag*, das alle vier oder fünf Jahre gewählt wird. Die Bundesländer sind z. B. für die Bildungs- und Kulturpolitik zuständig. Der Bundesrat vertritt ihre Interessen gegenüber der Bundesregierung. Im Bundesrat sitzen Mitglieder der 16 Landesregierungen.

E Das Bundesverfassungsgericht hat seinen Sitz in Karlsruhe. Es kontrolliert, ob alle Gesetze mit dem Grundgesetz übereinstimmen. Das Grundgesetz ist die Verfassung von Deutschland.

* in Berlin: Abgeordnetenhaus, in Bremen und Hamburg: Bürgerschaft

Foto 1 passt zu Abschnitt D. Auf dem Foto sieht man die Flaggen …

Auf Foto 3 sieht man Joachim Gauck. Er …

1 b **Lesen Sie den Text noch einmal. Was ist richtig? Kreuzen Sie an und korrigieren Sie die falschen Aussagen.**

1 ☐ Die Bundesländer bestimmen einige politische Bereiche selbst.
2 ☐ Das Bundesverfassungsgericht achtet darauf, dass die Verfassung eingehalten wird.
3 ☐ Die Deutschen wählen den/die Bundeskanzler/in direkt.
4 ☐ Der/Die Bundespräsident/in bestimmt die politische Richtung.
5 ☐ 2013 wurden sechs Parteien in den Bundestag gewählt.

3.09

2 a **Politik in … Hören Sie das Gespräch zweimal und korrigieren Sie die Sätze.**

1 Die Königin von Dänemark regiert das Land.
2 Das Parlament ernennt den Ministerpräsidenten.
3 Im dänischen Parlament gibt es zurzeit nur drei Parteien.
4 Das dänische Parlament wird alle fünf Jahre gewählt.

2 b Ü5 **Wie funktioniert das politische System in Ihrem Land? Machen Sie Notizen und berichten Sie dann im Kurs.**

ein politisches System beschreiben
Wir haben einen Präsidenten / eine Präsidentin / einen König / eine Königin.
Das Parlament / … wird alle …. Jahre gewählt.
Wir wählen die Abgeordneten für das Parlament direkt. / Wir wählen Parteien und keine Personen.
Man darf ab… Jahren wählen. Nur … dürfen wählen.
Unser Parlament heißt … Der Sitz des Parlaments ist in …
Es gibt viele/wenige … Parteien. Die größten Parteien sind …

Bei uns wird der Präsident direkt vom Volk gewählt.

3 Ü6-8 **Für welche politischen Themen interessieren Sie sich und warum? Welche anderen Themen finden Sie noch wichtig? Sprechen Sie im Kurs.**

Arbeitslosigkeit • soziale Sicherheit • Kriminalität • Umwelt • Gesundheit • Familie • Kinderbetreuung • Finanzen • Frieden • Bildung • Integration von Migranten • …

über politische Interessen sprechen
Das Thema … hat für mich große Bedeutung. / Ich finde … wichtig. / Mir macht das Thema… Sorgen.
Wir sollten uns / Die Politiker sollten sich mehr/weniger mit … beschäftigen, weil …
Ich glaube, die Politiker interessieren sich zu wenig für … / Man sollte das Thema … nicht vernachlässigen.

Ich finde die Bildungspolitik sehr wichtig, weil ich möchte, dass meine Kinder eine gute Ausbildung bekommen.

Ich finde besonders wichtig, dass man Arbeitsplätze schafft!

11 B Kommunale Aufgaben

1 a **Aufgaben der Städte und Gemeinden. Ordnen Sie jedem Foto einen Begriff zu.**

1 
2 
3 
4 

5 
6 

☐ die Erwachsenenbildung • ☐ die Kinderbetreuung • ☐ die Sportanlagen • ☐ der öffentliche Nahverkehr • ☐ die Parks, die Grünanlagen • ☐ die Kultur

1 b **Welche Themen sind Ihrer Meinung nach in Ihrem Wohnort wichtig?**
Ü9-10

In der Innenstadt sollte es eine Geschwindigkeitsbeschränkung von 30 km/h geben.

Wir brauchen ein Jugendzentrum, damit die Jugendlichen einen Treffpunkt haben.

2 a **Lesen Sie die Texte. Zu welchen Fotos in 1a passen sie?**

Unterroder Bote

Kulturzentrum am See wird feierlich eröffnet

Nach vier Jahren Bauzeit eröffnet am Samstag um 14 Uhr in Unterrode das neue Kulturzentrum am See. Zur Eröffnung spielt die Unterroder Musikvereinigung. Die Stadt erwartet ca. 500 Gäste. Obwohl viele Bürger Kritik an den Baukosten in Höhe von 7,2 Millionen Euro geübt haben, ist Bürgermeisterin Luise Hambacher stolz auf den Bau. „Ich verstehe die Kritik, denn das Kulturzentrum war nicht billig, aber ich bin sicher, dass es ein Gewinn für alle Bürger und Bürgerinnen ist", sagte sie am Montag auf der Gemeinderatsitzung.

Neuer Winterfahrplan für Unterrode

Ab dem 15. Dezember gilt für Busse der Winterfahrplan. Eine wichtige Änderung ist, dass die Linie 12 (Industriegebiet Nord) nur noch wochentags zwischen 8.00 und 18.00 Uhr fährt und nur noch alle 40 Minuten. Bisher fuhr diese Linie morgens ab 6 Uhr alle 20 Minuten und auch samstags. Dazu erklärt Heiner Müller, der Chef der Unterroder Verkehrsbetriebe: „Heute sind nicht mehr so viele Firmen in dem Industriegebiet und weniger Menschen arbeiten dort, deshalb ist es ausreichend, wenn die Busse nur noch alle 40 Minuten fahren."

2 b **Lesen Sie noch einmal und schreiben Sie Fragen zu den Texten. Fragen und antworten Sie im Kurs.**

Warum hat es an dem neuen Kulturzentrum Kritik gegeben?

3.10 **3 a** **Wer ist für das Kulturzentrum (+), wer dagegen (-)? Hören und markieren Sie.**

1 ☐ Herr Urbach (U)
2 ☐ Frau Zibaa (Z)
3 ☐ Frau Heinlein (H)
4 ☐ Herr Antonelli (A)

3b Hören Sie noch einmal. Wer sagt was? Markieren Sie: U, Z, H oder A.

contra

A ☐ Die Kosten für das Kulturzentrum sind für unsere Stadt einfach zu hoch.

B ☐ Die Eintrittskarten sind teuer, nur wenige Leute können sich das leisten.

C ☐ Von Sportanlagen oder Jugendclubs würden mehr Menschen profitieren.

pro

D ☐ Der Tourismus profitiert von dem Kulturzentrum.

E ☐ Unterrode braucht ein gutes Kulturangebot, um attraktiv zu bleiben.

F ☐ Das Kulturzentrum ist auch ein guter Veranstaltungsort für Vereine.

3c Wählen Sie eine der beiden Rollenkarten auf Seite 194 aus und schreiben Sie einen Leserbrief zur entsprechenden Meldung in 2a.

4a Lesen Sie den Flyer. Was will die Initiative Pro Unterrode? Kreuzen Sie an.

1 ☐ Sie möchte, dass der öffentliche Nahverkehr für die Bürger/innen attraktiv ist.

2 ☐ Sie möchte die Bedingungen für den Autoverkehr verbessern.

Die Initiative Pro Unterrode informiert – Unsere Meinung zur Verkehrspolitik

- Je billiger Busse sind, desto mehr Menschen nutzen sie. Je mehr Menschen Busse nutzen, desto weniger Autoverkehr gibt es. Deshalb fordern wir, die Fahrpreise um 30 Prozent zu senken.
- Je weniger Autoverkehr es gibt, desto besser ist das für die Umwelt und desto höher ist die Lebensqualität in unserer Stadt. Wir fordern, dass der Fahrplan der Linie 12 nicht geändert wird.

4b Markieren Sie in 4a *je* und *desto* sowie den Komparativ. Bestimmen Sie Hauptsatz und Nebensatz. Ergänzen Sie dann den Grammatikkasten.

je …, desto

Je weniger Autoverkehr es gibt,
desto weniger Platz brauchen wir für Parkplätze.

Nach *je* und *desto* steht immer ein Komparativ.

Nach .... kommt ein Nebensatz,

nach .... kommt ein Hauptsatz.

5a Bedingung – Folge. Was passt zusammen? Ordnen Sie zu.

1 Man gibt viel Geld für Bildung aus.
2 Die Busfahrkarten sind preiswert.
3 Das Freizeitangebot der Stadt ist gut.
4 Ein Politiker ist erfolgreich.

A Viele Bürger nutzen den Nahverkehr.
B Die Bürger wählen ihn gerne wieder.
C Sie ist attraktiv für junge Leute.
D Die Jugendlichen haben gute Berufschancen.

5b Verbinden Sie die Sätze aus 5a. Schreiben Sie Sätze mit *je … desto*.

Ü11-14

1. Je mehr Geld man für die Bildung ausgibt, desto…

11 C Kommunalpolitik

1 Ü15 **Kommunalwahl. Lesen Sie den Text und beantworten Sie die Fragen.**

Kommunalwahlen in Deutschland

Alle fünf Jahre* finden in den Bundesländern Kommunalwahlen statt, bei denen die Gemeinde- und Stadträte der Kommunen gewählt werden. Wahlberechtigt sind alle Deutschen ab 16 bzw. 18** Jahren sowie EU-Bürger ab 16 bzw. 18 Jahren. EU-Bürger können auch für die Gemeinde- und Stadträte kandidieren. Die Bürgermeister werden in den meisten Bundesländern direkt von den Bürgern gewählt.

* in Bayern sechs, in Bremen vier Jahre
** unterschiedliche Regelungen in den einzelnen Bundesländern

1 Wie oft finden Kommunalwahlen statt?
2 Wer darf wählen?
3 Dürfen nur Deutsche kandidieren?
4 Wer wählt die Bürgermeister/innen?

3.11 **2a Hören Sie. Wie viele Stimmen hat die Partei bekommen? Notieren Sie.**

CDU .... %   SPD .... %   Die Grünen .... %   FDP .... %

2b Ü16-17 **Lesen Sie den Text zu den Wahlergebnissen und ergänzen Sie den passenden Superlativ. Ergänzen Sie dann den Grammatikkasten.**

das schlechteste • die meisten • die höchsten • die stärkste • der größte

Die CDU hat .... Stimmen gewonnen. Die SPD war bisher .... Partei. Jetzt erreicht sie nur noch 27 Prozent. Sie hat .... Stimmverluste. Die Grünen bekamen doppelt so viele Stimmen wie bei der letzten Wahl und sind damit aktuell .... Gewinner. Die FDP hat .... Ergebnis seit 15 Jahren, sie erreicht nur vier Prozent.

Adjektive im Superlativ vor Nomen

Die SPD war bisher **am** .... (stark) → Die SPD war bisher die .... Partei. (stark)
Steht der Superlativ vor dem Nomen, entfällt das *am*. Adjektive im Superlativ werden vor dem Nomen dekliniert: die Partei mit de**m** beste**n** Ergebnis.

2c Schreiben Sie Fragen wie im Beispiel. Fragen und antworten Sie zu zweit.

Welche Partei hat die meisten Stimmen gewonnen?

3 Fragen und antworten Sie zu Ihrem Wohnort. Berichten Sie dann im Kurs.

größte • schönste • beliebteste • beste • preiswerteste • …

Gebäude • Park • Disko • Kebab Restaurant • See • Pizza • …

Was meinst du, wie heißt der größte Park in …?

Der größte Park ist der …

Was denkst du, wo gibt es in … den besten Kebab?

3.12

4a Bürgermeisterwahl in Kleinstetten. Über welche Themen sprechen Ernesto Weber (W) und Anna Rau (R). Worüber sprechen beide (B)? Hören und markieren Sie.

☐ Schulen • [B] Autoverkehr • ☐ Erwachsenenbildung • ☐ Gemeindefinanzen • ☐ Senioren • ☐ Angebote für Jugendliche • ☐ Sportanlagen • ☐ Kultur • ☐ Müllabfuhr • ☐ öffentlicher Nahverkehr

Der Kandidat Ernesto Weber will, dass der Müll jede Woche abgeholt wird.

4b Hören Sie noch einmal. Was sagen die Kandidaten zu den Themen? Machen Sie Notizen und berichten Sie im Kurs.

Ü18-20

5a Projekt: Bürgermeisterwahl. Arbeiten Sie in Dreier- oder Vierergruppen.

– Zu welcher Partei gehört Ihr/Ihre Kandidat/in? Geben Sie der Partei einen Namen.

fortschrittlich • liberal • christlich • konservativ • sozialdemokratisch • sozialistisch • grün • links • rechts • in der politischen Mitte • parteilos

– Welche Themen sind für Ihren Wahlkampf wichtig? Wie will der/die Kandidat/in die Probleme in der Gemeinde lösen?

mehr Altenheime bauen • die Schulen und Kitas renovieren • mehr Verkehrskontrollen und Geschwindigkeitsbeschränkungen einführen • neue Spielplätze bauen • Integrationsangebote für Migranten machen • Arbeitsplätze schaffen • mehr Polizei einstellen • Geld in die Bildung investieren • …

5b Bestimmen Sie in Ihrer Gruppe einen/eine Bürgermeisterkandidaten/-kandidatin. Ein Gruppenmitglied stellt den/die Kandidaten/-in vor. Danach halten die Kandidaten/-innen eine Rede. Die Redemittel auf Seite 194 helfen.

5c Notieren Sie Fragen und diskutieren Sie mit den Kandidaten/-innen. Redemittel für die Kandidaten/-innen und für die Bürger/innen finden Sie auf Seite 194.

11

Sprechen aktiv

Wörter sprechen

1 a **Was passt zusammen? Notieren Sie Wortverbindungen und vergleichen Sie im Kurs.**

Arbeitsplätze • den Stadtrat • Stimmen • das Kulturzentrum • Beratung • Probleme • eine Partei • Interessen • eine Kandidatin • mehr Personal • eine Schule • sich Sorgen • Kritik

lösen • gewinnen • machen • wählen • eröffnen • üben • schaffen • anbieten • vertreten • vorschlagen • einstellen • renovieren

Arbeitsplätze schaffen

1 b **Üben Sie zu zweit. A sagt das Nomen, B ergänzt ein passendes Verb.**

Stimmen

gewinnen

Grammatik sprechen

2 a **Was passt zusammen? Verbinden Sie die Sätze.**

1 Je besser die Müllentsorgung funktioniert,
2 Je größer die Spielplätze sind,
3 Je vielfältiger das Kulturangebot ist,
4 Je besser die Kinderbetreuung ist,

A desto mehr Eltern können arbeiten.
B desto sauberer ist die Stadt.
C desto mehr Platz haben die Kinder zum Spielen.
D desto interessanter ist die Stadt für Touristen.

2 b **Arbeiten Sie zu zweit. Partner/in A beginnt den Satz mit *je,* Partner/in B beendet ihn mit *desto*.**

Je besser die Müllentsorgung funktioniert, ...

desto ...

3 a **Schreiben Sie Fragen wie im Beispiel.**

1 groß – Stadt – in Deutschland
2 kurz – Monat – des Jahres
3 lang – Fluss – in Europa
4 klein – Land – in Südamerika
5 hoch – Berg – in Nordamerika
6 groß – zwei Parteien – in Deutschland

Wie heißt die größte Stadt in Deutschland?

3 b **Partnerarbeit. Arbeiten Sie mit den Fragen aus 3a. Fragen und antworten Sie.**

Berlin • die Wolga • der Februar • Suriname • CDU und SPD • Denali

3 c Notieren Sie Fragen zu Städten, Flüssen, Bergen … und fragen Sie Ihren Partner / Ihre Partnerin zu seinem / ihrem Heimatland.

1. Wie hoch ist der höchste Berg in deinem Heimatland?
2. Wie heißt der längste Fluss in …?
3. Wie viele Menschen leben in der größten Stadt …?

Wie hoch ist der höchste Berg in deinem Heimatland?

Der höchste Berg Pakistans ist der K2. Er ist 8.611 Meter hoch.

Wow, das ist hoch!

Flüssig sprechen.

3.13

4 Hören Sie zu und sprechen Sie nach.

Dialogtraining

3.14

5 a Hören und lesen Sie den Dialog. Was ist Lea wichtig? Welche Meinung hat Francesco dazu? Berichten Sie im Kurs.

- Hast du auch eine Wahlbenachrichtigung bekommen?
- Ja, habe ich. Stell dir vor, die kleine Lea darf auch schon wählen.
- Lass mich raten: Du gibst deine Stimme der Tierschutzpartei. Als Vegetarierin findest du die bestimmt super, oder?
- Ja, ich finde, dass Tierschutz ein wichtiges Thema ist. Ich dachte, du siehst das auch so.
- Ja, klar. … Und was ist dir noch wichtig? Oh, nein. Sag nichts. Ich weiß schon. Du bist gegen Dieselautos. Gibt es denn hier auf der Liste eine Anti-Diesel-Partei?
- Du bist doof. Mir sind Themen wie Umweltschutz und Tierschutz eben wichtig. Es ist mir nicht egal, wie unsere Erde in 100 Jahren aussieht. Je mehr Klimaschutz, desto besser. Darum wähle ich auch nur eine Partei, die sich für neue Ziele im Klima- und Umweltschutz einsetzt.
- Ja, das sehe ich doch auch so. Ich wollte dich nur ein bisschen ärgern. Dann sehen wir uns morgen?
- Ja. Wann soll ich kommen?

5 b Schreiben Sie zu zweit den Dialog ab dem blau markierten Teil neu. Lesen Sie den Dialog dann zu zweit.

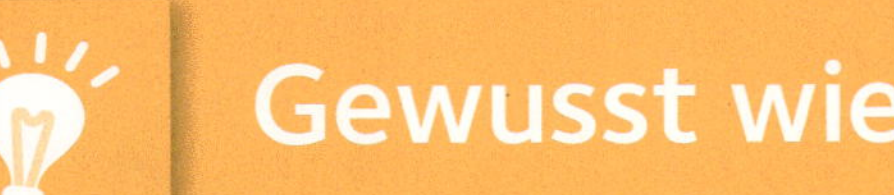

Gewusst wie

Kommunikation

über gesellschaftliches Engagement sprechen

- Ich bin im Ausländerbeirat aktiv. Ich berate die Stadtverwaltung und den Stadtrat bei Themen, die für die ausländischen Mitbürger wichtig sind.
- Ich engagiere mich im Elternbeirat der Schule, in die meine Tochter geht. Durch den Elternbeirat haben die Eltern eine Stimme, wenn es um wichtige Schulthemen geht.
- Ich arbeite ehrenamtlich als Fußballtrainer in einem Sportverein.
- Ich helfe ehrenamtlich in einem Asylbewerberheim. Ich übersetze und gehe mit zu Gesprächen bei Behörden.

über kommunale Aufgaben und Kommunalpolitik sprechen

- Ich finde es wichtig, dass der öffentliche Nahverkehr gut funktioniert.
- Die Stadt sollte mehr Geld für Schwimmbäder und Sportanlagen ausgeben.
- Ich bin dagegen, dass die Stadt ein neues Kulturzentrum baut. Das ist zu teuer.
- Die Gemeinde hat Schulden, sie muss ihre Finanzprobleme lösen.
- Es ist wichtig, dass der Verkehr in unserer Stadt sicherer wird. Und wir brauchen mehr Fahrradwege.
- Die Bahnhofstraße muss unbedingt neu gemacht werden.

über das politische System in Deutschland und im Heimatland sprechen

Deutschland hat 16 Bundesländer. Die Parlamente der Bundesländer werden alle vier bzw. fünf Jahre von den wahlberechtigten Bürgern gewählt. Der deutsche Bundestag wird alle vier Jahre gewählt. Die Bundeskanzlerin ist die Chefin der deutschen Regierung.

Bei uns in … wird der Präsident direkt vom Volk gewählt. Der Präsident ernennt den Regierungschef.

Wahlergebnisse verstehen

Bei den Kommunalwahlen ist die CDU die stärkste Partei geworden, aber sie hat viele Stimmen verloren. Die Grünen hatten ein sehr gutes Ergebnis.
Die Regierungsparteien SPD und CDU bekamen insgesamt 58 Prozent der Stimmen.

Grammatik

Adjektive im Superlativ vor Nomen

Die SPD war bisher **am stärksten**. → Die SPD war bisher **die stärkste** Partei.

→ Steht der Superlativ vor dem Nomen, entfällt das *am*. Adjektive im Superlativ werden vor dem Nomen dekliniert: die Partei mit de**m** beste**n** Ergebnis.

Je …, desto

Je weniger Autoverkehr es gibt, **desto** weniger Parkplätze brauchen wir.

Nach *je* und *desto* steht immer ein Komparativ.
Nach *je* kommt ein Nebensatz, nach *desto* ein Hauptsatz.

Wie wird es sein?

A B C D

Sie lernen

- über die Zukunft sprechen
- Vermutungen äußern
- über Abschiede sprechen
- über das Deutschlernen sprechen
- Futur I

1 a Ü1 **Ordnen Sie die Zeitungstexte den Fotos zu und begründen Sie.**

1 Winter fällt aus ☐
Winterwetter wird es in diesem Jahr nicht mehr geben. Nach dem wärmsten November in Deutschland ist auch der Dezember 4,6 Grad zu warm.

2 *Immer mehr Frauen berufstätig* ☐
Noch immer verdienen Frauen weniger als Männer. Noch immer gibt es wenige Frauen in Führungspositionen. Aber die Situation verbessert sich.

3 Deutschland altert ☐
Der demographische Wandel ist eine Herausforderung für Politik, Wirtschaft und Gesellschaft.

4 Einwanderungsland Deutschland ☐
Es gibt immer mehr Menschen mit Migrationshintergrund und es kommen viele Flüchtlinge nach Deutschland. Das Land wird vielfältiger und jünger.

3.15 **1 b** Ü2-3 **Was hat sich verändert? Hören Sie, notieren Sie Stichpunkte und berichten Sie im Kurs.**

1. Wetter und Klima: wärmer, ...
2. Deutschland altert: 20 % über 65, ...

2 **Welche Veränderungen haben Sie überrascht? Welche Veränderungen haben Sie selbst erlebt? Sprechen Sie im Kurs.**

A Ein Blick in die Zukunft

1 a Ü4 **Deutschland im Jahr 2050. Was glauben Sie, was erwarten Experten? Arbeiten Sie zu zweit und kreuzen Sie an.**

Deutschland im Jahr 2050. Das erwarten Experten.

Bevölkerungsentwicklung

1 Heute leben in Deutschland knapp 81 Millionen Menschen. Im Jahr 2050 werden
a ☐ nur noch 76 Millionen
b ☐ nur noch 65 Millionen
Menschen hier leben.

2 Heute leben hier ungefähr 4,4 Millionen Menschen über 80. Im Jahr 2050 werden
a ☐ circa 10 Millionen
b ☐ circa 15 Millionen
Menschen über 80 Jahre alt sein.

Zuwanderung

3 Der Anteil der Menschen mit Migrationshintergrund wird bis 2050
a ☐ zurückgehen.
b ☐ wachsen.

4 Die Zuwanderer werden aus
a ☐ wenigen Ländern
b ☐ vielen verschiedenen Ländern
nach Deutschland kommen.

Verkehr und Mobilität in der Zukunft

5 Verkehrsexperten gehen davon aus, dass es im Jahr 2050
a ☐ nur noch halb so viele Autos
b ☐ doppelt so viele Autos
wie heute geben wird.

6 Im Jahr 2050 wird der öffentliche Nahverkehr eine
a ☐ viel größere Rolle
b ☐ kleinere Rolle
als heute spielen.

Klimaveränderung

7 Experten erwarten, dass die Temperaturen um 1,2 bis 2 Grad
a ☐ fallen
b ☐ steigen
werden.

8 Experten erwarten mehr Tage mit Temperaturen über 30 °C. 2050 wird es
a ☐ 45 heiße Tage
b ☐ 15 heiße Tage
mehr pro Jahr geben als 2015.

Erneuerbare Energien

9 Im Jahr 2050 wird der Anteil der erneuerbaren Energien bei der Stromerzeugung
a ☐ 60 Prozent betragen.
b ☐ 80 Prozent betragen.

10 In dreißig Jahren wird
a ☐ Kernenergie
b ☐ Erdöl
keine Rolle mehr spielen.

Wo die Menschen leben werden

11 Man erwartet, dass Bayern, Hamburg und Baden-Württemberg wirtschaftlich
a ☐ an Bedeutung verlieren
b ☐ stärker wachsen
werden.

12 Im ländlichen Raum werden die Einwohnerzahlen um bis zu
a ☐ 20 Prozent
b ☐ 30 Prozent
zurückgehen.

3.16

1 b **Hören Sie und überprüfen Sie Ihre Antworten in 1a.**

1 c Lesen Sie den Grammatikkasten. Ergänzen Sie dann die Sätze. Verwenden Sie Futur I.

Futur I
Das Klima **wird** sich in Zukunft **verändern**.
Es **wird** in Deutschland weniger **regnen**.
Im Jahr 2050 **werden** hier weniger Menschen **leben** als heute.

Das Futur I bildet man mit *werden* + Infinitiv. Man verwendet es für Prognosen, Vermutungen und Pläne in der Zukunft. In informellen Situationen verwendet man oft das Präsens, wenn man über die Zukunft spricht.

nutzen • sein • zurückgehen • kommen • steigen

1 Experten erwarten, dass die Temperaturen um 1,5 bis 2 Grad ....
2 Die Zuwanderer .... aus vielen Ländern der Welt nach Deutschland ....
3 Im Sommer .... es in Zukunft heißer und trockener als heute ....
4 Der Anteil der 20- bis 65-Jährigen .... in Zukunft stark ....
5 Wir .... in Zukunft nur noch Strom aus erneuerbaren Energien ....

1 d Wie realistisch sind diese Prognosen? Diskutieren Sie im Kurs.

Ich kann mir nicht vorstellen, dass bis 2050 die Temperaturen nur um zwei Grad steigen werden.

Ich halte die Prognose zu den erneuerbaren Energien für unrealistisch. Das ist zu optimistisch.

2 Zukunft. Schreiben Sie Sätze. Benutzen Sie Futur I.
ÜS

Bald Morgen Am Wochenende Im nächsten Jahr Nach dem Deutschkurs In fünf Jahren In Zukunft	werde wird werden	ich meine Schwester mein Bruder mein Mann meine Frau es wir	ins Kino gehen. Freunde treffen. heiraten. Urlaub machen. eine Arbeit suchen. … besuchen. weniger regnen. anders leben als heute.

3 Zukunft (Z), Gegenwart (G) oder Vergangenheit (V)? Markieren und begründen Sie.
Ü6-8

1 ☐ Im Sommer wurden in Süddeutschland Temperaturen von über 40 Grad gemessen.
2 ☐ Wir werden mehr Pflegepersonal brauchen.
3 ☐ In Davos wird auch über den Klimawandel gesprochen.
4 ☐ Regine wird in drei Monaten nach Australien fliegen.
5 ☐ Die Zahl der Einwohner von Unterrode wird in Zukunft sinken.
6 ☐ In der Nähe unseres Hauses werden gerade Windräder gebaut.

B Wahrscheinlich wird es regnen

3.17

1 a **Hören Sie den Dialog und ergänzen Sie die Sätze.**

1 Selma wird wahrscheinlich ....

2 Imre wird am Samstag vielleicht ....

3 Am Sonntagnachmittag wird er wohl ....

bestimmt – … – vielleicht
Für Vermutungen benutzt man oft die Wörter *vielleicht, eventuell, wahrscheinlich, bestimmt* und *wohl*.

1 b **Vermutungen. Sehen Sie die Bilder an und ergänzen Sie die Antworten. Verwenden Sie *vielleicht, wahrscheinlich, eventuell* und *bestimmt* mit Futur I.**

1 

2 

3 

4 

5 

6 

1 • Was wird Arne wohl mit den 12.000 Euro machen?
• Er wird … (vielleicht)

2 • Was machst du am Wochenende?
• Ich werde … (wahrscheinlich)

3 • Glaubst du, Toni und Lisa werden ein Paar?
• Klar, sie werden … (bestimmt)

4 • Was schenkt ihr eurem Sohn zum Geburtstag?
• Wir … (wahrscheinlich)

5 • Weißt du, wie das Wetter morgen wird?
• Es … (eventuell)

6 • Wird morgen Frau Ott ihre Kinder zur Schule bringen?
• Nein, … (wahrscheinlich)

1 c **Sprechen Sie die Dialoge aus 1b.**
Ü9-10

2 **Familie, Arbeit, Wohnen, Reisen. Wie wird Ihr Leben in zehn Jahren sein? Schreiben Sie.**
Ü11

In zehn Jahren werde ich wahrscheinlich verheiratet sein. Ich werde vielleicht zwei Kinder haben. Ich hoffe, dass ich ein gutes Einkommen haben werde. …

C Ein Dozent berichtet

1 Ü12 **Lesen Sie den Text und beantworten Sie die Fragen.**

vhs

VHS-Dozenten/-innen stellen sich vor

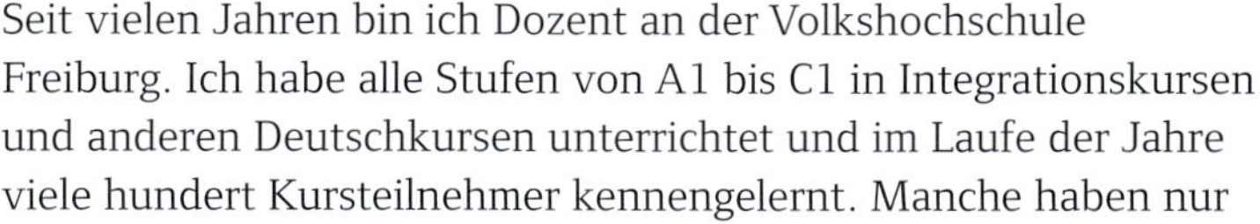

Joachim Schote

Seit vielen Jahren bin ich Dozent an der Volkshochschule Freiburg. Ich habe alle Stufen von A1 bis C1 in Integrationskursen und anderen Deutschkursen unterrichtet und im Laufe der Jahre viele hundert Kursteilnehmer kennengelernt. Manche haben nur eine oder zwei Niveaustufen, nicht wenige aber auch mehr Kurse besucht und danach das Zertifikat Deutsch, den Deutsch-Test für Zuwanderer oder sogar B2- und C1-Prüfungen abgelegt. Viele Teilnehmer sind inzwischen umgezogen und ich habe sie nie mehr gesehen. Es gibt aber auch einige, die ich – manchmal noch nach Jahren – immer wieder in der Stadt treffe. Das ist schön, denn so sehe ich, was aus ihnen geworden ist. Junge Leute haben geheiratet, sind Eltern geworden. Andere arbeiten in ihrem alten und nicht selten in einem neuen Beruf. Vor allem aber: Alle sprechen und verstehen jetzt gut Deutsch. Meine Kursteilnehmer fragen mich immer wieder, was sie tun können, um möglichst schnell Deutsch zu lernen. Ich sage ihnen dann: Ein Sprachkurs bildet die Basis, aber man sollte während des Kurses und nach dem Kurs Gelegenheiten suchen, möglichst viel Deutsch zu sprechen, zu hören und zu lesen. Dann verschwindet auch die Unsicherheit und man findet sich in seiner Umgebung immer besser zurecht. Wichtig ist, dass man verstanden wird und versteht, was die Gesprächspartner sagen. Wenn man viel auf Deutsch kommuniziert, werden mit der Zeit auch die kleinen Fehler immer weniger.

1 Was sagt der Dozent über ehemalige Kursteilnehmer/innen?
2 Welche Funktionen hat seiner Aussage nach der Sprachkurs?
3 Welche Empfehlung gibt er Deutschlernern/-lernerinnen?

3.18 **2a** **Hören Sie das Interview. Worüber sprechen die Leute? Berichten Sie.**

2b Ü13 **Hören Sie noch einmal. Was ist richtig? Kreuzen Sie an.**

1 ☐ Die VHS-Kurse waren für Jana und Vladimir die ersten Deutschkurse.
2 ☐ Vladimir spricht außerhalb des Unterrichts nur selten Deutsch.
3 ☐ Jana ist mit einem Deutschen verheiratet.
4 ☐ Beide fanden Politik besonders interessant.
5 ☐ Die Grammatik fanden beide langweilig.
6 ☐ Beide haben noch Probleme, am Telefon zu sprechen.
7 ☐ Vladimir macht jetzt einen B2-Kurs.
8 ☐ Jana will studieren.

3 **Welche Pläne haben Sie für die Zeit nach dem Kurs? Was möchten Sie noch lernen?**

Nach dem Kurs würde ich gerne eine Ausbildung machen. Ich werde mich die nächsten Monate bewerben.

Ich werde in zwei Monaten ...

D Abschiede

1 a **Was verbinden Sie mit dem Wort Abschied? Sammeln Sie in einem Assoziogramm.**

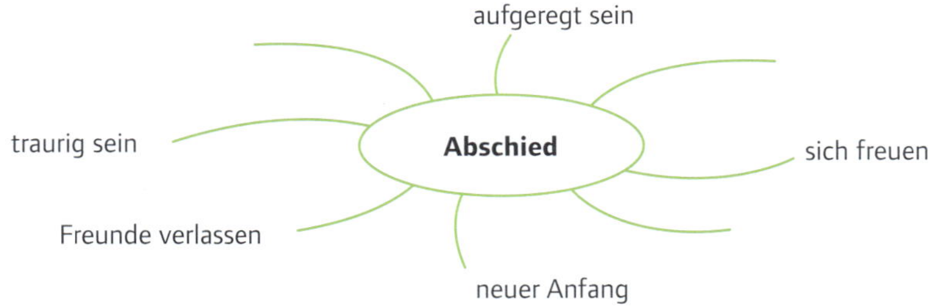

3.19 **1 b** **Abschiedsszenen. Hören und lesen Sie die Texte. Ordnen Sie sie den Fotos zu und beschreiben Sie die Situationen (Wer? Was? Wo? Warum?).**

1

- Liebe Kolleginnen und Kollegen, nun ist es soweit, ich gehe in den Ruhestand. Obwohl ich mich auf den neuen Lebensabschnitt freue, werde ich den Arbeitsalltag mit euch vermissen. Ich habe sehr gern mit euch zusammengearbeitet und werde mich gern an die Zeit mit euch zurückerinnern. Ich wünsche euch weiterhin beruflich und privat alles Gute. Zum Wohl!

2

- Mein Schatz, ich muss jetzt los.
- Tschüss. Pass gut auf dich auf und melde dich, wenn du angekommen bist!
- Ja, klar. Ich rufe dich an.
- Na dann, gute Reise! Ich hab dich lieb!
- Ich dich auch!

3

- Vielen Dank, dass Sie sich die Zeit für das Gespräch genommen haben. Es war ein interessantes Gespräch und es war sehr angenehm, Sie kennengelernt zu haben. Ich schicke Ihnen ein Angebot und hoffe, bald wieder von Ihnen zu hören.

4

- Ich freue mich natürlich für dich, dass du jetzt mit deinem Freund zusammenziehen kannst. Aber dein Umzug macht mich auch traurig. Ich werde dich vermissen – als Nachbarin und Freundin!
- Du wirst mir auch fehlen. Ich hoffe, dass wir uns bald wiedersehen.
- Ja, und wir telefonieren. Ich wünsche dir jedenfalls alles Gute und viel Erfolg. Und ich habe noch ein kleines Abschiedsgeschenk für dich.

5

- Liebe Imke, eine gute Mitarbeiterin zu verlieren, ist für ein Unternehmen immer schwer. Du warst seit fünf Jahren eine wertvolle Mitarbeiterin. Du hast dich immer sehr engagiert und kompetent für die Wagner GmbH eingesetzt. Ich habe sehr gern mit dir gearbeitet. Du hast auch in schwierigen Situationen Ruhe bewahrt. Dafür herzlichen Dank – auch von der Geschäftsführung. Wir alle wünschen dir im neuen Job alles Gute und viel Erfolg. Es wäre schön, wenn wir uns mal wiedersehen würden.

1 c **Was meinen Sie? Wie fühlen sich die Personen auf den Fotos? Sprechen Sie im Kurs.**

1 d Ü14-16 **Lesen Sie den Redemittelkasten. Welche der Redemittel werden in den Texten in 1a verwendet? Unterstreichen Sie.**

sich verabschieden

Verabschiedung von Freunden und Bekannten, die umziehen
Du wirst mir fehlen.
Ich wünsche dir einen guten Start in …
Ich hoffe, dass wir uns bald wiedersehen.
Wir müssen unbedingt in Kontakt bleiben.
Viel Glück und alles Gute!

Verabschiedung von Freunden und Bekannten, die verreisen
Viel Spaß und gute Reise.
Pass auf dich auf!
Melde dich, wenn du angekommen bist!
Lass mal von dir hören. / Schreib mal.

Verabschiedung von Geschäftspartnern, Kollegen, …
Es war sehr nett/angenehm mit Ihnen zu arbeiten.
Ich habe sehr gern mit Ihnen zusammengearbeitet.
Schade, dass Sie weggehen / uns verlassen.
Wir werden Sie vermissen. / Sie werden uns fehlen.
Es war sehr nett/angenehm, Sie kennengelernt zu haben.
Es freut mich, Sie kennengelernt zu haben.
Ich wünsche Ihnen weiterhin beruflich und privat alles Gute. / Alles Gute für die Zukunft.
Vielen Dank für die gute Zusammenarbeit.
Ich hoffe, bald wieder von Ihnen zu hören.

2 **Arbeiten Sie zu zweit. Wählen Sie eine Abschiedssituation aus 1b aus. Schreiben Sie einen eigenen Dialog und spielen ihn im Kurs.**

12

Sprechen aktiv

Wörter sprechen

3.20

1 a **Was passt zusammen? Ordnen Sie zu. Kontrollieren Sie dann mit dem Hörtext.**

1 wirtschaftliche	A Lebensabschnitt
2 erneuerbare	B Entwicklung
3 berufstätige	C Energien
4 multikulturelle	D Frauen
5 demographischer	E Gesellschaft
6 ein neuer	F Wandel

1 b **Üben Sie zu zweit. Schreiben Sie Fragen und Antworten. Sprechen Sie die Minidialoge.**

Glaubst du, dass es bald mehr berufstätige Frauen geben wird?

Ja, wahrscheinlich, denn viele Frauen wollen arbeiten.

2 a **Ergänzen Sie das passende Verb und schreiben Sie eine Antwort.**

vermissen • wachsen • spielen • steigen

1 Werden die Temperaturen in Deutschland in Zukunft sinken oder ....?

2 Warum .... die Sprache eine wichtige Rolle bei der Integration?

3 Ist die Zahl der Migranten in Deutschland zurückgegangen oder ....?

4 Gibt es Lebensmittel aus deiner Heimat, die du hier in Deutschland ....?

2 b **Üben Sie zu zweit. Stellen Sie die Fragen aus 2a und antworten Sie.**

Grammatik sprechen

3 a **Schreiben Sie persönliche Prognosen. Verwenden Sie Futur I.**

Deutschtest am Ende des Kurses • Weiterbildung nach dem Deutschkurs • Beruf in zwei Jahren • Auto in drei Jahren • Wohnort in fünf Jahren • …

Ich denke, dass ich den Deutschtest am Ende des Kurses bestehen werde.

3 b **Sprechen Sie zu zweit wie im Beispiel.**

Ich denke, dass ich den Deutschtest am Ende des Kurses bestehen werde.

Toll! Ich hoffentlich auch.

Toll! • Interessant. • Tatsächlich? • Das hätte ich nicht gedacht. • Es überrascht mich (nicht), dass … • Ach, was, sei nicht so pessimistisch!

4a **Sprechen Sie zu zweit. Was vermuten Sie? Fragen und antworten Sie.**

1 Wird es in 50 Jahren noch CDs geben?
2 Werden die Menschen in Europa in 50 Jahren noch so viel Fleisch essen, wie heute?
3 Wann werden die Menschen es schaffen, den Klimawandel zu stoppen?
4 Welche Energie werden die Menschen wohl in 50 Jahren am stärksten nutzen?
5 Wie viel wird wohl der Liter Benzin in 50 Jahren kosten?

4b **Schreiben Sie zu zweit weitere Fragen wie in 4a. Fragen und antworten Sie im Kurs.**

Wird es in 50 Jahren überall kostenloses W-Lan geben?

Ja, bestimmt!

Flüssig sprechen

3.21 **5** **Hören Sie und sprechen Sie nach.**

VIDEO
Clip 13
Seite 206

Dialogtraining

3.22 **6a** **Hören und lesen Sie den Dialog.**

● Francesco
● Friederike

- Ich habe auch coole Neuigkeiten. Ich werde demnächst auch sonntags arbeiten und dafür einen Tag in der Woche frei haben. Und diesen Tag haben wir dann ganz für uns, meine Liebe.
- Wie meinst du das? Wo wirst du sonntags arbeiten? Ist die Kantine jetzt auch am Sonntag geöffnet?
- Nein, das nicht. Philipp macht ein Restaurant auf und ich werde dort sonntags die beste Pizza Berlins backen.
- Ah …
- Du freust dich gar nicht richtig.
- Doch schon.
- Aber?
- Du bist so lieb! Es ist nur, … Ich habe vor zwei Wochen mit Frau Amani von der Personalabteilung über die Sonntagsarbeit gesprochen. Vorgestern hat sie mich angerufen und gesagt, dass sie neues Personal für die Wochenenddienste gefunden haben. Ich werde ab nächsten Monat also nicht mehr sonntags arbeiten müssen.
- Oh! Du hast dich auch gekümmert. Wie süß! Aber …
- …

6b **Was glauben Sie, wie geht das Gespräch weiter? Schreiben Sie noch zwei Fragen und Antworten. Spielen Sie den Dialog dann zu zweit.**

Gewusst wie

Kommunikation

Prognosen machen

Die Sommer werden in Zukunft heißer und trockener als heute sein. Die Experten erwarten, dass die Temperaturen um 1,5 bis 2 Grad steigen werden.
Im Jahr 2050 wird der Strom in Deutschland zu 80 Prozent aus erneuerbaren Energien stammen. Fossile Energien (z. B. Erdöl oder Kohle) werden in 50 Jahren kaum noch eine Rolle spielen.

Vermutungen äußern

Ich werde am Wochenende wahrscheinlich meine Eltern besuchen.
Luisa wird wohl erst morgen Abend nach Berlin fahren.
Vielleicht wird unsere Mannschaft das Spiel am Samstag gewinnen.
Es wird bestimmt gleich regnen.

über das Deutschlernen sprechen

- Ich fand es wichtig, dass wir viele Übungen gemacht haben.
- Manchmal waren die Themen interessant, manchmal aber auch etwas langweilig.
- Wir haben viel gelernt und ich habe nette Leute im Kurs kennengelernt.
- Ich verstehe jetzt fast alles, aber das Schreiben und Sprechen fällt mir manchmal noch schwer.
- Ich notiere neue Vokabeln immer in meiner Vokabel-App auf meinem Handy.

sich von jemanden verabschieden

- Auf Wiedersehen und alles Gute. Ich wünsche dir in Zukunft viel Erfolg.
- Es war sehr nett/angenehm mit Ihnen zu arbeiten. Wir werden Sie vermissen. / Sie werden uns fehlen.
- Es war sehr nett/angenehm, Sie kennengelernt zu haben. Wir melden uns bald.
- Tschüss, pass auf dich auf und melde dich mal!

Grammatik

Futur I

Ich **werde** im Herbst eine Ausbildung zum Koch **beginnen**.
Es **wird** in Zukunft in Deutschland weniger **regnen**.
Die Migranten **werden** vor allem in die großen Städte **ziehen**.

	werden
ich	werde
du	wirst
er/sie/es	wird
wir	werden
ihr	werdet
sie/Sie	werden

Das Futur I bildet man mit *werden* + Infinitiv. Man verwendet es oft für Prognosen und Vermutungen.

In der Alltagssprache, benutzt man oft das Präsens, wenn man über die Zukunft spricht:

Morgen **schreiben** wir einen Test.
Nächstes Jahr **fahre** ich zu meiner Schwester nach Österreich.

Für Vermutungen, das heißt nicht sichere Aussagen, benutzt man oft die Wörter *bestimmt, wahrscheinlich, vielleicht, eventuell* und *wohl*.

Wahrscheinlich wird es am Wochenende regnen.
Am Wochenende wird es **wahrscheinlich** regnen.

Spiel und Spaß

1 Wer bin ich?

Material: Stift, Zettel – z. B. Post-it – und, wenn nötig, Klebestreifen

Spielablauf: Alle Kursteilnehmer/innen setzen sich in Gruppen (3-6 Personen) in einem Kreis hin. Jeder/Jede schreibt auf einen Zettel den Namen von einem/einer bekannten Schauspieler/in, Sportler/in, Sänger/in, Politiker/in oder auch ein Tier oder einen Beruf. Die anderen Mitspieler/innen dürfen den Zettel nicht sehen. Dann klebt jeder/jede den Zettel auf die Stirn seines/seiner rechten Nachbarn/Nachbarin. Alle Mitspieler/innen haben einen Zettel an der Stirn.

Ein/e Spieler/in beginnt und stellt eine Ja-/Nein-Frage, um herauszufinden, wer er/sie ist. Die Gruppe antwortet immer nur mit „ja" oder „nein". Der/Die Spieler/in fragt immer weiter, egal, ob die Gruppe mit „ja" oder „nein" antwortet. Für jede Frage, die er/sie stellt gibt es einen Minuspunkt. Hat er/sie nach zehn Fragen nicht erraten, wer er/sie ist, bekommt er/sie noch zusätzlich zwei Minuspunkt. Das Spiel ist zu Ende, wenn alle Kursteilnehmer/innen erraten haben, wer sie sind bzw. alle zehn Fragen gestellt haben. Es gewinnt, wer die wenigsten Minuspunkte hat.

- Bin ich ein Mensch? • Ja.
- Bin ich ein Mann? • Nein.
- Bin ich berühmt? • Ja.
- Bin ich eine Sportlerin? • Nein.
- Bin ich Sängerin? • Ja.
- Singe ich Rockmusik? • Nein.
- Lebe ich in Deutschland? • Ja.
- Singe ich Schlager? • Ja.
- Bin ich Helene Fischer? • Ja.

Variante: Ein/e Spieler/in beginnt und stellt eine Ja-/Nein-Frage, um herauszufinden, wer er/sie ist. Zum Beispiel: Bin ich ein Sportler? Die Gruppe antwortet immer nur mit „ja" oder „nein". Der/die Spieler/in ist solange mit Fragen dran, bis die Gruppe eine gestellte Frage mit „nein" beantwortet, dann folgt der/die Nächste. Das Spiel ist zu Ende, wenn alle Kursteilnehmer/innen erraten haben, wer sie sind.

Arbeit und Beruf

In Deutschland arbeiten

1 a **Fachbegriffe. Was passt zusammen? Ordnen Sie zu.**

1 nicht reglementierte Berufe
2 die Berufsqualifikationen
3 reglementierte Berufe
4 der/die Meister/in
5 das Anerkennungsgesetz
6 der Berufsabschluss

A Berufe für die man bestimmte Qualifikationen / Zeugnisse vorweisen muss - z. B. Ärzte, Krankenpfleger, Rechtsanwälte. Will man in diesen Berufen arbeiten, braucht man einen in Deutschland anerkannten Abschluss.
B Qualifikation in einem handwerklichen Beruf, die auf die Berufsausbildung aufbaut. In vielen Handwerken braucht man diese Qualifikation, um einen eigenen Betrieb führen und selbst Lehrlinge ausbilden zu dürfen.
C Das Gesetz regelt die Anerkennung ausländischer Berufsqualifikationen und Berufsabschlüsse.
D Kenntnisse und Fähigkeiten und/oder Abschlüsse die man für einen Beruf braucht.
E Ein Zeugnis, das man bekommt, wenn man eine berufliche Aus- oder Fortbildung erfolgreich abgeschlossen und die Prüfung bestanden hat.
F Der Beruf kann ohne staatliche Zulassung ausgeübt werden. Der/Die Arbeitgeber/in entscheidet, welche Qualifikationen und/oder Zeugnisse die Mitarbeiter/innen benötigen.

1 b **Reglementierte Berufe. Was denken Sie? Welche Berufe sind in Deutschland reglementiert? Kreuzen Sie an und vergleichen Sie Ihre Ergebnisse im Kurs.**

- ☐ Altenpflegehelfer/in
- ☐ Altenpfleger/in
- ☐ Apotheker/in
- ☐ Physiotherapeut/in
- ☐ Rettungsassistent/in
- ☐ Tierarzt/Tierärztin
- ☐ Arzt/Ärztin
- ☐ Hebamme/ Entbindungspfleger
- ☐ Fleischermeister/in
- ☐ Bäckermeister/in
- ☐ Dachdeckermeister/in
- ☐ Klempnermeister/in
- ☐ Tischlermeister/in
- ☐ Friseurmeister/in
- ☐ Kfz-Technikermeister/in
- ☐ Fahrlehrer/in
- ☐ Zahntechniker/in
- ☐ Rechtsanwalt/ Rechtsanwältin
- ☐ Steuerberater/in
- ☐ Wirtschaftsprüfer/in
- ☐ Ingenieur/in
- ☐ Architekt/in
- ☐ Lehrer/in
- ☐ Erzieher/in
- ☐ Sozialarbeiter/in

1 c **Schauen Sie sich die Lösung auf Seite 193 an. Vergleichen Sie mit Ihrem Heimatland. Welche Unterschiede gibt es?**

Bei uns gibt es nicht so viele Berufe, für die man eine besondere Zulassung vom Staat braucht.

2 a Eine Arbeit finden. Lesen Sie die Texte. Welche Überschriften passen? Ordnen Sie zu.

Das Bewerbungstraining • Die berufliche Weiterbildung • Die Stellensuche • Die Anerkennung ausländischer Berufsabschlüsse • Die Berufsberatung

1 ....

Migranten/-innen haben oft Schwierigkeiten, eine Arbeit in Deutschland zu finden. Für viele Tätigkeiten braucht man in Deutschland bestimmte Qualifikationen. Die Anerkennung Ihrer Abschlüsse, die Sie in Ihrem Heimatland gemacht haben, ist deshalb besonders wichtig, um eine Stelle zu finden. Wenn Sie einen Berufsabschluss im Ausland gemacht haben, können Sie die Hotline „Arbeiten und Leben in Deutschland" unter der Telefonnummer 030 1815 111 anrufen. Dort bekommen Sie erste Informationen.

2 ....

Um in Deutschland einen passenden Beruf zu finden, müssen Sie selbst aktiv werden. Die Berufsinformationszentren (BIZ) der Agentur für Arbeit helfen Ihnen bei der Suche und beraten Sie gern. Machen Sie am besten einen Termin.

3 ....

Um eine Stelle zu bekommen, muss man sich oft weiterbilden. Unter kursnet-finden.arbeitsagentur.de/kurs/ können Sie sich über die Weiterbildungsangebote informieren. Die Arbeitsagentur fördert auch viele Weiterbildungsmaßnahmen und übernimmt oft die Kosten für einen Lehrgang.

2 b Was sind Ihre Ziele? Wo möchten Sie nach dem Sprachkurs arbeiten? Berichten Sie.

über berufliche Ziele und Wünsche sprechen

Ich möchte gern als … arbeiten. Ich muss aber noch meine Abschlüsse aus … anerkennen lassen.
Ich habe in meiner Heimat … gelernt, darum möchte am liebsten in einem Restaurant/Krankenhaus/Handwerksbetrieb / … arbeiten.
Ich möchte nach dem Sprachkurs eine Weiterbildung/Umschulung zum/zur … machen.
Ich habe eine Ausbildung zum/zur … gemacht und möchte deshalb …

3.23

3 a Anerkennung beruflicher Abschlüsse. Was ist richtig? Hören Sie und kreuzen Sie an.

Marie Ondoa (38) aus Kamerun

Wedad Rifai (36) aus Syrien

1 ☐ Nachdem Marie Ondoa 2011 aus Kamerun nach Deutschland gekommen war, besuchte sie einen Intergrationskurs.

2 ☐ Obwohl ihre Berufsausbildung in Deutschland anerkannt wurde, konnte Marie Ondoa zunächst keine Stelle als Krankenschwester finden.

3 ☐ Der Start in Deutschland war für Wedad Rifai schwer, weil er zunächst keine Arbeitserlaubnis und kaum Deutschkenntnisse hatte.

4 ☐ Weil er Berufserfahrung hatte, fand er schnell Arbeit als Tischler.

3.24

3 b Hören und lesen Sie die Fortsetzung des Berichts. Beantworten Sie die Fragen.

Von Freunden erfuhr Marie Ondoa, dass es ein Anerkennungsgesetz gibt und dass sie ihren Berufsabschluss aus Kamerun in Deutschland anerkennen lassen kann. Sie hat einen Termin beim Netzwerk Integration durch Qualifizierung vereinbart. Dort hat sie erfahren, welche Unterlagen sie für die Anerkennung braucht und wie sie den Antrag stellen muss. Doch ihre Unterlagen wurden zunächst nicht angenommen, weil man als Krankenschwester Deutschkenntnisse auf dem Niveau B2 braucht. Deshalb hat sie noch einen B2-Deutschkurs gemacht. Dann musste sie noch den Code of Conduct, eine Art internationales Führungszeugnis, besorgen. „Das war gar nicht einfach, das Dokument von Interpol zu bekommen“, sagt sie. Dann ging aber alles ganz schnell. Im Sommer 2013 bekam sie den Anerkennungsbescheid und kurz danach fand sie eine Stelle als Krankenschwester. Nach der Probezeit bekam sie auch eine unbefristete Stelle. Heute sagt sie: „Ich bin sehr froh, dass ich nicht aufgegeben habe. Jetzt habe ich eine gute Stelle und werde von meinen Kollegen respektiert.“

Auch Wedad Rifai stellte 2013 einen Anerkennungsantrag, um endlich in seinem gelernten Beruf arbeiten zu können. Sein Problem war, dass er keine Papiere zu seiner früheren Arbeit und Ausbildung vorlegen konnte. „Ohne die Hilfe der Handwerkskammer hätte ich den Antrag nicht stellen können. Sie haben mich sehr gut beraten“, sagt er heute. Herr Rifai konnte durch ein Fachgespräch und praktische Arbeiten in einer Tischlerei nachweisen, dass er die Kenntnisse hat, die ein Tischler in Deutschland braucht. Allerdings musste er noch einige Maschinenkurse belegen, um die volle Anerkennung zu bekommen. Nachdem Herr Rifai diese Kurse absolviert und ein Praktikum in einem Betrieb gemacht hatte, bekam er 2015 die volle Anerkennung als Tischler. Heute sagt er: „Das war für mich eine sehr schwere Zeit. Das Anerkennungsverfahren hat lange gedauert. Aber es hat sich gelohnt. Ich arbeite jetzt in meinem Traumberuf in einem kleinen Tischlerbetrieb und ich bin sehr zufrieden“.

1 Warum wurde Marie Ondoas Anerkennungsantrag zuerst nicht angenommen?
2 Welches Dokument musste sie erst noch besorgen?
3 Hat sich das Anerkennungsverfahren für sie gelohnt?
4 Welches Problem hatte Herr Rifai bei der Anerkennung seiner beruflichen Qualifikation?
5 Was musste er machen, um die Anerkennung zu bekommen?
6 Was macht er heute?

4a Sehen Sie die Infografik an und ergänzen Sie die Wörter aus dem Schüttelkasten.

Stelle • Beruf • Kopien • Unterlagen • Ausbildung • Antrag • Fähigkeiten • übersetzt

4b Schreiben Sie zu zweit einen Dialog. Erklären Sie einem/einer Bekannten, was man tun muss, um einen ausländischen Berufsabschluss anerkennen zu lassen.

Kinderrechte

1 **Kinder und Kindererziehung. Lesen Sie die Sprichwörter. Benutzen Sie für schwierige Wörter ein Wörterbuch. Welches gefällt Ihnen besonders gut? Begründen Sie.**

Kinder schauen mehr darauf, was die Eltern **TUN** als was sie **SAGEN**.

(Marie v. Ebner-Eschenbach)

Sind die Kinder klein, müssen wir ihnen helfen, Wurzeln zu fassen. Sind sie aber groß, müssen wir ihnen Flügel schenken.

(aus Indien)

3.25 **2a** **Kinder in der Kita und zu Hause. Eine Erzieherin erzählt. Hören und lesen Sie den Anfang des Interviews und kreuzen Sie an: Richtig oder falsch?**

1 ☐ Heutzutage soll die Kita den Kindern etwas beibringen.
2 ☐ Die Kita ist nur für Kinder wichtig, die noch wenig Deutsch können.
3 ☐ Frau Peters mag ihren Beruf.
4 ☐ Die Eltern sind für die Kinder wichtiger als die Kita.

Frau Peters, Sie sind seit fast zwanzig Jahren Erzieherin. Erzählen Sie: Was machen Sie mit den Kindern in der Kita? Spielen die Kinder und Sie passen nur auf, dass nichts passiert?

Nein, nein, das war vielleicht früher so. Aber heute lassen wir die Kinder nicht nur einfach spielen. Natürlich ist Spielen auch sehr wichtig. Aber wir haben auch einen Bildungsauftrag. Die Kinder lernen wichtige Dinge, z.B. fördern wir die Sprachfähigkeit. Die Kinder lernen bei uns viele neue Wörter. Wir erzählen jeden Tag eine Geschichte oder lesen Bücher vor. Die Kinder lernen auch, über wichtige Dinge zu sprechen.

Können Sie dafür ein Beispiel geben?

Ja, gerne. Wenn es z.B. Streit zwischen Kindern gibt, dann fordern wir sie auf zu erzählen, was passiert ist. Wir hören zu und helfen, zu einer gerechten Lösung zu kommen. So lernen die Kinder Regeln. Sie lernen, wie man einen Streit beendet. Und sie lernen viel Deutsch. Sie lernen auf Deutsch zu erklären, was ihnen wichtig ist. Das ist für alle Kinder eine wichtige Vorbereitung auf die Schule.

Lernen die Kinder alles im Kindergarten? Welche Rolle haben die Eltern in der Erziehung?

Die Eltern sind natürlich sehr wichtig. Sie sind das erste Vorbild für die Kinder. Sie haben die Verantwortung für die Erziehung. Die Kita ist nur eine Ergänzung. Ich bin ja alleine mit 20 Kindern; da kann ich die Kinder nicht so viel einzeln fördern. Das Beste, was Eltern für ihre Kinder machen können, ist, sich um sie zu kümmern, viel mit ihnen zu sprechen, ihnen die Alltagsdinge beizubringen, wie z.B. sich anziehen, eine Schleife binden, die Spielsachen aufräumen und so weiter, ihnen Geschichten vorlesen oder erzählen und ihnen die Welt erklären.

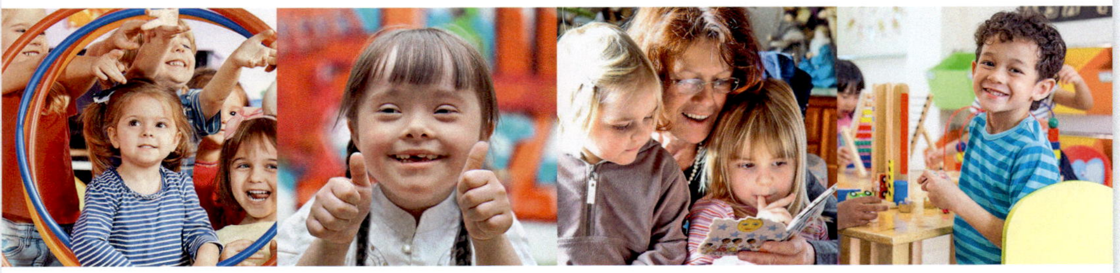

2b Lesen Sie das Interview noch einmal und beantworten Sie die Fragen.

1 Was lernen Kinder in der Kita?
2 Wie können Eltern ihre Kinder fördern?

3.26

2c Probleme in der Erziehung. Lesen Sie die Fragen des Interviewers und hören Sie dann die Antworten. Ordnen Sie die Sätze zu.

Manchmal sind Kinder ungehorsam. Sie machen etwas kaputt oder schlagen andere Kinder. Wie reagieren Sie dann?

1 Seit dem Jahr 2000 ist es in Deutschland verboten,
2 Gewalt schadet
3 Frau Peters findet gewaltfreie Erziehung
4 Viele Eltern kennen Schlagen
5 Manche Eltern schlagen,
6 Auch in der Familie

A obwohl sie es gar nicht wollen.
B gut.
C den Kindern.
D darf man Kinder nicht schlagen.
E Kinder zu schlagen.
F aus ihrer eigenen Kindheit.

Was machen Sie als Erzieherin, wenn Sie merken, dass Eltern ihr Kind schlagen? Geht Sie das etwas an?

7 Frau Peters findet,
8 Frau Peters erklärt den Eltern,
9 Wenn die Eltern nicht reagieren,

G informiert sie das Jugendamt.
H wie die gesetzliche Situation in Deutschland ist.
I dass Gewalt in der Familie jeden etwas angeht.

3 Wählen Sie ein Thema aus und arbeiten Sie in Gruppen.

Thema A

Welche Erfahrungen haben Sie mit einer Kita gemacht? Konnten Sie mit den Erziehern über ihr Kind, seine Fortschritte und Probleme sprechen? Erzählen Sie und vergleichen Sie.

Thema B

1

2

3

Wählen Sie eine Situation aus. Wie würden Sie die Situation lösen? Schreiben Sie einen Dialog und spielen Sie die Situation.

Grundrechte

4 **Es gibt viele verschiedene Menschen in Deutschland. Sammeln Sie Unterschiede.**

5 a **Alle Menschen sind vor dem Gesetz gleich. Lesen Sie den Artikel 3 aus dem Grundgesetz und ordnen Sie die markierten Wörter in Grün dem Text unten zu.**

Grundgesetz für die Bundesrepublik Deutschland
Artikel 3

(1) Alle Menschen sind vor dem Gesetz gleich.

(2) Männer und Frauen sind gleichberechtigt. Der Staat fördert die tatsächliche Durchsetzung der Gleichberechtigung von Frauen und Männern und wirkt auf die Beseitigung bestehender Nachteile hin.

(3) Niemand darf wegen seines Geschlechtes, seiner Abstammung, seiner Rasse, seiner Sprache, seiner Heimat und Herkunft, seines Glaubens, seiner religiösen oder politischen Anschauungen benachteiligt oder bevorzugt werden. Niemand darf wegen seiner Behinderung benachteiligt werden.

Heute leben in Deutschland mehr als 80 Millionen Menschen, die z.T. sehr unterschiedlich sind.

Geschlecht : Etwa 10 Millionen sind Kinder unter 14 Jahren, etwas mehr als 40 Millionen sind weiblich. Viele Menschen haben Familie, andere leben als Single, als Alleinerziehende mit Kindern oder in heterosexuellen oder homosexuellen Partnerschaften.

...............: Die Mehrheit ist katholisch oder evangelisch. Gut 5 % ist muslimisch (sunnitisch, schiitisch, alevitisch usw.). Ca. 100 000 sind Juden. Außerdem gibt es Anhänger von mehreren Hundert anderer Religionsgemeinschaften in Deutschland. Und ein Drittel der Deutschen gehört keiner Religionsgemeinschaft an.

Heimat und Herkunft, ..., ...: Ungefähr ein Drittel der Menschen in Deutschland lebt in Großstädten, die anderen in kleineren Städten oder auf dem Land. Fast ein Viertel der Menschen in Deutschland hat einen Migrationshintergrund, d.h. sie kommen aus anderen Ländern, von einem anderen Kontinent oder ihre Eltern sind aus einem anderen Land nach Deutschland eingewandert.

……………………: Es gibt in Deutschland viele politische Parteien mit ganz unterschiedlichen Vorstellungen, die sich an den Wahlen beteiligen und mehrere größere Parteien, die im Parlament sitzen.

……………………: Ca. 10 Millionen Menschen in Deutschland leben mit einer körperlichen oder geistigen Behinderung.

Kein Wunder, dass es bei diesen vielen unterschiedlichen Lebenssituationen und Lebenserfahrungen auch unterschiedliche Meinungen in vielen Themenbereichen gibt und dass manchmal Konflikte entstehen.
Ein Zusammenleben so vieler unterschiedlicher Menschen kann nur gut funktionieren, wenn es einen guten gesetzlichen Rahmen gibt. Das Grundgesetz ist für Deutschland der gesetzliche Rahmen: Der Artikel 3 sagt, dass alle Menschen vor dem Gesetz gleich sind und kein Mensch benachteiligt werden darf, egal woher er kommt, wie er aussieht, welches Geschlecht er hat oder welcher Religion er angehört. Andere Menschen zu diskriminieren ist in Deutschland verboten und wird strafrechtlich verfolgt.

5b **Gleich oder anders? Lesen Sie den Text noch einmal und ergänzen Sie die Sätze.**

1 In Deutschland ist die Mehrheit katholisch oder evangelisch, in meinem Heimatland …
2 In Deutschland leben die Menschen in unterschiedlichen Partnerschaften, in meinem Heimatland …
3 In Deutschland sind viele Menschen aus anderen Ländern eingewandert, in meinem Heimatland …
4 In Deutschland gibt es viele verschiedene politische Parteien, in meinem Heimatland …
5 In Deutschland leben viele Menschen mit einer Behinderung, in meinem Heimatland …

3.27

6 **Respektvoll miteinander umgehen. Hören Sie und kreuzen Sie an: Richtig oder falsch?**

1 Lena Tanager

	R	F
Sie lebt nicht so wie ihre Verwandten.	☐	☐
Sie findet, ihre Verwandten sollten so leben wie sie.	☐	☐
Sie findet es wichtig, miteinander zu reden.	☐	☐

2 Deniz Tolu

	R	F
Er findet es wichtig, immer tolerant zu sein.	☐	☐
Er möchte dagegen kämpfen, wenn Menschen nicht respektvoll behandelt werden.	☐	☐
Für ihn ist das Grundgesetz gut.	☐	☐

3 Johannes Wismann

	R	F
Er findet es wichtig, respektvoll miteinander umzugehen.	☐	☐
Er findet, seine Kollegen sollten sich ändern.	☐	☐
Er findet politisches Engagement nicht so wichtig.	☐	☐

7 **Wie kann man Toleranz und Respekt fördern? Was kann jeder Mensch tun, damit es keine Diskriminierung gibt? Diskutieren Sie und sammeln Sie Ideen.**

Regionen und Landschaften

1 a **Der Donau-Radweg. Lesen Sie den Text und kreuzen Sie an: Richtig oder falsch?**

DR. VOGEL REISEN – IHR SPEZIALIST FÜR RADREISEN

ÜBERBLICK | ROUTENVERLAUF | HOTELS | INFO

die Schlögener Schlinge

Radfahrer in der Wachau

das Kloster Melk

Die Route:

1.Tag: individuelle Anreise nach Passau

2.Tag: Passau - Schlögen *(ca. 40km)*

3.Tag: Schlögen - Linz *(ca. 55km)*

4.Tag: Linz - Grein *(ca. 55km)*

5.Tag: Grein - Spitz in der Wachau *(ca. 55km)*

6.Tag: Spitz - Tulln *(ca. 50km)*

7.Tag: Tulln - Wien *(ca. 35km)*

8.Tag: Abreise

6 Übernachtungen im DZ mit Frühstück, Gepäcktransport bis Wien

Preis: ab 449,– € pro Person

Termine: Tägliche Anreise vom 16.04. bis zum 16.10.

MIT DEM FAHRRAD AN DER DONAU ENTLANG VON PASSAU NACH WIEN

Länge: ca. 290 km
Etappenlänge: zwischen 35 und 55 km
Schwierigkeitsgrad: leicht

Die Tour von Passau in Deutschland nach Wien in Österreich gehört zu den beliebtesten Strecken des Donau-Radwegs. Auch als ungeübter Radfahrer kommen Sie bequem nach sechs Tagen erholt im Herzen der Weltmetropole Wien an. Alle Etappen sind flach und sehr gut ausgeschildert. Die Strecke eignet sich deshalb auch sehr gut für einen ersten Radurlaub mit der ganzen Familie. Sie radeln durch herrliche Landschaften, wie z. B. die Wachau, und kommen auf Ihrem Weg nach Wien an schönen Städten wie Enns, der ältesten Stadt Österreichs, und an weltbekannten Schlössern und Klöstern vorbei.

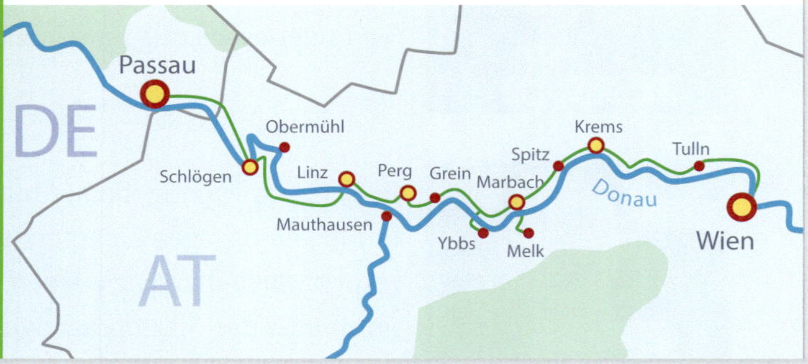

DE
AT
Passau
Schlögen
Obermühl
Linz
Mauthausen
Perg
Grein
Ybbs
Melk
Marbach
Spitz
Krems
Donau
Tulln
Wien

1 Die Strecke von Passau nach Wien ist nicht für Anfänger geeignet.
2 Die Reise kostet 449,– € für zwei Personen.
3 Man muss sein Gepäck nicht mit dem Fahrrad mitnehmen.
4 Keine Etappe ist länger als 55 Kilometer.
5 Auf der Strecke gibt es verschiedene Sehenswürdigkeiten.

1 b **Lesen Sie noch einmal und schauen Sie die Fotos an. Würden Sie gern im Urlaub eine Radtour an der Donau machen? Warum (nicht)?**

Modelltest DTZ

Hörverstehen Teil 1

3.28

Sie hören vier Ansagen. Zu jeder Ansage gibt es eine Aufgabe. Welche Lösung (a, b oder c) passt am besten? Markieren Sie Ihre Lösungen für die Aufgaben 1–4 auf dem Antwortbogen auf Seite 186.

Beispiel
Was ist heute im Angebot?
a Süßigkeiten.
b Obst.
c Fleisch.

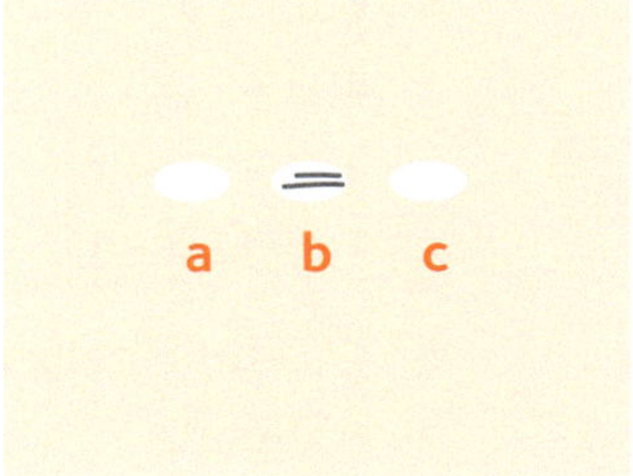

1 Welche Linie fährt zum Bahnhof?
a Linie 3.
b Linie 12.
c Linie 21.

2 Wann kann Herr Wenke sein Auto abholen?
a Morgen ab 16.00 Uhr.
b Am Freitag.
c Am Samstag bis 16.00 Uhr.

3 Wo gibt man das Formular für die Kundenkarte ab?
a Am Eingang.
b An den Kassen.
c Bei der Post.

4 Was soll Frau Richter machen?
a Die Buchhandlung anrufen.
b Zur Buchhandlung gehen.
c Eine Bewerbung an die Buchhandlung schicken.

Hörverstehen Teil 2

3.29

Sie hören fünf Ansagen aus dem Radio. Zu jeder Ansage gibt es eine Aufgabe. Welche Lösung (a, b oder c) passt am besten? Markieren Sie Ihre Lösungen für die Aufgabe 5–9 auf dem Antwortbogen auf Seite 186.

5 Wo regnet es am Wochenende?
- **a** Im Süden.
- **b** Im Norden.
- **c** Im Osten.

6 Was für eine Sendung kommt kurz nach elf?
- **a** Sport.
- **b** Ein Konzert.
- **c** Ein Krimi.

7 Frau Hurle
- **a** ist in Freiburg.
- **b** wird gesucht.
- **c** hat sich bei der Polizei gemeldet.

8 Auf der A5
- **a** ist ein Falschfahrer.
- **b** ist ein Stau.
- **c** sind Gegenstände auf der Fahrbahn.

9 Wo findet das Konzert statt?
- **a** In einem Fußballstadion.
- **b** In einem Museum.
- **c** Auf dem Marktplatz.

Hörverstehen Teil 3

3.30

Sie hören vier Gespräche. Zu jedem Gespräch gibt es zwei Aufgaben. Entscheiden Sie bei jedem Gespräch, ob die Aussage dazu richtig oder falsch ist und welche Antwort (a, b oder c) am besten passt. Markieren Sie Ihre Lösungen für die Aufgaben 10–17 auf dem Antwortbogen auf Seite 186.

Beispiel
Die Frau bietet dem Mann eine Arbeitsstelle an.
Herr Eftimov soll
- a sich bei Elektro Hanser vorstellen.
- b seinen Lebenslauf schicken.
- c mehr Berufserfahrung sammeln.

10 Die Frau hat einen Arzttermin.
richtig/falsch?

11 Die Frau
- a muss nicht warten.
- b hat eine neue Adresse.
- c bekommt ein Formular.

12 Der Mann arbeitet in einer Buchhandlung.
richtig/falsch?

13 Die Frau will
- a ein Buch kaufen.
- b ein Buch zurückgeben.
- c einer Freundin ein Buch schenken.

14 Daniel und Katja wollen auf eine Geburtstagsparty gehen.
richtig/falsch?

15 Daniel
- a hat kein Auto.
- b will Katja abholen.
- c ist um halb acht bei Katja.

16 Frau Enke und Herr Mellinghof wollen sich verabreden.
richtig/falsch?

17 Wann wird die Heizung kontrolliert?
- a Am Donnerstag.
- b Am Freitag.
- c Heute.

Hörverstehen Teil 4

3.31 **Sie hören Aussagen zu einem Thema. Welcher der Sätze a–f passt zu den Aussagen 18–20? Markieren Sie Ihre Lösungen für die Aufgaben 18–20 auf dem Antwortbogen auf Seite 186. Lesen Sie jetzt die Sätze a–f. Dazu haben Sie eine Minute Zeit. Danach hören Sie die Aussagen.**

18 …

19 …

20 …

a Öffentliche Verkehrsmittel sind umweltfreundlicher als das eigene Auto.
b Öffentliche Verkehrsmittel sind immer noch zu teuer.
c Öffentliche Verkehrsmittel sind nicht immer zuverlässig.
d Das Auto wird immer eine starke Konkurrenz für öffentliche Verkehrsmittel sein.
e Bei öffentlichen Verkehrsmitteln gibt es viele gute Angebote.
f Im Berufsverkehr sind öffentliche Verkehrsmittel oft zu voll.

Lesen Teil 1

Sie suchen Informationen in Unterrode. Lesen Sie die Aufgaben 21–25 und die Internetseite. Wo (a, b oder c) finden Sie etwas Passendes? Markieren Sie Ihre Lösungen für die Aufgaben 21 bis 25 auf dem Antwortbogen auf Seite 187.

Beispiel
Sie wollen eine Mülltonne bestellen.
a Gesundheit
b Umwelt und Natur
c andere Seite

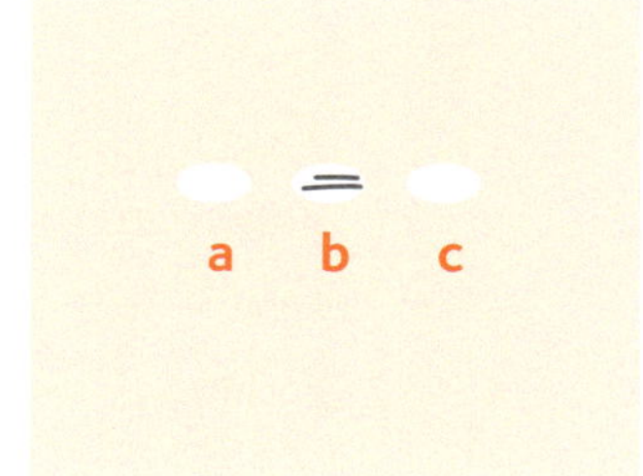

21 Ihre Großmutter möchte Bücher ausleihen.
a Seniorinnen und Senioren
b Kultur und Bildung
c andere Seite

22 Ihre Tochter bekommt am Sonntagmorgen starke Zahnschmerzen.
a Notdienste
b Angebote für Jugendliche
c andere Seite

23 Sie möchten gerne Fußball spielen.
a Gesundheit
b Kultur und Bildung
c andere Seite

24 Sie wollen sich über Hotels und Pensionen in Unterrode informieren.
a Kultur und Bildung
b Tourismus
c andere Seite

25 Sie möchten ein Fahrrad ausleihen.
a Verkehr
b Tourismus
c andere Seite

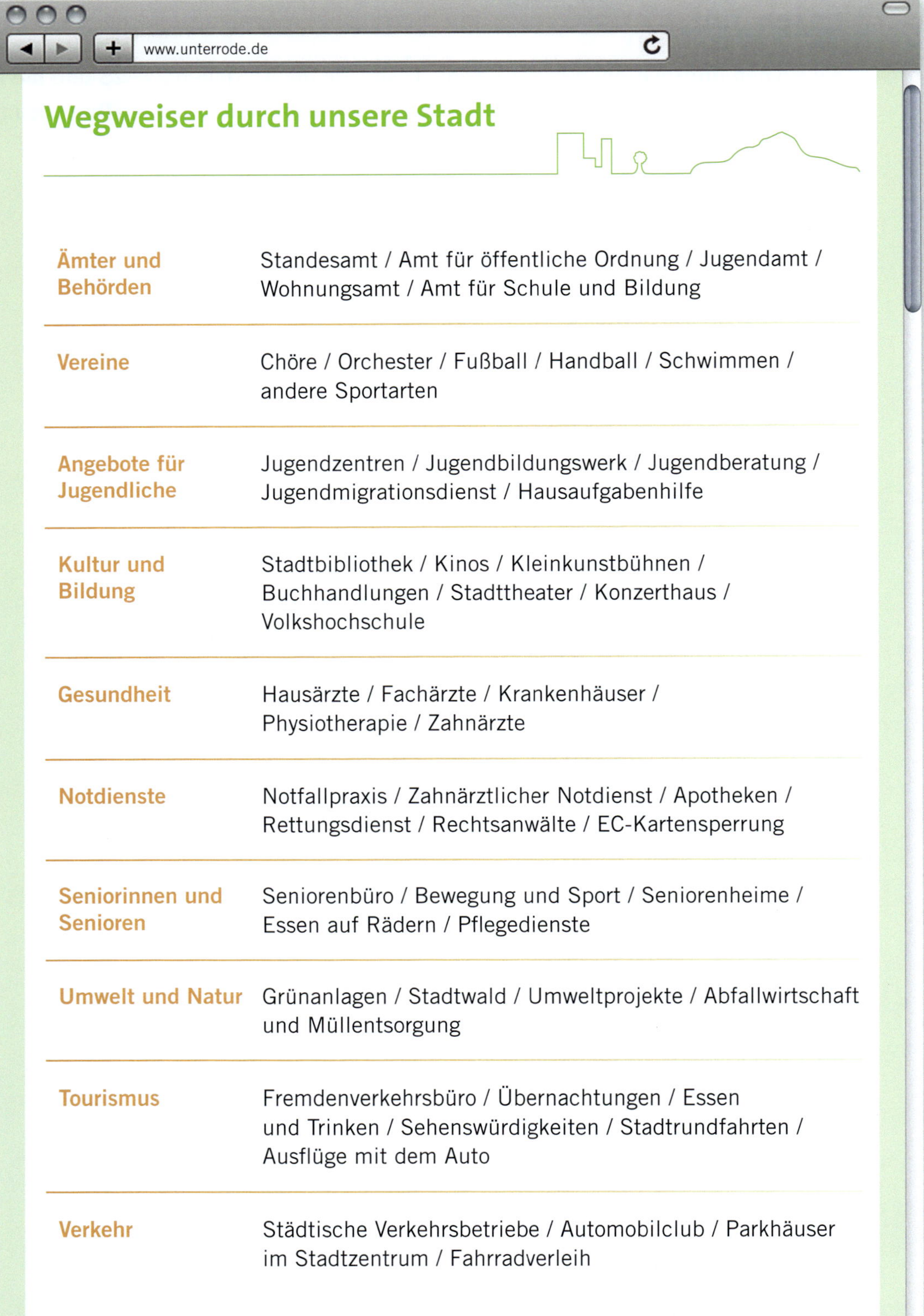

www.unterrode.de

Wegweiser durch unsere Stadt

Ämter und Behörden	Standesamt / Amt für öffentliche Ordnung / Jugendamt / Wohnungsamt / Amt für Schule und Bildung
Vereine	Chöre / Orchester / Fußball / Handball / Schwimmen / andere Sportarten
Angebote für Jugendliche	Jugendzentren / Jugendbildungswerk / Jugendberatung / Jugendmigrationsdienst / Hausaufgabenhilfe
Kultur und Bildung	Stadtbibliothek / Kinos / Kleinkunstbühnen / Buchhandlungen / Stadttheater / Konzerthaus / Volkshochschule
Gesundheit	Hausärzte / Fachärzte / Krankenhäuser / Physiotherapie / Zahnärzte
Notdienste	Notfallpraxis / Zahnärztlicher Notdienst / Apotheken / Rettungsdienst / Rechtsanwälte / EC-Kartensperrung
Seniorinnen und Senioren	Seniorenbüro / Bewegung und Sport / Seniorenheime / Essen auf Rädern / Pflegedienste
Umwelt und Natur	Grünanlagen / Stadtwald / Umweltprojekte / Abfallwirtschaft und Müllentsorgung
Tourismus	Fremdenverkehrsbüro / Übernachtungen / Essen und Trinken / Sehenswürdigkeiten / Stadtrundfahrten / Ausflüge mit dem Auto
Verkehr	Städtische Verkehrsbetriebe / Automobilclub / Parkhäuser im Stadtzentrum / Fahrradverleih

Lesen Teil 2

Lesen Sie die Situationen 26–30 und die Anzeigen a–h. Finden Sie für jede Situation die passende Anzeige. Markieren Sie Ihre Lösungen für die Aufgaben 26–30 auf dem Antwortbogen auf Seite 187. Für eine Situation gibt es keine passende Anzeige. Markieren Sie in diesem Fall ein X.

26 Sie suchen einen Gebrauchtwagen.

27 Sie wollen sich selbstständig machen und brauchen Informationen.

28 Sie wollen Spanisch lernen.

29 Sie wollen Ihre alte Waschmaschine verkaufen.

30 Sie haben eine Ausbildung als Kfz-Mechatronikerin und suchen Arbeit.

a

Biete Unterricht
in Spanisch, ab Niveau A1 bis C1
Einzelunterricht oder Kleingruppen, Preis auf Anfrage
www.stadtsprache.de
Tel.: (030) 8971 2413

b

Elektrowerkstatt Karas
Wir reparieren Elektrogeräte aller Art
24-Stunden-Service
für Waschmaschinen
0177/781 8549

c

Autowerkstatt im Grün
- Wartung und Reparatur aller Fabrikate
- Hauptuntersuchung und AU
- Reifen-/Räderservice
- weitere Leistungen auf Anfrage

Wir bilden auch KfZ-Mechatroniker (m/w) aus

d

Ich muss beruflich für einige Monate nach Chile und suche **spanische(n) Muttersprachler(in)**, um mein Spanisch zu üben. Wer hat Lust und Zeit, mit mir 2–3 Stunden pro Woche Spanisch zu sprechen? • spanischtandem@hotmail.de

e

Autohaus Ernest
An- und Verkauf von Autos, alle Marken
Gebrauchtwagen in Top-Zustand
www.autoernest.de

f

Sprachschule Günter
sucht Lehrer auf Honorarbasis
- **Sprachen:** Italienisch, Französisch, Spanisch
- **Arbeitszeit:** nachmittags und abends
- **Kontakt:** Ida.Günter@sprachschulegünter.de

g

Servicebüro Horst • Existenzgründerseminar ab 18.10., 7–12 Teilnehmer, Dauer: 6 Abende, 3 Stunden pro Abend, zweimal wöchentlich, Rufen Sie uns an: 03443 336 7732

h

F&K Autotechnik
Seit 20 Jahren Partner für Service und Wartung von Kraftfahrzeugen.
Zur Verstärkung unseres Teams suchen wir zum 01. Juli noch einen
Kfz-Mechatroniker (m/w)
info@fk-autotechnik.de

Lesen Teil 3

Lesen Sie die drei Texte. Zu jedem Text gibt es zwei Aufgaben. Entscheiden Sie bei jedem Text, ob die Aussage richtig oder falsch ist und welche Antwort (a, b oder c) am besten passt. Markieren Sie Ihre Lösungen für die Aufgaben 31–36 auf dem Antwortbogen auf Seite 187.

Anna Braun
Ketelhofstraße 7
07743 Jena

Sehr geehrte Frau Braun,

wir bestätigen Ihre Kündigung der oben genannten Wohnung. Ihr Mietverhältnis endet am 31. 03. 2017. Der Kündigungszeitpunkt entspricht der in Ihrem Mietvertrag vorgesehenen Frist.
Die Wohnung muss bis spätestens zu diesem Datum in renoviertem Zustand an die Baugenossenschaft übergeben werden.

Für den weiteren Ablauf ist es dringend erforderlich, Ihre Wohnung noch vor der Übergabe zu besichtigen. Bitte vereinbaren Sie innerhalb der nächsten sieben Tage einen Termin mit Ihrem zuständigen Hausmeister Herrn Risch, Telefonnummer 03641-23567-28. Den Hausmeister erreichen Sie am besten Montag – Donnerstag zwischen 7.00 und 10.00 Uhr sowie donnerstags von 14.30–17.30 Uhr.

Mit freundlichen Grüßen
Armin Berger

Baugenossenschaft Familienwohnungen eG

31 Frau Braun will bei der Baugenossenschaft eine Wohnung mieten.
richtig/falsch?

32 Die Baugenossenschaft möchte, dass Frau Braun
- **a** die Wohnung besichtigt.
- **b** mit dem Hausmeister einen Termin ausmacht.
- **c** den Mietvertrag zurückgibt.

Schwimmverein Lilienthal e.V.

Liebe Vereinsmitglieder,

unser Sportfest findet in diesem Jahr vom 22.–23.7. statt, wie immer im Schwimmbad an der Laufener Straße. Wie in jedem Jahr haben wir wieder ein buntes Programm mit den Vereinsmeisterschaften und einer großen Party im Festzelt auf der großen Wiese des Schwimmbads am Samstagabend geplant. Das Ende des Sportfests wird am Sonntagnachmittag um ca. 16.00 Uhr sein. Das genaue Programm können Sie ab dem 10.7. im Internet lesen (www.lili-schwimmen.de)
Am Kiosk und an der Kasse im Schwimmbad in der Laufener Straße liegen Listen, in die sich alle eintragen können, die an den Vereinsmeisterschaften teilnehmen möchten.
Außerdem suchen wir Helfer für die Vorbereitung und Organisation des Festes, für den Kaffee- und Kuchenverkauf während der Wettkämpfe und um nach dem Fest aufzuräumen. Wer Interesse hat zu helfen, kann mich unter 04298 34 156 anrufen.

Ariana Klimaschefski

Vereinsvorsitzende

33 Das Sportfest findet am Wochenende statt.
richtig/falsch?

34 Wenn man bei dem Sportfest helfen möchte, kann man
- **a** die Vereinsvorsitzende anrufen.
- **b** sich in eine Liste eintragen.
- **c** sich vorher im Internet informieren.

Unterrode sucht Männer als Kita-Erzieher

Die Stadt Unterrode will, dass in den Kitas der Stadt mehr Männer arbeiten. Um Männer für den Erzieherberuf zu gewinnen, plant die Stadt einen Aktionstag „Männer in Kitas“. Dies teilte die Pressestelle des Rathauses gestern mit. Aktuell sind nur noch drei der insgesamt 62 Mitarbeiter in den städtischen Kitas männlich. Das ist sogar weniger als vor zehn Jahren. Damals hatten die Kitas noch neun Prozent männliche Mitarbeiter. Wie Erziehungswissenschaftler Edmund Reiber erklärt, „ist es für die Entwicklung der Kinder wichtig, dass sie nicht nur von Frauen betreut werden. Dies gilt besonders für Kinder, die nach der Trennung der Eltern ohne Vater aufwachsen“. Auch eine Umfrage unter den Eltern hat ergeben, dass viele Mütter und Väter mehr männliches Personal begrüßen würden.

35 In den Kindertagesstätten in Unterrode gibt es zu wenig Personal für die Betreuung der Kinder.
richtig/falsch?

36 In Unterrode
- **a** haben in den Kitas früher weniger Männer als heute gearbeitet.
- **b** wünschen sich auch die Eltern mehr Männer als Erzieher.
- **c** sollen die Väter der Kinder die Kitas unterstützen.

Lesen Teil 4

Lesen Sie die Informationen und lösen Sie die Aufgaben 37–39. Markieren Sie Ihre Lösungen für die Aufgaben 37–39 auf dem Antwortbogen auf Seite 187.

Gesünder leben zahlt sich aus

Werden Sie jetzt aktiv: Gehen Sie zu den empfohlenen Vorsorgeuntersuchungen, nehmen Sie an sportlichen Aktivitäten oder an den Gesundheitsangeboten der KK VITAL teil. So sammeln Sie Punkte, die Sie gegen attraktive Sachprämien eintauschen können: z. B. Bücher, Rucksäcke, Sport- und Freizeitartikel und viele weitere Produkte. Wenn Sie wollen, zahlen wir Ihnen den Gegenwert Ihrer Punkte direkt auf Ihr Girokonto ein. Schon mit 800 Punkten können Sie sich Ihre erste Prämie aussuchen.

Und so funktioniert es: Laden Sie einfach unter www.kk-vital.de/bonusprogramm das Formular „Bonusprogramm" runter und schicken Sie uns die ausgefüllte Anmeldung per Post zu. Sie erhalten dann von uns das ProVital–Teilnahmeheft und eine Übersicht, wie viele Punkte Sie benötigen, um eine bestimmte Prämie zu erhalten, per Post. Lassen Sie sich von Ihrem Arzt oder Trainer das, was Sie für Ihre Gesundheit getan haben, in Ihrem Teilnahmeheft bestätigen. Wenn Sie genug Punkte gesammelt haben, schicken Sie Ihr Teilnahmeheft zurück. Geben Sie auch die Prämie an, die Sie für Ihre gesammelten Punkte erhalten möchten. Wir schicken sie Ihnen dann per Post zu.

Teilnehmen können alle Versicherten der KK VITAL, Kinder ebenso wie Erwachsene!

Hier ein paar Beispiele, wie Sie Punkte sammeln können:

1 Schutzimpfung:	100 Punkte
Aktive Mitgliedschaft im Sportverein:	200 Punkte
Vorsorgeuntersuchung:	200 Punkte
Teilnahme an einem Gesundheitskurs:	100 Punkte

37 An dem Programm können nur Personen teilnehmen, die bei der KK VITAL versichert sind.
richtig/falsch?

38 Man kann sich für das Programm im Internet anmelden.
richtig/falsch?

39 Wenn man genug Punkte gesammelt hat, kann man auch Geld bekommen.
richtig/falsch?

Lesen Teil 5

Lesen Sie den Text und schließen Sie die Lücken 40–45. Welche Lösung (a, b oder c) passt am besten? Markieren Sie Ihre Lösungen für die Aufgaben 40–45 auf dem Antwortbogen auf Seite 187.

Samuel Mormann
Augustastraße 18
08056 Zwickau

Handy-Fritz
Platz der Nationen 27
10823 Berlin

Zwickau, 29.6. …

Sehr ...0... Damen und Herren,

vor zwei Wochen habe ich in ...40... Online-Shop ein Smartphone bestellt. Leider ...41... ich es bis heute nicht erhalten. Ich bitte Sie, mir das Smartphone ...42... von zwei Wochen zu ...43... . ...44... ich es bis Samstag, den 15.7. nicht habe, habe ich ...45... Interesse mehr daran.

Mit freundlichen Grüßen
Samuel Mormann

Beispiel

0 a ihrem
b liebe
c geehrte

a b c (Lösung: c)

40 a ihrem
b Ihrem
c deinem

41 a ist
b hat
c habe

42 a in
b innerhalb
c nach

43 a schicken
b bringen
c geben

44 a Bevor
b Als
c Wenn

45 a kein
b keine
c nicht

Schreiben

Wählen Sie Aufgabe A oder Aufgabe B. Zeigen Sie, was Sie können. Schreiben Sie möglichst viel. Schreiben Sie Ihren Text auf den Antwortbogen auf Seite 188.

Aufgabe A

Ein Kollege / Eine Kollegin hat Sie für Samstagabend ab 20.00 Uhr zu seiner/ihrer Geburtstagsparty eingeladen. Sie haben keine Zeit. Schreiben Sie Ihrem Kollegen / Ihrer Kollegin eine kurze Mitteilung.
Schreiben Sie auch eine Anrede, einen Gruß und zu jedem Punkt ein bis zwei Sätze.
Schreiben Sie etwas zu folgenden Punkten:

- Dank für die Einladung
- Absage
- Grund für die Absage
- Vorschlag für ein anderes Treffen

oder

Aufgabe B

Sie haben in einem Internetshop einen Computer gekauft. Der Computer funktioniert aber nicht. Sie schicken den Computer zurück. Schreiben Sie dazu eine Mitteilung.
Schreiben Sie auch eine Anrede, einen Gruß und zu jedem Punkt ein bis zwei Sätze.
Schreiben Sie etwas zu folgenden Punkten:

- Grund für Ihr Schreiben
- Was funktioniert nicht an dem Computer?
- Wann haben Sie den Fehler entdeckt?
- Bitte um einen neuen Computer

Sprechen Teil 1

Teilnehmer/in A und B

Teil 1: Über sich sprechen

Name?

Geburtsort?

Wohnort?

Arbeit/Beruf?

Familie?

Sprachen?

Das sagt der Prüfer oder die Prüferin:

- Würden Sie sich bitte vorstellen?
- Erzählen Sie bitte etwas über sich.

Sprechen Teil 2

Teilnehmer/in A

Teil 2: Über Erfahrungen sprechen

Das sagt der Prüfer oder die Prüferin:

Teil 2a

Sie haben in einer Zeitschrift ein Foto gefunden. Berichten Sie kurz.

- Was sehen Sie auf dem Foto?
- Was für eine Situation zeigt das Bild?

Teil 2b

Erzählen Sie bitte: Welche Erfahrungen haben Sie damit?

Teilnehmer/in B

Teil 2: Über Erfahrungen sprechen

Das sagt der Prüfer oder die Prüferin:

Teil 2a

Sie haben in einer Zeitschrift ein Foto gefunden. Berichten Sie kurz.

- Was sehen Sie auf dem Foto?
- Was für eine Situation zeigt das Bild?

Teil 2b

Erzählen Sie bitte: Welche Erfahrungen haben Sie damit?

Sprechen Teil 3

Teilnehmer/in A und B

Gemeinsam etwas planen

Sie möchten mit Ihrem Gesprächspartner/Ihrer Gesprächspartnerin eine Wochenendreise machen. Planen Sie gemeinsam die Reise. Hier sind einige Notizen:

- *Wohin wollen Sie fahren?*
- *Wie teuer darf die Reise sein?*
- *Welches Verkehrsmittel wollen Sie benutzen?*
- *Was wollen Sie machen?*
- *Wo wollen Sie übernachten?*
- ...

Schriftliche Prüfung

Antwortbogen Hören

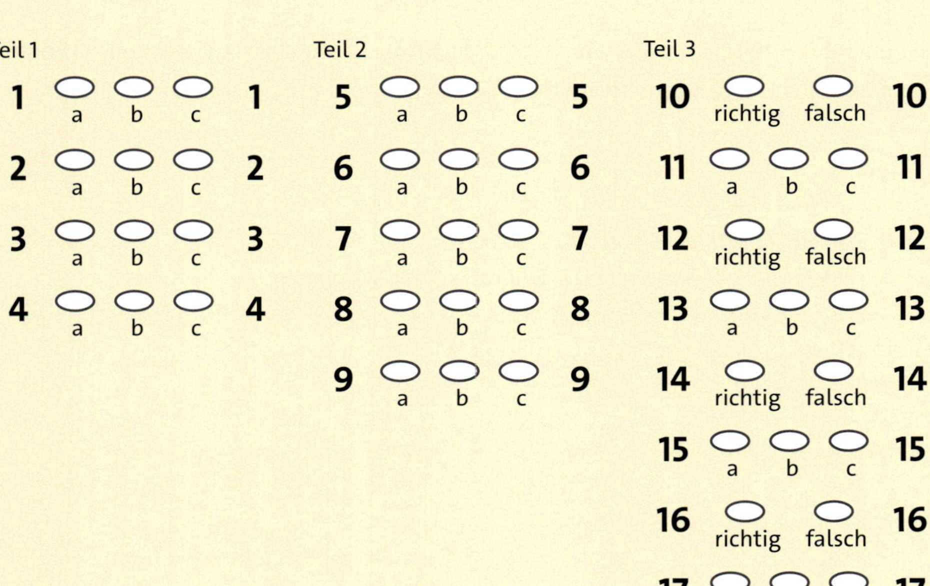

Teil 1

1	a	b	c	1
2	a	b	c	2
3	a	b	c	3
4	a	b	c	4

Teil 2

5	a	b	c	5
6	a	b	c	6
7	a	b	c	7
8	a	b	c	8
9	a	b	c	9

Teil 3

10	richtig		falsch	10
11	a	b	c	11
12	richtig		falsch	12
13	a	b	c	13
14	richtig		falsch	14
15	a	b	c	15
16	richtig		falsch	16
17	a	b	c	17

Teil 4

18	a	b	c	d	e	f	18
19	a	b	c	d	e	f	19
20	a	b	c	d	e	f	20

Schriftliche Prüfung

Antwortbogen Lesen

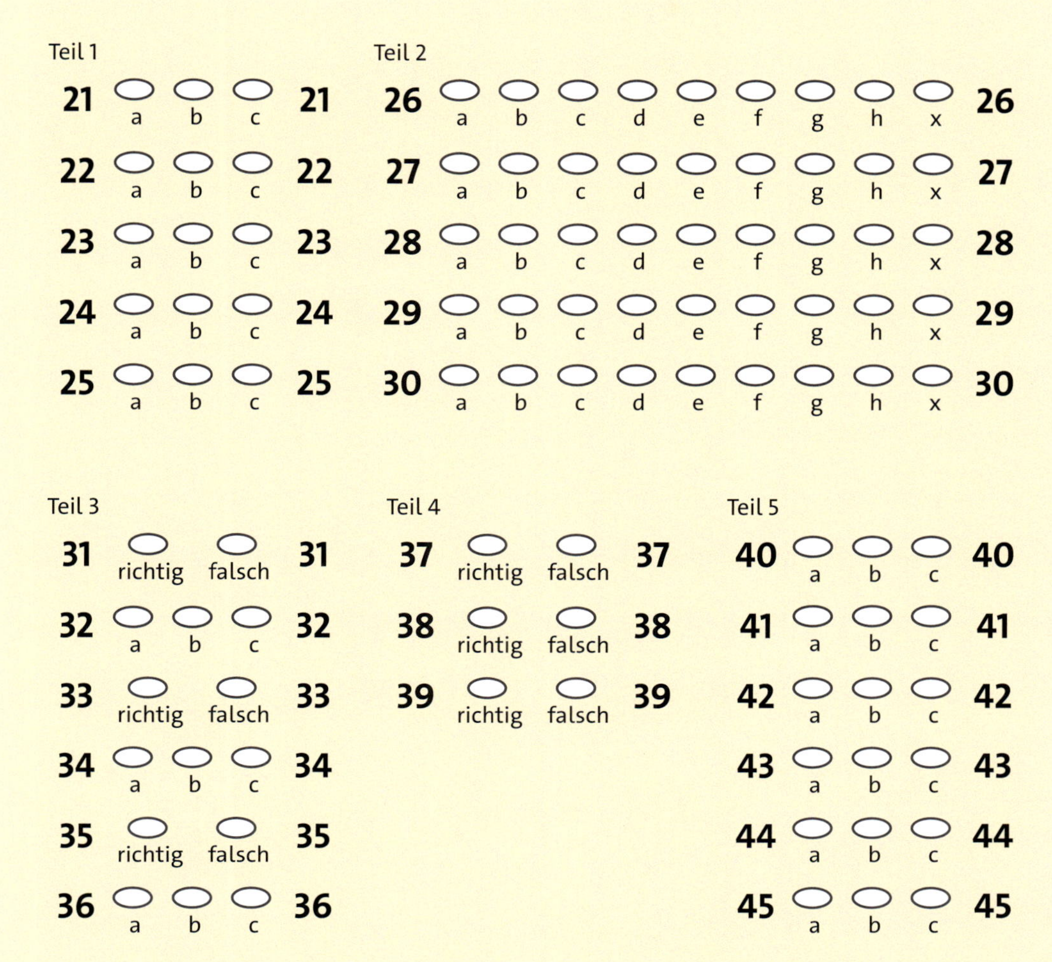

Teil 1

21	a	b	c	21
22	a	b	c	22
23	a	b	c	23
24	a	b	c	24
25	a	b	c	25

Teil 2

26	a	b	c	d	e	f	g	h	x	26
27	a	b	c	d	e	f	g	h	x	27
28	a	b	c	d	e	f	g	h	x	28
29	a	b	c	d	e	f	g	h	x	29
30	a	b	c	d	e	f	g	h	x	30

Teil 3

31	richtig	falsch		31
32	a	b	c	32
33	richtig	falsch		33
34	a	b	c	34
35	richtig	falsch		35
36	a	b	c	36

Teil 4

37	richtig	falsch	37
38	richtig	falsch	38
39	richtig	falsch	39

Teil 5

40	a	b	c	40
41	a	b	c	41
42	a	b	c	42
43	a	b	c	43
44	a	b	c	44
45	a	b	c	45

Schreiben

Partnerseiten

Seite 24 – ein Interview zum Thema Umschulung und Fortbildung **2**

2b Machen Sie ein Partnerinterview und notieren Sie Stichpunkte. Berichten Sie dann im Kurs.

1 Haben Sie schon mal eine Fortbildung oder eine Umschulung gemacht?
– Welche? ....
– Wie lange hat die Fortbildung/Umschulung gedauert? ....
– Waren Sie mit der Fortbildung/Umschulung zufrieden (Kursleiter, Material, Räume)? Warum (nicht)? ....

2 Möchten Sie gern eine Fortbildung oder Umschulung machen?
– Welche? ....
– Warum (nicht)? ....

3 Haben Sie schon E-Learning-Angebote genutzt?
– Wenn ja: Welche? ....
– Wenn ja: Welche Erfahrungen haben Sie damit gemacht?
....
– Wenn nicht: Können Sie sich vorstellen, E-Learning-Angebote zu nutzen? Warum (nicht)? ....

Seite 66 – *bevor, während, nachdem* **5**

2a *Bevor, während, nachdem*. Lesen Sie Susannes Tagesablauf und beantworten Sie die Fragen Ihres Partners / Ihrer Partnerin.

Susannes Samstag

9:00 Sie nimmt ein Bad.	**9:30** Sie frühstückt. Sie liest Zeitung.	**10:30** Sie spielt Klavier.	**11:30** Sie joggt. Sie hört Musik.
12:30 Sie isst mit ihrem Freund Mittag.	**14:00** Sie macht mit Rafael einen Spaziergang.	**16:30** Sie bucht mit ihrem Freund einen Urlaub.	**18:00** Sie lernt für ihre Abschlussprüfung.

Bevor sie frühstückt, nimmt sie ein Bad.

Nachdem sie mit Rafael einen Spaziergang gemacht hat, ...

Partnerseiten

2 b Fragen Sie Ihren Partner / Ihre Partnerin und ergänzen Sie Rafaels Tagesablauf.

Rafaels Samstag

9:00 (bevor)	9:30 (während)	10:30 (nachdem)	11:30 (während)
Er ………………… …………………	Er frühstückt. Er …………………	Er ………………… …………………	Er fährt zu Susanne. Er …………………
12:30	**14:00 (nachdem)**	**16:30 (bevor)**	**18:00**
Er isst mit seiner Freundin Mittag.	Er ………………… …………………	Er ………………… …………………	Er fährt nach Hause.

Was macht Rafael bevor er frühstückt?

Was macht Rafael während er…?

6 Seite 75 – Rollenspiel: Im Geschäft

3 b Schreiben und spielen Sie einen Dialog.

Rollenspiel
Partner A

Ihre Schwester hat Ihnen zum Geburtstag einen Pullover geschenkt. Er gefällt Ihnen nicht und außerdem passt er Ihnen nicht. Sie gehen mit dem Kassenzettel zur Boutique „Für sie und ihn", wo Ihre Schwester den Pullover gekauft hat. Sie möchten eigentlich das Geld zurückbekommen und in einem anderen Geschäft etwas anderes kaufen. Wenn das nicht geht, sind Sie bereit, etwas anderes zu kaufen. Sie suchen z. B. einen Wollschal.

Rollenspiel
Partner B

Sie arbeiten in der Boutique „Für sie und ihn". Wenn Kunden/-innen etwas zurückbringen, dürfen sie ihnen nicht das Geld zurückgeben. Der Kunde / die Kundin kann aber die Ware umtauschen oder etwas anderes zum gleichen Preis oder zu einem höheren Preis kaufen. Er/Sie muss allerdings den Kassenzettel zeigen. Sie möchten, dass die Kunden/innen die Boutique zufrieden verlassen. Wenn der Kunde / die Kundin nichts findet, das ihm/ihr gefällt, bieten Sie einen Gutschein an.

Seite 90 – Rollenspiel: Urlaubsplanung 7

3 **Diskutieren Sie mit Ihrem Partner / Ihrer Partnerin über ein Urlaubsziel.**

Partner/in A

Sie haben gerade eine Prüfung bestanden, die sehr anstrengend war. Sie haben wochenlang gelernt und brauchen jetzt Erholung. Sie möchten sich im Urlaub ausruhen, deshalb wäre ein Strandurlaub mit Vollpension für Sie am besten. Einigen Sie sich mit Ihrem/Ihrer Partner/in auf ein Urlaubsziel.

einen Vorschlag machen	zustimmen	ablehnen
Was hältst du davon, … zu …?	Das finde ich gut.	Ich würde lieber …
Wäre es nicht besser, wenn wir …?	Tolle Idee!	Ich habe keine Lust, … zu …
Ich finde, wir sollten …	Das können wir machen.	Das ist mir zu stressig/…
Wie findest du die Idee, … zu …?	Warum nicht.	

Seite 105 – Rollenspiel: Bei der Bank 8

3c **Schreiben und spielen Sie einen Dialog.**

Partner/in A (Bankkunde/-kundin)

Sie möchten ein Auto für 15.000 € kaufen. Sie haben nur 5.000 € und brauchen einen Kredit in Höhe von 10.000 €. Sie möchten den Kredit in drei Jahren abbezahlen. Sie sind fest angestellt und haben keine Schulden.

sich über einen Kredit informieren
Ich möchte einen Kredit in Höhe von … aufnehmen.
Was für Konditionen können Sie mir anbieten?
Wie hoch sind die Zinsen / monatlichen Raten?
Ich möchte den Kredit in … Monaten abbezahlen.
Wie schnell kann ich das Geld bekommen?

Seite 121 – Rollenspiel: Urlaubszeiten planen

3 **Schreiben Sie einen Dialog und spielen Sie im Kurs.**

Partner/in B

Sie sind am 13. August in Südspanien zu einer Hochzeit eingeladen. Weil das eine weite Reise ist, möchten Sie vom 6. bis 20. August Urlaub nehmen. Sie und Ihr Kollege / Ihre Kollegin dürfen nicht gleichzeitig frei nehmen.

Urlaubszeiten planen
Ich möchte gerne… / Ich würde gern …
Kannst du nicht…? / Du könntest …
Ich schlage vor, dass …
Damit bin ich (nicht) einverstanden.
Das ist (k)ein guter Kompromiss.

Partnerseiten

9 **Seite 116 – Wechselspiel: Komparativ und Superlativ**

3 **Partner/in B. Beantworten Sie die Fragen Ihres Partners / Ihrer Partnerin (1-3). Stellen Sie Ihrem Partner / Ihrer Partnerin die Fragen 4-6 und kreuzen Sie an.**

1 Was isst Andrea am liebsten?
- 🙂 Pizza
- 😐 Spaghetti
- ☹ Kartoffeln

2 Wo ist es am kältesten?
München: -2 °C
Nürnberg: 0 °C
Frankfurt: 3 °C

3 Welcher Berg ist am höchsten?
Zugspitze: 2963 m
Feldberg: 1493 m
Fichtelberg: 1214 m

4 Wer spielt am besten Fußball?
- ☐ Claudia
- ☐ Martin
- ☐ Sabine

5 Wo ist es am wärmsten?
- ☐ Hannover
- ☐ Berlin
- ☐ Hamburg

6 Welche Unterkunft kostet am meisten?
- ☐ das Hotel
- ☐ das Ferienhaus
- ☐ die Pension

Andrea isst nicht gerne Kartoffeln. Lieber isst sie Spaghetti und am liebsten Pizza.

Wer spielt am besten Fußball? Claudia, Martin oder Sabine?

Seite 90, 95 – Autofahren in Ihrem Heimatland

3 **Machen Sie ein Partnerinterview. Machen Sie Notizen und berichten Sie im Kurs.**

1 **Autos**
Haben viele Haushalte ein Auto?
Fährt man eher große oder kleine, alte oder neue Autos?

2 **Führerschein**
Wie bekommt man einen Führerschein (Fahrschule, Prüfung?)?
Kann man den Führerschein verlieren?
Ab wann / bis wann darf man Autofahren?

3 **Straßen und Infrastruktur**
Gibt es ein gut ausgebautes Straßennetz und ist dieses in einem guten Zustand?
Muss man für die Benutzung von Straßen etwas bezahlen (Maut)?

4 **Verkehr und Verkehrssicherheit**
Gibt es viel Verkehr und viele Staus?
Gibt es viele Unfälle? Warum (nicht)?
Darf man beim Autofahren telefonieren?

5 **Steuern und Versicherung**
Muss man ein Auto anmelden und Steuern dafür zahlen?
Gibt es eine Haftpflichtversicherung / Kfz-Versicherung?
Muss das Auto regelmäßig geprüft werden (TÜV)?

6 **Kosten**
Ist Benzin oder Diesel teuer?
Sind die Kosten für ein Auto hoch? (z. B. Kauf, Steuern, Versicherung, Reparatur)

Seite 90 – Rollenspiel: Urlaubsplanung 7

3 Diskutieren Sie mit Ihrem Partner / Ihrer Partnerin über ein Urlaubsziel.

Partner/in B

Sie arbeiten in einem Supermarkt an der Kasse. Sie machen fast jeden Tag dasselbe und sitzen sehr viel. Im Urlaub brauchen Sie Bewegung. Sie würden gerne einen Wanderurlaub in den Bergen, eine Fahrradtour oder etwas Ähnliches machen. Einigen Sie sich mit Ihrem/Ihrer Partner/in auf ein Urlaubsziel.

einen Vorschlag machen	zustimmen	ablehnen
Was hältst du davon, … zu …?	Das finde ich gut.	Ich würde lieber …
Wäre es nicht besser, wenn wir …?	Tolle Idee!	Ich habe keine Lust, … zu …
Ich finde, wir sollten …	Das können wir machen.	Das ist mir zu langweilig/teuer/…
Wie findest du die Idee, … zu …?	Warum nicht.	Ich würde lieber …

Seite 105 Rollenspiel: Bei der Bank 8

3c Schreiben und spielen Sie einen Dialog.

Partner/in B (Bankmitarbeiter/in)

Sie arbeiten bei einer Bank. Sie bieten Kredite bis 50.000 Euro zu einem Zinssatz von 1,99 % bis 2,59 % an. Laufzeiten: 12 bis 72 Monate.

- Ihr Angebot: 10.000 Euro Kredit, Laufzeit 36 Monate, 288,45 € monatliche Ratenzahlung, 2,49 % Zinssatz
- Notwendige Unterlagen: Ausweis, Einkommensnachweis, SCHUFA-Auskunft
- Liegen alle Unterlagen vor, können Sie den Kredit innerhalb von 5 Tagen auszahlen.

über einen Kredit informieren
Wir haben günstige Ratenkredite / Konditionen.
Der Zinssatz beträgt zur Zeit zwischen … und … je nach Laufzeit.
Wie viel Geld möchten Sie leihen? / Wie hoch soll der Kredit sein?
An was für eine Laufzeit haben Sie gedacht?
Bei einer Laufzeit von … Monaten müssten Sie monatlich Raten in Höhe von … bezahlen.
Wir prüfen Ihre Unterlagen sehr schnell.
Haben Sie Ihren Ausweis / Ihre Einkommensbelege / die Schufa-Auskunft mitgebracht?

Seite 160 Reglementierte Berufe 

1c Alle aufgelisteten Berufe sind in Deutschland reglementiert.

Partnerseiten

11 **Seite 143 – Leserbrief**

3 c **Wählen Sie eine der beiden Rollenkarten aus und schreiben einen Leserbrief zur entsprechenden Meldung in 2a (Seite 142).**

Situation 1

Sie arbeiten im Industriegebiet Nord. Durch die Fahrplanänderung Anfang des Monats müssen Sie jetzt mit dem Bus um 7.00 Uhr fahren, um pünktlich bei der Arbeit zu sein. Sie sind bis jetzt immer mit dem Bus um 7.20 Uhr gefahren, aber der fährt jetzt nicht mehr.

Situation 2

Sie haben viel Interesse an Kultur, aber Sie sind auch der Meinung, dass es in der Stadt mehr kostenlose Freizeitangebote für Familien mit Kindern (z. B. Spiel- und Sportplätze) und Senioren geben sollte.

Seite 145 – Projekt: Bürgermeisterwahl

5 b **Erarbeiten Sie gemeinsam eine Rede für Ihren Kandidaten / Ihre Kandidatin.**

eine Rede halten

Liebe Wählerinnen und Wähler, … / Liebe Mitbürgerinnen und Mitbürger, …
Aus meiner langjährigen Erfahrung als Gemeinderatsmitglied kenne ich die Probleme unserer Stadt sehr gut.
Vor allen für Familien/Senioren/die Verkehrssicherheit/den Umweltschutz/die Bildung … muss mehr getan werden.
Wir müssen dringend mehr Geld in den Bereich … investieren.
Ich werde mich dafür engagieren, dass …
Sparen muss/kann die Gemeinde im Bereich … /
Das Geld für die Investitionen können wir durch … einnehmen.
Ich bin … von Beruf und kenne mich sehr gut mit/im Bereich … aus.
Gehen Sie am … zur Bürgermeisterwahl. Machen Sie Ihr Kreuz an der richtigen Stelle und geben Sie mir Ihre Stimme.
Herzlichen Dank für Ihre Aufmerksamkeit!

5 c **Notieren Sie Fragen und diskutieren Sie mit den Kandidaten/-innen.**

Fragen an den Kandidaten / die Kandidatin

Welche Meinung haben Sie zu …?
Sind Sie der Meinung …?
Was wollen Sie für … tun?
Wie wollen Sie die Probleme lösen?

Antworten des Kandidaten / der Kandidatin

Das ist eine wirklich wichtige Frage.
Wenn ich Bürgermeister/in werde, werde ich …
Um dieses Problem zu lösen, möchte ich …
Mein Vorschlag dazu wäre …
Vielen Dank für diesen Vorschlag.

Ich finde Ihre Ideen/Ihre Lösungsvorschläge …
Ich kann Ihnen (nicht) zustimmen.
Ich habe da eine andere Meinung.
Sehr richtig! / Das ist doch falsch!

Haben Sie dazu weitere Fragen?
Was würden Sie sich für die Zukunft wünschen?
Was müsste aus Ihrer Sicht getan werden?
Haben Sie konkrete Wünsche, was sich verändern sollte?

Frauen – Männer – Familien

Clip 1

1 a **Sehen Sie Clip 1 ohne Ton an. Was glauben Sie? Was ist richtig? Kreuzen Sie an.**

1	Francesco und Friederike sind	☐ ein Paar.	☐ gute Freunde.	☐ Kollegen.
2	Friederike kommt	☐ aus dem Urlaub.	☐ von der Arbeit	☐ vom Sport.
3	Friederike ist	☐ wütend.	☐ gelangweilt.	☐ erschöpft.
4	Francesco	☐ macht sich Sorgen.	☐ ist enttäuscht.	☐ ärgert sich.

Clip 1

1 b **Sehen Sie Clip 1 mit Ton an. Waren Ihre Vermutungen richtig? Korrigieren Sie in 1 a.**

Clip 1

2 a **Sehen Sie Clip 1 noch einmal an. Was erzählt Friederike von ihrer Arbeit? Ergänzen Sie die Notizen und schreiben Sie einen kurzen Text.**

- *Arbeit anstrengend*
- ...

2 b **Was erfahren Sie über Francesco? Beantworten Sie die Fragen.**

1 Was macht er beruflich?

....

2 Wo arbeitet er?

....

3 Was ist ihm wichtig?

....

3 **Lesen Sie die Aussagen. Kreuzen Sie an: Richtig oder falsch?**

		R	F
1	Friederike ist zu müde. Sie will nicht essen gehen.	☐	☐
2	Francesco macht die Arbeit im Haushalt allein.	☐	☐
3	Friederike kennt viele Männer, die im Haushalt helfen.	☐	☐
4	Francesco arbeitet nie sonntags.	☐	☐

4 **Wie geht der Abend weiter? Sammeln Sie Ideen im Kurs.**

Video

2 Die digitale Welt

1 **Sehen Sie das Foto an. Was glauben Sie? Was sagen Friederike und Francesco? Schreiben Sie einen Satz in die Sprechblasen und vergleichen Sie im Kurs.**

Clip 2

2a **Sehen Sie Clip 2 an. Worüber sprechen Francesco und Friederike? Was sind die Themen? Kreuzen Sie an.**

1 ☐ mit Facebook-Freunden kommunizieren
2 ☐ Schuhe kaufen
3 ☐ Pakete mit der Post verschicken
4 ☐ im Internet shoppen
5 ☐ Pläne für das Wochenende

2b **Passen Ihre Sätze aus Aufgabe 1 zum Clip 2? Vergleichen Sie im Kurs.**

Clip 2

3 **Sehen Sie Clip 2 noch einmal an. Wer sagt was? Ordnen Sie die Aussagen zu.**

Online-Shoppen ist total bequem. • Ich verstehe nicht, wie man Schuhe im Internet bestellen kann. • Das Internet ist super. • Warum müsst ihr Frauen immer Schuhe kaufen? • Ich habe beim Online-Shoppen viel Geld gespart. • Am Sonntagabend kann man nur online shoppen. • Es macht mir einfach Spaß, online zu shoppen. • Wir haben wenig Zeit am Wochenende. • Im Internet kann man gut Preise vergleichen. • Man muss die Schuhe wieder zurückschicken, wenn sie einem nicht gefallen.

Friederike: ...

Francesco: ...

Clip 2

4 **Sehen Sie Clip 2 noch einmal an. Variieren Sie den Dialog. Francesco und Friederike streiten miteinander, Francesco ist verärgert. Spielen Sie den Dialog im Kurs vor.**

Francesco: Hast du schon wieder etwas bestellt?
Friederike: Naja. Ich habe nach Schuhen geguckt ...
Francesco: Nur geguckt? Ich verstehe nicht, warum du so oft Schuhe kaufst. Ich finde das nicht gut, ...
Friederike: ...

Der erste Eindruck

3

1 a **Was trägt Lea? Beschreiben Sie die Kleidung auf den Fotos.**

Auf Foto 1 trägt Lea sehr hohe Schuhe …

1 b **Was glauben Sie? Wofür sucht Lea passende Kleidung? Kreuzen Sie an.**

1 ☐ Sie trifft sich mit einem Freund.
2 ☐ Sie hat ein Bewerbungsgespräch.
3 ☐ Sie hat eine Prüfung.
4 ☐ Sie geht ins Theater.

Clip 3

2 **Sehen Sie Clip 3 an und beantworten Sie die Fragen.**

1 Welche Kleidung findet Friederike für Lea am besten?

……………………………………………………………………

2 Warum empfiehlt Friederike diese Kleidung?

……………………………………………………………………

Clip 3

3 **Lesen Sie die Aussagen und sehen Sie Clip 3 noch einmal an. Kreuzen Sie an: Richtig oder falsch?**

		R	F
1	Friederike mag ihre Personalchefin nicht, weil sie so ernst ist.	☐	☐
2	Lea sagt, dass sie gern ein bisschen Chaos hat und Pläne nicht mag.	☐	☐
3	Lea weiß, dass sie gut organisieren und mit Menschen umgehen kann.	☐	☐
4	Friederike schlägt vor, dass Lea Informationen über die Firma sammelt.	☐	☐

Clip 3

4 **Sehen Sie Clip 3 noch einmal an. Welche Tipps gibt Friederike? Machen Sie Notizen und vergleichen Sie dann im Kurs.**

Friederike sagt, dass Lea …

Lea soll …

Video

4 Damals, gestern, heute

1 a **Sehen Sie das Foto an. Was glauben Sie, was macht Lea? Wie fühlt sie sich? Sammeln Sie im Kurs.**

Ich glaube, Lea spricht mit Friederike über …

Nein, ich denke, Lea erzählt Friederike …

Clip 4

1 b **Sehen Sie Clip 4 an. Was passt? Verbinden Sie.**

1 Lea freut sich
2 Lea erzählt begeistert
3 Friederike weiß nicht genau,
4 Friederike ist unsicher,

A von der Firma.
B wie sie die Firma findet.
C über die Informationen, die sie gefunden hat.
D ob die Firma zu Lea passt.

Clip 4

2 a **Sehen Sie Clip 4 noch einmal an. Ordnen Sie die Informationen den Zeitangaben zu.**

ein weltweit führendes Unternehmen im Bereich der Bremstechnologie • in fast 30 Ländern weltweit aktiv • produziert an vier Standorten in Deutschland • von Georg Knorr in Berlin gegründet • Firma ging nach München • der größte Hersteller von Bremsen für Züge in Europa • etwa 90 Prozent aller deutschen Lkw hatten eine Knorr-Bremse

1905	*1920er Jahre*	*1939*	*nach dem 2. Weltkrieg*	*heute*

2 b **Schreiben Sie einen kurzen Text über die Firma „Knorr-Bremse".**

3 **Lea erzählt einer Freundin im Chat von ihrer Recherche. Schreiben Sie den Chat zu zweit.**

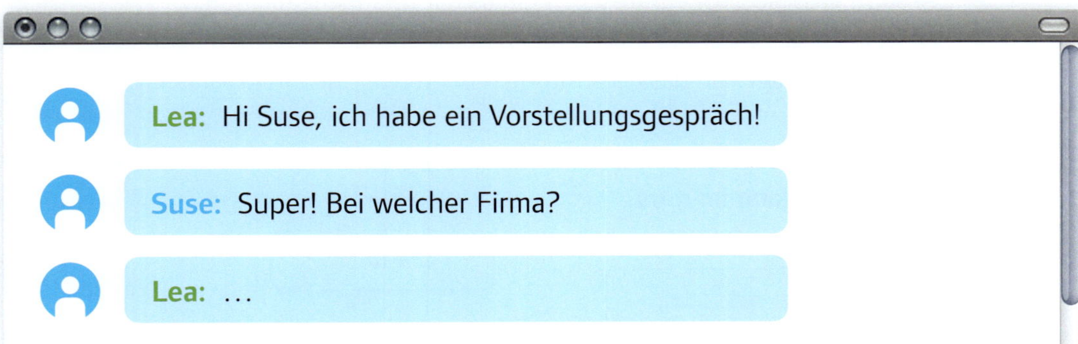

Aus der Arbeitswelt

Clip 5

1 Sehen Sie Clip 5 an. Was ist richtig? Kreuzen Sie an.

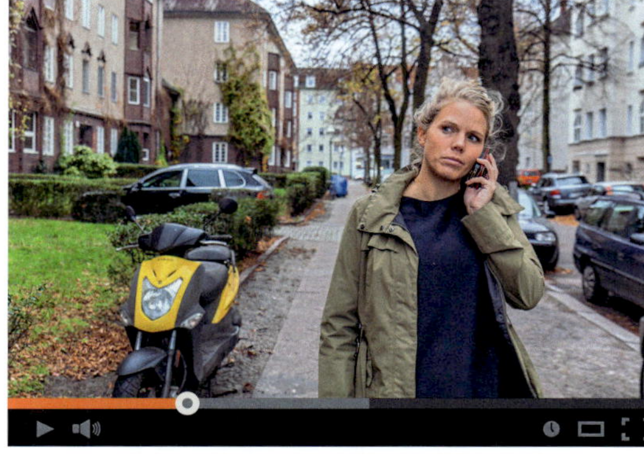

1 Mit wem telefoniert Friederike?
- ☐ Mit Francesco.
- ☐ Mit ihrer Personalchefin.
- ☐ Mit einer Freundin.

2 Wohin geht sie?
- ☐ Zur Arbeit.
- ☐ Nach Hause.
- ☐ Zu Francesco in die Kantine.

3 Wie fühlt sie sich?
- ☐ Ihr ist kalt.
- ☐ Sie ist nervös.
- ☐ Sie ist genervt.

Clip 6

2 Sehen Sie Clip 6 ohne Ton an. Was glauben Sie? Beantworten Sie die Fragen im Kurs.

1 Was macht Friederike beruflich?
2 Muss Friederike jetzt nicht mehr so oft am Sonntag arbeiten?

Clip 6

3 Sehen Sie Clip 6 mit Ton an. Wer sagt was? Ordnen Sie zu: Friederike (F), Fr. Amani (A).

1 ☐ Ich möchte mehr Zeit für meine Familie haben.
2 ☐ Ich habe in den letzten Monaten sehr viel sonntags gearbeitet.
3 ☐ Ich melde mich, nachdem ich mit dem Chef gesprochen habe.
4 ☐ Aber Sie haben doch dafür den Mittwoch frei.
5 ☐ Ich weiß nur gerade nicht, was wir da machen können.
6 ☐ In meinem Arbeitsvertrag steht, dass ich höchstens einmal im Monat ein Wochenende arbeiten muss.
7 ☐ Eventuell könnte ich Ihnen anbieten, dass wir die Sonntagsdienste besser bezahlen.
8 ☐ Wir brauchen mehr Personal.
9 ☐ Wie sieht der Dienstplan für den nächsten Monat aus?

Clip 6

4 Sehen Sie Clip 6 noch einmal an. Wie endet das Gespräch? Was will Frau Amani machen? Berichten Sie im Kurs.

6 Wünsche

Clip 7

1 **Sehen Sie Clip 7 ohne Ton an. Was glauben Sie: Worüber sprechen Francesco und Friederike? Kreuzen Sie an und vergleichen Sie im Kurs.**

1 ☐ Sie planen den nächsten Urlaub.
2 ☐ Sie bestellen Schuhe.
3 ☐ Sie suchen das aktuelle Kinoprogramm.
4 ☐ Sie suchen Möbel aus.
5 ☐ Sie schauen Stellenanzeigen an.
6 ☐ ……………………

Clip 7

2 **Sehen Sie Clip 7 mit Ton an und beantworten Sie die Fragen.**

1 Was möchte Francesco machen?
2 Wie findet Friederike Francescos Pläne?

Clip 7

3a **Sehen Sie Clip 7 noch einmal an. Welche Vorteile hat ein internetfähiger Fernseher? Was sagt Francesco? Kreuzen Sie an.**

☐ der Bildschirm ist flach • ☐ ein internetfähiger Fernseher bietet mehr Programme • ☐ ein internetfähiger Fernseher ist billiger als ein normaler Fernseher • ☐ der Fernseher ist schön groß und sieht cool aus • ☐ man kann Filme und Serien in Online-Videotheken sehen • ☐ ein internetfähiger Fernseher ist schneller als ein normaler Fernseher

3b **Haben Sie einen internetfähiger Fernseher oder würden Sie sich einen internetfähigen Fernseher kaufen? Vergleichen Sie im Kurs.**

Ich finde einen internetfähigen Fernseher sehr praktisch, ich würde mir gern einen kaufen

Ich sehe kein Fernsehen, ich brauche keinen internetfähigen Fernseher.

Clip 2+7

4 **Sehen Sie Clip 2 und Clip 7 noch einmal an. Welche Argumente für und gegen Online-Shopping nennen Friederike und Francesco? Notieren Sie Stichpunkte.**

Pro	Contra
…	…

5 **Francesco bestellt den teuren Fernseher. Das erzählt er seinem Kollegen Philipp am nächsten Tag. Machen Sie Notizen und spielen Sie den Dialog zu zweit.**

Clip 8

1 a **Sehen Sie Clip 8 ohne Ton an. Was glauben Sie? Kreuzen Sie an: Richtig oder falsch?**

		R	F
1	Phillips Besuch ist eine Überraschung.	☐	☐
2	Phillip zeigt Fotos von seinem kaputten Auto.	☐	☐
3	Philipp erzählt nur von seinem Unfall.	☐	☐
4	Francesco muss das Essen erst noch kochen.	☐	☐

1 b **Sehen Sie nun Clip 8 mit Ton an. Waren Ihre Vermutungen richtig?**

Clip 8

2 a **Sehen Sie Clip 8 noch einmal an. Was ist Philipp passiert? Korrigieren Sie die Stichwörter.**

> Parkplatz für Motorrad suchen • Auto aus Seitenstraße rausfahren • Fahrerin nicht gucken • jemand verletzt • Auto nicht kaputt • Auto drei Jahre alt • Versicherung: nicht bezahlen • mit Polizei telefonieren • Unfall abnehmen • keine Informationen an Versicherung schicken • Wagen von der Versicherung reparieren lassen • Schaden: ca. 1.000 Euro

2 b **Beschreiben Sie mit Ihren eigenen Worten, was Philipp passiert ist.**

Clip 8

3 a **Welche Schäden hat Philipps Auto? Ergänzen Sie und korrigieren Sie mit Hilfe des Videos (01:00–01:10).**

> Blinker • Kofferraum • Motor • Scheibe an der Beifahrerseite • Seitenspiegel • Scheinwerfer • Tür

Der ....[1] ist eingedrückt und der ....[2] und der ....[3] sind kaputt.

3 b **Was sagen Friederike und Francesco dazu? Ergänzen Sie.**

4 **Philipp ist nach Hause gegangen. Friederike und Francesco unterhalten sich über den Abend. Was sagen sie? Machen Sie Notizen und spielen Sie dann zu zweit.**

8 Ein neuer Start

1 **Beschreiben und vergleichen Sie die Fotos. Wo spielt die Szene? Was machen die beiden? Welchen Eindruck machen sie?**

Ich finde auf dem linken Foto sieht Francesco sehr ernst aus. Auf dem rechten Foto macht er aber einen ...

Clip 9

2 **Sehen Sie Clip 9 mit Ton an. Kreuzen Sie an: Richtig oder falsch?**

		R	F
1	Francesco freut sich, dass Philipp so verliebt ist.	☐	☐
2	Philipp will nicht, dass Friederike von seiner neuen Idee weiß.	☐	☐
3	Philipp möchte ein kleines Café eröffnen.	☐	☐
4	Philipp arbeitet schon etwa zehn Jahre in der Kantine.	☐	☐
5	Francesco findet es mutig, dass Philipp sich selbstständig macht.	☐	☐
6	Francesco sagt, dass Philipp nur vegetarisch kochen soll.	☐	☐

Clip 9

3 **Sehen Sie Clip 9 noch einmal an. Was hat Philipp schon alles gemacht? Sammeln Sie im Kurs.**

Philipp hat sich informiert.

Er hat ein ...

4 **Beantworten Sie die Fragen.**

1 Was bekommt Philipp nicht mehr, wenn er selbstständig ist?
2 Welche Ideen hat Philipp für das Essen in seinem Restaurant?
3 Warum will Philipp das Restaurant „JasPhi“ nennen?

5 **Wie geht es weiter? Francesco spricht mit seinem Vater über die neuen Pläne. Was erzählt er? Spielen Sie zu zweit.**

Clip 10

1 a **Sehen Sie Clip 10 ohne Ton an. Beschreiben Sie im Kurs, wie sich die Stimmung im Gespräch verändert.**

Zuerst ist Friederike …

Lea hat am Anfang …

1 b **Was ist Friederike heute bei der Arbeit passiert? Beschreiben Sie die Szene oder spielen Sie sie zu dritt.**

Clip 10

2 a **Sehen Sie Clip 10 nun mit Ton an. Über welche Themen sprechen Friederike und Lea? Kreuzen Sie an.**

A ☐ Philipps Restaurant
B ☐ Friederikes neue Tasche
C ☐ Leas Vorstellungsgespräch
D ☐ Leas Geburtstagsparty
E ☐ Dieselautos
F ☐ Umwelt- und Klimaschutz
G ☐ Philipps Unfall
H ☐ Friederikes Urlaub
I ☐ Friederikes Personalchefin

2 b **Wer sagt was? Ordnen Sie zu: Lea (L) oder Friederike (F)?**

☐ Alles gut?
☐ Ich bekomme nächste Woche Bescheid.
☐ Ich drücke weiter die Daumen.
☐ Ich kaufe Produkte aus der Region.
☐ Der Klimawandel ist ein riesengroßes Problem!
☐ Dieselautos sind superschlecht für die Umwelt.
☐ Du hast Philipp auf meinem letzten Geburtstag kennengelernt.
☐ Sag mal, warum regst du dich eigentlich so auf?
☐ Stress haben wir doch alle.
☐ Willst du noch einen fair gehandelten Kaffee?

Clip 10

3 **Sehen Sie Clip 10 noch einmal an. Was sagt Lea über Dieselautos? Ergänzen Sie.**

Dieselautos sind ……………… [1]. Sie sind superschlecht ……………… [2]. Sie stoßen ……………… [3] mehr Schadstoffe aus, als das ……………… [4] erlaubt. Das ist ……………… [5] und für ……………… [6] total schlimm.

4 **Warum denkt Lea, dass ihre Ökobilanz in Ordnung ist? Sammeln Sie im Kurs.**

10 Gesund werden und bleiben

Clip 11

1 a **Sehen Sie Clip 11 ohne Ton an. Was glauben Sie? Wer sagt was? Ordnen Sie zu: Francesco (+) oder Friederike (o)?**

- ☐ Aber zuhause ist er eben allein.
- ☐ Ein Pflegeroboter ist für solche Fälle gar keine schlechte Idee ist, oder?
- ☐ Er wollte auf keinen Fall länger im Krankenhaus bleiben.
- ☐ Dann braucht er dich ja wirklich.
- ☐ Ich habe gerade Feierabend.
- ☐ Ich war gerade bei einem neuen Patienten.
- ☐ Ich wollte nur fragen, ob ich auf dem Rückweg noch etwas einkaufen soll.
- ☐ Er hat keinen Kontakt zu seiner Familie.
- ☐ Wann kommst du nach Hause?
- ☐ War es anstrengend?

1 b **Friederike telefoniert nach dem Gespräch mit Francesco noch einmal. Mit wem? Und worüber reden sie? Sammeln Sie zu zweit Ideen und präsentieren Sie sie im Kurs.**

....

....

1 c **Sehen Sie Clip 11 mit Ton an. Vergleichen Sie mit Ihren Vermutungen aus 1a und 1b.**

2 **Was erzählt Friederike über ihren neuen Patienten? Verbinden Sie.**

1	Der neue Patient hatte	**A**	beide Arme und ein Bein gebrochen.
2	Dabei hat er sich	**B**	ist es noch zu früh.
3	Er war zuerst im Krankenhaus,	**C**	einen Unfall mit seinem Motorrad.
4	Für die Reha und die Krankengymnastik	**D**	aber nun ist er allein zuhause.

Clip 11

3 **Sehen Sie Clip 11 ab 01:30 noch einmal an. Was denken Sie: Was sagt Frau Amani? Schreiben Sie den Dialog zu zweit.**

Politik und Gesellschaft

1 **Sehen Sie das Foto an. Mit wem telefoniert Lea? Wie geht es ihr? Was erzählt sie? Sammeln Sie Ideen im Kurs.**

Ich glaube, Lea spricht mit ...

Clip 12

2 **Sehen Sie Clip 12 an. Was ist richtig? Kreuzen Sie an.**

1 Lea möchte mit … sprechen.
- A ☐ Francesco
- B ☐ Friederike
- C ☐ Philipp

2 Lea freut sich, weil …
- A ☐ sie gefeiert hat.
- B ☐ Friederike sie einlädt.
- C ☐ sie einen Ausbildungsplatz hat.

3 Francesco hat Neuigkeiten, die …
- A ☐ er aber nicht erzählt.
- B ☐ mit Politik zu tun haben.
- C ☐ schlechte Laune machen.

4 Francesco möchte mit Lea …
- A ☐ über Politik diskutieren.
- B ☐ Spaß machen.
- C ☐ schweigen.

5 Francesco lädt … zur Überraschungsparty ein.
- A ☐ nur Lea
- B ☐ Lea und Philipp
- C ☐ Lea, Jasmin und Philipp

Clip 12

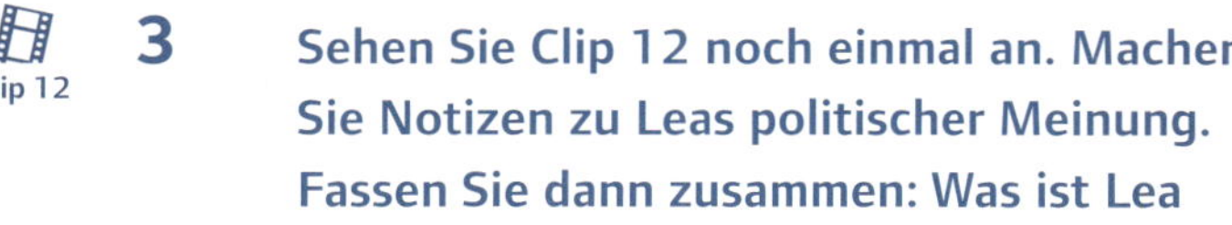

3 **Sehen Sie Clip 12 noch einmal an. Machen Sie Notizen zu Leas politischer Meinung. Fassen Sie dann zusammen: Was ist Lea wichtig?**

....

....

....

....

....

....

....

....

4 **Arbeiten Sie zu zweit. Was glauben Sie: Welche Neuigkeiten hat Francesco? Spielen Sie den Dialog dann zu zweit. Aber jetzt erzählt Francesco Lea das Geheimnis.**

12 Wie wird es sein?

1 **Was wissen Sie über die Personen? Notieren Sie zu jeder Person fünf Stichwörter. Vergleichen Sie dann im Kurs.**

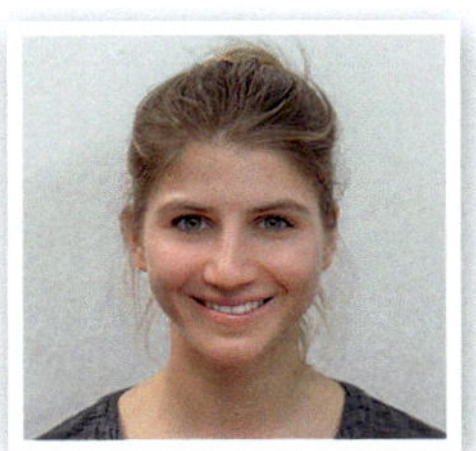

2 **Bevor Sie den letzten Clip des Videos sehen. Was glauben Sie: Wie endet die Geschichte? Sammeln Sie Ideen im Kurs.**

Clip 13

3 **Sehen Sie Clip 13 an und beantworten Sie die Fragen.**

1 Was ist die gute Neuigkeit von Francesco?

2 Was ist die gute Neuigkeit von Friederike?

4a **Was denken die Personen? Notieren Sie.**

4b **Spielen Sie die letzte Szene zu fünft im Kurs. Ein/e Spielführer/in sagt zwischendurch „Stopp". Dann bleiben alle Personen still. Der/Die Spielführer/in tippt dann einer Person auf die Schulter. Und diese Person sagt, was sie gerade denkt.**

Hörtexte

Hier finden Sie alle Hörtexte, die nicht oder nicht vollständig im Buch abgedruckt sind.

Frauen – Männer – Familien

A 1

Wie aktuelle Statistiken zeigen, lebt aktuell nur noch jeder zweite Deutsche in einer Familie mit Kindern. 1996 waren es mit 57 Prozent noch deutlich mehr.
Jeder dritte Deutsche lebt in einer Partnerschaft ohne Kinder und jeder fünfte ist alleinstehend, also ohne Partner oder Kinder.
Bei den Familien mit Kindern ist das „klassische Familienmodell" – das heißt ein verheiratetes Paar mit ein bis drei Kindern – mit 70 Prozent noch immer am häufigsten. Von zehn Paaren mit Kindern ist nur eins unverheiratet.
Deutlich gestiegen ist in den letzten Jahren die Zahl der Alleinerziehenden. In jeder fünften Familie erziehen Mutter oder Vater die Kinder allein.
Auch sogenannte Patchworkfamilien, also Familien in denen Paare mit ihren Kindern aus früheren Beziehungen zusammenleben, gibt es heute häufiger als früher.
Sehr selten ist es heutzutage hingegen, dass mehrere Generationen zusammenleben. In nur einem von 100 Haushalten leben Großeltern, Kinder und Enkelkinder zusammen.

C 1 b

- Peter. Es ist noch Arbeit da!
- Was sagst du, Eva? Ich habe gerade bei der Sendung zugehört.
- Dann mach den Fernseher leiser!
- Okay, was gibt es?
- Du sollst auch mal etwas machen. Wir müssen noch in der Küche den Tisch abräumen, die Spülmaschine aus- und einräumen, die Einkäufe in den Schrank stellen und so weiter.
- Aber ich habe den ganzen Tag gearbeitet. Ich will mich jetzt ausruhen!
- Ich war auch arbeiten, genau wie du! Und danach habe ich gebügelt, die Wäsche aufgehängt, staubgesaugt, den Müll weggebracht und die Kinder aus der Kita abgeholt. Du räumst jetzt die Küche auf, nicht ich! Ich muss noch die Wäsche in den Schrank legen.
- Ach Eva, morgen Vormittag habe ich frei. Ich kann das auch morgen machen.
- Nein, du machst das bitte jetzt! Morgen Vormittag hast du keine Zeit. Du musst morgen die Kinder in die Kita bringen und danach noch den Brief an die Bank schreiben und ein Geburtstagsgeschenk für deine Mutter kaufen.
- Okay, du hast ja recht.

Sprechen aktiv 1

1 der Familienalltag
2 die Patchworkfamilie
3 die Gleichberechtigung
4 das Zusammenleben
5 das Familienleben
6 die Großfamilie
7 das Elternhaus
8 das Einzelkind
9 die Kinderbetreuung
10 der Mutterschutz

Sprechen aktiv 4

Sie war alleinerziehend.
Er war auch alleinerziehend.
Sie wohnen jetzt zusammen und sind eine Patchworkfamilie.
Sie kümmern sich gemeinsam um die Kinder.
Am Samstag machen sie den Haushalt:
Er bringt den Müll weg und putzt, sie macht die Wäsche.
Am Sonntag ruhen sie sich aus.
Sie finden, dass Gleichberechtigung wichtig ist.

Die digitale Welt

Auftaktseite 1 a

1
- Hast du die E-Mail von Frau Tscharner heute Morgen schon gelesen?
- Von Frau Tscharner? Nein, ich war in einer Besprechung und hatte noch keine Zeit, meine Mails zu checken. Was schreibt sie denn?
- Sie hat einige Fragen.
- Du hast doch dein Tablet dabei. Kann ich die Mail lesen? Hier gibt es doch kostenloses WLAN, oder?
- Ja, klar. Hier, lies.
- Ah okay, kein Problem. Ich beantworte ihre Fragen, wenn wir wieder im Büro sind.

2
- Ich habe jetzt endlich eine Mobile-TV-App auf mein Smartphone heruntergeladen. Ich schaue jetzt häufiger im Zug die Bundesliga-spiele an.
- Kostet die App etwas?
- Nein, die App ist kostenlos, aber man muss sich für ein TV-Paket entscheiden. Und das kostet natürlich etwas.
- Und was für ein TV-Paket hast du abonniert?
- Das Basis-Paket. Da gibt es Nachrichten, Sport und TV-Serien.
- Kann man eigentlich mit dem Smartphone bequem Fußball oder Filme anschauen? Ist das Display nicht viel zu klein?
- Finde ich nicht. Für unterwegs ist das toll. Hier schau mal.

3
- Hast du ein neues Smartphone?
- Ja, ich habe es gestern gekauft. Sieht toll aus, oder?
- Das Display ist ja richtig groß. Das gefällt mir. Ich habe auch gehört, dass dieses Modell eine richtig gute Kamera hat.
- Stimmt. Das war mir auch wichtig. Ihr wisst ja, ich poste ziemlich viele Fotos auf Facebook.
- Machen wir doch ein Selfie von uns und laden es gleich in Facebook hoch.
- Okay. Also lächeln, Augen auf …

B 3

- Willkommen zur Sendung „Marktplatz". Unser Thema ist heute Online-Shopping. Neun von zehn Internet-Nutzern kaufen inzwischen regelmäßig online ein, und es sind nicht nur junge Menschen. Auch ältere Menschen über 65 Jahre kaufen heute oft im Internet ein. Wir wollen erfahren, was die Kunden gern im Internet einkaufen, warum sie online shoppen und welche Erfahrungen sie gemacht haben. Unser Reporter Sven Giersberg hat sich umgehört.
- Guten Tag, ich bin Sven Giersberg von Radio 104.3. Haben Sie einen Moment Zeit?
- Ja, worum geht es denn?
- Um das Thema Online-Shopping.
- Ah, okay.
- Kaufen Sie im Internet ein?
- Ja, ich kaufe sehr oft online ein.
- Warum kaufen Sie im Internet ein und nicht in Geschäften?
- Es gibt viele Gründe. Es ist einfach bequemer, nach der Arbeit zu Hause am Computer einzukaufen. Das macht einfach mehr Spaß. Die Geschäfte sind abends und am Wochenende sehr voll und es gibt nicht genug Parkplätze in der Stadt.
- Was kaufen Sie denn gern im Internet ein?
- Ich bestelle Bücher, DVDs und lade häufig Musik runter. Ich fahre auch regelmäßig mit der Bahn zu meinen Eltern. Dann kaufe ich die Fahrkarte natürlich online. Da muss ich nicht in einer langen Schlange warten.
- Kaufen Sie auch Kleidung oder Schuhe im Netz?
- Also, Schuhe kaufe ich inzwischen ziemlich oft im Netz. Wenn ich aber neue Kleider brauche, dann gehe ich lieber in eine Boutique oder ins Kaufhaus. Ich möchte die Kleider erst anprobieren.
- Haben Sie schon schlechte Erfahrungen beim Online-Shopping gemacht?
- Nein, noch nie. Meine Bestellungen sind bis jetzt immer sehr schnell gekommen. Und wenn mir die Sachen nicht gefallen haben, habe ich sie einfach zurückgeschickt. Da hat es nie Probleme gegeben.
- Vielen Dank für das Gespräch.
- Bitte, keine Ursache.
- Hallo, guten Tag. Ich bin von Radio 104.3. Wir machen eine kleine Umfrage hier in der Fußgängerzone. Kaufen Sie regelmäßig im Internet ein?
- Ja klar!
- Warum?
- Ich habe nicht so viel Geld. Im Internet kann ich die Preise besser vergleichen. Ich lese z. B. auch immer, was andere Kunden über ein Produkt schreiben. Das kann ich nicht machen, wenn ich in ein Geschäft gehe. Ich habe zum Beispiel bei meinem Tablet 100 Euro gespart, weil ich es online bestellt habe. Und meine Brille habe ich auch online gekauft. Das war ganz einfach. Und sehr billig!
- Verstehe. Kaufen Sie fast nur im Netz ein?
- Fast. Nur Lebensmittel nicht. Das Gemüse und Obst soll ja frisch sein. Deshalb gehe ich in den Supermarkt und Brot und Brötchen hole ich natürlich beim Bäcker.
- Und Sie haben noch nie schlechte Erfahrungen gemacht beim Online-Einkauf?
- Eigentlich nicht. Ich bekomme natürlich viele E-Mails mit Werbung von Online-Geschäften, aber das stört mich nicht.
- Und was machen Sie hier am Samstagvormittag in der Fußgängerzone? Mal wieder im Geschäft einkaufen?
- Nein, ich treffe Freunde in einem Café.

C 2a

- Hallo, Eleni. Wie geht's dir denn?
- Hi, Carlos. Ganz gut. Zurzeit bin ich aber ziemlich beschäftigt. Du weißt ja, ich mache eine Fortbildung in „häuslicher Pflege“. Und nächste Woche gibt es eine Prüfung. Da muss ich noch viel lernen.
- Du machst doch einen Online-Kurs, oder?
- Ja. Ich mache einen E-Learning-Kurs.
- Warum besuchst du eigentlich keinen normalen Kurs?
- E-Learning hat für mich viele Vorteile. Ich kann lernen, wann und wo ich will. So kann ich Beruf, Familie und Fortbildung gut verbinden.
- Das heißt, du lernst alleine zu Hause an deinem Computer?
- Ja. Aber ich kann zum Beispiel auch lernen, wenn ich in einem Café sitze und einen Kaffee trinke oder wenn ich mit der Straßenbahn zur Arbeit fahre. Ich habe alle Texte und Übungen auf meinem Tablet dabei.
- Das hört sich gut an. Aber brauchst du keinen Lehrer, wenn du Probleme hast oder wenn du etwas nicht verstehst?
- Manchmal schon, klar. Aber wenn ich Fragen habe, schreibe ich eine E-Mail und ich bekomme schnell eine Antwort von einem Fernlehrer. Und ich nehme auch an Diskussionen mit anderen Kursteilnehmern in einem Online-Forum teil. Wir helfen uns gegenseitig.
- Es gibt also regelmäßig Chats?
- Ja, aber ich nehme nur selten teil.
- Wie lange dauert der Kurs?
- Das kann man so nicht sagen. Das hängt von den Lernenden ab. Ich kann selbst entscheiden, wann ich lernen möchte und wie schnell ich lernen möchte. Aber es gibt natürlich Vorschläge, wie viel Zeit man für jedes Thema, das man bearbeiten soll, ungefähr braucht. In meinem Kurs bearbeite ich zwölf Themen. Dafür braucht man ungefähr 60 bis 90 Stunden.
- Und bekommst du auch ein Zertifikat, wenn du fertig bist?
- Natürlich. Die Fortbildung ist anerkannt, und wenn ich die Prüfung bestehe, bekomme ich ein Zertifikat.

Sprechen aktiv 1

1 E-Mails checken

2 Apps herunterladen

3 Fotos posten

4 an einem E-Learning-Kurs teilnehmen

5 Produkte bewerten

6 das Passwort bestätigen

7 Waren zurücksenden

8 Kundenbewertungen lesen

9 eine Fortbildung machen

10 ein Zertifikat bekommen

11 den AGBs zustimmen

12 süchtig machen

13 das Handy ausschalten

14 die Natur lieben

Sprechen aktiv 4

Es ist einfach und bequem, online einzukaufen.
Es gibt keine Öffnungszeiten und man kann die Preise vergleichen.
Ich bestelle vor allem Bücher, Schuhe und Kleider online.
Ich finde aber, dass Online-Shopping nicht nur Vorteile hat.
Beim Online-Shopping kann man die Produkte nicht anprobieren.
Lebensmittel kaufe ich nie online ein.

Der erste Eindruck 

Auftaktseite 1

1
- Gut, dann kommen wir also zum nächsten Punkt: Wie soll das Werbeplakat aussehen? Hat jemand eine Idee?
- Tja, ich denke, es sollte etwas Lustiges sein.
- Sag mal Dennis, kannst du deine Mails nicht später checken? Das ist hier eine Teambesprechung!
- Ja, Entschuldigung. Wie war die Frage?
- Es geht um das Plakat!

2
- Oh nein! So ein Pech!
- Warten Sie, ich helfe Ihnen.
- Danke, das ist sehr nett.
- Das ist doch kein Problem!

3
- Also, Herr Jäger, Ihr Lebenslauf und Ihre Berufserfahrungen sind sehr interessant. Ich denke …
- Entschuldigen Sie Kollegin, ich habe noch eine Frage. Sagen Sie Herr Jäger, Sie sind zurzeit bei der Firma Tecton unbefristet angestellt. Warum wollen Sie denn jetzt Ihre Stelle wechseln?

- Also, ich, ähm, ich möchte gerne ...

4
- Was Sie da geschrieben haben, muss wirklich noch einmal überarbeitet werden! Das können wir so nicht präsentieren.
- Warum?
- Weil Sie keine Zahlen notiert haben. Ich hatte Ihnen gesagt, dass wir aktuelle Zahlen brauchen. Aber Sie haben mir wahrscheinlich nicht richtig zugehört.
- Aber wir haben Ihnen die Präsentation doch schon ...
- Um zwölf möchte ich die neue Präsentation haben.

A 3

- Boris Ionow.
- Hallo Boris, hier ist Surab.
- Hallo Surab. Ich wollte dich auch schon anrufen. Wie geht es dir? Hast du deinen Sprachkurs schon beendet?
- Ja, vor drei Wochen. Ich suche jetzt einen Ausbildungsplatz als Industriemechaniker und da habe ich auch die Webseite von der Heriton AG gelesen. Da arbeitest du doch, oder?
- Ja, ich bin der Einkaufsabteilung.
- Heriton bietet auch Ausbildungsplätze zum Industriemechaniker an. Kannst du mir etwas über die Firma erzählen und ein paar Tipps für die Bewerbung geben?
- Natürlich, gerne, aber ich kann dir gleich sagen, dass es bei uns manchmal ziemlich stressig ist. Obwohl das Betriebsklima eigentlich gut ist, gibt es manchmal Probleme, vor allem, wenn wir viel Arbeit haben und nicht pünktlich fertig werden. Im Moment haben wir sehr viel zu tun, aber das ist eigentlich auch ein gutes Zeichen, denn es zeigt, dass die Firma gut läuft.
- Ich glaube, es ist in jeder Firma normal, dass es auch Stress und Probleme gibt. Mich interessiert vor allem, dass ich eine gute Ausbildung bekomme. Weißt du, wie viele Auszubildende ihr pro Jahr habt?
- Ich glaube, in diesem Jahr fangen bei uns acht Auszubildende in der Produktion und sechs in der Verwaltung an.
- Und was glaubst du, was ist wichtig, wenn man sich bei euch bewirbt?
- Natürlich sind die Schulnoten wichtig, aber es ist auch wichtig, dass du ein gutes Bewerbungsschreiben hast, in dem du erklärst, warum du dich für die Ausbildung interessierst. Außerdem solltest du beim Bewerbungsgespräch einen guten Eindruck machen.
- Was ist besser, eine Online-Bewerbung oder eine schriftliche Bewerbung?
- Bei uns akzeptiert man nur noch Online-Bewerbungen. Wenn du willst, können wir uns mal treffen. Dann kann ich dir mehr über die Firma erzählen. Aber du solltest dich nicht nur bei der Heriton AG bewerben, sondern auch bei anderen Firmen. Dann hast du mehr Chancen. Wir haben jedes Jahr mehr Bewerber als freie Ausbildungsstellen.
- Danke für den Tipp und ein Treffen finde ich eine gute Idee. Wann hast du Zeit?
- Wenn du willst, können wir uns übermorgen treffen.

C 1c

- Guten Tag, meine Damen und Herren, in unserer Reihe „Richtig bewerben" hören Sie heute ein Interview mit Frau Ott, die seit vier Wochen einen festen Arbeitsvertrag mit der Grundstein GmbH hat. Frau Ott, können Sie uns kurz erzählen, wie die Bewerbung abgelaufen ist?
- Aber natürlich, gerne. Mein Mann hat in Rostock eine gute Arbeit als Abteilungsleiter in einem großen Möbelgeschäft gefunden und wir sind zusammen von Bochum dorthin gezogen. Deshalb musste ich auch eine neue Stelle in meinem Beruf als Bauingenieurin suchen. Das war aber nicht so einfach. Ich habe mich bei mehreren Firmen beworben, aber viele Absagen bekommen. Außerdem haben viele Firmen eine Online-Bewerbung erwartet und das war für mich am Anfang ein bisschen schwierig, weil ich darin keine Erfahrungen hatte.
- Wie viele Bewerbungen haben Sie geschrieben?
- Ungefähr zwanzig. Aber nach drei Monaten hat es dann doch geklappt. Im Internet habe ich eine geeignete Stellenanzeige gefunden und sie genauer gelesen. Danach habe ich einen Bewerbungsbrief geschrieben und ich habe meinen Lebenslauf noch einmal aktualisiert und verbessert. Ich musste alle meine Zeugnisse scannen, denn die Firma wollte eine Online-Bewerbung. Schließlich habe ich alle Unterlagen abgeschickt.
- Wie lange hat es dann bis zur Einladung zum Bewerbungsgespräch gedauert?
- Ungefähr drei Wochen. Ich hatte dann noch zehn Tage Zeit für die Vorbereitung auf das Bewerbungsgespräch. Ich habe mich über die Firma informiert und mit meinem Mann das Bewerbungsgespräch geübt. Trotzdem war ich vor dem Bewerbungsgespräch ziemlich nervös.
- Und das Bewerbungsgespräch war dann erfolgreich.

- Ja, es ist gut gelaufen. Eine Woche nach dem Gespräch habe ich eine Zusage bekommen und den Arbeitsvertrag unterschrieben.
- Perfekt, das ist also alles gut gelaufen. Ich möchte gerne noch einmal genauer über das Bewerbungsschreiben sprechen. …

C 3

- Schatz, bist du sicher, dass die Krawatte zu dem Anzug passt?
- Aber natürlich. Du weißt doch, dass ich immer die richtigen Krawatten kaufe, damit du gut aussiehst!
- Bin ich nervös! Was meinst du, war ich wirklich gut, als wir gestern das Bewerbungsgespräch geübt haben?
- Aber ja! Du weißt über die Firma gut Bescheid. Das zeigt, dass du gut vorbereitet bist. Und du wirkst sehr sicher, wenn du die Frage beantwortest, was du besonders gut kannst. Du hast deine Stärken gut analysiert.
- Hach, wo ist denn jetzt der Einladungsbrief? Ich will ihn am Empfang zeigen! Er war doch gerade noch hier auf dem Tisch!
- Entschuldige, ich habe ihn schon in deine Tasche getan, damit du ihn nicht vergisst.
- Dann ist ja gut! Hast du das Taxi schon bestellt? Ich will nicht zu spät kommen.
- Ja, es kommt gleich. Rufst du mich an, wenn das Gespräch zu Ende ist?
- Ja, natürlich. Also dann, Tschüss!
- Tschüss, viel Glück!

Sprechen aktiv 3

Er hat im Internet eine passende Stelle gefunden.
Dann hat er einen Bewerbungsbrief geschrieben.
Er hat seinen Lebenslauf aktualisiert und seine Zeugnisse eingescannt.
Die Firma hat ihn zum Bewerbungsgespräch eingeladen.
Er hat sich gut auf das Gespräch vorbereitet.
Er hat sich über die Firma informiert und seine Stärken analysiert.
Trotzdem war er vor dem Gespräch etwas nervös.

Sprechen aktiv 4

- Das ist super. Genau richtig. So siehst du viel besser aus als mit dem schwarzen Kostüm und mit den hohen Schuhen. Das war zu elegant. Jetzt zeigst du, wie du bist.
- Ist das wirklich angemessen für ein Bewerbungsgespräch?
- Ja, klar. Das macht einen gepflegten Eindruck, ist aber nicht langweilig. Das passt perfekt!
- Danke, Friederike. Du bist wirklich die beste Tante der Welt! Hast du sonst noch einen Tipp?
- Na ja. Du darfst natürlich nicht unhöflich sein.
- Ich bin nie unhöflich!
- Sei einfach zu allen Leuten, die du in der Firma triffst, besonders freundlich. Außerdem ist es wichtig, nicht ohne Pause zu reden, sondern gut zuzuhören. Zeig den Leuten, dass du interessiert und engagiert bist! Und du solltest alles tun, um nicht zu spät zu kommen.
- Ich bin natürlich pünktlich. Das ist ja wohl klar!

Station 1

Arbeit und Beruf 2a

- Liebe Hörer und Hörerinnen, in unserer Reihe „Berufe aktuell“ sprechen wir heute mit Florian Pfeifer, der seit zwei Jahren bei der Firma Jedox Software einen IT-Beruf lernt. Florian, warum hast du dich für diese Ausbildung entschieden?
- Ich wollte meine Erfahrungen mit IT-Anwendungen nutzen, aber auch eine kaufmännische Ausbildung machen. In meiner Ausbildung lerne ich nun viel über technische und kaufmännische Themen und auch über den Kontakt mit Kunden. Das ist genau das richtige für mich!
- Wie ist die genaue Bezeichnung für deinen Beruf?

Arbeit und Beruf 2b

- Ich lerne den Beruf IT-System-Kaufmann.
- Und hast du in der Firma schon eigene Aufgaben?
- Ja, ich arbeite mittlerweile schon ziemlich selbstständig. Vor einigen Monaten habe ich die erste wichtige Prüfung, die Zwischenprüfung, gemacht und jetzt bekomme ich auch Aufgaben mit mehr Verantwortung.
- Zum Beispiel?
- Momentan bin ich Leiter eines Projekts. Wir veranstalten Schulungen für unsere Kunden. Dafür muss ich geeignete Schulungsorte finden, Hotels buchen und das Programm der Veranstaltungen planen.
- Das klingt interessant!
- Ja und das selbstständige Organisieren macht mir viel Spaß!
- Welchen Schulabschluss braucht man für die Ausbildung?
- Eigentlich ist die Mittlere Reife genug, aber viele Firmen nehmen lieber Auszubildende mit Abitur.

Auch ich habe Abitur gemacht, aber ich hatte keine Lust zu studieren.
- Welche Kompetenzen sind in dem Beruf wichtig?
- Da man sehr viel Kontakt zu den Kunden hat, sollte man gut kommunizieren können. Außerdem sind ein großes Interesse an Technik und sehr gute PC-Kenntnisse wichtig.
- In einem Jahr ist deine Abschlussprüfung. Was willst du nach der Ausbildung machen?
- Ich hoffe, dass Jedox mich übernimmt, ich also hier in der Firma bleiben kann. Jedox ist sehr erfolgreich und ich denke, dass die Firma auch gute Karrieremöglichkeiten bietet.
- Na, dann viel Glück und vielen Dank für das Gespräch.
- Gerne.

Diversität und Interkult. 2b

1
- Frau Abba, ich möchte Ihnen gerne die neuen Pläne zeigen.
- Ja, danke, gerne, Herr Yilmaz. Herr Brenken, lassen Sie doch bitte die Spielerei mit dem Handy.
- Entschuldigung, natürlich.
- Gut, Herr Yilmaz, bitte zeigen Sie die Pläne und erklären Sie, was der Stand des Projekts ist.

2
- Hallo, Anna, hallo Daniel, ich habe uns schon mal einen Kaffee geholt. Kommt ihr dann bitte gleich mit, wir können gleich anfangen. Daniel, hast du die Dokumente vorbereitet?
- Ja, Alia, nur die Informationen für die Baustelle in der Alexanderstraße fehlen noch.
- Ist gut. Ich weiß, dass es da noch Probleme gibt. Aber bitte bleib dran, die Infos brauchen wir so schnell wie möglich.
- Ja, natürlich. Ich kümmer mich darum.

3
- So, Frau Soyadi, was für ein Problem gibt es?
- Herr Steinhagen, ich habe ein Problem mit dem Lager 3. Hier in meiner Liste steht, dass in Lager 3 zehn Paletten mit gilmax 08 sein müssen. Aber der Fahrer hat gerade angerufen, dass er sie nicht finden kann.
- gilmax 8, die könnten auch in Lager 4 stehen. Das ist eine gute Aufgabe für unseren Praktikanten. Herr Wesseling, schauen Sie doch bitte einmal in Lager 4 nach. Sie können Ihre Jackettjacke ausziehen, es wäre schade, wenn sie schmutzig würde.
- Ja, gerne, Herr Steinhagen.

Diversität und Interkult. 4

- Frau Weser, wie denken Sie über die Gleichberechtigung von Mann und Frau?
- Gleichberechtigung auf dem Papier, also als Gesetz nützt alleine noch nichts. Gleichberechtigung muss auch in die Köpfe kommen. Ich wollte zum Beispiel so gerne studieren, aber das durfte ich nicht. Natürlich durften Frauen zu meiner Zeit schon studieren, aber ich hatte einen Bruder und meine Eltern hatten nicht so viel Geld. Deshalb konnte nur einer von uns beiden studieren. Und das war dann mein Bruder. Meine Eltern sagten, dass es für einen Jungen wichtiger wäre. Ich fühlte mich damals ganz schlecht. Meine Eltern fanden meinen Bruder wichtiger als mich. Ich war „nur" ein Mädchen. So haben damals viele Leute gedacht. Das war gar nichts Besonderes in meiner Familie. Da hat das Gesetz überhaupt nicht geholfen. Ich habe einen Beruf gelernt und gearbeitet und später von meinem eigenen Geld studiert und ich bin auch sehr erfolgreich geworden. Aber das hat mich viel Kraft gekostet. Mein Bruder hatte es, nur weil er ein Junge war, so leicht! Das war sehr ungerecht. Heute ist es schon viel besser, aber auch heute hilft das Gesetz alleine nicht. Es muss auch im Alltag Gleichberechtigung geben.
- Frau Kara, was meinen Sie?
- Ich bin froh, dass ich im heutigen Deutschland lebe. Für mich ist es ganz selbstverständlich, dass ich die gleichen Rechte vor dem Gesetz habe. Ich kann mir gar nicht vorstellen, in einem Land zu leben, wo ich ein Mensch 2. Klasse wäre. Ich möchte auch nachts alleine auf der Straße sein können, ohne dass irgendwelche Männer mich anfassen und sexuell belästigen. Mein Körper gehört mir und ich entscheide über mich selbst. Das darf kein anderer machen. So ist das Gesetz in Deutschland und das finde ich gut. Die Leute haben vor hundert Jahren gedacht, dass Frauen nicht geeignet sind, erfolgreich zu arbeiten und an einer Universität zu studieren. Seitdem ist glücklicherweise viel passiert. Viele Frauen haben sich für die Gleichberechtigung eingesetzt. Wenn man die Arbeitswelt und die Universitäten heute sieht, wo viele Frauen sehr erfolgreich sind, dann sieht man sofort, dass die Leute früher falsch gedacht haben.

Diversität und Interkult. 6a

- Hallo Herr Olafson. Wollen Sie verreisen?
- Verreisen? Ach nein, Frau Tusk. In dem Koffer ist meine Wäsche. Ich fahre mit ihr zu einer

Freundin, um sie dort zu waschen. Hier sind ja beide Waschmaschinen im Waschraum schon seit fast zwei Wochen kaputt!

- Ja, das ist sehr ärgerlich. Frau Matthies hat dem Hausmeister schon vor zehn Tagen Bescheid gesagt! Wo sollen wir waschen? Die Wohnungen sind einfach zu klein für eine eigene Waschmaschine.
- Vielleicht hat der Hausmeister das vergessen. Ich wollte die Vermieterin anrufen, aber sie ist nie zu Hause.
- Ich habe ihre E-Mail-Adresse. Ich schreibe gleich eine Mail an sie. Vielleicht reagiert sie dann ja schnell. Erinnern Sie sich? Im letzten Jahr, als wir die Haustür nicht abschließen konnten, war es ähnlich. Erst, nachdem wir der Vermieterin eine E-Mail geschickt hatten, wurde die Haustür repariert.
- Ja, richtig, es ist wirklich sehr nett, dass Sie diese E-Mail schreiben. Vielen Dank.
- Das mache ich doch nicht nur für mich, sondern für alle Hausbewohner!

Damals, gestern, heute 

Auftaktseite 1 b

- Grüß dich, Manu!
- Hallo, Alina, Das ist ja eine Überraschung, dich habe ich ja ewig nicht gesehen!
- Stimmt, das ist schon ziemlich lange her – vier Jahre, oder?
- Mindestens! Komm, setz dich. Hast du Zeit für einen Kaffee?
- Ja, gerne.
- Wie geht es dir?
- Gut. Aber im Moment bin ich ein bisschen kaputt. Ich war einkaufen und die Geschäfte sind heute sehr voll.
- Guten Tag. Was darf es sein?
- Hallo. Ich hätte gern eine Tasse Kaffee und ein Mineralwasser.
- Vier Tüten! Das sieht aber auch nach einer langen Shopping-Tour aus!
- Mein Sohn Jakob wird morgen zwei Jahre alt und ich hatte noch kein Geburtstagsgeschenk für ihn!
- Ach, Habib und du, ihr habt also geheiratet?
- Ja, vor drei Jahren. Und seit zwei Jahren sind wir zu Dritt. Jakob hat unser Leben total verändert! … Und du? Was machst Du jetzt eigentlich?
- Bei mir hat sich beruflich einiges verändert. Vor drei Jahren bin ich arbeitslos geworden. Und da ich in meinem Beruf keine Stelle finden konnte, habe ich eine Umschulung zum U-Bahn-Fahrer gemacht. Und ich hatte Glück. Gleich nach der Umschulung habe ich eine Stelle bekommen.
- Und, gefällt dir der Job?
- Ja, sehr gut. Nur die Schichtarbeit ist ziemlich anstrengend.
- Das glaube ich. Und bist du noch Single?
- Ja. Die richtige Frau habe ich noch nicht kennengelernt. Aber das ist in Ordnung. … Was machst du denn jetzt beruflich?
- Du weißt ja noch, dass ich eine Ausbildung zur Altenpflegerin gemacht habe. Ich arbeite in einem Altenheim in Offenbach in Teilzeit. Habib und ich wollen uns beide um Jakob kümmern. Das klappt sehr gut. Wohnst du noch in Mainz?
- Nein, ich bin vor etwa zwei Jahren nach Frankfurt umgezogen. Dort habe ich eine schöne 2-Zimmer-Wohnung gefunden. Und die Miete ist nicht so hoch. Und ihr?
- Wir wohnen jetzt auch in Frankfurt. Es war nicht leicht, eine bezahlbare Drei-Zimmer-Wohnung zu finden. Aber wir hatten Glück. Wir haben nette Nachbarn und fühlen uns sehr wohl. Fährst du immer noch so viel Fahrrad?
- Nein, nicht mehr ganz so viel. Aber in meinem letzten Urlaub bin ich mit einem Freund mit dem Zug nach Berlin gefahren und von dort sind wir mit dem Rad bis nach Kopenhagen gefahren. Es war toll. Und du? Tanzt du noch?
- Nein, nicht mehr. Aber ich habe angefangen, Klavier zu spielen.

C 1

- Guten Abend meine Damen und Herren. Heute wollen wir unsere Reihe „Wie war das eigentlich?" fortsetzen. Auch heute haben wir wieder einen Zeitzeugen im Studio, Herrn Josef Obermeier. Herr Obermeier, herzlich willkommen. Schön, dass Sie hier sind.
- Guten Abend. Vielen Dank für die Einladung.
- Herr Obermeier, Sie wurden 1938 in München geboren und sind jetzt 77 Jahre alt.
- Richtig. Ich kam ein Jahr vor dem Zweiten Weltkrieg in München zur Welt.
- Können Sie sich noch an den Krieg erinnern?
- Natürlich. Manches vergesse ich sicher nie. Es war eine schlimme Zeit. Meine Schwester und ich hatten oft Angst. Wir mussten häufig hungrig ins Bett gehen und im Winter haben wir oft gefroren. Am Ende des Krieges mussten wir München verlassen, denn das Haus in dem wir wohnten, war zerstört. Wir sind dann in eine kleine 3-Zimmer-Wohnung in Hechendorf,

einem Dorf in der Nähe von München, gezogen.
- Wie sah Ihr Alltag als Kind aus?
- Die ersten Jahre nach dem Krieg waren hart. Das kann sich heute keiner mehr vorstellen, wie das damals war. Es war viel kaputt. Aber ich habe trotzdem schöne Erinnerungen: Als Kind war ich fast immer draußen. Wenn das Wetter schön war, dann sind wir mit dem Fahrrad zum Pilsensee zum Schwimmen gefahren. Und am Sonntagnachmittag gab es fast immer Kaffee und Kuchen mit der ganzen Familie. Meine Mutter konnte sehr gut backen. Und wenn Oktoberfest war, sind wir alle mit dem Zug nach München gefahren.
- Sie haben nach der Schule eine Lehre gemacht?
- Ja, als ich Abitur machte, wollte ich studieren, aber das ging aus finanziellen Gründen nicht. Also habe ich 1957 eine kaufmännische Lehre bei der Firma Schöninger in München begonnen.
- Wie waren damals die Arbeitszeiten?
- Na ja, Sie wissen ja, die 40 Stunden Woche gibt es erst seit den 1960er Jahren. Ich musste anfangs – auch als Lehrling – von Montag bis Samstag fast 50 Stunden pro Woche arbeiten.
- Ach ja, richtig. Die Gewerkschaften haben damals gefordert: „Samstags gehört Vati mir!“
- Ja, genau!
- Aber Sie hatten zum Glück trotzdem noch ein bisschen Freizeit.
- Ja, natürlich! Ich bin jeden Samstagabend zum Tanz gegangen.
- Und dabei haben Sie auch Ihre Frau Ilse kennengelernt?
- Richtig.
- Und wann haben Sie geheiratet?
- 1962. Als ich Ilse 1959 kennenlernte, wohnten wir beide noch bei unseren Eltern. Aber wir konnten zunächst keine Wohnung finden. Deshalb haben wir nicht gleich geheiratet. Die Mieten in München waren damals schon sehr hoch und wegen der vielen Flüchtlinge gab es kaum Wohnungen. Aber schließlich haben wir eine Wohnung in München Pasing gefunden und geheiratet.
- Und Sie sind bei der Firma Schöninger geblieben?
- Ja, bis zur Rente! Ich hatte gute Chefs und nette Kollegen. Und dann habe ich auch immer mehr verdient.
- Es ging Ihnen also ganz gut?
- Ja, es ging uns immer besser. Mitte der 60er Jahre haben wir unseren ersten Fernseher gekauft und 1969 unser erstes Auto. Es war ein VW Käfer. Als wir ihn hatten, sind wir im Sommer mit unseren beiden Kindern zum ersten Mal nach Italien gefahren. Das war herrlich.
- Und hat Ihre Frau auch gearbeitet?
- Am Anfang, als die Kinder klein waren, war sie Hausfrau. Sie hat den Haushalt gemacht und unsere Kinder erzogen. Als unser jüngstes Kind acht war, hat sie dann als Sekretärin in München angefangen.
- Und was machen Sie jetzt?
- Ich genieße meinen Lebensabend! Ich habe ja inzwischen Enkelkinder. Wenn die Sonne morgen scheint, gehe ich mit ihnen spazieren.
- Und wenn Sie so zurückschauen? Hatten Sie ein glückliches Leben?
- Wenn ich zurückschaue, bin ich sehr zufrieden! Ich hatte sehr viel Glück im Leben.

Sprechen aktiv 1

1 Es gab schon damals sehr viele Verkehrsunfälle. Am Potsdamer Platz stellte man deshalb 1924 eine Ampel auf, um den Verkehr zu regeln.

2 Im letzten Jahr sind mehr als 100 Millionen Passagiere mit Lufthansa geflogen. Der Flugverkehr wächst jedes Jahr.

3 Er spielt Gitarre in einer erfolgreichen Musikband. Er hat schon drei Alben veröffentlicht.

4 Ilses Eltern hatten einen Bauernhof. Wenn die Früchte und das Getreide reif waren, half Ilse bei der Ernte.

Sprechen aktiv 4

Als ich ein Kind war, lebte ich in einem Dorf.
Ich wohnte mit meinen Eltern in einer kleinen Wohnung.
Ich ging jeden Tag zu Fuß zur Schule.
Am Nachmittag machte ich Hausaufgaben.
Am Sonntagnachmittag gab es oft Kuchen.
Wenn das Wetter schön war, bin ich schwimmen gegangen.
Ich hatte eine schöne Kindheit.

Sprechen aktiv 5

- Die Firma ist ziemlich cool.
- Wirklich? Erzähl mal. Wie heißt die Firma überhaupt?
- Also, die Firma heißt Knorr-Bremse. Das ist ein altes Familienunternehmen. Die Firma gibt es schon seit über 100 Jahren. Sie wurde 1905 von Georg Knorr in Berlin gegründet.
- Und was haben die damals genau gemacht?
- Das Unternehmen entwickelte damals eine besondere Bremse. Knorr-Bremse war in den 1920er Jahren der größte Hersteller von

Bremsen für Züge in Europa.
- Wow!
- Im Jahr 1939 hatten etwa 90 Prozent aller deutschen Lkw von 7 bis 16 Tonnen eine solche Bremse. Cool, wie?
- Schon …
- Nach dem Zweiten Weltkrieg ging die Firma nach München. Dort entwickelte sie sich zu einem der weltweit führenden Unternehmen im Bereich der Bremstechnologie.
- Meinst du, das ist das Richtige für dich? Interessierst du dich denn für Bremsen? Du warst doch nie ein Fan von Technik, oder?
- Ach, Tantchen!

Aus der Arbeitswelt 

Auftaktseite 2

- Guten Tag, liebe Hörerinnen und Hörer. Wir von Radio Unterrode stehen heute vor dem Werkstor der Matzon GmbH, wo man im Moment nur ein Thema kennt: die mögliche Schließung des Werks hier in Unterrode. Dazu haben wir einige Mitarbeiter befragt. Paolo Marin, 29 Jahre alt und seit sieben Jahren bei Matzon, sagt zum Beispiel:
- Ich habe hier zuerst meine Ausbildung als Industriekaufmann gemacht und arbeite jetzt in der Personalabteilung. Ich bin für Gehaltsabrechnungen zuständig. In unserer Abteilung sprechen wir jeden Tag über die mögliche Schließung. Niemand will arbeitslos werden.
- Ina Winter, 27 Jahre alt, meint:
- Ganz klar, im Moment ist die Betriebsschließung *das* große Thema. Aber ich habe eigentlich nicht so große Angst. Ich bin sicher, dass ich eine neue Arbeit finden kann, wenn das Werk schließt. Ich bin noch jung. Ich arbeite in der Produktion, und bin für die Endkontrolle unserer Produkte verantwortlich. So eine Arbeit kann ich schnell wieder bekommen.
- Besonders kritisch sieht Mayara Rodriguez, 47 Jahre alt, die Situation:
- Ich arbeite seit fünf Jahren als Assistentin der Geschäftsführung von Matzon. Zu meinen Aufgaben gehören die Terminplanung, die Vorbereitung von Konferenzen und so weiter. Eigentlich ein toller Job, aber leider habe ich im Moment nicht so richtig Spaß an der Arbeit und das geht vielen Kollegen genauso. Wir diskutieren sehr viel über den Plan, das Werk hier in Unterrode zu schließen. Wir alle haben Sorge, dass wir unseren Arbeitsplatz verlieren. Gerade für Leute wie mich, die nicht mehr ganz jung sind, ist das eine schwierige Situation.

B 3

- Hallo Alfonso, na wie war es denn heute in der Firma?
- Hallo, Nina. Ach, du weißt ja, die Situation ist schwierig. Wir haben den ganzen Tag über die Schließung gesprochen. Ich habe wenig Hoffnung.
- Das klingt aber nicht gut. Ich habe heute zwei interessante Stellenanzeigen für dich im Internet gefunden. Ich habe sie ausgedruckt.
- Das ist lieb von dir. Zeig mal her … Hm, die Stellen sind beide interessant. Aber die Brüninghaus GmbH sucht einen Mitarbeiter, der ein Studium hat. Da kann ich mich nicht bewerben.
- Ja, schade. Dabei hast du so viel Berufserfahrung …
- … aber leider nur eine Ausbildung als Kaufmännischer Angestellter. Na ja, die andere Anzeige finde ich ganz passend. Englischkenntnisse habe ich und Teamarbeit mache ich auch jetzt. Aber die Firma ist in Essen, das ist ganz schön weit weg. Wir müssten umziehen, wenn ich die Stelle bekomme.
- Wenn wir hier bleiben und du arbeitslos wirst, ist das aber noch schlechter für uns. Außerdem ist Essen eine große Stadt. Vielleicht habe ich dort auch ein Chance, eine Arbeit in meinem Beruf zu finden. Unterrode ist einfach zu klein, hier finde ich nie eine Stelle als Musiklehrerin!
- Da hast du auch wieder Recht. Dann bewerbe ich mich also bei der Firma.

Sprechen aktiv 3

Das Unternehmen, in dem ich arbeite, hat 1.500 Beschäftigte.
900 Mitarbeiter arbeiten in der Produktion und 600 in der Verwaltung.
Das Unternehmen hat seinen Hauptsitz in Stuttgart.
Wir produzieren Motoren für Autos.
Ich arbeite seit meiner Ausbildung im Verkauf.
Bei uns ist das Betriebsklima sehr angenehm.

Wünsche 

Auftaktseite 2 a

- Liebe Hörerinnen und Hörer, haben Sie schon einmal überlegt, was ist Ihnen im Leben wichtig oder unwichtig ist? Ist es Ihnen zum Beispiel wichtig, viel Geld auf Ihrem Bankkonto zu haben? Ist es Ihnen wichtig, dass Ihre Fußballmannschaft am Samstag gewinnt? Ist es Ihnen wichtig, was andere Menschen über Sie denken? Wir haben nachgefragt. Hören Sie also, was Menschen uns auf der Straße ganz spontan auf die Frage, was ihnen im Leben wichtig ist, geantwortet haben.

- Mein Name ist Nadra. Ich bin 14 Jahre alt. Das Wichtigste für mich in meinem Leben ist meine Familie, die ich über alles liebe. Meine Freunde sind auch sehr wichtig. Und eine gute Schulausbildung ist mir natürlich auch wichtig, auch wenn ich nicht die beste Schülerin bin. Ich möchte unbedingt einen guten Realschulabschluss machen, damit ich später den Beruf lernen kann, den ich möchte!
- Ich heiße Carlos Andrade. Ich bin 18 und mache diesen Sommer Abitur. Im Leben ist mir wichtig, dass ich Freunde habe, auf die ich zählen kann. Wenn es mir schlecht geht, sind meine Freunde für mich da. Und ich will auch Spaß haben und das Leben genießen.
- Ich bin Karina Lau. Ich bin 22 Jahre alt und Studentin. Meiner Meinung nach ändern sich die Dinge, die einem am wichtigsten sind, ständig. Für mich gibt es aber drei Dinge, die sehr wichtig sind und mir sicher auch immer wichtig bleiben: Das ist „persönliche Freiheit", also, dass ich selbst entscheiden kann, wie ich lebe, was ich tue und woran ich glaube. Dann „neue Dinge lernen" und natürlich die Liebe.
- Mein Name ist Ferdinand Suter. Ich bin 28 Jahre alt und Maschinenbauer. Zurzeit ist mir Erfolg im Beruf sehr wichtig. Ich will viel Geld verdienen, um eine Eigentumswohnung kaufen zu können. In ein paar Jahren habe ich aber vielleicht andere Wünsche, wer weiß.

B 1 a

- Alina und Lukas, ihr habt ja beide bald Geburtstag. Was wünscht ihr euch denn?
- Also, ich wünsche mir einen Fußball und ich hätte auch gern neue Fußballschuhe.
- Und ich wünsche mir ein Smartphone zum Geburtstag.
- Ein Smartphone? Smartphones sind aber ziemlich teuer.
- Ich weiß, aber alle meine Freunde haben ein Smartphone.
- Dann brauchst du einen Vertrag mit Internet. Das können wir uns nicht leisten.
- Es gibt aber auch günstige Tarife für Jugendliche.
- Du hast doch etwas Geld gespart, oder? Du könntest dir das Smartphone selbst kaufen und wir könnten die Gebühren für das Smartphone im ersten Jahr bezahlen. Was meinst du?
- Das wäre toll. Vielen Dank.

C 2

1

- Verbraucherschutzzentrale Hannover, hier spricht Jasmin Baumann.
- Guten Tag. Mein Name ist Karsten Decker. Ich rufe an, weil ich eine Frage habe.
- Ja, bitte.
- Vor zwei Tagen habe ich in der Buchhandlung Sturz ein Sprachlernprogramm für Englisch mit einer CD-ROM gekauft. Aber dann hat mir ein Freund gesagt, dass er das Sprachlernprogramm auch hat und es mir leihen kann. Deshalb wollte ich es zurückgeben.
- Ich nehme an, die Buchhandlung hat die CD-ROM nicht zurückgenommen.
- Richtig. Der Buchhändler hat mir gesagt, dass sie keine CD-ROMs zurücknehmen. Mich wundert das, denn vor einiger Zeit habe ich dort ein Buch zurückgegeben und einen Gutschein bekommen. Mich interessiert, wie die Regeln für den Umtausch sind.
- Allgemein ist es so, dass es im Geschäft kein generelles Umtauschrecht gibt. Es gilt die Regel, gekauft ist gekauft. Wenn die Buchhandlung in der Vergangenheit Bücher zurückgenommen hat, dann hat sie sich kulant gezeigt.
- Kulant? Was meinen Sie damit?
- Das heißt, die Buchhandlung muss die Bücher nicht zurücknehmen, aber sie hat es gemacht, weil sie kundenfreundlich sein möchte. Allerdings nehmen die meisten Geschäfte Software - also zum Beispiel Computerspiele oder CD-ROMS - nicht zurück, denn man kann sie schnell auf den eigenen Computer kopieren.
- Ah ja. Vielen Dank für die Informationen. Auf Wiederhören.

2

- Verbraucherzentrale Wiesbaden. Florian Niemeyer am Apparat.
- Guten Tag, ich heiße Marco Baldini. Ich rufe an, weil ich ein großes Problem habe.
- Dann erzählen Sie doch mal.
- Vor vier Tagen hat ein Mann bei mir zu Hause geklingelt und mir einen Vertrag für einen neuen Telefonanschluss angeboten. Ich habe dann den Vertrag unterschrieben, weil ich dachte, dass ich so Geld sparen kann. Gestern habe ich aber den Vertrag noch einmal

genau gelesen und gesehen, dass der neue Telefonanschluss nicht billiger ist als der, den ich jetzt habe.
- Sie möchten also den Telefonanbieter nicht wechseln?
- Ja. Ich möchte bei meinem jetzigen Telefonanbieter bleiben. Was soll ich machen? Ich habe auch unterschrieben, dass ich meinen alten Telefonvertrag kündige.
- Der Mann war bei Ihnen zu Hause in Ihrer Wohnung und Sie haben den Vertrag auch dort unterschrieben?
- Ja, richtig. Zum Glück habe ich noch nichts bezahlt.
- Also, wenn Sie den Vertrag zu Hause unterschrieben haben, ist das ein sogenanntes Haustürgeschäft. Sie können diesen Vertrag innerhalb von 14 Tagen widerrufen und Sie können Ihren alten Telefonanschluss behalten.
- Aber ich weiß nicht, wie das geht. Können Sie mir helfen?
- Ich schlage vor, dass Sie bei uns persönlich vorbeikommen. Wir haben von Montag bis Freitag immer von 10.00 bis 14.00 Uhr geöffnet.
- Dann komme ich gleich morgen. Vielen Dank und auf Wiederhören.
- Auf Wiederhören.

C 3a

- Guten Tag, was kann ich für Sie tun?
- Guten Tag. Dieses Buch hat mir ein Freund zum Geburtstag geschenkt. Aber ich habe es schon. Ich würde es deshalb gern umtauschen.
- Haben Sie den Kassenzettel?
- Ja, mein Freund hat ihn mir gegeben. Bitte sehr.
- Danke. Sie können sich ein Buch zum gleichen Preis oder ein Buch, das teurer ist, aussuchen. Dann müssten Sie allerdings die Differenz bezahlen.
- Das ist kein Problem. Vielen Dank.

Sprechen aktiv 3

1
- Hast du flexible Arbeitszeiten?
- Nein, ich muss immer von 8 bis 16:30 Uhr arbeiten.

2
- Was bedeutet „vegetarische" Ernährung?
- Das heißt, dass man keinen Fisch und kein Fleisch ist.

3
- Ist es dir wichtig, gut zu verdienen?
- Ja, denn ich glaube, man hat weniger Sorgen, wenn man finanzielle Sicherheit hat.

4
- Haben Sie einen unbefristeten Arbeitsvertrag?
- Leider nicht, ich bin nur bis zum 31.12. angestellt.

5
- Welche materiellen Wünsche haben die Deutschen?
- Viele hätten gern ein Haus oder eine eigene Wohnung.

6
- Wo kann man sich über das Thema „Mobilfunkvertrag" informieren?
- Die Verbraucherschutzzentrale bietet Beratung zu wichtigen Verbraucherthemen an.

Sprechen aktiv 4

Ich bin Krankenpfleger im Krankenhaus.
Ich muss oft am Wochenende arbeiten.
Ich würde am Wochenende gerne mehr Zeit mit meiner Freundin verbringen.
Wenn ich dieses Wochenende nicht arbeiten müsste, könnten wir essen gehen.
Wenn ich eine andere Stelle finden würde, würde ich sofort kündigen.

Station 2

Arbeit und Beruf 2a

- Herr Bertram, Sie beraten bei der Bundesagentur in Nürnberg Abiturienten, die studieren wollen. Können Sie uns sagen, welches Fach Sie selbst studiert haben?
- Ich bin Psychologe und habe an der Universität Tübingen studiert.
- Wie lange haben Sie das Fach studiert?
- Ich habe bis zum Diplom zehn Semester, also fünf Jahre gebraucht.
- Können Sie uns vielleicht erklären, was ein Diplom ist?
- Ein Diplom ist ein Hochschulabschluss, den man bekommt, wenn man an einer Hochschule erfolgreich eine Diplomprüfung gemacht hat. Andere Hochschulabschlüsse sind der Bachelor oder der Master oder die Promotion. Außerdem gibt es noch das Staatsexamen.
- Staatsexamen? Können Sie dieses Wort genauer erklären?
- Das ist eine Prüfung des Staates, die man an einer Hochschule macht. Staatsexamen brauchen zum Beispiel Lehrer, aber auch Ärzte und Juristen machen das Staatsexamen.
- Welche Voraussetzungen braucht man in Deutschland, um studieren zu können?
- Wenn man an einer Universität studieren will,

braucht man die Allgemeine Hochschulreife, also das Abitur, das man an den Gymnasien bekommt. Für ein Studium an Fachhochschulen genügt auch das Fachabitur.

- Und wo bekommt man das Fachabitur?
- Diesen Abschluss bekommt man Fachoberschulen.
- Was ist der Unterschied zwischen Gymnasien und Fachoberschulen?
- Auf einer Fachoberschule gibt es eine berufliche Orientierung, z. B. Wirtschaft oder Technik. Auf dem Gymnasium gibt es diesen Berufsbezug nicht. Dort bekommen die Schüler und Schülerinnen eine allgemeinere, breitere Bildung.
- Können Sie uns auch den Unterschied zwischen Universitäten und Fachhochschulen erklären?
- Wie an der Universität gibt es an Fachhochschulen wissenschaftliche Forschung, aber sie ist, wie das Studium auch, mehr an der Praxis orientiert. Das Studium an einer Fachhochschule dauert meistens nicht so lange wie an einer Universität und man lernt etwas weniger Theorie. Es gibt zum Beispiel Fachhochschulen für Soziales, Verwaltung, Wirtschaft oder für Technik. Viele Fächer kann man an Universitäten oder Fachhochschulen studieren, z. B. Ingenieurswissenschaften. Es gibt Ingenieure, die haben ein Diplom von einer Universität und Ingenieure, die ein Diplom von einer Fachhochschule haben. Wenn man aber Arzt oder Jurist werden will, muss man an einer Universität studieren.
- Muss man für ein Studium in Deutschland etwas bezahlen?
- Für ein Studium an staatlichen Universitäten und Hochschulen muss man in Deutschland in der Regel keine Studiengebühren zahlen. Aber es gibt natürlich auch private Hochschulen, an denen das Studium etwas kostet. Zudem sollte man wissen, dass das Schul- und Hochschulsystem ist in Deutschland zwar staatlich ist, aber die Bundesländer sind für die Bildungspolitik zuständig. Deshalb sollte man sich genau informieren, wie die Regeln in den Bundesländern sind, wenn man studieren möchte.
- Kann man auch studieren, wenn man keinen Abschluss von einem Gymnasium oder einer Fachoberschule hat?
- Ja, in manchen Bereichen geht das. Auch Handwerker können zum Beispiel in ihrem Fach an einer Fachhochschule studieren, wenn sie Meister sind oder ausreichend Berufserfahrung und Fortbildungen gemacht haben. Außerdem gibt es noch den zweiten Bildungsweg.
- Was ist das „der zweite Bildungsweg“?
- Man kann neben dem Beruf auf einer Abendrealschule oder einem Abendgymnasium die Mittlere Reife oder das Abitur machen und dann eine weitere Ausbildung machen oder mit dem Abitur studieren.
- Herr Bertram, ich danke Ihnen für das Gespräch.
- Gerne.

Arbeit und Beruf 10a

1
- Herr Delon hat mir gesagt, dass ich aufpassen soll, den Müll in die richtigen Behälter zu werfen, also: Papier zu Papier, Holz zu Holz, Kunststoff zu Kunststoff und so weiter. Müll ist doch Müll! Die Sachen, die wir wegwerfen, benutzt niemand mehr. Oder was meinst du …?
- Das ist so nicht richtig. Das Holz kann die Firma teilweise noch benutzen und kann so auch Geld sparen. Der Kunststoffmüll und anderer Müll werden abgeholt und recycelt.
- Okay, das verstehe ich.

2
- Herr Petrovic, die Post ist immer noch hier! Sie muss jeden Tag bis spätestens 16.00 Uhr zum Postamt gebracht werden!
- Oh, Entschuldigung. Ich dachte, es reicht, wenn die Post erst um 17.00 Uhr weggebracht wird. In Zukunft werde ich sie immer pünktlich wegbringen.

3
- Ich denke, wir haben dann die wichtigsten Sachen geklärt. Ich gebe Ihnen Bescheid, wann die neuen Praktikanten bei uns anfangen. Es tut mir leid, wenn ich unser Gespräch jetzt beenden muss, aber ich habe gleich einen Termin mit Frau Walthari.
- Kein Problem. Auf Wiederhören, Frau Unger.

4
- Jetzt bin ich wirklich verärgert! Ich soll heute noch die Rechnungen für die Firmen Transporte Herr und Modehaus Schön fertig schreiben. Außerdem fehlen mir die Daten für die Angebote an die Firmen Ansary, Petersmeyer und Vukovic. Wann bekomme ich die Daten endlich? So kann ich meine Arbeit nicht machen!
- Lieber Herr Wöhler, ich weiß, dass Sie die Daten heute noch brauchen. Es ist so, dass ich heute Vormittag viele Anrufe hatte. Im Moment ist es etwas ruhiger. Ich schicke Ihnen jetzt erst einmal die Daten für die Rechnungen. Die Daten für die Angebote bekommen Sie heute Nachmittag. Sind Sie damit einverstanden?
- Na gut, okay.

Prüfungsvorbereitung DTZ 1

Beispiel

Guten Tag, Herr Bossel. Hier spricht Frau Renner, die Klassenlehrerin von Roman. Wir haben für den nächsten Montag um 15.00 Uhr einen Gesprächstermin vereinbart. Leider muss ich den Termin verschieben. Haben Sie auch am Dienstag Zeit? Ich bin um 11.00 Uhr mit meinem Unterricht fertig. Wir könnten uns dann um 11.15 Uhr vor dem Lehrerzimmer treffen. Rufen Sie mich bitte zurück.

1 Sehr geehrte Damen und Herren. Wir erreichen nun Mannheim Hauptbahnhof. Dort haben Sie Anschluss an den ICE 109 nach Stuttgart, Abfahrt 16.31 Uhr am selben Bahnsteig gegenüber, an einen Regionalexpress nach Heilbronn über Heidelberg, Abfahrt 16.34 Uhr von Gleis 10b, an den IC 2056 nach Saarbrücken über Ludwigshafen, Neustadt an der Weinstraße, Kaiserslautern und Homburg (Saar), Abfahrt 16.58 Uhr aus Gleis 2. Bitte beachten Sie auch die Lautsprecherdurchsage am Bahnhof.

2 Liebe Kunden, an unserer Theke erhalten Sie zu günstigen Preisen frische Wurst- und Käsespezialitäten. Unsere aktuellen Sonderangebote für Sie: verschiedene Sorten Frischkäse, 100 g nur 59 Cent; gemischtes Hackfleisch, das Kilo nur 89 Cent.

3 Hallo Hannelore. Hier ist Fred. Ich habe meine Brille nicht in meiner Tasche gefunden. Ich glaube, sie liegt auf dem Regal an der Haustür. Kannst du sie mitbringen, wenn wir uns vor dem Kino treffen? Die Eintrittskarten habe ich schon. Bis dann. Tschüss.

4 Liebe Badegäste. Sie hören es ja schon, es kommt ein starkes Gewitter. Bitte gehen Sie sofort aus dem Wasser. Wir schließen das Schwimmbad in 30 Minuten. Bitte nehmen Sie Ihre Sachen und verlassen Sie das Schwimmbad. Vielen Dank für Ihr Verständnis.

Prüfungsvorbereitung DTZ 2

5 Es folgt die Wettervorhersage. Am Sonntag gibt es viel Sonne und es bleibt trocken. Hier und da gibt es ein paar einzelne Wolken. Die Temperatur steigt auf 14 Grad im Norden und 23 Grad im Süden. Der Wind weht schwach bis mäßig aus Nordwest. In der Nacht zu Montag stark bewölkt mit Regen, 12 bis 17 Grad. Am Montag bleibt es bewölkt mit Regen, Temperaturen 11 bis 18 Grad.

6 Nicht vergessen: Am Samstag ist Mega-Einkaufstag im Baumarkt Hopf! Wir haben geöffnet – nicht bis 18.00 Uhr oder 20.00 Uhr. Nein, an diesem Tag können Sie von 10.00 bis 24.00 Uhr ganz in Ruhe einkaufen! Nutzen Sie die Chance und profitieren Sie auch von den Superangeboten! Gartenpflanzen, Gartenmöbel und Gartengeräte zu super Preisen. Sonnenschirme schon ab 20 Euro! Baumarkt Hopf an der Autobahnausfahrt Bremen Vahr. Wir sehen uns am Samstag.

7 Guten Abend, meine Damen und Herren, wir beginnen unsere Sendung mit einem Bericht von dem Tennis-Turnier in Stuttgart. Es folgen Reportagen aus der Fußball-Bundesliga sowie aktuelle Nachrichten vom Sport aus aller Welt und am Schluss der Sendung haben wir ein Interview mit dem Manager des FC Bayern München. Aber zunächst zum Tennis …

8 Es folgen Verkehrsmeldungen für Baden-Württemberg. A5 Karlsruhe Richtung Basel Grenzübergang Weil am Rhein/Basel zwei Kilometer Stau für LKW. A8 München Richtung Stuttgart zwischen Anschlussstelle Merklingen und Anschlussstelle Mühlhausen fünf Kilometer Stau. Vorsicht auf der B30 Friedrichshafen-Ravensburg. Zwischen Ravensburg-Weissenau/Jahnstraße und Ravensburg-Nord in beiden Richtungen Tiere auf der Fahrbahn.

Prüfungsvorbereitung DTZ 3

Beispiel

- Guten Tag.
- Guten Tag, ich habe hier ein Rezept vom Arzt.
- Darf ich bitte mal sehen?
- Bitte sehr.
- Ja, die Tabletten haben wir. Einen Moment, bitte. Hier sind die Tabletten. Dann bekomme ich bitte noch die Rezeptgebühr von fünf Euro.
- Ich habe noch eine Frage. Wie oft muss ich die Tabletten nehmen?
- Sie müssen die Tabletten dreimal täglich nehmen. Eine Tablette am Morgen, eine am Mittag und eine am Abend. Sie dürfen die Tabletten aber nicht länger als sieben Tage nehmen.
- Kann es Nebenwirkungen geben?
- Leichte Kopfschmerzen sind möglich. Aber das ist sehr selten.
- Gut. Vielen Dank und auf Wiedersehen.
- Auf Wiedersehen.

9 und 10

- Guten Tag, Herr Haaf.
- Guten Tag Frau Gumpert.
- Kommen Sie am Freitagabend auch zum Straßenfest?
- Ja, ich komme, aber etwas später, ungefähr um zehn Uhr.
- Also erst spät am Abend? Dann sind Sie ja am Anfang gar nicht dabei. Einige Kinder wollen ein kleines Konzert geben. Und wir eröffnen die Fotoausstellung über unsere Straße. Für die schönsten Fotos gibt es Preise.
- Ich weiß, meine Frau und ich haben auch Fotos bei der Ausstellung und meine Tochter macht bei dem Konzert auch mit. Aber leider komme ich erst spät nach Hause. Am Donnerstag und Freitag bin ich auf Geschäftsreise.
- Ach, wie schade. Hoffentlich sind Sie dann nicht zu müde!
- Aber nein! Ich freue mich schon sehr auf das Fest und meine Frau und ich haben ja auch geholfen, es zu organisieren. Ich helfe sicher auch am Schluss, wenn wir aufräumen müssen.
- Das ist schön. Wir sehen uns dann am Freitag. Grüßen Sie Ihre Frau.
- Das mache ich. Auf Wiedersehen, Frau Gumpert.

11 und 12

- Müller.
- Guten Tag, Frau Müller. Hier spricht Herr Meier, der Klassenlehrer von Stefan.
- Guten Tag, Herr Meier. Ich kann mir schon denken, warum Sie anrufen. Es geht um die Noten von Stefan, oder?
- Ja, leider sind seine Noten in Mathematik und Deutsch sehr schlecht geworden und auch in den anderen Fächern ist er nicht gut. Wie ist das möglich? Im letzten Jahr war er viel besser.
- Im Moment interessiert er sich leider überhaupt nicht für die Schule. Ich weiß auch nicht, was ich machen soll.
- Ich habe gedacht, dass Sie mit Ihrem Sohn hier in der Schule vorbeikommen, so dass wir alle zusammen darüber reden können. Passt es Ihnen am nächsten Mittwoch um 15.00 Uhr?
- Ja, das geht. Ich komme dann mit Stefan in die Schule. Wo treffen wir uns?
- Ich warte im Klassenzimmer auf Sie.
- Vielen Dank für den Anruf, Herr Meier. Auf Wiederhören.
- Auf Wiederhören Frau Müller.

Prüfungsvorbereitung DTZ 4

„Sport und Gesundheit" – das ist das Thema unserer heutigen Sendung. Wir haben einige Personen auf der Straße nach ihrer Meinung gefragt.

Beispiel

- Natürlich ist Sport gut für die Gesundheit! Ich spiele mit meinem Mann zweimal die Woche Tennis, obwohl wir schon 75 sind, und dann auch noch oft mit Freunden. Das geht natürlich langsamer als früher, aber es macht immer noch Spaß. Wenn man Sport treibt, bewegt man sich und der Körper bleibt fit. Mein Mann und ich sind ein gutes Beispiel dafür.

13 • Sport und Gesundheit. Nun ja, was soll ich dazu sagen? Ich habe mein Leben lang nie regelmäßig Sport gemacht und trotzdem war ich selten krank. Ich bin jetzt 48 und mein Arzt sagt, dass ich absolut fit bin. Vielleicht liegt es daran, dass ich so ein glückliches Leben habe? Ich weiß es nicht, aber ich denke auch nicht viel darüber nach.

14 • Ich finde, dass für die Gesundheit viele Dinge wichtig sind und Sport ist nur ein Teil davon. Auch eine gesunde Ernährung ist wichtig, am Arbeitsplatz sollte es nicht zu viel Stress geben und man muss Zeit finden, um sich zu entspannen. Wenn man nur Sport macht und nicht an die anderen Dinge denkt, dann hilft der Sport auch nicht, um gesund zu bleiben.

15 • Sport soll helfen, dass man gesund bleibt? Da kann ich ja nur lachen. Es gibt viele Beispiele dafür, dass Leute durch Sport krank werden. Ein Arbeitskollege von mir spielt gerne Fußball, aber er konnte im letzten Jahr sechs Wochen nicht arbeiten, weil er sich während eines Spiels ein Bein gebrochen hat. Und immer wieder lese ich in der Zeitung, dass es beim Radfahren, Skifahren und sogar bei Wanderungen zu schweren Unfällen kommt.

7 Reisen und Verkehr

Auftaktseite 2

- Hallo Samira.
- Hallo Henning, wie geht es dir? Wie war dein Urlaub?

- Sehr schön. Wir haben Campingurlaub in Italien am Meer gemacht. Das Wetter war wirklich toll. Wir hatten in den zwei Wochen nur einen Regentag, an den anderen Tagen hatten wir nur Sonne.
- Ach, wie schön! Und was habt ihr gemacht?
- Ja, was man so macht im Urlaub: schwimmen, in der Sonne liegen, lesen. Manchmal haben wir kleine Radtouren gemacht und abends sind wir essen gegangen.
- Das hört sich gut an.
- Ja, das war auch nett. Schade war nur, dass es überall sehr voll war. Nächstes Jahr fahren wir lieber wieder außerhalb der Ferienzeit, da ist es ruhiger. Und wie war dein Urlaub?
- Wir haben unsere Familie in ganz Deutschland besucht. Wir waren in Berlin bei dem Bruder meines Mannes, in Halle bei meiner Schwester, in Köln, wo unsere Kinder studieren und in München. Da wohnen meine Eltern.
- Wow! Dann habt ihr ja eine richtige Städtetour gemacht und sicher viel gesehen.
- Nein, leider nicht. Wir waren eigentlich die ganze Zeit bei unseren Verwandten. Wir haben zusammen gesessen, viel erzählt und nur kleine Spaziergänge gemacht. Und das Wetter war auch nicht so toll. Es hat oft geregnet.
- Dir hat der Urlaub also gar nicht gefallen?
- Doch, natürlich! Es war sehr schön, dass wir endlich mal Zeit für die Familie hatten. Familientreffen sind für mich immer schön, vor allem, wenn man sich lange nicht gesehen hat. Aber es ist ein bisschen schade, dass wir nicht die Möglichkeit hatten, uns etwas anzuschauen. Ehrlich gesagt würde ich gerne noch einmal so eine Reise durch Deutschland machen, um dann mehr von den Städten zu sehen.

A 1

- Ich finde, wir sollten bald unseren Sommerurlaub planen.
- Stimmt!
- Und, hast du schon eine Idee?
- Auf jeden Fall nicht wieder Strandurlaub auf Amrum!
- Wieso? Die Insel ist doch fantastisch.
- Ja, aber da waren wir schon so oft. Ich habe keine Lust, schon wieder dieselbe Ferienwohnung zu buchen und jeden Tag denselben Strand zu sehen. Ich möchte gerne mal was anderes machen.
- Und wie wäre es, wenn wir mal nach Bayern auf einen Campingplatz fahren? Ich habe gehört, dass es am Chiemsee sehr schöne Campingplätze gibt.
- Ich weiß nicht, ob der Unterschied so groß ist: Auf Amrum liegen wir am Strand am Meer und dort am Chiemsee! Immer nur Wasser und nichts tun! Wäre es nicht besser, wenn wir mal einen richtigen Aktivurlaub machen würden, mit Sport und Wandern und so?
- Also ich würde dann lieber eine Tour durch Deutschland machen und verschiedene Städte besichtigen. Da haben wir immer Abwechslung und Bewegung haben wir auch! Was meinst du dazu?
- Eine Städtetour? Das ist mit zu anstrengend!
- Aber du hast doch gerade gesagt, dass du dich im Urlaub mehr bewegen möchtest und nicht immer an demselben Ort sein willst!
- Ja, aber drei Wochen Städte anschauen ist mir zu viel! Das ist Stress! Ich brauche auch Erholung!
- Natürlich, das finde ich auch. Eine reine Städtetour ist zu viel. Ich habe gedacht, dass wir zum Beispiel zuerst zehn Tage Städte besuchen und dann einige Tage an einem Ort länger bleiben und uns ausruhen, z. B. in einem schönen Wellnesshotel. Da kannst du dann auch Sport machen und entspannen.
- Ja, das ist keine schlechte Idee.

B 1

1 Heute haben in Bayern die Sommerferien begonnen und es ist viel Verkehr auf den Autobahnen. Hier sind die aktuellen Verkehrsmeldungen: A3 Frankfurt Richtung Würzburg zwischen Wertheim/Lengfurt und Dreieck Würzburg-West Baustelle, 7 km Stau, der rechte Fahrstreifen ist gesperrt. Vorsicht auf der A8 Stuttgart Richtung München an der Ausfahrt Stuttgart Degerloch Gefahr durch Gegenstände auf der Fahrbahn. Die B12 München – Passau ist bei Mühldorf wegen Bauarbeiten in beiden Richtungen gesperrt. Eine Umleitung ist ausgeschildert. Staus gibt es außerdem auf der A8 zwischen …

2 Sehr geehrte Fahrgäste, bitte beachten Sie: Von Samstag 6.00 Uhr bis Montag 6.00 Uhr verkehren wegen Bauarbeiten zwischen den Stationen Denzlingen und Emmendingen keine Züge. Zwischen diesen Stationen gibt es in diesem Zeitraum einen Schienenersatzverkehr mit Bussen. Die Haltestellen des Schienenersatzverkehrs befinden sich jeweils direkt vor den Bahnhöfen.

E 2

- Versicherungsgesellschaft Urbach, Sie sprechen mit Dora Weiß, was kann ich für Sie tun?

- Guten Tag, mein Name ist Juan Falcao, ich habe einige Fragen zu Autoversicherungen. Ich habe ein Auto gekauft, einen Amalfi 5, den ich jetzt anmelden möchte. Mich interessiert, was die Versicherung dafür kostet.
- Ja, gerne. Ist das ein Neuwagen oder ein gebrauchtes Fahrzeug?
- Das Auto ist neu. Und da es ein Neuwagen ist, möchte ich auch gerne eine Vollkaskoversicherung haben.
- Ja, das würde ich Ihnen für einen Neuwagen auch empfehlen. Dann brauche ich noch einige Informationen. Zuerst möchte ich gern noch wissen, wie alt Sie sind und ob Sie schon einmal ein eigenes Auto hatten.
- Ich bin 23 Jahre alt und das ist mein erstes Auto. Ich habe bis jetzt immer nur Autos vom Carsharing und das Auto von meinen Eltern benutzt.
- Dann wird die Versicherung etwas teurer und erst, nachdem Sie einige Jahre ohne Unfall gefahren sind, sinken die Beträge.
- Ja, das weiß ich.
- Außerdem muss ich noch wissen, wo Sie wohnen.
- Ich wohne in Ahrensburg.
- Vielen Dank. Wo steht das Auto, wenn Sie zu Hause sind? Haben Sie eine Garage oder steht es zum Beispiel auf der Straße?
- Ist das wirklich wichtig?
- Ja, das müssen wir wissen, denn wenn Ihr Auto auf der Straße steht, ist die Gefahr, dass es beschädigt oder gestohlen wird, größer als in einer Garage.
- Ach so, ich verstehe. Ja, leider steht das Auto auf der Straße vor dem Haus.
- Sie sagten, Sie bekommen einen Amalfi 5. Haben Sie die Schlüsselnummer des Fahrzeugs? Ich muss genau wissen, welchen Fahrzeugtyp Sie haben.
- Nein, die habe ich leider nicht, da muss ich das Autohaus anrufen. Kann ich Sie in fünf Minuten zurückrufen?
- Ja, gerne. Kein Problem, bis gleich.
- Ja, bis gleich.

Sprechen aktiv 1

1 die Bremse
2 der Wagenheber
3 das Warndreieck
4 die Motorhaube
5 der Blinker
6 der Scheinwerfer
7 der Scheibenwischer
8 der Sicherheitsgurt

Sprechen aktiv 3

Mein Mann und ich haben viele Jahre lang Urlaub an der Ostsee gemacht.
Wir waren immer an demselben Ort, auf demselben Campingplatz.
Eigentlich haben wir auch immer dasselbe gemacht: baden, lesen, Spaziergänge am Strand und kleine Radtouren.
In diesem Jahr war alles ganz anders: Wir sind nicht an die Ostsee gefahren, sondern zu Hause geblieben. Wir haben Museen besucht, Sehenswürdigkeiten besichtigt und Radtouren in unserer Region gemacht.
Das war toll! Wir haben unsere Stadt und die Region ganz neu kennengelernt.

Sprechen aktiv 4a

- Ihr glaubt nicht, was mir gerade passiert ist. Ich bin die Georgstraße heruntergefahren, um einen Parkplatz zu suchen, und da kommt plötzlich ein Auto aus einer Einfahrt raus. Der Typ fährt einfach auf die Straße, ohne zu gucken. Und fährt mir voll ins Auto.
- Oh, nein! Ist dir was passiert? Hast du dich verletzt?
- Zum Glück nicht. Nur mein Auto ist ziemlich kaputt.
- Aber du hast doch keine Schuld an dem Unfall. Dann zahlt doch die Versicherung.
- Ja, aber das Ganze ist natürlich total nervig.
- Habt ihr die Polizei gerufen?
- Ja, natürlich. Die Polizei hat den Unfall aufgenommen. Jetzt werden alle Informationen an die Versicherung des anderen Autofahrers geschickt.
- Und wie geht es jetzt weiter?
- Die Versicherung meldet sich bei mir und dann muss ich den Wagen in die Werkstatt bringen. Dort wird der Schaden geschätzt.
- Was glaubst du, wie hoch der Schaden ist?
- Ich weiß nicht – 1.500 Euro vielleicht. Ich hoffe einfach, dass das Auto bald repariert wird. Wir wollten eigentlich nächste Woche in Urlaub fahren.

Ein neuer Start 

Auftaktseite 1 a

- Guten Abend, meine Damen und Herren. Viele Menschen in Deutschland möchten sich selbstständig machen. In den letzten 20 Jahren ist die Zahl der Selbstständigen stark gestiegen. Selbstständig zu arbeiten, das kann sehr schön sein, aber auch sehr anstrengend. Wir haben heute drei Gäste im Studio, die den Schritt in die Selbstständigkeit gegangen sind. Vielleicht stellen Sie sich erst einmal vor. Wollen Sie anfangen, Herr Dill?
- Ja, gerne. Mein Name ist Hans Dill. Ich bin von Beruf Elektriker. Ich war acht Jahre in einer Firma angestellt. 2007 habe ich die Meisterprüfung gemacht und 2008 habe ich dann meine eigene Elektro-Firma gegründet. Heute habe ich acht Mitarbeiter.
- Ich bin Irina Karelina. Ich komme aus der Ukraine. Ich bin Krankenschwester und seit einem Jahr selbstständig. Nach vier Jahren Berufspraxis in einem Pflegeheim habe ich letztes Jahr die „Tagespflege in der Altstadt" gegründet. Mein Team und ich pflegen und betreuen Senioren von morgens bis abends.
- Und ich heiße Toni Vitello. Ich habe zusammen mit meinem Bruder eine kleine Pizzeria in der Innenstadt. Wir haben sieben Tage die Woche von 12.00 Uhr bis 23.00 Uhr geöffnet.

Auftaktseite 1 b

- Herr Vitello, kann man mit einer kleinen Pizzeria genug Geld verdienen?
- Reich wird man damit nicht. Das Geschäft ist in den letzten Jahren härter geworden. Es gibt heute viele kleine, günstige Restaurants. Unsere Pizzeria hat aber eine sehr gute Lage und wir haben viele Stammgäste.
- Aber Sie arbeiten sicher viel, oder?
- Mein Bruder und ich teilen uns die Arbeit und wir haben auch noch fünf Angestellte. Trotzdem ist es sehr viel Arbeit, aber noch einen weiteren Mitarbeiter anzustellen, können wir uns nicht leisten. So ist das nun mal. Aber meine Arbeit macht mir Spaß. Ich unterhalte mich gerne mit den Gästen und ich weiß immer genau, was es Neues in unserem Viertel gibt.
- Ja, das kann ich mir vorstellen. Herr Dill, Sie haben einen ElektroBetrieb. Sind Sie mit Ihrer Selbstständigkeit zufrieden?
- Ja, auf jeden Fall. Mir gefällt die Unabhängigkeit. Aber natürlich waren die ersten Jahre sehr schwer. Ich musste einen hohen Kredit zurückzahlen und habe Tag und Nacht gearbeitet.
- Aber Sie haben es geschafft?
- Ja, heute läuft es gut. Die Konkurrenz ist natürlich groß. Für einen Handwerksbetrieb wie meinen ist es extrem wichtig, dass man die Arbeit zuverlässig und gut macht und pünktlich fertig ist. Wenn die Kunden mit uns zufrieden sind, empfehlen sie uns weiter. Und dann bekommt man auch Aufträge.
- Wie ist es bei Ihnen, Frau Karelina?
- Der Anfang war sehr schwer. Als kleine Unternehmerin musste ich mir viele Informationen selbst beschaffen. Da Deutsch nicht meine Muttersprache ist, war das nicht einfach. Ich brauchte auch einen Kredit von einer Bank. Ich musste meine Bank überzeugen, dass ich mit meiner Tagespflege für Senioren Erfolg haben werde.
- Ihre „Tagespflege in der Altstadt" ist ja inzwischen sehr erfolgreich. Was ist Ihr Erfolgsrezept?
- In diesem Beruf muss man bereit sein, hart zu arbeiten. Für mich ist es normal, dass ich mehr als 40 Stunden pro Woche arbeite. Das möchte nicht jeder tun. Aber mir macht die Arbeit mit Senioren auch sehr viel Spaß.

B 1

- Lieber Hörerinnen und Hörer, in unserer Reihe „Existenzgründung" spreche ich heute mit Merit und Christoph Schambach, die vor einigen Jahren mit ihrem Senfsalon den Schritt in die Selbstständigkeit getan haben. Herr und Frau Schambach, wie sind Sie auf die Idee gekommen, einen Senfsalon zu eröffnen?
- Ich habe einmal die Sendung mit der Maus im Fernsehen gesehen. Das ist eine Kindersendung, in der gezeigt wurde, was man alles mit Senf machen kann. Danach habe ich meine eigenen Senfexperimente gemacht.
- Wir haben verschiedene Rezepte ausprobiert, zum Beispiel Senf mit Bananengeschmack. Nachdem wir einige gute Senfrezepte gefunden hatten, haben wir unseren ersten Senf auf einem Wochenmarkt verkauft. Wir hatten nur 20 Gläser, aber die waren innerhalb von einer Stunde weg.
- Danach haben wir immer mehr Wochenmärkte besucht und der Erfolg wurde so groß, dass wir das Geschäft beim Bürgeramt als Gewerbe angemeldet haben. Außerdem brauchten wir mehr Platz und haben deshalb Geschäftsräume gesucht. Für uns war das eine gute Chance, eine sichere Existenz aufzubauen. Wir beide haben Berufe gelernt, in denen es nicht einfach ist, eine sichere Arbeit zu finden. Ich bin Musiker und war gerade arbeitslos, als ich mit den Senf-

experimenten angefangen habe. Und meine Frau war freiberufliche Fotografin und es war für sie sehr schwer, in diesem Beruf Aufträge zu bekommen.
- Ich habe auch einen Existenzgründerkurs bei der Industrie- und Handelskammer gemacht. Ich hatte zwar schon Erfahrung als selbstständige Fotografin, aber ich hatte noch nie ein Geschäft eröffnet.
- Außerdem brauchten wir Geld, um das Geschäft zu eröffnen. Deshalb haben wir bei einer Bank einen Kredit aufgenommen, was auch ziemlich kompliziert war. Wir mussten genau angeben, wofür wir das Geld brauchten und die Bank hat unseren Kreditantrag erst nach langen Verhandlungen akzeptiert.
- Sicher haben Sie sich auch beim Finanzamt angemeldet.
- Nein, das war nicht nötig. Nachdem wir das Gewerbe angemeldet hatten, kam ein Formular vom Finanzamt. Wir haben uns gewundert, als es gekommen ist, aber es war auch sehr praktisch. Wir mussten nur das Formular ausfüllen und abschicken und die Anmeldung war fertig.
- Sind Sie mit Ihrer Entscheidung, ein eigenes Geschäft zu eröffnen, zufrieden?
- Am Anfang war es schwierig. Wir hatten viel Geld investiert, aber in den ersten Monaten haben wir noch nicht so viel verdient und wir mussten viel lernen: über Hygienevorschriften, wie man auf den Etiketten die Inhaltsstoffe in dem Senf angibt und so weiter. Heute läuft es besser. Obwohl wir mit dem Geschäft nicht reich werden, haben wir genug Kunden, um davon zu leben.
- Es ist auf jeden Fall immer interessant. Wir haben viele Kontakte, es macht Spaß, die Senfsorten zu komponieren und zu merken, dass die Kunden zufrieden sind, wenn sie etwas gekauft haben. Heute haben wir mehr als 30 verschiedene Senfsorten im Angebot, im Winter verkaufen wir Weihnachtssenf und im Frühjahr Frühlingssenf. Wir haben immer neue Ideen und so bleiben wir sicher gut im Geschäft.

C 3

- Guten Tag, mein Name ist Akay. Ömer Akay. Und das ist meine Frau, Aylin.
- Guten Tag.
- Guten Tag.
- Was kann ich für Sie tun?
- Wir möchten einen Kredit beantragen. Wir möchten uns selbstständig machen und wollen einen Friseursalon in der Altstadt übernehmen.
- Ja, unsere Bank bietet Selbstständigen und Geschäftsleuten Kredite zu sehr günstigen Konditionen mit niedrigen Zinsen an. Wie viel Geld brauchen Sie denn?
- 40.000 Euro.
- Haben Sie auch Eigenkapital?
- Ja, wir haben 30.000 Euro.
- Das ist gut. Wie schnell können Sie den Kredit zurückzahlen?
- Ich glaube, wir können ihn innerhalb von fünf Jahren zurückzahlen. Wie hoch wären dann die Zinsen?
- Bei einer Laufzeit des Kredits von fünf Jahren können wir Ihnen Zinsen in Höhe von 2,75 Prozent anbieten.
- Das hört sich gut an.
- Ja, das ist in Ordnung.
- Für die Bearbeitung brauche ich von Ihnen folgende Unterlagen: Kopien Ihrer Ausweise, den Businessplan, eine Schufa-Auskunft sowie den Mietvertrag.
- Also unsere Ausweise, den Businessplan und den Mietvertrag haben wir dabei.
- Aber eine Schufa-Auskunft nicht. Was ist das?
- Unsere Bank möchte wissen, ob Sie irgendwo Schulden haben oder ob Sie noch andere Kredite zurückzahlen müssen. Die Informationen hat die Schufa und deshalb brauchen wir eine sogenannte Schufa-Auskunft.
- Ah, ich verstehe und was müssen wir tun, um diese Schufa-Auskunft zu bekommen?
- Wenn Sie dieses Formular hier ausfüllen, können wir gerne bei der Schufa anfragen und diese Auskunft besorgen. Dann müssen Sie sich nicht selbst darum kümmern.
- Das wäre gut, danke.
- Ja, das ist gut. … Wie schnell können wir dann den Kredit bekommen?
- Wir prüfen Ihre Unterlagen. Wenn alles in Ordnung ist, dauert es normalerweise nur ein paar Tage.
- Vielen Dank.

Sprechen aktiv 1

1 an einem Existenzgründerseminar teilnehmen

2 ein Unternehmen gründen

3 sein eigener Chef sein

4 ein Geschäft aufmachen

5 eine Firma leiten

6 einen Kredit aufnehmen

7 die Unterlagen prüfen

8 Weiterbildungsangebote nutzen

9 Eigenkapital haben

10 Schulden haben

Sprechen aktiv 4

Elena entschied im Mai 2013, sich als Übersetzerin selbstständig zu machen.
Bevor sie ihr Übersetzungsbüro eröffnen konnte, musste sie viel vorbereiten.
Nachdem sie ein Existenzgründerseminar besucht hatte, schrieb sie einen Businessplan.
Sie hatte nur 5.000 Euro Eigenkapital, deshalb musste sie einen kleinen Kredit aufnehmen.
Nachdem Elena einen Büroraum gefunden hatte, richtete sie ihren Arbeitsplatz ein.
Im November 2013 eröffnete sie schließlich ihr Übersetzungsbüro.
Heute ist Elena zufrieden. Sie hat viele Kunden und die Arbeit macht ihr Spaß.

Natur und Umwelt 

Auftaktseite 1

- Guten Tag, meine Damen und Herren, in unserer Reihe „Landleben heute" sind wir zu Besuch bei Familie Wehrle. Neben mir stehen Herr Markus Wehrle, Besitzer eines mittelgroßen Bauernhofes, auf dem er geboren wurde und den er von seinen Eltern geerbt hat, und sein Sohn Rolf. Herr Wehrle, Sie sind jetzt 67 Jahre alt. Wenn Sie zurückblicken, was hat sich in all den Jahren, in denen Sie als Landwirt tätig sind, geändert?
- Also, der Hof gehört schon seit vier Generationen meiner Familie, mein Ururgroßvater hatte hier schon Milchkühe. Ich mag meine Arbeit und das Leben hier auf dem Hof, aber es ist in den letzten Jahren immer schwieriger geworden. Mit den Milchkühen verdienen wir nur noch sehr wenig. Der Milchpreis ist einfach viel zu niedrig. Zum Glück haben wir seit 2008 sechs Ferienwohnungen, die wir gut vermieten können. Im Sommer kommen Familien mit Kindern, die Urlaub auf dem Bauernhof machen, und im Winter kommen viele Skifahrer.
- Die Tiere und die Landwirtschaft sind also nicht mehr Ihr Hauptberuf?
- Doch, doch. Ich bin den ganzen Tag mit den Tieren auf dem Hof beschäftigt. Meine Frau und meine jüngste Tochter kümmern sich um die Wohnungen und die Gäste.
- Rolf, Sie sind der einzige Sohn, der noch auf dem Hof lebt. Möchten Sie den Hof später von Ihren Eltern übernehmen?
- Ich denke ja. Wir haben auf dem Hof in den letzten Jahren viel neu gemacht und ich glaube, dass wir für die Zukunft optimistisch sein können. Wir versuchen, ökologisch zu arbeiten und erneuerbare Energien zu nutzen.
- Ja, das habe ich schon bemerkt. Sie haben auf dem Dach des Wohnhauses eine große Solaranlage.
- Ja genau, und neben dem Stall, wo die Kühe sind, haben wir eine kleine Biogasanlage. So können wir die Energie, die wir brauchen, selbst produzieren.
- So können Sie auch Geld sparen?
- Genau. Außerdem kann ich im Winter auch als Skilehrer arbeiten, um Geld zu verdienen.
- Jedenfalls im Moment noch. Aber wer weiß, wie lange noch.
- Wieso?
- Nun ja, noch haben wir hier im Schwarzwald genug Schnee. Aber wir wissen nicht, ob das so bleibt. Durch den Klimawandel gibt es in einigen Jahren vielleicht zu wenig oder gar keinen Schnee mehr.
- Das ist richtig. Das kann auch für die Landwirtschaft noch ein Problem werden. Aber wir haben diesen Hof seit vier Generationen, wenn es Probleme gab, haben wir bisher immer eine Lösung gefunden.
- Sie wollen den Hof also auf jeden Fall behalten?
- Ja, wir gehen nicht von hier weg, auch wenn es nicht immer einfach ist. Wir lieben den Hof und die Landschaft hier. Und ich freue mich jeden Tag, wenn ich auf die Wiesen vor dem Haus blicke und auf den Bach unten im Tal.

A 3

- Heute ist der 5. Juni. Dieser Tag ist seit 1972 der internationale Tag der Umwelt. Deshalb haben wir auf der Straße einige Leute nach ihrer Meinung zu diesem Thema gefragt, und was sie selbst für den Umweltschutz tun. Diese Antwort hat uns Herr Heim gegeben:
- Ich finde, jeder einzelne kann etwas für den Umweltschutz tun. Nehmen wir zum Beispiel das Thema Abgase und Luftverschmutzung. Neue Gesetze allein sind keine Lösung. Ich habe mein Auto vor einem Jahr verkauft, denn hier in der Stadt brauche ich es nicht. Viele Wege mache ich mit dem Fahrrad oder ich benutze den Bus und die Straßenbahn. Ganz selten miete ich ein Auto, wenn ich etwas transportieren muss, zum Beispiel Möbel. Außerdem fühle ich mich gesünder, seit ich mehr Rad fahre.
- Das sagt Frau Widmer:

- Früher habe ich mich nur wenig für Umweltschutz interessiert. Aber dann hat mein Sohn in der Schule an einem Umweltprojekt teilgenommen und seine Klasse hat einen Film zum Thema „Energie“ gemacht, der den Eltern gezeigt wurde. Das war super und wir sind dadurch viel umweltbewusster geworden. Seitdem sparen wir zu Hause so viel Energie wie möglich. Mein Sohn achtet darauf, dass wir immer das Licht und die Heizung ausmachen, wenn wir ein Zimmer verlassen. Wir schalten alle Elektrogeräte mit Stand-By-Betrieb, zum Beispiel den Fernseher, ganz aus, wenn wir sie nicht benutzen, wir benutzen LED-Lampen und wir heizen die Wohnung nicht mehr so stark. Man kann im Winter ja auch in der Wohnung einen dicken Pullover anziehen. Seit wir weniger Energie verbrauchen, sparen wir jeden Monat viel Geld. Das ist natürlich auch schön!
- Herr Sund meint:
- Seit man in Deutschland den Müll trennt, haben viele Deutsche beim Umweltschutz ein gutes Gewissen. Sie denken, dass sie mit der Mülltrennung genug für den Umweltschutz tun. Aber das stimmt nicht, man sollte auch Produkte ohne oder mit wenig Verpackung kaufen. Das ist zum Beispiel bei Obst und Gemüse sehr gut möglich. In den Supermärkten bekommt man Obst und Gemüse oft in Plastikverpackungen. Deshalb kaufe ich Obst und Gemüse nur auf dem Markt und tue es in meinen Rucksack.
- Und zum Schluss noch Frau Fichte:
- Alle wissen, dass die Umweltverschmutzung ein ernstes Problem ist, aber die Politiker und die Unternehmen, aber auch wir Verbraucher tun noch viel zu wenig. Seit ich den letzten Klimabericht gelesen habe, bin ich pessimistisch und habe kein gutes Gefühl. Der Bericht zeigt leider: Es wird viel geredet, aber zu wenig getan. Die meisten Industriestaaten nutzen noch immer vor allem Kohle und Öl zur Energiegewinnung und für viele Firmen sind gute Geschäftszahlen noch immer wichtiger als der Schutz der Umwelt und des Klimas. Das ist wirklich traurig!

C 2

- Sag mal, Markus, wo ist euer Biomüll?
- Biomüll? Für deine Bananenschale? Die kommt hier in den Restmüll.
- Trennt ihr hier in Kleinstetten nicht zwischen Biomüll und Restmüll? Bei uns in Unterrode machen wir das.
- Nein, einen Biomüll gibt es hier nicht. Das ist von Gemeinde zu Gemeinde unterschiedlich. Aber wir trennen Papier und Glas und einen Gelben Sack für Verpackungen gibt es natürlich auch.
- Das ist aber auch kompliziert! Ich weiß noch genau: Als ich aus Jordanien nach Deutschland gekommen bin, stand ich vor den vielen verschiedenen Mülltonnen im Wohnheim und wusste gar nicht, was wohin kommt. Bei uns gab es immer nur eine Mülltonne.
- Und jetzt fragst du mich schon nach dem Biomüll.
- Ja, das mit dem Biomüll finde ich auch nicht so schwierig, aber es hat wirklich lange gedauert, bis ich wusste, was Verpackungen für den Gelben Sack sind, und dass man Glas auch noch nach Farben trennt.
- Ja, das ist auch eine kleine Wissenschaft.
- Stimmt, aber jetzt schaue ich einfach in den Abfallkalender von Unterrode, wenn ich etwas nicht weiß. Da steht ja wirklich fast alles drin: Was in welche Tonne kommt, wie oft der Müll abgeholt wird, wie man Sperrmüll abholen lassen kann, dass man Schadstoffe beim Recyclinghof abgeben kann und so weiter.
- Der Recyclinghof bei euch in Unterrode nimmt Schadstoffe an? Das ist bei uns auch anders: Die kann man hier in Kleinstetten nur beim Schadstoffmobil abgeben und das kommt nur viermal im Jahr oder so. Das finde ich echt blöd, ich habe im Keller noch so viele Lackreste.

D 1

- So, liebe Hörer, wie an jedem Samstagvormittag ist es bei Radio Unterrode nun wieder Zeit für den Stadtspaziergang, der uns heute auf den Birkenhof führt. Wir alle kennen und lieben ihn: den kleinen Stadtbauernhof neben dem Seepark. Ich bin jetzt mit meiner Kollegin Melanie Krause verbunden. Hallo Melanie!
- Hallo Sven, ja, ich stehe jetzt hier im Birkenhof bei den Ziegen. Neben mir ist Herr Lehmann, der Leiter des Birkenhofs. Herr Lehmann, sind immer so viele Leute hier wie heute?
- Am Wochenende ist hier immer viel los. Dann kommen viele Eltern mit ihren Kindern, um die Tiere zu sehen. Von Montag bis Freitag ist es etwas ruhiger, oft aber kommen wochentags auch Schulklassen oder Kindergartengruppen.
- Schulklassen? Was machen die Schüler hier? Kommen sie mit ihren Biologielehrern?
- Ja, zum Beispiel, und ich erzähle ihnen dann einiges über die Tiere und warum sie nützlich sind. Die Schulkinder können aber auch selbst Dinge ausprobieren. Sie können aus der Milch

unserer Kühe Butter machen oder aus der Milch der Ziegen Käse herstellen. Und es gibt auch die Möglichkeit, aus der Wolle kleine Geschenke zu basteln.

- Für Großstadtkinder ist es sicher wichtig, dass sie die Tiere, die zu unserem Leben gehören, nicht nur aus dem Fernsehen kennen.
- So ist es. Hier haben sie direkten Kontakt zu den Tieren und können manche sogar streicheln, wie zum Beispiel die Ziegen, die Schafe und die Hasen.
- Sie haben ja auch Schweine und Hühner. Darf man die auch streicheln?
- Nein, die Schweine und Hühner darf man nicht streicheln und unsere Kühe natürlich auch nicht. Aber die Kinder lieben es, die Eier aus dem Hühnerstall zu holen oder die Schweine zu füttern.
- Das hört sich toll an!
- Ja, die Kinder haben hier wirklich viel Spaß.
- Früher hatten Sie auch Pferde, warum jetzt nicht mehr?
- Wir hatten Pferde, auf denen die Kinder reiten konnten, aber sie waren dann doch sehr teuer und wir brauchten Platz für den neuen Kuhstall. Deshalb haben wir die Pferde an eine Reitschule verkauft.
- Ich verstehe. Sie haben aber auch Tiere, die man auf einem Bauernhof normalerweise nicht hat.
- Ja, das stimmt, wir haben auch Rehe, die bei uns im Wald leben. Außerdem haben wir Vögel, Papageien und Kakadus. Die Papageien können sprechen und das begeistert die Besucher immer wieder.
- Herr Lehman, vielen Dank, dass Sie Zeit für dieses Interview hatten. Neben mir steht jetzt ein Vater mit seiner Tochter. Darf ich fragen, wie Sie heißen?
- Mein Name ist Sebastian Brenner und das ist meine Tochter Jessica. Wir haben zu Hause einen kleinen Hund, aber Jessica mag Tiere sehr und deshalb kommen wir oft hier zum Birkenhof.
- Welche Tiere gefallen dir denn besonders gut?
- Ich mag vor allem die Häschen. Die darf man streicheln. Sie sind so klein und süß. Aber unser Hündchen zu Hause mag ich auch. Es ist erst vier Monate alt.
- Ja, die Hasen mag sie wirklich sehr!
- Dann wünsche ich euch noch viel Spaß hier. Ich gebe jetzt erst einmal zurück zu Sven ins Studio. Ich melde mich später noch einmal.
- Vielen Dank, Melanie. Wir machen jetzt erst einmal wieder etwas Musik.

Sprechen aktiv 4

Viele Leute wollen etwas für den Umweltschutz tun. Sie sparen Strom und versuchen, Verpackungen zu vermeiden.
In Deutschland wird der Müll getrennt. Es gibt Mülltonnen für: Restmüll, Biomüll, Verpackungen, Papier und Glas.
Schadstoffe muss man auf dem Recyclinghof oder beim Schadstoffmobil abgeben.
Batterien und Akkus kann man auch in manchen Supermärkten abgeben.
Kohle und Öl sind eines Tages verbraucht. Erneuerbare Energien wie Windkraft oder Solarenergie werden immer wichtiger.

Station 3

Arbeit und Beruf 1

1
- Guten Tag, Herr Kamenisch. Das ist Herr Smikalla. Er wird in den nächsten drei Monaten ein Praktikum in unserer Abteilung machen. Sie werden sicher häufiger mit ihm zu tun haben.
- Sehr erfreut, ich bin für die Kundenanfragen zuständig. Wir werden wir uns jetzt sicher öfter sehen. Wenn Sie Fragen haben, können Sie gerne zu mir kommen.
- Vielen Dank, Herr Kamenisch. Ich bin sicher, dass ich hier viel lernen kann.
- Sie werden sich sicher bei uns wohlfühlen. Wir sind ein nettes Team.
- Dann wollen wir Sie nicht weiter stören. Bis später, …
- Ja, bis später …
- Auf Wiedersehen, Herr Smikalla.
- Auf Wiedersehen.

2
- Britta, hast du einen Moment Zeit?
- Ja, was gibt's, Johan?
- Hast du schon gehört, dass es ab dem nächsten Jahr neue Regeln für den Urlaub gibt?
- Nein, wie sind die?
- Ab nächstem Jahr dürfen nur noch zwei von uns gleichzeitig Urlaub nehmen. Und im Juni, Juli und August dürfen wir nur zwei Wochen Urlaub nehmen.
- Was, nur noch nur zwei Wochen im Block? Mein Freund und ich wollten nach Kanada fliegen, aber für zwei Wochen lohnt sich das nicht – das ist zu kurz! Und was ist mit den Kolleginnen, die Schulkinder haben? Die müssen ja alle im Juli oder August Urlaub nehmen, weil da Schulferien sind.

- Mit denen habe ich schon gesprochen und sie haben sich geeinigt. Schau, hier ist der bisherige Plan.
- Das heißt, dass wir beide nur im Juni oder September Urlaub machen können, richtig?
- Ja, genau.
- Okay. Was machen wir?
- Naja, im September habe ich eine Fortbildung in Hamburg, da bin ich schon fest angemeldet. Ich kann also eigentlich nur im Juni frei nehmen.
- Hm, dann habe ich ja keine Wahl!
- Ich, weiß, das ist blöd, tut mir leid! Aber der September hat den Vorteil, dass du dann auch drei Wochen im Block nehmen kannst. Dann könntest du auch nach Kanada!
- Stimmt, das ist gar nicht schlecht!
- Also machen wir das so: Du nimmst im September frei und ich im Juni?
- Ja, in Ordnung.
- Danke Britta, das ist echt nett von dir!
- Aber dann möchte ich auf jeden Fall drei Wochen oder vielleicht sogar vier im Block!
- Das wird sicher gehen!
- Ja, ist schon in Ordnung. Ich finde, das ist eine ganz gute Lösung und vielleicht kann ich ja übernächstes Jahr im Juni oder Juli frei nehmen.

3

- Kann ich Ihnen helfen?
- Ja, gerne. Ich bin zufällig an Ihrem Stand vorbeigekommen, aber ich finde sehr interessant, was Sie hier ausstellen. Vielleicht können Sie mir mehr über Ihre Firma und Ihre Produkte erzählen.
- Aber gerne. Unsere Firma hat ihren Hauptsitz in Furtwangen, aber wir haben auch ein Werk in Polen. Wir produzieren Armaturen für Bäder und Küchen. Unser Unternehmen gibt es seit 1975 und wir haben 520 Mitarbeiter. 2015 hatten wir einen Umsatz von 284 Millionen Euro.
- Wo verkaufen Sie denn Ihre Armaturen?
- Den größten Teil verkaufen wir hier in Deutschland, ca. 40 Prozent exportieren wir in andere Länder Europas, vor allem nach Dänemark und Schweden. Erfreulicherweise hatten wir in den letzten Jahren auch in China und Südkorea immer mehr Erfolg. Im nächsten Jahr eröffnen wir eine Niederlassung in Shanghai.
- Ich habe diese tollen Duscharmaturen mit der Funktion Wassersparen gesehen. Die finde ich klasse. Könnten Sie mir diese hier genauer erklären?
- Aber gerne. Wir haben sie seit einem Jahr im Programm und …

Arbeit und Beruf 5a

- So, Herr Yang. Jetzt erzählen Sie mir vielleicht erst einmal etwas über sich selbst. Wie lange sind Sie schon in Deutschland?
- Seit zwei Jahren. Bis jetzt habe ich Deutschkurse von A1 bis B2 gemacht.
- Haben Sie in Ihrer Heimat eine Ausbildung gemacht?
- Ich habe noch keine Ausbildung. Ich habe nur die Schule fertig gemacht. Danach habe ich zwei Jahre als Bedienung in einem Restaurant und als Touristenführer gearbeitet. Jetzt bin ich hier, weil ich eine Beratung über meine beruflichen Möglichkeiten brauche.
- Was interessiert Sie denn?
- Ich arbeite gerne mit den Händen und würde gerne eine Ausbildung im Handwerk machen. Aber ich bin nicht sicher, ob mein Schulabschluss hier in Deutschland anerkannt wird und wenn ja, ob er für so eine Ausbildung ausreicht. Ich habe meine Schulzeugnisse mitgebracht.
- Darf ich mal sehen? … Danke. Ich sehe, die Zeugnisse sind schon übersetzt. Dann können Sie sie weiterschicken.
- Aber wohin soll ich sie schicken?
- Da kann ich Ihnen helfen. Alle Unterlagen werden an das Regierungspräsidium geschickt. Im Internet gibt es dafür ein Formular und dort steht genau, was Sie alles einreichen müssen. Außer den Zeugnissen müssen Sie auch eine Kopie Ihres Passes und Ihres Aufenthaltstitels mitschicken. Ich schlage vor, jetzt füllen wir das Formular erst einmal zusammen aus.
- Das ist wirklich sehr nett…
- Haben Sie schon eine Idee, welchen Handwerksberuf Sie lernen wollen?
- Noch nicht genau. Vielleicht Maurer?
- Ich schlage vor, dass Sie zuerst einmal ein Praktikum in einer Baufirma machen. Das kann Ihnen helfen, sich zu orientieren. Ich kann Ihnen einige Kontaktadressen geben.
- Ein Praktikum ist eine gute Idee. Ich denke, dass ich da auch mein Deutsch weiter verbessern kann.

Arbeit und Beruf 7

- Guten Tag, Frau Fernandes, mein Name ist Rebecca Kurz. Haben Sie uns gut gefunden?
- Ja, vielen Dank. Die Wegbeschreibung, die ich

mit der Einladung zum Vorstellungsgespräch bekommen habe, ist sehr gut. Obwohl ich schon sechs Monate hier in Offenburg wohne, kenne ich noch nicht alle Ecken genau.

- Gefällt es Ihnen hier in Offenburg?
- Ich mag die Stadt. Es ist hier so angenehm ruhig und ich finde es gut, dass es so viele Freizeitangebote gibt.
- Ich habe Ihre Bewerbungsunterlagen gelesen und finde sie sehr interessant. Sie haben aus Ihrem Heimatland eine abgeschlossene Ausbildung in der Hotelbranche und dort auch einige Jahre gearbeitet. Aber Sie haben hier in Deutschland noch nicht gearbeitet. Warum nicht? Sie leben jetzt schon zwei Jahre hier.
- Als ich nach Deutschland gekommen bin, war mein erstes Ziel, gut Deutsch zu sprechen. Das finde ich besonders in der Hotelbranche sehr wichtig. Die Hotelmitarbeiter müssen viel mit den Gästen sprechen. In meinem letzten Deutschkurs gab es auch eine Berufsvorbereitung und ich habe ein vierwöchiges Praktikum in einem kleinen Hotel in Waldkirch gemacht. Jetzt fühle ich mich für einen beruflichen Neustart bereit.
- Vielleicht berichten Sie kurz über Ihre beruflichen Erfahrungen in Ihrem Heimatland.
- In meiner Heimat habe ich zuerst in einem Touristenhotel am Meer, dem Ressort Rio, gearbeitet und dann fünf Jahre in der Hauptstadt im Hotel Metro, zuerst als Frühstücksassistentin, später an der Rezeption. Das Hotel Metro ist ein typisches Stadthotel für Geschäftsleute. Die Gäste sind oft nur kurz geblieben. Deshalb hatte ich an der Rezeption sehr viel mit Reservierungen und Abrechnungen zu tun. Nach zwei Jahren an der Rezeption bin ich zur Empfangschefin befördert worden und hatte so die Verantwortung für das ganze Personal an der Rezeption. Unter anderem war ich für die Dienstpläne zuständig. Ich habe also schon einige Berufserfahrung.
- Es ist gut, dass Sie in einem Stadthotel gearbeitet haben, denn auch bei uns übernachten viele Geschäftsleute, die meistens nur wenige Tage bleiben. Das bedeutet aber auch Stress und Hektik und immer wieder überraschende Situationen oder auch Beschwerden von Gästen, die sehr anspruchsvoll sind. Können Sie damit umgehen, nachdem Sie so lange nicht mehr in diesem Beruf gearbeitet haben?
- Schwierige Situationen sind für mich kein Problem. So war es für mich zuerst eine Herausforderung, hierher nach Deutschland zu kommen und mich in die Gesellschaft zu integrieren. Am Anfang konnte ich die Sprache nicht, viele Dinge waren ganz neu für mich, die meisten Freunde und meine Familie waren weit weg, viele Regeln im Alltag, zum Beispiel bei der Begrüßung, sind ganz anders als in meiner Heimat. Aber ich habe es geschafft. Ich habe neue Freunde gefunden, ich habe die Sprache gelernt und ich verstehe die Alltagsregeln in Deutschland immer besser. Diese Erfahrung hilft mir sicher auch, mich schnell an die neue Arbeit zu gewöhnen.
- Ich habe dann noch eine Frage zu …

Diversität und Interkult. 1c

- Wir hatten übrigens auch schon einen kleinen Streit mit einem Nachbarn, weil wir die Sonntagsruhe nicht beachtet haben.
- Was ist passiert?
- Kurz nach dem Einzug, an einem Sonntagvormittag, wollten wir Löcher in die Wand bohren, um Regale aufzuhängen. Da hat dann sofort unser Nachbar aus der Wohnung gegenüber bei uns geklingelt und sich beschwert.
- Wir haben uns dann natürlich entschuldigt und versprochen, dass wir die Regale erst am Montag aufhängen werden. Seitdem hatten wir mit dem Nachbarn keine Probleme mehr.
- Ja, wir wollen natürlich keine Konflikte mit den Nachbarn haben und natürlich wollen wir auch keine Störungen am Sonntag.
- Ich denke, hier in Deutschland werden die Ruhezeiten sehr ernst genommen.
- Ja, es gibt auch Regeln für die Mittags- und Nachtruhe. Die stehen in jeder Hausordnung. Trotzdem gibt es wegen der Ruhezeiten oft Probleme, besonders im Sommer. In vielen Städten sitzen die Leute dann abends bis spät in die Nacht auf öffentlichen Plätzen und unterhalten sich oder machen Musik. Für die Anwohner ist das meistens sehr störend.

Gesund werden und bleiben 

Auftaktseite 2b

1
- Na Max, wie geht es deinem Rücken? Hast du noch starke Schmerzen?
- Nein, nicht mehr. Mein Arzt hat mir gesagt, dass ich mich mehr bewegen sollte. Jetzt gehe ich zweimal pro Woche für 30 Minuten in ein Fitnessstudio und mache Krafttraining. Ich mache viele Übungen, um die Muskeln in meinem Rücken zu stärken.
- Macht dir das Training Spaß?

- Manchmal habe ich keine Lust, ins Fitnessstudio zu fahren. Aber wenn ich da bin, macht es mir Spaß. Und nach dem Training fühle ich mich immer viel besser. Und ich schlafe jetzt auch besser, weil ich nicht immer Rückenschmerzen habe.

2
- Gut Herr Klausner, dann sehen wir uns in einem Monat wieder.
- Ich habe noch eine Frage, Frau Dr. Stein, ich habe wieder zwei Kilo zugenommen. Ich weiß, dass ich Sport treiben sollte, aber ich weiß nicht was. Joggen ist nichts für mich und ich gehe auch nicht gern ins Fitnessstudio.
- Haben Sie schon mal über Nordic Walking nachgedacht? Nordic Walking kann man leicht lernen und man nutzt dabei fast alle Muskeln im Körper. Nordic Walking verbessert auch das Immunsystem.
- Das hört sich gut an, vielleicht bin ich dann im Winter nicht so oft erkältet.
- Ja, das kann gut sein.
- Ich werde es mal probieren.
- Tun Sie das, Herr Klausner. Sie werden sehen, dass Nordic Walking viel Spaß machen kann. Und es gibt auch einen Kurs an der Volkshochschule. Es macht sicher Spaß, mit anderen zusammen zu walken.

3
- Hallo Petra. Wie siehst du denn aus? Was ist denn passiert? Hattest du einen Unfall?
- Ja. Ich bin hingefallen. Ich war am Freitagabend im Wald joggen. Es wurde schon dunkel und da ist es passiert. Es hat sehr weh getan.
- Bist du gleich ins Krankenhaus in die Notaufnahme gefahren?
- Ja, zum Glück war Paula dabei. Sie hat mich erst nach Hause gefahren, damit ich mir etwas anziehen konnte und dann hat sie mich in die Notaufnahme gebracht.
- Musstest du lange warten?
- Ja, ungefähr eineinhalb Stunden. Es waren ziemlich viele Patienten vor mir im Wartezimmer. Und einige hatten auch ziemliche Schmerzen.
- Und warst du beim Röntgen?
- Ja, klar. Der Fuß ist zum Glück nur verstaucht, aber der Arm ist gebrochen. Das heißt sechs Wochen Gips!
- Oh, du Arme!

4
- Hallo, ich bin Gerda. Ich arbeite seit dreizehn Jahren als Hebamme und bin seit zwei Jahren hier im Geburtshaus. Schön, dass ihr euch zu unserem Kurs Schwangerschaftsgymnastik angemeldet habt. Wie fühlt ihr euch heute Abend? Seid ihr bereit?
- Natürlich!
- Klar!
- Ihr wisst ja, Bewegung ist wichtig – auch während der Schwangerschaft! Und es ist sehr wichtig, dass ihr bis zur Geburt aktiv bleibt. Also wir wollen an den sieben Terminen verschiedene Übungen machen. Die Übungen, die wir hier ausprobieren, könnt ihr auch zu Hause machen. Also, los geht's mit einer Atemübung. Setzt euch so wie ich hin und atmet tief in den Bauch ein …

A 1

Hier ist Radio 100,3 mit den Nachrichten. Heute Vormittag hat es in Unterrode in der Blissenstraße / Ecke Postweg einen Verkehrsunfall gegeben. Ein Autofahrer ist nach rechts in den Postweg abgebogen und hat dabei einen Radfahrer, der rechts auf dem Radweg neben der Straße fuhr, übersehen. Der Radfahrer stürzte, der Autofahrer hielt aber nicht an, sondern fuhr weiter. Der Radfahrer wurde ins Krankenhaus Wilhelmstraße gebracht und musste operiert werden.

A 3

- Hallo Oliver. Schön, dass du wieder da bist.
- Ja, ich bin auch froh aus dem Krankenhaus wieder zu Hause zu sein.
- Geht es dir denn wieder besser? Hast du noch Schmerzen?
- Na ja. Das Bein tut schon noch ein bisschen weh, aber seit letzter Woche kann ich sogar wieder ohne Gehhilfe laufen.
- Wie ist der Unfall eigentlich passiert?
- Ich wollte an der Ecke Goethestraße und Müllerstraße über die Straße gehen und wurde von einem Auto angefahren. Aber so genau kann ich mich nicht mehr erinnern, wie es eigentlich passiert ist. Auf jeden Fall hat mich ein Rettungswagen in die Notaufnahme gebracht.
- Hast du lange warten müssen?
- Ja, ungefähr eine Stunde lang. Dann kam ich zu einem Arzt, der Fragen zu meiner Krankheitsgeschichte gestellt hat. Und dann wurden Röntgenaufnahmen von meinem Bein gemacht. Es war aber klar, dass das Bein gebrochen war.
- Wurdest du dann sofort operiert?
- Ja, am nächsten Morgen bin ich operiert worden und habe einen Gips bekommen. Ich musste sechs Tage im Krankenhaus bleiben und mein Bein

schonen. Danach konnte ich mit Gehhilfen laufen.
- Wann wurde der Gips abgemacht?
- Circa vier Wochen später. Zum Glück hat mir mein behandelnder Arzt eine Physiotherapie verschrieben. Ich war zweimal pro Woche bei einer Physiotherapeutin. Die hat mit mir Übungen zur Stärkung der Muskulatur gemacht. Das hat mir gut getan.
- Und wie war es im Krankenhaus?
- Naja! Ich habe in einem Dreibettzimmer gelegen. Morgens war es meist ziemlich ruhig, aber am Nachmittag hatten meine Bettnachbarn oft Besuch und dann war es laut. Außerdem ist ein Patient entlassen worden und ein neuer ist gekommen. Da war es auch ziemlich hektisch. Zum Glück hat meine Familie mich immer abends besucht.

C 3

- Meine Damen und Herren, es ist kein neues, aber ein hochaktuelles Thema: Wir werden immer älter. Die Zahl der Hundertjährigen hat sich in Deutschland in den letzten zehn Jahren mehr als verdoppelt. Es gibt, so die Universität Heidelberg, mehr als 13.000 Personen, die 100 Jahre alt sind oder älter. Im Studio darf ich heute Abend Frau Heidelinde Weber begrüßen. Sie hat letzte Woche ihren 100sten Geburtstag gefeiert. Nachträglich alles Gute zum Geburtstag, Frau Weber!
- Guten Abend und vielen Dank.
- Wo und wie haben Sie Ihren Geburtstag gefeiert, Frau Weber?
- Ich wohne in einem Seniorenheim. Es gab am Nachmittag eine kleine Feier mit Kaffee und Kuchen. Und die Bürgermeisterin ist auch gekommen und hat mir gratuliert. Und sie haben Fotos von mir mit der Bürgermeisterin gemacht. Es war ein sehr schöner Tag.
- Seit wann wohnen Sie in dem Seniorenheim?
- Seit vier Jahren. Mein Mann ist vor sechs Jahren gestorben. Das war eine schwere Zeit für mich. Ich war sehr einsam und traurig. Meine Kinder meinten, in einem Heim hätte ich mehr Freunde und ich wäre nicht so viel allein. Ich fühle mich jetzt im Heim auch wohl.
- Sie sind ja körperlich und geistig fit geblieben!
- Na ja, ganz gesund bin ich nicht mehr. Ich muss jeden Tag morgens und abends einige Pillen nehmen. Aber ich hatte Glück. Ich war nie schwer krank. Natürlich gab es Höhen und Tiefen. Aber ich habe nie meine Lebensfreude und meinen Humor verloren.
- Was haben Sie getan, um fit zu bleiben?
- Also, mein Mann und ich haben schon immer auf gesunde Ernährung geachtet. Wir haben immer viel Fisch und Gemüse gegessen. Wir waren auch sehr aktiv. Wir sind jeden Tag spazieren gegangen und ich gehe seit meinem 80sten Geburtstag zweimal in der Woche zur Wasser-Gymnastik in die Schwimmhalle.
- Respekt! Bewegung und gute Ernährung sind also Ihr Rezept?
- Ja, schon. Aber ich glaube, besonders wichtig war in meinem Leben, dass mein Mann und ich immer einen großen Freundeskreis hatten und wir viel gemeinsam unternommen haben. In den letzten Jahren besuchen mich meine Kinder regelmäßig und gehen mit mir spazieren oder in ein Café.

Sprechen aktiv 3

Herr Fischer ist Vegetarier, er isst weder Fisch noch Fleisch.
Morgens isst er entweder Brot mit Marmelade oder Müsli mit frischem Obst.
Frau Fischer ist keine Vegetarierin. Sie isst sowohl Fisch als auch Fleisch.
Aber sie achtet auf eine gesunde Ernährung. Sie isst täglich Obst und Gemüse.
Herrn und Frau Fischer ist nicht nur die Ernährung wichtig, sondern auch regelmäßige Bewegung.
Dreimal pro Woche machen sie Sport, dann gehen sie entweder schwimmen oder walken.

Sprechen aktiv 4a

- Hallo.
- Hallo, Süße! Wo bist du?
- Ich sitze im Café und mache Pause.
- War es anstrengend?
- Ja, ich war gerade bei einem neuen Patienten. Ein junger Mann, der einen Autounfall hatte. Er hat nicht nur beide Arme gebrochen, sondern auch noch ein Bein. Ich weiß gar nicht, wie er allein zu Hause zurechtkommt. Er kann sich fast nicht bewegen.
- Ein Pflegeroboter ist für solche Fälle gar keine schlechte Idee, oder?
- Ja. Das hat er auch gesagt. Er wollte auf keinen Fall länger im Krankenhaus bleiben. Und für die Reha ist er noch nicht fit genug. Mit gebrochenen Knochen macht Physiotherapie ja keinen Sinn.
- Nein, nicht wirklich …
- Aber zu Hause ist er eben allein.
- Hat er keine Freunde?
- Doch, aber die arbeiten tagsüber natürlich. Und

er hat keinen Kontakt zu seiner Familie, weder zu seinen Eltern noch zu seinen Geschwistern.
- Puh! Dann braucht er dich ja wirklich.
- Ja, das sieht so aus.

11 Politik und Gesellschaft

Auftaktseite 1

- Liebe Hörer, unser Thema heute ist „Engagement und Mitbestimmung im öffentlichen Leben". Dazu haben wir vier Studiogäste. Ich begrüße Herrn Franke, Frau Schmidt und Herrn Nasri und Frau Luschkowa. Vielleicht erzählen Sie uns erst einmal, wo und warum Sie sich engagieren. Herr Franke, wollen Sie beginnen?
- Ja gerne. Also ich wohne in einem kleinen Dorf und bin in der freiwilligen Feuerwehr aktiv. Das finde ich sehr wichtig, denn es kann bei uns keine Berufsfeuerwehr wie in großen Städten geben, aber wenn zum Beispiel ein Haus brennt oder es Hochwasser gibt, muss auf jeden Fall schnell Hilfe kommen. Außerdem sind wir bei der freiwilligen Feuerwehr eine gute Gemeinschaft und wir treffen uns regelmäßig, um zu üben. Das macht mir viel Spaß. Im Sommer machen wir auf dem Dorfplatz auch immer ein großes Fest.
- Frau Schmidt, Sie engagieren sich im Elternbeirat, richtig?
- Ja, genau. Ich bin im Elternbeirat des Gymnasiums, das meine beiden Kinder besuchen.
- Welche Aufgaben haben Sie da?
- Also, der Elternbeirat soll die Interessen der Eltern und Schüler vertreten. Dabei geht es um ganz verschiedene Themen, wie zum Beispiel: flexible Ferientage, Klassenfahrten, das Essen in der Schulmensa, neue Lehrwerke etc. Wir geben Elternwünsche aber auch Probleme und Fragen an die Schulleitung weiter und werden auch zu wichtigen Fragen regelmäßig von der Schulleitung informiert. Außerdem organisieren wir Schulfeste und verschiedene Veranstaltungen.
- Kann man sagen, dass Sie in der Schulpolitik mitbestimmen?
- Mitbestimmung in der Schulpolitik ist sicher zu viel gesagt, aber wir haben eine beratende Funktion und die Schulleitung und die Lehrer sind immer daran interessiert, unsere Meinung zu hören.
- Frau Luschkowa, Sie sind im Ausländerbeirat von Unterrode aktiv. Wer macht da mit und was machen Sie da?
- Im Ausländerbeirat sind Einwohner von Unterrode aus acht Ländern, ich zum Beispiel komme aus Russland. Wir beraten die Stadtverwaltung. Wir geben Anregungen zu Gemeindeaufgaben, die ausländische Einwohner betreffen. Ziel ist es, die Integration zu fördern und die Interessen ausländischer Einwohner zu vertreten und vor allem eine Diskriminierung zu verhindern.
- Herr Nasri, auch Sie engagieren sich im Bereich Integration, richtig?
- Ich bin selbst als Kind mit meinen Eltern aus Iran nach Deutschland gekommen. Heute engagiere ich mich ehrenamtlich in der Flüchtlingshilfe. Als 2015 viele Flüchtlinge in Deutschland ankamen, habe ich zunächst am Bahnhof geholfen. Wir haben Essen verteilt und den Menschen Informationen gegeben. Heute helfe ich Menschen, die geflüchtet sind, Anträge und Formulare auszufüllen, und ich übersetze auch manchmal bei Arztbesuchen und Behördenterminen.
- Vielen Dank, das sind also ganz verschiedene Bereiche, in denen Sie sich da engagieren. Mich interessiert, wie …

A 2a

- Sag mal Lars, wie funktioniert eigentlich das politische System bei euch in Dänemark? Ihr habt doch eine Königin, regiert die Königin das Land?
- Nein, nein! Die Königin hat vor allem repräsentative Aufgaben. Der eigentliche Regierungschef ist der Ministerpräsident.
- Und wer entscheidet, wer Ministerpräsident wird?
- Er wird von der Königin ernannt.
- Ach was? Der Ministerpräsident wird nicht gewählt?
- Nein, die Königin ernennt ihn, aber nur, wenn klar ist, dass das Parlament im Großen und Ganzen einverstanden ist. So ganz genau, kann ich dir das aber nicht erklären. Da müsste ich noch einmal nachlesen.
- Ah, ich verstehe. Es gibt also auch ein Parlament.
- Ja. Unser Parlament heißt Folketing. Sein Sitz ist in Kopenhagen.
- Und gibt es viele verschiedene Parteien?
- Ja, im Parlament sitzen zurzeit drei große und sechs kleinere Parteien.
- Ah, das sind also neun Parteien im Parlament, interessant! Und wie oft gibt es Wahlen?
- Normalerweise alle vier Jahre. Man darf ab 18 Jahren wählen.

B 3

- Liebe Hörerinnen und Hörer. Morgen ist die Eröffnung des neuen Kulturzentrums von Unterrode. Viele Bürgerinnen und Bürger freuen sich darüber, viele sehen das Projekt jedoch auch kritisch. Wir haben noch einmal eine Straßenumfrage gemacht, wie die Bürger über das Kulturzentrum denken. Das sagt z. B. Herr Urbach.
- Ich bin gegen das Kulturzentrum, denn ich denke, dass sich nicht alle Bürger von Unterrode die teuren Eintrittsarten leisten können. Es ist vor alle ein Angebot für Leute, die besser verdienen. Man sollte mehr Geld in Sportanlagen und Jugendzentren investieren.
- Das meint Frau Zibaa:
- Ich bin sehr froh, dass wir endlich dieses Kulturzentrum haben. Die Stadt hat kein Theater und das Kulturangebot ist in unserer Stadt schon seit vielen Jahren sehr unbefriedigend. Mit dem Kulturzentrum haben wir eine Chance, dass es besser wird und dass auch bekannte Musikgruppen und andere Künstler nach Unterrode kommen. Das ist wichtig, damit Unterrode ein attraktiver Ort bleibt und nicht immer mehr Leute wegziehen.
- Frau Heinlein hat diese Meinung:
- Viele Leute sagen, dass das Kulturzentrum zu teuer ist. Es ist richtig, es hat viel Geld gekostet, aber ich bin sicher, dass die Stadt das Geld wieder verdienen kann. Ich denke, jetzt gibt es viele interessante Veranstaltungen und nicht nur Unterroder, sondern auch Leute aus der Umgebung oder anderen Städten kommen gerne hierher, um Konzerte zu hören. Das Kulturzentrum ist also auch für den Tourismus in unserer Stadt gut. Außerdem haben wir nun endlich auch einen großen Veranstaltungsort für die Vereine unserer Stadt.
- Herr Antonelli sagt:
- Ich habe eine andere Meinung als Frau Heinlein. Ich glaube nicht, dass das Kulturhaus für Touristen interessant ist und es war einfach viel zu teuer. Außerdem muss die Stadt alle Kosten für das Haus tragen, angefangen bei den Kosten für Strom und Wasser bis zu den Verwaltungskosten. Das ist viel teurer als alles, was man mit Vermietungen oder Eintrittskarten verdienen kann.

C 2a

Hören Sie nun die Lokalnachrichten aus Unterrode. Bei den Wahlen zum Stadtrat hat die CDU mit 33 Prozent die meisten Stimmen gewonnen. Mit 27 Prozent kam die SPD, die bisher die stärkste Partei im Stadtparlament war, auf Platz 2. Sie verlor zehn Prozent, das sind von allen Parteien die höchsten Verluste. Die Grünen erhielten 22 Prozent. Bei der letzten Wahl hatten sie nur zehn Prozent. Sie sind damit der größte Gewinner. Die FDP hat mit nur vier Prozent bei dieser Wahl das schlechteste Ergebnis in den letzten 15 Jahren erreicht.

C 4

- In zwei Wochen wählen die Bürger und Bürgerinnen von Kleinstetten den neuen Bürgermeister oder die neue Bürgermeisterin. Sie hören bei uns im Lokalradio Kleinstetten die Reden der beiden Kandidaten auf ihren Wahlkampfveranstaltungen am letzten Samstag. Zuerst hören Sie Ernesto Weber.
- Liebe Mitbürgerinnen und Mitbürger, in vier Wochen entscheiden Sie, wer der neue Bürgermeister in Kleinstetten wird. Ich bin der richtige Kandidat für Sie, denn ich kenne die Probleme der Stadt. Es gibt zu viele Verkehrsunfälle. Deshalb möchte ich, dass Autos im ganzen Stadtgebiet nicht mehr als 30 Kilometer pro Stunde fahren, und ich möchte mehr Ampeln aufstellen. Außerdem brauchen wir mehr Angebote für Jugendliche und Ältere. Deshalb will ich mehr Geld für Sportanlagen und Jugendzentren ausgeben und dafür sorgen, dass wir noch ein Seniorenheim in der Stadt haben. Viele Bürger beschweren sich, dass der Müll zu selten abgeholt wird. Ich finde auch, dass der Müll jede Woche und nicht nur alle zwei Wochen abgeholt werden sollte. Wenn ich Bürgermeister bin, will ich mich zu allererst um dieses Problem kümmern. Außerdem …
- Es folgt Anna Rau.
- Bürgerinnen und Bürger von Kleinstetten! Seit zehn Jahren bin im Gemeinderat aktiv und ich kenne die Probleme der Stadt sehr genau. In den letzten Jahren wurde leider wenig in den öffentlichen Nahverkehr investiert, obwohl unsere Gemeinde in den letzten Jahren sehr stark gewachsen ist und wir unbedingt neue Buslinien brauchen. Ich versprechen Ihnen, dass es mit mir als Bürgermeisterin endlich Buslinien nach Kleinstetten-Oberstadt und nach Kleinstetten-Waldviertel geben wird. Dann haben wir im Ort auch weniger Autoverkehr und weniger Unfälle. Viele Mitbürger kritisieren, dass in den letzten Jahren in der Volkshochschule so viel gespart wurde. Ja, wir brauchen mehr Geld für die Erwachsenenbildung, denn es ist wichtig, dass

die Kurse nicht teurer werden und das Angebot verbessert werden kann. Vergessen Sie nicht: Am 24. Mai ist die Wahl – Ihre Stimme zählt! Sie entscheiden über Kleinstettens Zukunft! Machen Sie Ihr Kreuz an der richtige Stelle.

Sprechen aktiv 4

In der Stadt wird ein neuer Bürgermeister gewählt.
Die Kandidaten haben viele Pläne.
Sie wollen Arbeitsplätze schaffen.
Sie wollen Verkehrskontrollen einführen.
Sie wollen die Finanzprobleme der Stadt lösen.
Sie üben Kritik an den Kandidaten der anderen Parteien.
Sie wollen die Stimmen der Bürger gewinnen.

 Wie wird es sein?

Auftaktseite 1 b

- Guten Tag, liebe Hörerinnen und Hörer. Die Welt, in der wir leben, hat sich in den letzten Jahrzehnten stark verändert – politisch, wirtschaftlich und sozial. Wir wollen in unserer Sendung „Hier und heute" mit einigen Experten sprechen, welche Veränderungen in Deutschland besonders wichtig sind. Fangen wir mit dem Thema Wetter und Klima an. Ich spreche mit Herrn Blohm vom Deutschen Wetterdienst. Herr Blohm, wir haben Anfang Dezember und es gibt praktisch keinen Schnee in den Alpen. Hat sich das Wetter in Deutschland in den letzten 50 Jahren verändert?
- Wir können auf jeden Fall feststellen, dass in den letzten 20 bis 30 Jahren besonders das Wetter im Winter sich verändert hat. Die kalte Jahreszeit ist nicht mehr so kalt, wir haben immer häufiger milde Winter, die durchschnittlich drei Grad wärmer sind, als die Winter zwischen 1961 und 1990. Es gibt weniger Schnee und es regnet mehr. Wir haben aber auch im Sommer mehr heiße Tage, also Tage mit mindestens 30 Grad. Das Klima scheint sich also zu verändern und Deutschland wird insgesamt wärmer – im Winter und im Sommer.
- Kommen wir zu unserem nächsten Thema. Unsere Gesellschaft wird älter. Man sieht in den Geschäften, auf den Straßen und in den Wohnvierteln viele ältere Menschen. Unser nächster Gast ist die Sozialwissenschaftlerin Kristina Müller. Frau Müller, was hat sich in Deutschland verändert?
- Sie haben natürlich Recht, unsere Gesellschaft wird älter. Jeder Fünfte ist über 65. Seit 1990 hat sich die Zahl der Menschen über 65 Jahren um fünf Millionen erhöht. Frauen bekommen heute weniger Kinder und sie werden immer später Mütter. 1950 bekam jede Frau durchschnittlich 2,1 Kinder. Heute bekommen Frauen nur noch 1,39 Kinder. Wie wir mit dieser demographischen Entwicklung umgehen, ist natürlich ein sehr wichtiges Thema für die Politik.
- Vielen Dank, Frau Müller, für diese Informationen. Das Thema wird uns auch in Zukunft beschäftigen.
Kommen wir zu unserem dritten Thema heute: Frauen im Arbeitsleben. Vieles hat sich in den letzten Jahren verändert. Die Arbeitswelt ist weiblicher geworden. Mein nächster Gast ist Frau Angela Meitner, die bei der Bundesagentur für Arbeit beschäftigt ist. Frau Meitner, wie hat sich die Situation der Frauen verändert?
- Zuerst die gute Nachricht: Die Beschäftigung von Frauen hat deutlich zugenommen. Noch nie waren in Deutschland so viele Frauen berufstätig wie heute. So haben 1960 weniger als die Hälfte der Frauen, etwa 47 Prozent, einen Arbeitsplatz gehabt. Heute arbeiten mehr als 70 Prozent der Frauen. Das ist eine sehr positive Entwicklung. Allerdings werden in fast allen Branchen Mini-Jobs viel stärker von Frauen ausgeübt. Außerdem verdienen Frauen im Vergleich zu Männern noch immer schlechter und es gibt noch immer nur sehr wenige Frauen in Führungspositionen. Das wird sich aber in den nächsten Jahren stark verändern.
- Vielen Dank, Frau Meitner. Wir werden über das Thema auch in Zukunft weiter berichten. Ich komme jetzt zum Thema Migration und Integration. Deutschland wird bunter. Schaut man sich z. B. die Fußballnationalmannschaft an, haben fast die Hälfte der Spieler einen Migrationshintergrund. Deutschland ist schon seit Jahrzehnten ein Einwanderungsland. Ich spreche jetzt mit Herrn Professor Wakur Darwisch von der Universität Stuttgart. Herr Professor, Integrationsland Deutschland, was sagen Sie?
- Zunächst einmal einige Zahlen und Fakten: 1960 lebten in Deutschland nur etwa 350.000 Ausländer, also Menschen ohne deutsche Staatsangehörigkeit. Von 1955 bis 1973 kamen dann Millionen Menschen aus der Türkei, Griechenland, Italien usw. nach Deutschland, um hier zu arbeiten. Viele holten dann ihre Familien nach. Heute leben unter den rund 81 Millionen Einwohnern in Deutschland etwa 7,2 Millionen Ausländer. Und ca. 15,3 Millionen Menschen haben einen

Migrationshintergrund. Am buntesten sind die Städte Berlin und Frankfurt. Dort leben Menschen aus 184 Staaten.

A 1b

1 Experten gehen davon aus, dass im Jahr 2050 76 Millionen Menschen in Deutschland leben werden. Das sind circa fünf Millionen weniger als heute.

2 Im Jahr 2050 werden in Deutschland ungefähr zehn Millionen über 80 Jahre alt sein.

3 Natürlich wird uns auch in Zukunft das Thema Zuwanderung beschäftigen. Der Anteil der Menschen mit Migrationshintergrund wird weiterhin wachsen.

4 Die Menschen werden dabei aus vielen Ländern der Welt zu uns kommen.

5 Die Bedeutung des Autos für die Menschen wird sich verändern. Es wird, so manche Prognosen, nur noch halb so viele Autos wie heute geben.

6 Dafür wird aber der öffentliche Nahverkehr, also Busse, Bahnen usw., eine viel größere Rolle als heute spielen.

7 Wie wird das Wetter im Jahr 2050 sein? Experten gehen davon aus, dass es wärmer werden wird. Die Temperaturen werden um 1,2 bis 2 Grad steigen.

8 Und das heißt, dass die Sommer heißer und trockener als heute sein werden. Es wird etwa 15 heiße Tage mehr pro Jahr geben.

9 Woher wird Deutschland im Jahr 2050 seine Energie bekommen? Der Strom wird wahrscheinlich zu 80 Prozent aus erneuerbaren Energien stammen.

10 Im Jahre 2050 wird die Atomkraft bzw. Kernenergie keine Rolle mehr spielen.

11 Bayern, Baden-Württemberg und Hamburg werden wirtschaftlich bis zum Jahr 2050 stärker wachsen.

12 Im ländlichen Raum werden weniger Menschen als heute leben. Prognosen gehen davon aus, dass die Einwohnerzahl dort um 30 Prozent zurückgehen wird.

B 1a

- Hallo, Selma. Wie geht's? Wie war der Deutschkurs?
- Gut. Aber ich freue mich schon aufs Wochenende. Und wie geht es dir, Imre?
- Auch gut. Hast du Pläne fürs Wochenende?
- Ich werde wahrscheinlich zu meinen Eltern fahren. Ich habe sie schon länger nicht besucht. Und du? Hast du schon Pläne gemacht?
- Ich weiß noch nicht, was ich am Samstag machen werde. Vielleicht werde ich mit Freunden zum Fußballspiel gehen. Die Bayern kommen ja. Aber ich weiß nicht, ob es noch Karten für das Spiel gibt. Am Sonntag werde ich wohl am Vormittag meine Wohnung aufräumen und am Nachmittag eine Radtour machen.
- Ich habe heute morgen den Wetterbericht für das Wochenende gehört. Es wird am Sonntag wahrscheinlich regnen.
- Mist. Das wusste ich nicht. Wenn es regnet, dann bleibe ich zu Hause.

C 2

- Ich bin hier auf der Abschlussfeier von einem Deutschkurs. Bei mir sind Jana aus Tschechien und Vladimir aus der Ukraine, um mir einige Fragen zu beantworten. Wie lange haben Sie jetzt Deutsch gelernt, Vladimir?
- Ich habe schon in der Ukraine A1- und A2-Kurse gemacht und jetzt hier an der Volkshochschule diesen B1-Kurs.
- Und Sie, Jana?
- Bevor ich nach Deutschland gekommen bin, habe ich in Prag drei Monate Deutsch gelernt.
- Sprechen Sie auch außerhalb der Schule Deutsch?
- Leider nicht oft. Zu Hause spreche ich nur Russisch und ich habe eigentlich kaum Kontakt zu Deutschen.
- Da geht es mir etwas besser. Mein Mann ist Deutscher und deshalb spreche ich zu Hause nur Deutsch.
- Was war für Sie besonders interessant?
- Dass wir viele Sachen geübt haben, die man immer braucht, z. B. wie man eine Mitteilung schreibt.
- Ich fand es auch gut, dass wir über Behörden und Bewerbungen gesprochen haben.
- War es auch manchmal langweilig?
- Na ja, nicht alles ist gleich interessant. Besonders langweilig war es, Statistiken zu beschreiben.
- Ich fand es schwierig, etwas über Politik zu sagen, denn dafür interessiere ich mich eigentlich nicht.
- Also, ich fand das spannend, denn ich finde, dass Politik wichtig ist. Aber die Grammatik fand

ich manchmal etwas langweilig, aber natürlich ist sie sehr wichtig.

- Grammatik fand ich nicht langweilig. Es war gut, dass wir sie immer in Verbindung mit Alltagssituationen geübt haben.
- Wann haben Sie zum ersten Mal gemerkt, dass Sie Fortschritte machen?
- Nachdem ich diesen Kurs ungefähr sechs Wochen besucht hatte. Mittlerweile geht das Sprechen und Verstehen ganz gut. Nur am Telefon bin ich immer noch unsicher.
- Da habe ich auch noch Probleme. Aber sonst bin ich nicht mehr so unsicher, wenn ich einkaufen gehe oder etwas auf dem Amt erledigen muss.
- Was werden Sie jetzt machen?
- Jetzt will ich erst einmal Arbeit suchen. Später mache ich vielleicht noch einen B2-Kurs.
- Ich will Wirtschaft studieren. Deshalb bereite ich mich jetzt auf die Sprachprüfung an der Universität vor.

Sprechen aktiv 1 a

1 wirtschaftliche Entwicklung

2 erneuerbare Energien

3 berufstätige Frauen

4 multikulturelle Gesellschaft

5 demographischer Wandel

6 ein neuer Lebensabschnitt

Sprechen aktiv 5

Nach dem Deutschkurs werde ich eine Woche Urlaub machen.
Wahrscheinlich werde ich mit Freunden in den Bergen wandern.
Vielleicht werden wir danach auch noch nach München fahren.
Das wird bestimmt ein toller Urlaub!
Nach dem Urlaub werde ich eine Weiterbildung machen.
Und du? Wirst du nach dem Deutschkurs wieder in der Pizzeria arbeiten?

Station 4

Arbeit und Beruf 3 a

- Liebe Hörerinnen und Hörer hören Sie nun in unserer Reihe „Neustart in Deutschland" eine Reportage von Anna Sauer zum Thema Anerkennung ausländischer Berufsqualifikationen.
- Marie Ondoa (39) hat in Kamerun mehrere Jahre als Krankenschwester und Hebamme gearbeitet, bevor sie mit ihrem Mann 2011 nach Deutschland kam. Sie lernte zunächst in einem Integrationskurs Deutsch. Bereits vor der B1-Prüfung bewarb sie sich als Krankenpflegerin in Krankenhäusern und war enttäuscht, dass sie nur Absagen bekam.
- Ich dachte, wenn ich Deutsch gelernt habe, könnte ich schnell eine Stelle als Hebamme oder Krankenschwester finden, aber das war leider nicht so einfach, wie ich dachte. Denn ich hatte meine Ausbildung in Kamerun gemacht und mein Abschluss wurde hier nicht anerkannt.
- Obwohl in Deutschland Fachkräfte in der Pflege, im Handwerk und in vielen anderen Bereichen gesucht werden, ist es für Migranten oft nicht so leicht, eine Stelle zu finden, wenn sie ausländische Berufsabschlüsse haben. Auch der Syrer Wedad Rifai hat diese Erfahrung gemacht.
- Ich bin 2009 nach Ingolstadt in Bayern gekommen, wo schon mein Onkel lebte. Dort habe ich Asyl beantragt. Die ersten Jahre waren für mich sehr hart. Ich sprach kaum Deutsch, hatte keine Arbeitserlaubnis und wusste nicht, wie es weitergeht. Auch später, als mein Asylantrag genehmigt worden war, ich Deutschkurse bis zum Niveau B1 besucht hatte und ich eine Arbeitserlaubnis bekam, habe ich keine Stelle in meinem Beruf als Tischler bekommen. Das war für mich enttäuschend. Ich hatte in Syrien schon sechs Jahre als Tischler gearbeitet, aber ohne Gesellenbrief, also einen in Deutschland anerkannten Berufsabschluss, hatte ich keine Chance. Ich habe immer nur kleine Jobs bekommen.

Diversität und Interkult. 2 c

- Manchmal sind Kinder ungehorsam, sie machen etwas kaputt oder schlagen andere Kinder. Wie reagieren Sie dann?
- Nun, das kommt darauf an. Früher hat man ja Kinder auch geschlagen. Das ist seit dem Jahr 2000 in Deutschland generell verboten. Wir haben auch schon vorher bei uns hier in der Kita gewaltfrei erzogen. Und das finde ich auch sehr gut. Gewalt in der Erziehung ist nicht gut. Gewalt hilft nicht, Probleme zu lösen und Gewalt schadet den Kindern. Wir erklären den Kindern, was richtig ist, und wenn ein Kind sich falsch verhält, dann gibt es eine Konsequenz. Z.B. ein Kind, das bei einem Spiel immer die anderen stört und nicht damit aufhört, darf nicht mehr

mitspielen. Das verstehen Kinder sehr gut, das ist logisch für sie. - Ich habe immer wieder auch Kinder in der Kita, die zu Hause von ihren Eltern geschlagen werden. Das ist oft gar nicht schlecht gemeint. Das sind nicht unbedingt schlechte Eltern. Meistens kennen die Eltern das Schlagen aus ihrer eigenen Kindheit und machen es genauso wie ihre Eltern. Oft sind sie auch gestresst, von ihrer Arbeit und von ihrer persönlichen Situation, sind überfordert und dann schlagen sie, obwohl sie es eigentlich gar nicht wollen. Für die Kinder ist es aber nicht gut. Und es ist in Deutschland verboten. Das Gesetz für gewaltfreie Erziehung gilt auch in der Familie. Eltern dürfen ihre Kinder nicht schlagen.

- Was machen Sie als Erzieherin, wenn Sie merken, dass Eltern ihr Kind schlagen? Geht Sie das etwas an?
- Ja, natürlich. Das geht jeden etwas an. Natürlich reagiere ich dann. Als Erstes spreche ich mit den Eltern und erkläre ihnen das Gesetz. Manchmal sind die Eltern sehr interessiert und wollen über Situationen sprechen, wie sie es anders machen können. Wir haben in unserer Kita regelmäßig Elternworkshops. Dort ist auch gewaltfreie Erziehung ein Thema. Wenn die Eltern nicht reagieren, dann wende ich mich auch an das Jugendamt. Aber das kommt sehr sehr selten vor.

Diversität und Interkult. 6

- Toleranz ist sehr wichtig für mich. Ich finde es wichtig, dass ich so leben kann, wie ich möchte. Meine Nachbarn und meine Verwandten leben ganz anders, das stört mich nicht. Ich respektiere sie. Und ich möchte, dass alle auch meine Lebensweise respektieren. Manchmal findet man das vielleicht nicht so leicht. Ich denke oft, dass es leichter ist, wenn man mehr über den anderen weiß, wenn man versteht, warum jemand so lebt, wie er lebt. Deshalb finde ich es wichtig, dass man sich besser kennenlernt, dass man redet und dem anderen zuhört. Es ist wichtig, dass man versucht zu verstehen, warum sie ganz anders leben als ich. Auch wenn ich das nicht so gut finde, kann ich dann leichter tolerant sein und andere Menschen in ihrer Art respektieren.
- Toleranz ist wichtig. Aber Toleranz heißt nicht, dass ich alles, was andere Menschen machen, gut finde. Wenn es soziale Ungerechtigkeit gibt, wenn Menschen nicht respektvoll behandelt werden, wenn schwächere Menschen benachteiligt oder diskriminiert werden, dann darf man nicht tolerant sein, dann muss man dagegen kämpfen. Ich finde das Grundgesetz wirklich gut: Alle Menschen sind vor dem Gesetz gleich. Ich kann alle Menschen so respektieren, wie sie sind, wenn sie sich an das Grundgesetz halten.
- Respekt und Toleranz, das sind zwei ganz wichtige Werte. Jeder Mensch ist gleich viel wert, kein Mensch ist mehr wert oder weniger wert als ein anderer. Deshalb muss man vor jedem Menschen Respekt haben. Meine Arbeitskollegen leben zum Beispiel ganz anders als ich. Ich kann mir das für mich nicht vorstellen, aber darum geht es ja gar nicht. Ich muss ja nicht gut finden, was sie machen, und ich muss es auch nicht selbst so machen. Ich respektiere sie als Menschen. Und ich will, dass sie mich respektieren, so wie ich bin. Das ist Toleranz. Ich finde das sehr wichtig, deshalb engagiere ich mich auch politisch. Ich möchte für eine tolerante Gesellschaft kämpfen.

Modelltest

Hören Teil 1

Beispiel

Beachten Sie unsere Aktionswoche mit vielen interessanten Angeboten. Heute zum Beispiel gibt es herrlich frisches Obst zum halben Preis, morgen sind verschiedene Süßigkeiten im Preis reduziert und am Freitag haben wir fantastische Fleischangebote.

1 Sehr geehrte Fahrgäste, bitte beachten Sie: Wegen Bauarbeiten fahren die Straßenbahnlinien 3 und 6 vom ersten bis zum zwölften Februar nicht bis zum Bahnhof, sondern nur bis zur Lassbergstraße. Fahrgäste, die zum Bahnhof möchten, steigen in der Lassbergstraße bitte in die Buslinie 21 um.

2 Guten Tag, Herr Wenke. Hier ist Nina Makeba vom Autohaus Strittmatter. Wir haben Ihren Wagen repariert und Sie können ihn abholen. Bitte beachten Sie, dass wir morgen nur bis 16.00 Uhr geöffnet haben, und dass unser Geschäft übermorgen, also Freitag wegen unseres Betriebsausflugs geschlossen bleibt. Am Samstag haben wir wie jeden Samstag von 8.00 bis 16.00 Uhr geöffnet. Auf Wiederhören.

3 Sehr geehrte Kunden und Kundinnen. Am Eingang gibt es Formulare für die Kundenkarte, mit der Sie viele Vorteile haben. Sie können nicht nur bargeldlos einkaufen, sondern Sie bekommen auch immer unseren Newsletter per E-Mail und sind so bestens über unsere Sonderaktionen und Sonderangebote informiert. Holen Sie sich ein Formular, füllen Sie es aus und geben Sie es noch heute an den Kassen ab. Sie erhalten dann die Kundenkarte nach etwa zwei Wochen mit der Post.

4 Hallo, Frau Richter, hier spricht Markus Rösner von der Buchhandlung Burkard. Wir haben Ihre Bewerbungsunterlagen erhalten und finden Ihre Bewerbung als Buchhändlerin sehr interessant. Wir würden Sie gerne zu einem Vorstellungsgespräch einladen. Könnten Sie mich unter 040 23 40 76 89 zurückrufen, damit wir einen Termin vereinbaren können? Vielen Dank.

Hören Teil 2

5 Das Wetter: In der Nacht zum Freitag in ganz Deutschland Regen, morgens im Norden nachlassend. Tiefstwerte sieben bis null Grad. Am Freitag vielfach stark bewölkt, zeitweise Regen, im Nordosten mit Schnee vermischt. Höchstwerte im Norden und Osten vier bis acht, sonst neun bis zwölf Grad. Die weiteren Aussichten: Am Wochenende weiter Regen im Süden, im Norden und Osten Schnee, im Westen bleibt es trocken. Im Norden und Osten zwischen minus drei und null Grad, im Süden und Westen sechs bis elf Grad.

6 Liebe Hörer, hier noch einige Programminformationen für heute Abend. Nach den Nachrichten und den Kommentaren von 20.00 bis 20.15 Uhr hören Sie Sport aktuell. Von 21.05 bis 23.00 Uhr folgt das Wunschkonzert und um 23.05 Uhr kommt wie jeden Mittwoch unser Hörkrimi.

7 Und hier noch eine Suchmeldung der Polizei. Seit gestern wird Frau Gerda Hurle vermisst. Die 75-jährige hat gestern um 11 Uhr Ihre Ferienwohnung im Glottertal verlassen und wollte zu einem Stadtbummel nach Freiburg fahren. Die Gesuchte ist ca. 1,60 m groß und schlank: Sie hat kurze graue Haare und trägt eine Brille. Sie ist mit einem blauen Anorak und einer dunklen Hose bekleidet. Hinweise nimmt jede Polizeidienststelle entgegen.

8 Hier ist der Verkehrsservice. Vorsicht auf der A59, bei der Auffahrt Duisburg-Zentrum Richtung Dinslaken liegen Gegenstände auf der Fahrbahn. Es gibt zurzeit folgende Staumeldungen: A1 Köln Richtung Euskirchen zwischen Köln-Bocklemünd und Köln-Lövenich, zwei Kilometer, A5 Darmstadt Richtung Heidelberg zwischen Seeheim-Jugenheim und Zwingenberg, drei Kilometer. Die Gefahr durch einen Falschfahrer auf der A6 besteht nicht mehr.

9 Liebe Hörer zum Abschluss unserer Sendung noch einige Veranstaltungshinweise. Im Fußballstadion gibt es am Freitagabend ein großes Konzert mit internationalen Bands. Beginn 20.00 Uhr, Einlass ab 18.00 Uhr. Auf dem Marktplatz findet am Samstag und Sonntag das Stadtfest statt. In den Museen gibt es die Museumsnächte. Am Freitag haben sie von 20.00 bis 24.00 Uhr und am Samstag von 14.00 Uhr bis 2.00 Uhr nachts geöffnet.

Hören Teil 3

Beispiel

- HST Arbeitsvermittlung, Sabine Krug.
- Guten Tag, mein Name ist Aleksandar Eftimov.
- Guten Tag, Herr Eftimov. Was kann ich für Sie tun?
- Ich habe eine Teilzeitstelle als Verwaltungsmitarbeiter im Supermarkt Fröhlich mit 30 Stunden pro Woche, aber ich möchte gerne in Vollzeit arbeiten. Das ist in dem Supermarkt leider nicht möglich.
- Haben Sie sich schon bei anderen Firmen beworben?
- Ja, schon oft, aber die Situation ist ziemlich schwierig.
- Wie lange arbeiten Sie jetzt in dem Supermarkt?
- Ich bin dort seit zwei Jahren angestellt.
- Haben Sie auch schon in anderen Firmen in der Verwaltung gearbeitet?
- Ja, ich war auch zehn Jahre bei Elektro Hanser und im Baumarkt Hopf Kassierer. Ich habe viel Berufserfahrung.
- Im Moment haben wir auch keine Angebote. Ich kann Sie in unsere Datenbank aufnehmen, wenn Sie uns Ihren Lebenslauf als PDF-Datei per Mail schicken. Haben Sie auch Zeugnisse von Ihren Arbeitsstellen?
- Ja, die habe ich.
- Dann scannen Sie diese bitte ein und schicken sie mit.

10 und 11

- Guten Tag, mein Name ist Roberta Sunser. Ich habe um 18.00 Uhr einen Termin bei Frau Dr. Ewers.
- Waren Sie schon einmal bei uns?
- Nein, noch nicht.
- Dürfte ich bitte Ihre Versichertenkarte haben?
- Hier ist sie. Bitte sehr.
- Stimmt die Adresse Ebertstraße 45 noch?
- Ja, die ist richtig.

- Dann brauche ich noch eine Telefonnummer von Ihnen.
- Meine Nummer ist 030 65 12 561.
- Vielen Dank. Bitte setzen Sie sich noch einen Moment ins Wartezimmer. Können Sie bitte dieses Formular ausfüllen, während Sie warten?

12 und 13

- Guten Tag.
- Guten Tag, eine Freundin von mir hat bei Ihnen dieses Buch gekauft und es mir geschenkt. Aber ich habe es schon. Kann ich es zurückgeben und das Geld bekommen?
- Haben Sie die Quittung?
- Ja, hier ist sie.
- Wir nehmen das Buch zurück, aber Geld können Sie nicht bekommen. Sie können sich jetzt ein anderes Buch aussuchen oder einen Gutschein bekommen.
- Ich glaube, ich nehme dann den Gutschein.

14 und 15

- Katja Ming.
- Hallo, Katja. Hier ist Daniel. Hast du auch eine Einladung für Günters Geburtstag?
- Ja, ich bin auch eingeladen.
- Katja, ich habe eine Bitte. Mein Auto ist kaputt. Kannst du mich am Samstag mitnehmen?
- Ja, kein Problem, Daniel. Ich hole dich um halb acht ab.
- Das ist nicht nötig. Ich komme um halb acht zu dir.
- Einverstanden. Wir sehen uns dann also um halb acht bei mir.
- Vielen Dank. Bis Samstag.

16 und 17

- Guten Tag, Frau Enke.
- Guten Tag, Herr Mellinghoff. Könnten Sie mir einen Gefallen tun?
- Aber gerne, wenn es möglich ist.
- Sie wissen ja, dass am Donnerstagvormittag jemand kommt, um die Heizungen zu kontrollieren. Leider bin ich nicht da. Könnten Sie für diese Person meine Wohnungstür öffnen?
- Ja, das geht, ich bin am Donnerstag zu Hause.
- Vielen Dank. Dann gebe ich Ihnen diesen Schlüssel für meine Wohnung. Sie können ihn nach der Kontrolle in meinen Briefkasten werfen. Am Freitag komme ich zurück.
- Ja, natürlich, das mache ich.

Hören Teil 4

Liebe Hörer und Hörerinnen, wir haben eine Umfrage zum Thema öffentliche Verkehrsmittel gemacht. Wie zufrieden sind die Menschen mit öffentlichen Verkehrsmitteln? Wie wichtig sind sie? Sind sie eine Alternative zum eigenen Auto? Hier einige Antworten:

Beispiel

Ich finde, dass das Angebot an öffentlichen Verkehrsmitteln gut ist, so dass man auf viele Fahrten mit dem eigenen Auto verzichten kann, z. B. zur Arbeit, aber oft auch in der Freizeit, zum Beispiel bei Wochenendausflügen. In vielen Regionen gibt es am Wochenende Freizeitbusse, die Wanderer oder im Winter auch Skifahrer aus den Städten in die Freizeitgebiete fahren.

18 Meiner Meinung nach tut man noch nicht genug für den öffentlichen Verkehr. Die Fahrpreise sind sehr hoch, so dass viele Leute lieber mit dem Auto fahren, weil man schneller am Ziel ist und keine Zeit zum Beispiel durch Umsteigen verliert. Ich finde, die Tickets und die Monatskarten sollten billiger werden und man sollte die Angebote verbessern, damit mehr Leute vom Auto auf öffentliche Verkehrsmittel umsteigen.

19 Private Autos schaden der Umwelt viel mehr als öffentliche Verkehrsmittel. Wenn die Leute mehr Busse und Bahnen und weniger das eigene Auto benutzen würden, würde es weniger Lärm und weniger Abgase geben und der Verkehr würde besser funktionieren. Ich finde es wichtig, dass wir auf das eigene Auto verzichten, um die Umwelt zu schützen. Und die Straßen wären nicht mehr so voll.

20 Leider sind Züge öffentliche Verkehrsmittel oft unpünktlich. Manchmal fallen Züge und S-Bahnen wegen technischer Probleme sogar ganz aus. Das ist besonders morgens im Berufsverkehr ein Problem. Deshalb benutze ich für die Fahrt zur Arbeit mein Auto, denn so komme ich sicherer an mein Ziel. Ich denke, dass nicht nur ich, sondern auch viele andere Leute das eigene Auto seltener benutzen würden, wenn die öffentlichen Verkehrsmittel zuverlässiger wären.

Wortliste

Die alphabetische Wortliste enthält den Wortschatz der Einheiten 1–12 des Kursbuches. Zahlen, grammatische Begriffe sowie Namen von Personen, Städten und Ländern sind in der Liste nicht enthalten. Wörter, die zum Wortschatz des **Deutsch-Test für Zuwanderer (A2–B1)** gehören, sind **fett** gedruckt. Bei den Verben ist immer der Infinitiv aufgenommen.

Eine Liste der unregelmäßigen Verben finden Sie auf den Seiten 235 bis 239.

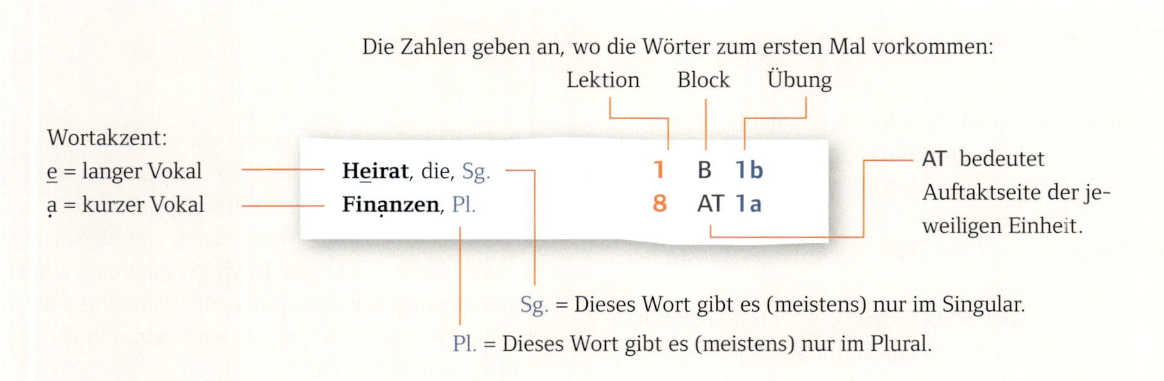

Ein | markiert ein trennbares Verb: ab|schicken = trennbares Verb.
Nach dem Nomen finden Sie immer den Artikel und die Pluralform: ″ = Umlaut im Plural.

A

Wort	Lektion	Block	Übung
ab und zu	6	A	6a
Abfall, der, ″-e	9	C	2a
Abfallkalender, der, -	9	C	2b
Abfindung, die, -en	5	A	3a
Abgas, das, -e	9	A	1a
Abgeordnete, der/die, -n/-n	11	A	2b
ab|hängen (von)	7	E	1
ab|hören	10	B	1a
ab|legen	12	C	1
ab|nehmen (hier: die Wäsche)	1	C	1a
Absage, die, -n	3	C	1a
ab|schalten	9	A	5
Abschied, der, -e	12	D	
Abschiedsgeschenk, das, -e	12	D	1b
ab|schleppen	7	C	5
Abschnitt, der, -e	11	A	1a
Abstellplatz, der, ″-e	7	E	2b
ab|tasten	10	B	1a
Abteilung, die, -en	5	AT	1
Abwasser, das, ″-	9	A	1a
Abwechslung, die, -en	7	A	2
Abzug, der, ″-e	5	C	1
achten (auf)	3	C	2
Achtung, die, Sg.	7	B	1b
AG (= Aktiengesellschaft), die, -en	3	A	1a
Akku, der, -s	9	C	1
akzeptieren	1	A	2b
Album, das, Alben	4	A	1a
alleinerziehend	1	A	1b
alleinstehend	1	A	1b
allerdings	1	B	1b
Allgemeine Geschäftsbedingungen (AGB), Pl.	2	B	4
Alltag, der, Sg.	2	A	1a
alltäglich	10	B	1a
als (Konjunktion)	4	A	1a
Altenheim, das, -e	11	C	5a
altern	12	AT	1a
Altern, das, Sg.	10	C	1a
Altersvorsorge, die, Sg.	6	C	1a
Altpapier, das, Sg.	9	C	1
Aluminiumdose, die, -n	9	A	1a
Amtssitz, der, -e	11	A	1a
AN-Anteil (= Arbeitnehmeranteil), der, -e	5	C	1
andererseits	1	B	1b
ändern	11	B	4a
Änderung, die, -en	11	B	2a
an|fahren	10	A	1b
anfangs	8	AT	1b
an|fassen	2	B	2a
an|geben	2	B	2a
angemessen	3	AT	2b
Angestellte, der/die, -n	5	A	3b
an|hängen	3	C	2
an|klicken	2	B	4
Anlage, die, -n	5	B	4a
Anregung, die, -en	8	C	1a
an|schauen	1	A	4a
an|sehen	3	C	6a
anspruchsvoll	3	A	1a
anstatt	3	C	6a
an|stecken	10	A	4
Anteil, der, -e	9	B	1a
Arbeitnehmerprotest, der, -e	5	A	1

Arbeitsalltag, der, Sg.	12	D	1b
Arbeitsatmosphäre, die, Sg.	3	B	1a
Arbeitshose, die, -n	3	A	2
Arbeitskonflikt, der, -e	5	A	
arbeitslos	5	A	1
Arbeitslosigkeit, die, Sg.	11	A	3
Arbeitsrecht, das, Sg.	8	A	2a
Arbeitsstelle, die, -n	8	A	3
Arbeitstätigkeit, die, -en	2	C	1b
Arbeitswelt, die, Sg.	5	AT	
Ärger, der, Sg.	6	A	7b
atmen	8	A	2a
Atmosphäre, die, Sg.	3	B	2a
Atommüll, der, Sg.	9	B	1a
attraktiv	3	B	1a
auf|bauen	6	A	7a
Aufgabenbereich, der, -e	5	AT	2b
aufgeregt	2	D	1a
auf|nehmen (hier: einen Kredit aufnehmen)	8	A	2a
auf|passen (auf)	12	D	1b
auf|stellen	4	B	1a
Aufstiegsmöglichkeit, die, -en	5	B	2
Auftritt, die, -e	4	A	1a
auf|wachsen	2	A	1a
aus|bilden	3	A	1a
Ausbildungsplatz, der, "-e	3	A	1a
Ausdauertraining, das, Sg.	10	C	1b
aus|drucken	3	C	4
Ausfahrt, die, -en	7	B	1b
Ausgabe, die, -n	4	A	1a
aus|gehen (von)	12	A	1a
ausgezeichnet	3	A	1a
aus|handeln	5	A	3a
aus|kennen (sich)	8	C	1a
aus|räumen	1	C	1a
aus|reichen	9	A	3a
aus|ruhen (sich)	1	C	1a
Aussage, die, -n	12	C	1
aus|schildern	7	B	1b
außerdem	7	E	1
Aussicht, die, Sg.	4	B	3
aus|steigen	7	B	2a
aus|suchen	6	C	3a
aus|tauschen (sich)	2	A	1a
Auswahl, die, Sg.	2	B	1
aus|wandern	4	A	1a
Auszeichnung, die, -en	8	A	2a
Auszubildender/-e, der/die, -n	3	A	2
Autobesitzer/in, der/die, -/-nen	7	E	1
autobiographisch	4	A	1a
Autocheck, der, -s	7	C	3
Autofahrer/in, der/die, -/-nen	4	B	1a
Automobilbranche, die, Sg.	5	A	1
Automobilindustrie, die, Sg.	5	B	2
Automobilzulieferer, der, -	5	B	2
Autoproduktion, die, Sg.	4	B	1a
Autor/in, der/die, -en/-nen	9	B	2b
Autoteil, das, -e	5	A	1
Autoverkehr, der, Sg.	4	B	1a

B

Babywindel, die, -n	9	C	1
Bach, der, "-e	9	AT	1a
Backwaren, Pl.	8	A	2a
Bahnverkehr, der, Sg.	7	B	2
Bananenschale, die, -n	9	C	1
Basis, die, Sg.	12	C	1
Basketball, der, -"e	6	A	3a
Batterie, die, -n	9	C	1
Bauarbeiten, Pl.	7	B	1b
bauen	5	A	1
Baukosten, Pl.	11	B	2a
Bauzeit, die, -en	11	B	2a
beantworten	8	C	1a
Bearbeitung, die, -en	5	B	2
beeindruckend	4	B	1b
befragen	7	C	6
Befragte, der/die, -n	6	A	1a
Befragung, die, -en	6	A	1a
begehen	10	A	2a
Beginn, der, Sg.	8	A	2a
behandeln	10	A	2a
Behandlung, die, -en	10	B	1a
beherrschen	5	B	4a
Behördengang, der, "-e	11	AT	1b
bei|tragen	9	B	1a
bekannt	3	A	1a
beklagen (sich)	1	B	1b
belasten	7	E	1
bemerken	1	B	1b
Benzin, das, Sg.	7	E	1
beobachten	1	D	2a
Beobachtung, die, -en	10	A	4
Beratungsgespräch, das, -e	10	B	1a
Beratungsstelle, die, -n	6	C	1a
bereits	4	B	1b
berufserfahren	5	B	2
Berufsleben, das, Sg.	8	A	1
beschaffen	8	AT	1b
beschäftigen (sich) (mit)	11	A	3
Beschäftigte, der/die, -n	5	A	1
Beschäftigung, die, -en	8	A	2a
bescheiden	9	D	3a
beschließen	8	A	2a
beschreiben	6	C	1b
Beschwerden, Pl.	10	B	1a
besitzen	6	A	1a
besonders	4	B	1a

Wortliste

bestätigen	2	B	4
bestehen (aus)	11	A	1a
Bestellung, die, -en	2	B	2a
bestimmen	11	A	1a
bestimmt	12	B	1b
bestimmt sein (für etwas oder jemanden)	2	D	1a
betätigen (sich)	10	C	1a
Betrag, der, ″-e	5	C	1
betragen	3	A	1a
Betreffzeile, die, -n	3	C	2
Betreuungsmöglichkeit, die, -en	1	B	1a
Betrieb, der, -e	1	B	1b
Betriebsklima, das, Sg.	3	A	3a
Betriebsvereinbarung, die, -en	5	A	3a
Bevölkerungsentwicklung, die, -en	12	A	1a
bevor	5	B	5
bewahren (hier: Ruhe bewahren)	12	D	1b
Bewerber/in, der/die, -/-nen	3	AT	2b
Bewerbungsmappe, die, -n	3	C	2
Bewerbungstraining, das, Sg.	3	C	4
bewerten	2	B	2a
Beziehung, die, -en	1	D	1b
bilden	12	C	1
Bildungspolitik, die, Sg.	11	A	1a
bis (Konj.)	4	A	1a
Biogasanlage, die, -n	9	AT	1a
Biomüll, der, Sg.	9	C	1
bisher	11	B	2a
Blazer, der, -	3	A	2
Blick, der, -e	12	A	
Blinker, der, -	7	C	1
Bluthochdruck, der, Sg.	10	C	1a
Branche, die, -n	8	C	1a
Branchenkontakt, der, -e	5	B	2
Brand, der, ″-e	7	E	1
Bremse, die, -n	7	C	1
Briefmarke, die, -n	3	C	2
brutto	5	C	1
Bruttogehalt, das, ″-er	5	C	1
Buchhandlung, die, -en	6	C	2b
Bundeskanzler/in, der/die, -/-nen	11	A	1a
Bundeskanzleramt, das, Sg.	11	A	1a
Bundesland, das, ″-er	6	C	1a
Bundespräsident/in, der/die, -en/-nen	11	A	1a
Bundesrat, der, Sg.	11	A	1a
Bundesregierung, die, -en	11	A	1a
Bundestag, der, Sg.	11	A	1a
Bundesverfassungsgericht, das, Sg.	11	A	1a
Bundesversammlung, die, Sg.	11	A	1a
Bürgermeister/in, der/die, -/-nen	5	A	1
Bürgermeisterwahl, die, -en	11	C	5a
Busfahrkarte, die, -n	11	B	5a
Busverbindung, die, -en	7	B	2
Bürohilfe, die, -n	3	B	1a
Businessplan, der, ″-e	8	A	2a
bzw. (= beziehungsweise)	8	C	1a

C

ca. (= circa)	4	B	1a
Campingurlaub, der, -e	7	A	1a
CD-ROM, die, -s	6	C	2b
Champagner, der, -	4	B	3
chancenlos	5	A	1
Chat, der, -s	2	A	1a
Check-up, der, -s	10	B	1a
Chemikalie, die, -n	9	A	1a
christlich	11	C	5a
contra	11	B	3b
Computer-Know-How, das, Sg.	3	C	2
Container, der, -	9	C	1

D

da (Konj.)	10	B	1a
dabei haben	2	A	1a
Dach, das, ″-er	1	A	2a
dazu führen	10	C	1a
decken	7	E	1
desinteressiert	3	AT	2a
Demenz, die, Sg.	10	C	1a
Demo-CD, die, -s	4	A	1a
demographisch	12	AT	1a
demokratisch	11	A	1a
Demonstration, die, -en	7	B	2
demonstrieren	5	A	1
Depression, die, -en	10	C	1a
der-/das-/dieselbe, dieselben	7	A	2
Detail, das, -s	5	B	4a
Diabetes, die, Sg.	10	C	1a
Diebstahl, der, Sg.	7	E	1
Dienstleistung, die, -en	8	C	1a
Diesel, der, Sg.	7	E	1
Differenz, die, -en	6	C	3a
digital	2	AT	
Diskussion, die, -en	11	AT	
Display, das, -s	2	AT	1b
doppelt	11	C	2b
Dozent/in, der/die, -en/-nen	12	C	
Drittel, das, -	2	A	1a
drohen	5	A	1
Druckmaschine, die, -n	3	A	1a
Durchsage, die, -n	7	B	
durchschnittlich	5	C	3
Durchschnittsgehalt, das, ″-er	5	C	3
Durchsicht, die, Sg.	7	C	4a
dynamisch	5	B	2

E

Wort	Kapitel	Teil	Aufgabe
Ehe, die, -n	6	A	1a
ehemalig	4	A	1a
Ehepaar, das, -e	1	B	1a
Ehescheidung, die, -en	1	B	1b
E-Learning-Kurs, der, -e	2	C	2a
E-Learning, das, Sg.	2	C	1b
Eigenkapital, das, Sg.	8	C	3b
Eindruck, der, ¨-e	3		
Eindruck, der, ¨-e (hier: den Eindruck haben)	1	D	2a
ein|führen	11	C	5a
ein|halten	11	A	1b
Einigung, die, Sg.	5	A	3a
Einkaufsabteilung, die, -en	3	A	2
Einkommen, das, -	5	C	3
Einladungsbrief, der, -e	3	C	3b
ein|packen	7	C	3
ein|richten	8	B	4b
Einrichtung, die, -en	6	C	1a
ein|stellen	11	C	5a
ein|teilen	8	AT	2
Eintrittskarte, die, -n	11	B	3b
Einwanderungsland, das, ¨-er	12	AT	1a
Einwegverpackung, die, -en	9	A	1a
Einwohnerzahl, die, -en	12	A	1a
Einzelkind, das, -er	1	A	2b
einzeln	11	C	1
elektronisch	2	B	2a
Elternbeirat, der, ¨-e	11	AT	
Elternhaus, das, ¨-er	1	A	2b
Elterninteresse, das, -n	11	AT	1b
Elternzeit, die, Sg.	3	B	1a
Empfang, der, Sg.	3	C	3b
Empfehlung, die, -en	12	C	1
endlos	9	B	1a
Energieabrechnung, die, -en	6	C	1a
Energieform, die, Sg.	9	B	2b
Energieforschung, die, Sg.	9	B	1a
Energieproblem, das, -e	9	B	2b
Energiequelle, die, -n	9	B	1a
energiesparend	9	B	1a
Energieträger, der, -	9	B	1a
Engagement, das, Sg.	3	A	1a
Englischkenntnisse, Pl.	3	B	2b
entbinden	10	A	4
Entbindung, die, -en	10	A	4
Entgeltabrechnung, die, -en	5	C	1
entscheiden	8	C	1a
Entscheidung, die, -en	6	C	1a
Entsorgung, die, -en	9	B	1a
entweder ... oder	10	C	2a
entwickeln	8	A	2a
erarbeiten	3	A	1a
Erdöl, das, Sg.	12	A	1a
Erdwärme, die, Sg.	9	B	1a
erfahren	3	B	1a
erfolglos	5	A	1
erfüllen	8	A	2a
ergänzen	1	A	2b
erhalten	10	AT	1
Erkrankung, die, -en	10	B	1b
erlernen	2	C	1b
erledigen	1	A	2b
ernennen	11	A	1a
erneuerbar	9	B	
Ernte, die, -n	4	C	2b
Eröffnung, die, -en	11	B	2a
erreichen	4	A	1a
Erste-Hilfe-Kasten, der, ¨-	7	C	1
Erwachsenenbildung, die, Sg.	11	B	1a
erwarten	5	B	2
Erwerbstätigkeit, die, Sg.	1	B	3
erweitern	2	C	1b
erwirtschaften	3	A	1a
Erzählung, die, -en	4	A	1a
Erziehung, die, Sg.	1	A	2b
Erziehungsmethode, die, -n	1	A	2b
Espressokapsel, die, -n	9	C	1
Essensausgabe, die, -n	11	AT	
etablieren (sich)	3	A	1a
etc. (et cetera = und so weiter)	6	C	1a
EU-Bürger/in, der/die, -/-nen	11	C	1
evangelisch	5	C	1
eventuell	12	B	1b
Existenzgründer/in, der/die, -/-nen	8	A	
Existenzgründerkurs, der, -e	8	B	2
Existenzgründerseminar, das, -e	8	A	2a
Existenzgründung, die, -en	8	C	1a
Experte/Expertin, der/die, -n/-nen	8	C	1a
Exportanteil, der, -e	3	A	1a
exportieren	3	A	1a
extrem	10	C	1a

F

Wort	Kapitel	Teil	Aufgabe
Fabrik, die, -en	3	A	1a
fachlich	8	C	1a
Fahrbahn, die, -en	7	B	1b
Fahrerflucht, die, Sg.	10	A	2a
Fahrgast, der, ¨-e	10	A	2a
Fahrplan, der, ¨-e	11	B	4a
Fahrpreis, der, -e	11	B	4a
Fahrstreifen, der, -	7	B	1b
Fahrzeug, das, -e	7	E	1
Fahrzeughalter/in, der/die, -/-nen	7	E	2b
Fahrzeugpapiere, Pl.	7	C	3
Fahrzeugtyp, der, -en	7	E	2b
Fakt, der, -en	9	A	1a

Wortliste

Wort	Kapitel	Teil	Aufgabe
Faktor, der, -en	10	C	1a
Fall, der (hier: auf jeden/keinen Fall)	10	C	4
Falschfahrer/in, der/die, -/-nen	7	B	2
Familienfeier, die, -n	1	AT	1a
Familienmodell, das, -e	1	A	1b
Familiensituation, die, -en	10	C	3b
Fan, der, -s	4	A	1a
faul	9	D	3a
fehlen	5	B	2
feierlich	11	B	2a
Feld, das, -er	9	AT	1a
Ferienbeginn, der, Sg.	7	D	1a
Fernsehauftritt, der, -e	4	A	1a
Fernsehserie, die, -n	4	A	1a
fest|legen	7	E	1
fest|stellen	2	D	1a
Festanstellung, die, -en	3	B	1a
Finanzamt, das, ″-er	8	B	1b
Finanzberater/in, der/die, -/-nen	8	C	1a
Finanzen, Pl.	8	C	1a
finanziell	6	A	1a
Finanzierung, die, -en	8	C	1a
Firmenhauptsitz, der, -e	3	A	1a
Fischer/in, der/die, -/-nen	4	C	3
Flagge, die, -n	11	A	1a
Flüchtling, der, -e	11	AT	
Flugausfall, der, ″-e	7	D	1a
Fluggesellschaft, die, -en	7	D	1a
Flughafenmitarbeiter/in, der/die, -/-nen	7	B	2
Flugschiff, das, -e	4	B	1b
Flyer, der, -	11	B	4a
Folge, die, -n	9	A	1b
folgen	4	A	1a
folgende	2	D	1a
fordern	5	A	1
Förderprogramm, das, -e	8	C	1a
Form, die, -en	2	C	1b
Fortschritt, der, -e	10	C	1a
fortschrittlich	11	C	5a
Formatierung, die, -en	3	C	2
Formulierung, die, -en	3	C	2
fossil	9	B	1a
frei|geben	7	D	1a
Freiheit, die, Sg.	6	AT	2a
Freizeitangebot, das, -e	11	B	5a
Freizeitpark, der, -s	7	AT	1
Freundeskreis, der, -e	1	B	1b
Freundlichkeit, die, Sg.	5	B	2
Frieden, der, Sg.	11	A	3
frieren	4	C	2a
frisch	8	A	2a
Frühstücksbrötchen, das, -	8	A	2a
Frühstücksservice, der, -e	8	A	2a
führen	8	A	2a
Führungsposition, die, -en	12	AT	1a
Funktion, die, -en	12	C	1
Fußballschuh, der, -e	6	B	1b
Fußgänger/in, der/die, -/-nen	10	A	2a
Fußgängerzone, die, -n	7	D	1a

G

Wort	Kapitel	Teil	Aufgabe
garantieren	5	A	3a
Gartenarbeit, die, -en	10	C	1a
Gaspedal, das, -e	7	C	1
Gebäudereinigungs-Unternehmen, das, -	8	A	2a
Gebirge, das, -	9	AT	1a
Geburtstagsfeier, die, -n	7	C	2
Geburtstagsgeschenk, das, -e	6	A	7b
Geburtstagswunsch, der, ″-e	6	B	
Gefahr, die, -en	9	A	1a
Gefühl, das, -e	1	D	1b
Gegenstand, der, ″-e	7	B	1b
Gegenwart, die, Sg.	12	A	2
Gehaltsabrechnung, die, -en	5	C	
Gehhilfe, die, -n	10	A	3b
gehören (in)	9	C	2b
gehören (zu)	4	A	1a
geistig	10	C	1a
gelangweilt	3	AT	2a
Gelegenheit, die, -en	12	C	1
Gemeindefinanzen, Pl.	11	C	4a
Gemeinderat/-rätin, der/die, ″-e/-nen	11	C	1
Gemeinderatsitzung, die, -en	11	B	2a
Gemeinschaftsgefühl, das, Sg	11	AT	1b
Generation, die, -en	1	A	2a
genügend	8	C	1a
gepflegt	3	AT	2a
gering	9	A	5
Geschäftsführer/in, der/die, -/-nen	3	A	2
Geschäftsführung, die, -en	5	AT	1
Geschäftsidee, die, -n	8	A	2a
Geschäftsplan, der, ″-e	8	C	1a
Geschäftsraum, der, ″-e	8	A	2a
Geschwindigkeitsbeschränkung, die, -en	11	B	1b
Gesellschaft, die, -en	1	D	1b
gesellschaftlich	11	AT	2
Gesetz, das, -e	7	E	1
gesetzlich	7	E	1
Gesprächsforum, das, - foren	2	A	1a
Gesprächspartner/in, der/die, -/-nen	3	C	6a
Gesundheitswesen, das, Sg.	10	AT	1
Gewerbe, das, -	8	B	2
Gewinn, der, -e	11	B	2a
gewinnen	6	A	2a
Gewinner/in, der/die, -/-nen	11	C	2b
Gewinnspiel, das, -e	6	C	1a
Gewinnung, die, Sg.	5	B	2
Gewissen, das, Sg.	9	A	3b

gewohnt 5 B 4a
giftig 9 A 1a
Gips, der, Sg. 10 A 3b
gleichberechtigt 1 D 1a
Gleichberechtigung, die, Sg. 1 D
GmbH = Gesellschaft mit beschränkter Haftung , die 5 B 2
Golf, das, Sg. 10 C 2b
Grippeerkrankung, die, -en 10 B 1a
Grippeimpfung, die, -en 10 B 1a
Grippesaison, die, Sg. 10 B 1a
Grippeschutzimpfung, die, -en 10 B 1a
Großfamilienleben, das, Sg. 1 A 2b
Grünanlage, die, -n 11 B 1a
Grundgesetz, das, Sg. 1 D 1a
Grundlage, die, -n 8 A 2a
Gruppenreise, die, -n 7 A 1a

H

Hahn, der, ″-e 9 D 1a
halbtags 1 D 1b
halten (für) 12 A 1d
hart 8 AT 1b
Häschen, das, - 9 D 1b
Hase, der, -n 9 D 1a
Hauptstadt, die, ″-e 11 A 1a
Haushaltsgerät, das, -e 2 B 2a
Hausmann, der, ″-er 1 D 1b
Haustür, die, -en 8 A 2a
Haustürgeschäft, das, -e 6 C 2b
Hebamme, die, -n 10 AT 1
Hebammenpraxis, die, -praxen 10 AT
Heirat, die, Sg. 1 B 1b
Heiratsalter, das, Sg. 1 B 1a
heizen 9 A 5
Herausforderung, die, -en 12 AT 1a
Herrenabteilung, die, -en 3 B 1a
her|stellen 3 A 1a
herunter|laden 2 AT 2
Herz, das, -en 10 B 1a
Herzinfarkt, der, -e 10 A 4
hilfreich 10 B 1a
hinzu|fügen 2 B 4
hinzu|kommen 4 B 1a
Hit, der, -s 4 A 1a
hochmodern 3 A 1a
Hochschulabschluss, der, ″-.e 3 A 1a
Hochwasser, das, - 9 A 1a
Hort, der, -e 1 A 2b
Hortgebäude, das, - 1 B 4
Hosenanzug, der, ″-e 3 C 7
Hotelzimmer, das, - 2 B 2a
Huhn, das, ″-er 9 D 1a

IHK, die, -s (=Industrie- und Handelskammer) 8 B 2

I

Impfschutz, der, Sg. 10 B 1a
Impfung, die, -en 10 B 1a
Industrie, die, -n 9 A 1a
Industriegebiet, das, -e 11 B 2a
Industriemechaniker/in, der/die, -/-nen 3 A 1a
Influenza, die, Influenzen 10 B 1a
Infoblatt, das, ″-er 11 A 1a
Inhaber/in, der/die, -/-nen 8 AT 1a
Initiative, die, -n 11 B 4a
innerhalb 1 B 2
Inselstaat, der, -en 9 A 1a
insgesamt 1 B 3
Institut, das, -e 9 B 1a
Instrument, das, -e 10 C 1a
Integration, die, Sg. 11 A 3
Integrationsangebot, das, -e 11 C 5a
Integrationskurs, der, -e 12 C 1
Internet-Einkauf, der, ″-e 2 B 3a
Internet-Nutzer/in, der/die, -/-nen 2 B 2a
investieren 8 B 2
inzwischen 8 A 2a

J

jahrelang 3 A 1a
jährig 1 A 2b
je … desto 11 B 4a
Jugend- und Erwachsenenbildung, die, Sg. 6 C 1a
Jugendamt, das, ″-er 1 B 4
Jugendclub, der –s 11 B 3b
Jugendzentrum, das, –zentren 11 B 1b

K

Kaffeefilter, der, - 9 C 1
kämpfen 5 A 1
Kandidat/in, der/die, -en/-nen 11 C 4a
kandidieren 11 C 1
Kassenzettel, der, - 6 C 3a
katastrophal 9 B 1a
kaufmännisch 3 A 1a
Kaufvertrag, der, ″-e 6 C 1a
kaum 8 A 2a
Kernenergie, die, Sg. 9 B 1a
Kernkraftwerk, das, -e 9 B 1a
Kfz-Haftpflichtversicherung, die, -en 7 E 1
Kfz-Steuer, die, -n 7 E 1
Kindergartenplatz, der, ″-e 1 B 4
Kindersitz, der, -e 7 C 1
Kirche, die, -n 5 C 1
Kirchensteuer, die, -n 5 C 1

Wortliste

Wort	Lektion	Teil	Aufgabe
Klavier, das, -e	2	A	3
klettern	4	C	1a
Klima, das, Sg.	9	B	1a
Klimabericht, der, -e	9	A	3b
Klimaveränderung, die, -en	12	A	1a
Klimawandel, der, Sg	9	AT	1c
klug	9	D	3a
knapp	12	A	1a
knüpfen (hier: Kontakte knüpfen)	2	A	1a
Kofferraum, der, "-e	7	C	1
Kohle, die, -n	9	B	1a
Kohlekraftwerk, das, .e	9	A	1a
Kommissar/in, der/die, -e/-nen	4	A	1a
kommunal	11	B	
Kommunalpolitik, die, Sg.	11	C	
Kommunalwahl, die, -en	11	C	1
Kommune, die, -n	11	C	1
kommunizieren	2	A	1a
kompetent	12	D	1b
Kompromiss, der, -e	5	A	3a
Konferenzraum, der, "-e	5	AT	
Konflikt, der, -e	1	C	
Kongress, der, -e	8	A	2a
König/in, der/die, -e/-nen	11	A	2a
Konkurrent/in, der/die, -en/-nen	8	C	1a
Konkurrenz, die, Sg.	5	A	1
konservativ	11	C	5a
konzentrieren (sich)	10	B	1a
Konzerttour, die, -en	4	A	1a
Konzerttournee, die, -n	4	A	1a
körperlich	6	A	1a
korrigieren	3	C	4
Kosten, Pl.	3	C	2
Krafttraining, das, Sg.	10	AT	
Krankenhauszimmer, das, -	10	A	3a
Krankheitssymptom, das, -e	10	A	4
Kreuzfahrt, die, -en	7	A	1a
Krieg, der, -e	4	B	1a
Kriegswaise, der/die, -n	4	A	1a
Kriminalität, die, Sg.	11	A	3
Kritik, die, -en	11	B	2a
kritisieren	3	C	6a
Kuh, die, "-e	9	AT	1a
kulant	6	C	2b
Kultur, die, (hier: Sg.)	11	B	1a
Kulturangebot, das, -e	11	B	3b
Kulturpolitik, die, Sg.	11	A	1a
Kulturzentrum, das, -zentren	11	B	2a
Kundenanfrage, die, -n	5	B	2
Kundenbetreuer/in, der/die, -/-nen	3	A	2
Kundenbetreuung, die, Sg.	5	B	2
Kundendienst, der, Sg.	5	B	4a
Kundenkontakt, der, -e	5	B	2
Kundenservice, der, Sg.	5	A	1
kündigen	5	A	3a
Kündigungsschutz, der, Sg.	5	A	3a
künstlerisch	10	C	1a
Künstlermanager/in, der/die, -/-nen	4	A	1a
Kupplung, die, -en	7	C	1
Kursteilnehmer/in, der/die, -/-nen	2	C	2a

L

Wort	Lektion	Teil	Aufgabe
Lack, der, -e	9	C	1
Laden, der, "-	8	B	4b
Lager, das, -	5	AT	
Lagerhelfer/in, der/die, -/-nen	3	A	2
Landerausländerbeirat, der, "-e	11	AT	
Landesregierung, die, -en	11	A	1a
ländlich	12	A	1a
Landschaft, die, -en	9	AT	1c
Landtag, der, -e	11	A	1a
Landwirtschaft, die, Sg.	9	AT	2
langjährig	3	B	2b
Lärm, der, Sg.	9	A	5
Lauf, der (hier: im Laufe der Jahre)	12	C	1
laufen (hier: **Die Firma läuft gut.**)	8	A	2a
laufend	5	C	1
Leadsänger/in, der/die, -/-nen	4	A	1a
Lebensabschnitt, der, -e	12	D	1b
Lebenseinstellung, die, -en	10	C	1a
lebensgefährlich	10	A	2a
Lebensjahr, das, -e	4	A	1a
Lebensqualität, die, Sg.	11	B	4a
lebenswichtig	9	B	1a
LED-Lampe, die, -n	9	A	5
Lehrkraft, die, "-e	3	B	2a
Lehrling, der, -e	4	C	1b
leiden	10	B	1a
leisten (sich)	6	B	1c
leiten	8	AT	1a
Lenkrad, das, "-er	7	C	1
liberal	11	C	5a
Lichtanlage, die, -n	7	C	4a
lieb haben	12	D	1b
Liebesgeschichte, die, -n	2	D	
Lieferant/in, der/die, -en/-nen	8	C	1c
liefern	5	B	2
lohnen (sich)	8	A	2a
Lohnsteuer, die, -n	5	C	1
los müssen	12	D	1b
Lösung, die, -en	1	A	4a
Lottogewinn, der, -e	6	A	1a
Löwe, der, -n	9	D	1a
lückenlos	3	C	2
Luftschiff, das, -e	4	B	1a
Luftverschmutzung, die, Sg.	9	A	1a
Lunge, die, -n	10	B	1a

M

Mail, die, -s	2	AT	1b
Malerfirma, die, -firmen	3	B	1a
Marketingabteilung, die, -en	5	AT	
Markt, der, ⸚e	3	A	1a
Marmeladenglas, das, ⸚er	9	C	1
Maschinenbauingenieur, der/die, -/-nen	3	A	2
materiell	6	A	1a
Matratze, die, -n	9	C	1
Mechaniker/in, der/die, -/-nen	3	A	2
Mechatroniker/in, der/die, -/-nen	3	A	1a
Medienwelt, die, Sg.	2	A	1a
medizinisch	10	C	1a
Meeresspiegel, der, -	9	A	1a
Mehrheit, die, -en	1	B	2
mehrmals	4	C	2a
mehrsprachig	3	B	2b
Meinungsverschiedenheit, die, -en	1	A	2d
melden (sich)	12	D	1b
Meldung, die, -en	7	B	
Menge, die, -n	2	B	4
Migrant/in, der/die, -en/-nen	1	B	1b
Migrationshintergrund, der, Sg.	12	AT	1a
minderjährig	1	B	3
Minister/in, der/die, -/-nen	11	A	1a
Mitfahrgelegenheit, die, -en	7	B	2
Mobilität, die, Sg.	6	C	1a
Moderator/in, der/die, -en/-nen	4	A	1a
möglichst	9	A	3a
momentan	9	B	1a
Motor, der, -en	7	C	1
Motorhaube, die, -n	7	C	1
Motorradfahrer/in, der/die, -/-nen	4	B	1a
mühevoll	3	C	2
Müllentsorgung, die, Sg.	9	C	3
Müllregel, die, -n	9	C	2b
Mülltrennung, die, Sg.	9	A	3a
munter	1	A	4a
Musical, das, -s	4	A	1a
Musicaldarsteller/in, der/die, -/-nen	4	A	1a
Musik-CD, die, -s	2	B	2a
Musikband, die, -s	4	A	1a
Musiker/in, der/die, -/-nen	4	A	1a
Musiklehrer/in, der/die, -/-nen	5	B	6b
Musikpreis, der, -e	4	A	1a
Musikvereinigung, die, -en	11	B	2a
Muskelschmerz, der, -en	10	B	1a
Mutterschutz, der, Sg.	1	B	1a
Mutterschutzgesetz, das, -e	1	B	1b
mutig	9	D	3a

N

nachdem	5	B	5
nach|denken	5	B	5
nach|füllen	7	C	4a
Nahverkehr, der, Sg.	11	B	1a
nämlich	1	D	1b
Natur, die, Sg.	2	D	1a
Naturschutzgebiet, das, -e	9	A	5
negativ	2	B	2a
nervös	3	AT	2a
Nettogehalt, das, ⸚er	5	C	1
Netz, das, (hier: Internet) Sg.	2	A	1a
neugierig	9	D	3a
Neukunde/Neukundin, der/die, -n/-nen	5	B	2
Neustart, der, Sg.	8	A	2a
nicht nur … sondern auch	10	C	1a
Niederlassung, die, -en	8	A	3
niedrig	9	A	4
Niveaustufe, die, -n	12	C	1
Nordic Walking, das, Sg.	10	AT	
Notaufnahme, die, -n	10	AT	
nötig	8	C	1a
Notiz, die, -en	5	B	6b
notwendig	10	B	1a
Nutzung, die, -en	9	B	1a

O

obwohl	1	A	2b
offen	1	A	2b
Öffentlichkeit, die, Sg.	6	C	1a
Öffnungszeiten, Pl.	2	B	2a
Öl, das, -e	9	A	1a
Ölstand, der, Sg.	7	C	3
online sein	2	A	1a
Online-Anbieter, der, -	2	B	2a
Online-Bewerbung, die, -en	3	C	1c
Online-Chat, der, -s	2	C	2a
Online-Geschäft, das, -e	2	B	2a
Online-Kauf, der, ⸚e	2	B	2a
Online-Shop, der, -s	2	B	4
Online-Shopping, das, Sg.	2	B	2a
Online-Ticket, das, -s	2	B	2a
Operationssaal, der, -säle	10	A	3a
Opposition, die, Sg.	11	A	1a
optimistisch	3	A	1a
Orkan, der, -e	7	D	1a

P

Paar, das, -e	1	A	1a
Papagei, der, -en	9	D	1a
Parlament, das, -e	11	A	1a
Partei, die, -en	11	A	1a
parteilos	11	C	5a

Wortliste

Wort	Lektion	Teil	Aufgabe
Partnerschaft, die, -en	1	C	
Passagier/in, der/die, Passagiere	4	B	1a
Passagier-Flugverkehr, der, Sg.	4	B	1a
Passagierflugzeug, das, -e	4	B	1a
Patchworkfamilie, die, -n	1	A	1a
Pauschalreise, die, -n	6	C	1b
PC-Kenntnisse, Pl.	5	B	2
PDF-Anhang, der, ″-e	3	C	2
PDF-Format, das, Sg.	3	C	2
Personalabteilung, die, -en	5	AT	
Personenschaden, der, ″-	7	E	1
persönlich	2	B	2a
pessimistisch	5	A	1
Pferd, das, -e	9	D	1a
Pflanze, die, -n	2	B	2a
Pflanzenart, die, -en	9	A	5
Pflege, die, Sg.	2	C	2a
Pflegeversicherung, die, -en	5	C	1
Pflicht, die, -en	10	B	1b
Physiotherapie, die, -n	10	A	3a
Pieks, der, -e	10	B	1a
Pkw, der, -s	4	B	1a
Plan, der, ″-e	8	C	1a
Planung, die, -en	8	C	1a
Plastikbecher, der, -	9	A	1a
Plastiktüte, die, -n	9	A	1a
Politiker/in, der/die, -/-nen	9	A	3a
politisch	11	A	
Polizei, die, Sg.	10	A	2a
Position, die, -en	5	B	2
positiv	3	C	6a
Posten, der, -	1	D	1b
posten	2	AT	1b
Präsident/in, der/die, -en/-nen	11	A	2b
Preisverhandlung, die, -en	5	B	2
Preisverleihung, die, -en	4	A	1a
pro	11	B	3b
Produkt, das, -e	2	B	2a
Produktion, die, -en	5	AT	
Produktionsmitarbeiter/in, der/die, -/-nen	5	A	3a
produzieren	3	A	1a
profitieren	11	B	3b
Prognose, die, -n	12	A	1d
Promi-Lexikon, das, -Lexika	4	A	1a
psychisch	10	B	1a
Psychotherapeut/in, der/die, -en/-nen	10	B	1a
Psychotherapie, die, -n	10	B	1a
Puls, der, Sg.	10	B	1a

Q

Wort	Lektion	Teil	Aufgabe
qualifizieren	2	C	1b
Qualität, die, -en	3	C	1a
Quatsch, der, Sg.	9	A	5

R

Wort	Lektion	Teil	Aufgabe
Radfahrer/in, der/die, -/-nen	10	A	1b
Raststätte, die, -n	7	D	1a
Ratschlag, der, ″-e	8	C	1a
rauchen	10	B	1a
Realität, die, Sg.	1	D	1a
Realschulabschluss, der, ″-e	12	B	2a
Recht, das, -e	1	B	1b
Rechtsproblem, das, -e	6	C	1a
recyceln	9	A	1a
Recyclinghof, der, ″-e	9	C	2b
reduzieren	6	C	2b
Regel, die (hier: in der Regel)	3	C	2
regeln	1	B	1b
Regelung, die, -en	11	C	1
regieren	11	A	2a
Regierung, die, -en	11	A	1a
Regierungspartei, die, -en	11	A	1a
Reh, das, -e	9	D	1a
reichen	1	B	1b
reif	4	C	2b
Reifen, der, -	7	C	1
Reifendruck, der, Sg.	7	C	4a
Reiseveranstalter, der, -	6	C	1b
reiten	9	D	1b
rentabel	5	A	2
Rente, die, -n	6	A	1a
repräsentieren	11	A	1a
Restmüll, der, Sg.	9	C	1
retten	5	A	3a
Risiko, das, Risiken	1	B	1b
Rockband, die, -s	4	A	1a
Rohstoff, der, -e	9	A	1a
Rolle, die, -n	1	D	1b
Rolle, die (hier: eine Rolle spielen)	12	A	1a
Röntgen, das, Sg.	10	A	3a
Röntgenbild, das, -er	10	B	1b
Rückengymnastik. die, Sg.	10	AT	1
Rückgaberecht, das, Sg.	2	B	4
Ruf, der, Sg.	3	A	1a
Ruhestand, der, Sg.	12	D	1b
rund um	6	C	1a

S

Wort	Lektion	Teil	Aufgabe
Sänger/in, der/die, -/-nen	4	A	1a
scannen	3	C	1a
schädlich	9	B	1a
Schadstoff, der, -e	9	C	2b
Schadstoffsammlung, die, -en	9	C	1
Schaf, das –e	9	D	1a
Schalthebel, der, -	7	C	1
Schatz, der, (hier: Mein Schatz)	12	D	1b
schauen	2	A	1a

Schauspieler/in, der/die, -/-nen	4	A	1a
Scheibenwischer, der, -	7	C	1
Scheibenwischwasser, das, Sg.	7	C	3
Scheidung, die, -en	1	B	1a
scheinen (hier: Mir scheint, …)	1	D	1b
Scheinwerfer, der, -	7	C	1
Schienenersatzverkehr, der, Sg.	7	B	1b
Schlaf, der, Sg.	10	C	1b
schließlich	7	A	1b
Schließung, die, -en	5	A	1
Schluss, der, (hier: **zum Schluss**)	10	B	1a
Schmerz, der, -en	10	A	2c
Schnellverbindung, die, -en	4	B	3
Schreibbüro, das, -s	3	B	1a
Schritt, der, -e	8	A	2a
Schufa-Auskunft, die, ″-e	8	C	3b
Schulden, Pl.	8	C	3b
Schulklasse, die, -n	9	D	1b
schützen	3	C	2
Schwager, der, -	1	A	2b
Schwägerin, die, -nen	1	A	2c
schwanger	10	AT	2c
Schwangerschaftsgymnastik, die, -	10	AT	
Schwein, das, -e	9	D	1a
schwer|fallen	8	A	1
Schwiegereltern, Pl.	1	A	2b
Schwiegermutter, die, ″-	1	A	2c
Schwiegervater, der, ″-	1	A	2c
Seele, die, -n	10	B	1a
seit, **seitdem**	9	A	3b
Seitenspiegel, der, -	7	C	1
selbstständig	5	B	4a
Selbstständige, der/die, -n	8	C	1a
selbstverständlich	2	A	2b
Selfie, das, -s	2	AT	1b
Senf, der, Sg.	8	B	2
Senfrezept, das, -e	8	B	1b
Senfsalon, der, -s	8	B	
Senior/in, der/die, -en/-nen	11	C	4a
senken	11	B	4a
Sicherheit, die, -en	6	AT	2b
Sicherheitsgurt, der, -e	7	C	1
sichern	5	A	3a
Sitz, der, -e	5	B	2
Sitzung, die, -en	11	A	1a
Skifahren, das, Sg.	2	D	1a
skypen	2	D	1a
Smartphone-Vertrag, der, ″-e	6	B	1c
sogenannt	1	A	1a
Solaranlage, die, -n	9	AT	1a
Solarenergie, die, Sg.	9	B	1a
Solidarzuschlag, der, ″-e	5	C	1
sondern	3	C	6a
sonst	5	A	1
Sorgfalt, die, Sg.	3	C	2
sortieren	5	B	5
sowie	5	B	4a
sowohl … als auch	10	C	1a
sozialdemokratisch	11	C	5a
sozialistisch	11	C	5a
Sozialleistung, die, -en	3	B	1a
Sozialplan, der ″-e	5	A	3a
Sozialversicherung, die, -en	5	C	1
sparsam	9	B	1a
sperren	7	B	1b
Sperrmüll, der, Sg.	9	C	1
Spiele-App, die, -s	2	A	2b
Spielwaren, Pl.	2	B	2a
Spinat, der, -e	10	C	2b
Sportanlage, die, -n	11	B	1a
Sportlehrer/in, der/die, -/-nen	4	A	1b
Staat, der, -en	5	C	1
Stadtbibliothek, die, -en	1	D	1b
Städtereise, die, -n	7	A	2
städtisch	3	B	2a
Stadtrat/-rätin, der/die, ″-e/-nen	11	C	1
Stall, der, ″-e	9	AT	1a
stammen	10	A	2a
ständig	1	A	4a
Standort, der, -e	8	C	1c
Stärke, die, -n	3	C	3b
stärken	10	AT	
Start, der, -s	8		
staubsaugen	1	C	1a
staunen	4	B	1a
steigen	2	B	2a
stellen (hier: **die Frage stellen**)	10	C	1a
Stellenanzeige, die, -n	3	B	
sterben	4	B	1a
stets	3	A	1a
Steuer, die, -n	5	A	1
Steuerklasse, die, -n	5	C	1
Stil, der, -e	3	C	2
Stimme, die, -n	11	C	2a
Stimmverluste, Pl.	11	C	2b
stolz	8	A	3
Strandurlaub, der, -e	7	AT	1
Straßenverkehr, der, Sg.	4	B	1a
Strecke, die, -n	4	B	1a
streicheln	9	D	1b
streichen	7	D	1a
Streik, der, -s	5	A	1
streiken	7	B	2
Streit, der, Streitigkeiten	1	A	2b
Strom, der, Sg.	9	A	1a
Stromerzeugung, die, Sg.	9	B	2b
Stromrechnung, die, -en	9	A	4
Stufe, die, -n	12	C	1

Wortliste

Stummfilm, der, -e 4 B 1a
stürzen 10 A 1b
Suche, die, Sg. 3 A 1a
süchtig 2 A 1a
Summe, die, -n 5 C 1
Symptom, das, -e 10 AT 1
System, das, -e 11 A
systematisch 5 B 2

T

Tagesbetreuung, die, -en 1 B 3
Tal, das, "-er 9 AT 1a
Talent, das, -e 4 A 1b
Tank, der, -s 7 C 1
tanken 7 C 3
tätig 5 A 1
Tattoo, das, -s 3 C 7
Teamfähigkeit, die, Sg. 5 B 2
Teamgeist, der, Sg. 5 B 2
Technologie, die, -n 9 B 1a
Teil (1), der, -e 5 A 3a
Teil (2), das, -e 5 B 2
Teilkaskoversicherung, die, -en 7 E 1
Telefonanschluss, der, "-e 6 C 2b
Telekommunikationsabrechnung, die, -en 6 C 1a
Tempo, das, Sg. 4 B 1a
Tennis, das, Sg. 10 C 1a
Test, der, -s 6 A 7b
Testfrage, die, -n 8 C 1a
Tetrapack, das, -s 9 C 1
Theater, das, - 4 A 1a
Theaterproduktion, die, -en 4 A 1a
Thema, das, Themen 11 A 3
Therapie, die, -n 10 B 1a
Tierart, die, -en 9 A 5
Tour, die, -en 7 D 1a
tragen (hier: Verantwortung tragen) 8 AT 2
Trainer/in, der/die, -/-nen 11 AT
Training, das, -s 10 C 1a
Traumpartner/in, der/die, -/-nen 2 D 1a
treffen (hier: Entscheidungen treffen) 8 AT 2
trennen 9 A 1a
treu 9 D 3a
Trinkwasser, das, Sg. 9 A 1a
trotz 8 A 2a
trotzdem 1 A 2b
TV-Paket, das, -e 2 AT 1b

U

überein|stimmen 11 A 1a
überfüllt sein 7 D 1a
überglücklich 7 D 1a
übernehmen 10 B 1a
überraschen 8 A 3
übersetzen 11 AT 1b
übersehen 10 A 2c
übersichtlich 3 C 2
übrigens 10 B 1a
um … zu 3 C 3b
um|leiten 7 C 6
um|gehen (mit) 2 A 1a
Umleitung, die, -en 7 B 1b
Umsatz, der, "-e 3 A 1a
Umschulung, die, -en 2 C
Umtausch, der, Sg. 6 C 3a
Umtauschrecht, das, Sg. 6 C 2b
Umwelt, die, Sg. 6 C 1a
Umweltproblem, das, -e 9 A 2
Umweltprojekt, das, -e 9 A 3a
Umweltschutz, der, Sg. 9 A
Umweltschutzgesetz, das, -e 9 A 3a
unabhängig 1 B 1b
unangemessen 3 AT 2b
unbefristet 6 A 1a
unendlich 4 A 1a
Unfallopfer, das, - 7 E 1
ungesund 6 A 7a
ungewohnt 10 B 2
unhöflich 3 C 6a
Uni, die, -s (=Universität) 8 A 4
unkompliziert 1 B 1b
unmöglich 5 A 1
unrealistisch 9 A 5
unrentabel 5 A 1
Unsicherheit, die, -en 12 C 1
unterbrechen 1 B 1b
Unterlage, die, -n 8 C 3b
unternehmen 1 A 2b
Unternehmen, das, - 3 A 1a
Unternehmensführung, die, Sg. 8 A 2a
Unternehmenskultur, die, Sg. 8 A 2a
Unternehmer/in, der/die, -/-nen 8 C 1a
unterscheiden (sich) 1 B 1b
Untersuchung, die, -en 10 A 4
Unterstützung, die, -en 1 A 2b
unverheiratet 1 A 1a
Unwetter, das, - 7 E 1
unzufrieden 2 B 2b
Urlaubsplanung, die, -en 7 A
Ursache, die, -n 10 B 1a

V

verändern 2 A 1a
Veranstaltungsort, der, -e 11 B 3b
verantwortlich 5 AT 2b
Verantwortung, die, Sg. 8 AT 2
verärgert 3 AT 2a

W

Wortliste

Windgeschwindigkeit, die, -en	7	D	1a
Windkraft, die, Sg.	9	B	1a
Windschutzscheibe, die, -n	7	C	1
Winterfahrplan, der, "-e	11	B	2a
Winterwetter, das, Sg.	12	AT	1a
wirken	3	AT	2b
Wirklichkeit, die, Sg.	6	A	
Wirtschaft, die, Sg.	2	B	2a
wirtschaftlich	3	A	3b
Wirtschaftsingenieur/in, der/die, -e/-nen	6	AT	2a
Wirtschaftsstudium, das, Sg.	5	B	2
Wissen, das, Sg.	8	C	1a
Wissenschaftler/in, der/die, -/-nen	10	C	1a
WLAN, das, Sg.	2	AT	1b
wochentags	11	B	2a
wohl	12	B	1a
Wohl (hier: Zum Wohl!)	12	D	1b
Wohlstand, der, Sg.	6	AT	1a
Wohneigentum, das, Sg.	6	A	1a
Wohnsituation, die, -en	1	B	1a
wünschen (sich)	6	A	1a
Wüste, die, -n	9	AT	2
wütend	3	AT	2b

Z

zahlreich	3	B	2b
Zahlungsmethode, die, -n	2	B	4
Zeppelin, der, -e	4	B	1a
Zeitgeschichte, die, Sg.	4	B	
Zeitraum, der, "-e	7	B	1b
Zeitungsmeldung, die, -en	7	D	
Zeitzeuge/Zeitzeugin, der/die, -n/-nen	4	C	
zerstören	4	C	1a
Zertifikat, das, -e	2	C	2a
Zeuge/Zeugin, der/die, -n/-nen	7	C	6
Zeugniskopie,die,-n	5	B	4a
Ziege, die, -n	9	D	1a
ziehen	1	A	2b
Ziel, das, -e	8	C	1a
ziemlich	5	A	1
Zigarette, die, -n	10	B	1a
zudem	3	C	2
Zukunft, die, Sg.	3	A	1a
Zulieferer, der, -	5	A	1
zunächst	10	B	1b
zurecht|finden (sich)	12	C	1
zurück|erinnern	12	D	1b
zurück|gehen	12	A	1a
zurück|nehmen	6	C	2b
zurück|schicken	2	B	2a
zurück|zahlen	8	AT	1b
zurzeit	11	A	2a
Zusage, die, -n	3	C	1a
Zusammenarbeit, die, Sg.	12	D	1d
zusammen|leben	1	A	2b
Zusammenleben, das, Sg.	1	A	2b
zusammenziehen	12	D	1b
zusätzlich	7	E	1
Zuwanderer/Zuwanderin, der/die, -/-nen	12	A	1c
Zuwanderung, die, -en	12	A	1a
Zweijährige, der/die, -n	7	D	1a
zweisprachig	3	B	2a

Unregelmäßige Verben

Die Liste enthält alle unregelmäßigen Verben aus **PLUSPUNKT DEUTSCH** – *Leben in Deutschland*.

Infinitiv	Präsens er/es/sie/man	Präteritum er/es/sie/man	Perfekt er/es/sie/man
abbiegen	biegt ab	bog ab	ist abgebogen
abfahren	fährt ab	fuhr ab	ist abgefahren
abfliegen	fliegt ab	flog ab	ist abgeflogen
abgeben	gibt ab	gab ab	hat abgegeben
abhängen	hängt ab	hing ab	hat abgehangen
abheben	hebt ab	hob ab	ist/hat abgehoben
abnehmen	nimmt ab	nahm ab	hat abgenommen
abschließen	schließt ab	schloss ab	hat abgeschlossen
anbieten	bietet an	bot an	hat angeboten
anerkennen	erkennt an	erkannte an	hat anerkannt
anfahren	fährt an	fuhr an	hat angefahren
anfangen	fängt an	fing an	hat angefangen
angeben	gibt an	gab an	hat angegeben
anhalten	hält an	hielt an	hat angehalten
ankommen	kommt an	kam an	ist angekommen
annehmen	nimmt an	nahm an	hat angenommen
anrufen	ruft an	rief an	hat angerufen
ansehen	sieht an	sah an	hat angesehen
anziehen	zieht an	zog an	hat angezogen
auffallen	fällt auf	fiel auf	ist aufgefallen
aufgeben	gibt auf	gab auf	hat aufgegeben
aufladen	lädt auf	lud auf	hat aufgeladen
aufnehmen	nimmt auf	nahm auf	hat aufgenommen
aufstehen	steht auf	stand auf	ist aufgestanden
aufwachsen	wächst auf	wuchs auf	ist aufgewachsen
ausfallen	fällt aus	fiel aus	ist ausgefallen
ausgeben	gibt aus	gab aus	hat ausgegeben
ausgehen	geht aus	ging aus	ist ausgegangen
aussehen	sieht aus	sah aus	hat ausgesehen
aussteigen	steigt aus	stieg aus	ist ausgestiegen
ausziehen	zieht aus	zog aus	ist/hat ausgezogen
beginnen	beginnt	begann	hat begonnen
behalten	behält	behielt	hat behalten
beitragen	trägt bei	trug bei	hat beigetragen
bekommen	bekommt	bekam	hat bekommen
beraten	berät	beriet	hat beraten
beschließen	beschließt	beschloss	hat beschlossen
beschreiben	beschreibt	beschrieb	hat beschrieben
besitzen	besitzt	besaß	hat besessen

Unregelmäßige Verben

Infinitiv	Präsens er/es/sie/man	Präteritum er/es/sie/man	Perfekt er/es/sie/man
besprechen	bespricht	besprach	hat besprochen
bestehen	besteht	bestand	hat bestanden
betragen	beträgt	betrug	hat betragen
bewerben (sich)	bewirbt sich	bewarb sich	hat sich beworben
bieten	bietet	bot	hat geboten
bitten	bittet	bat	hat gebeten
bleiben	bleibt	blieb	ist geblieben
bringen	bringt	brachte	hat gebracht
denken	denkt	dachte	hat gedacht
dürfen	darf	durfte	hat gedurft
einhalten	hält ein	hielt ein	hat eingehalten
einladen	lädt ein	lud ein	hat eingeladen
einnehmen	nimmt ein	nahm ein	hat eingenommen
einschlafen	schläft ein	schlief ein	ist eingeschlafen
eintragen	trägt ein	trug ein	hat eingetragen
empfehlen	empfiehlt	empfahl	hat empfohlen
entbinden	entbindet	entband	hat entbunden
entscheiden	entscheidet	entschied	hat entschieden
erfahren	erfährt	erfuhr	hat erfahren
erhalten	erhält	erhielt	hat erhalten
erkennen	erkennt	erkannte	hat erkannt
ernennen	ernennt	ernannte	hat ernannt
erziehen	erzieht	erzog	hat erzogen
essen	isst	aß	hat gegessen
fahren	fährt	fuhr	ist gefahren
fallen	fällt	fiel	ist gefallen
fernsehen	sieht fern	sah fern	hat ferngesehen
finden	findet	fand	hat gefunden
fliegen	fliegt	flog	ist geflogen
freigeben	gibt frei	gab frei	hat freigegeben
frieren	friert	fror	hat gefroren
geben	gibt	gab	hat gegeben
gefallen	gefällt	gefiel	hat gefallen
gehen	geht	ging	ist gegangen
genießen	genießt	genoss	hat genossen
gewinnen	gewinnt	gewann	hat gewonnen
gießen	gießt	goss	hat gegossen
haben	hat	hatte	hat gehabt
halten	hält	hielt	hat gehalten

Infinitiv	Präsens er/es/sie/man	Präteritum er/es/sie/man	Perfekt er/es/sie/man
hängen	hängt	hing/hängte	hat gehangen/gehängt
heißen	heißt	hieß	hat geheißen
helfen	hilft	half	hat geholfen
herausfinden	findet heraus	fand heraus	hat herausgefunden
herunterladen	lädt herunter	lud herunter	hat heruntergeladen
hinterlassen	hinterlässt	hinterließ	hat hinterlassen
hinzukommen	kommt hinzu	kam hinzu	ist hinzugekommen
kaputtgehen	geht kaputt	ging kaputt	ist kaputtgegangen
kennen	kennt	kannte	hat gekannt
kommen	kommt	kam	ist gekommen
können	kann	konnte	hat gekonnt
lassen	lässt	ließ	hat gelassen
laufen	läuft	lief	ist gelaufen
leiden	leidet	litt	hat gelitten
leidtun	tut leid	tat leid	hat leidgetan
lesen	liest	las	hat gelesen
liegen	liegt	lag	hat gelegen
losfahren	fährt los	fuhr los	ist losgefahren
messen	misst	maß	hat gemessen
mitbringen	bringt mit	brachte mit	hat mitgebracht
mitkommen	kommt mit	kam mit	ist mitgekommen
mitnehmen	nimmt mit	nahm mit	hat mitgenommen
mögen	mag	mochte	hat gemocht
müssen	muss	musste	hat gemusst
nachdenken	denkt nach	dachte nach	hat nachgedacht
nehmen	nimmt	nahm	hat genommen
nennen	nennt	nannte	hat genannt
reinkommen	kommt rein	kam rein	ist reingekommen
reiten	reitet	ritt	ist geritten
rennen	rennt	rannte	ist gerannt
riechen	riecht	roch	hat gerochen
scheinen	scheint	schien	hat geschienen
schlafen	schläft	schlief	hat geschlafen
schließen	schließt	schloss	hat geschlossen
schreiben	schreibt	schrieb	hat geschrieben
schwerfallen	fällt schwer	fiel schwer	ist schwergefallen
schwimmen	schwimmt	schwamm	ist geschwommen
sehen	sieht	sah	hat gesehen

Unregelmäßige Verben

Infinitiv	Präsens er/es/sie/man	Präteritum er/es/sie/man	Perfekt er/es/sie/man
sein	ist	war	ist gewesen
sitzen	sitzt	saß	hat gesessen
sollen	soll	sollte	hat gesollt
sprechen	spricht	sprach	hat gesprochen
stattfinden	findet statt	fand statt	hat stattgefunden
stehen	steht	stand	hat gestanden
steigen	steigt	stieg	ist gestiegen
sterben	stirbt	starb	ist gestorben
streichen	streicht	strich	hat gestrichen
streiten (sich)	streitet sich	stritt sich	hat sich gestritten
teilnehmen	nimmt teil	nahm teil	hat teilgenommen
tragen	trägt	trug	hat getragen
treffen	trifft	traf	hat getroffen
trinken	trinkt	trank	hat getrunken
tun	tut	tat	hat getan
übernehmen	übernimmt	übernahm	hat übernommen
übersehen	übersieht	übersah	hat übersehen
überweisen	überweist	überwies	hat überwiesen
umsteigen	steigt um	stieg um	ist umgestiegen
umziehen	zieht um	zog um	ist umgezogen
unterbrechen	unterbricht	unterbrach	hat unterbrochen
unterhalten (sich)	unterhält sich	unterhielt sich	hat sich unterhalten
unternehmen	unternimmt	unternahm	hat unternommen
unterscheiden	unterscheidet	unterschied	hat unterschieden
unterschreiben	unterschreibt	unterschrieb	hat unterschrieben
verbringen	verbringt	verbrachte	hat verbracht
vergessen	vergisst	vergaß	hat vergessen
vergleichen	vergleicht	verglich	hat verglichen
verlassen	verlässt	verließ	hat verlassen
verlieren	verliert	verlor	hat verloren
vermeiden	vermeidet	vermied	hat vermieden
verschieben	verschiebt	verschob	hat verschoben
verschreiben	verschreibt	verschrieb	hat verschrieben
verschwinden	verschwindet	verschwand	ist verschwunden
versinken	versinkt	versank	ist versunken
verstehen	versteht	verstand	hat verstanden
vertreten	vertritt	vertrat	hat vertreten
vorbeikommen	kommt vorbei	kam vorbei	ist vorbeigekommen
vorlesen	liest vor	las vor	hat vorgelesen

Infinitiv	Präsens er/es/sie/man	Präteritum er/es/sie/man	Perfekt er/es/sie/man
vorschlagen	schlägt vor	schlug vor	hat vorgeschlagen
vorschreiben	schreibt vor	schrieb vor	hat vorgeschrieben
wachsen	wächst	wuchs	ist gewachsen
waschen	wäscht	wusch	hat gewaschen
wegfahren	fährt weg	fuhr weg	ist weggefahren
weggehen	geht weg	ging weg	ist weggegangen
wehtun	tut weh	tat weh	hat wehgetan
weiterempfehlen	empfiehlt weiter	empfahl weiter	hat weiterempfohlen
weitergehen	geht weiter	ging weiter	ist weitergegangen
weiterkommen	kommt weiter	kam weiter	ist weitergekommen
werden	wird	wurde	ist geworden
werfen	wirft	warf	hat geworfen
widerrufen	widerruft	widerrief	hat widerrufen
wiedersehen	sieht wieder	sah wieder	hat wiedergesehen
wissen	weiß	wusste	hat gewusst
wohltun	tut wohl	tat wohl	hat wohlgetan
wollen	will	wollte	hat gewollt
ziehen	zieht	zog	ist/hat gezogen
zunehmen	nimmt zu	nahm zu	hat zugenommen
zurechtfinden (sich)	findet sich zurecht	fand sich zurecht	hat sich zurechtgefunden
zurückbekommen	bekommt zurück	bekam zurück	hat zurückbekommen
zurückbringen	bringt zurück	brachte zurück	hat zurückgebracht
zurückgehen	geht zurück	ging zurück	ist zurückgegangen
zurückkommen	kommt zurück	kam zurück	ist zurückgekommen
zurücknehmen	nimmt zurück	nahm zurück	hat zurückgenommen
zurückrufen	ruft zurück	rief zurück	hat zurückgerufen
zusammenhalten	hält zusammen	hielt zusammen	hat zusammengehalten
zusammenziehen	zieht zusammen	zog zusammen	ist/hat zusammengezogen

Verben mit mit Präpositionen

Verben mit Präposition + Akkusativ			
	achten	auf	Man muss im Straßenverkehr auf die Regeln achten.
(sich)	anmelden	für	Ich möchte mich für den Kurs anmelden.
	antworten	auf	Ich antworte nicht auf diese Fragen.
(sich)	ärgern	über	Er ärgert sich oft über den Verkehr im Zentrum.
	aufpassen	auf	Kannst du auf die Kinder aufpassen?
	ausgeben	für	Sie geben viel Geld für ihre Reisen aus.
	berichten	über	Ibolyo berichtet über ihren neuen Arbeitsplatz.
(sich)	beschweren	über	Er beschwert sich über die hohen Preise.
(sich)	bewerben	um/ auf	Mein Kollege hat sich um/auf die neue Stelle beworben.
	bitten	um	Der Kunde bittet um einen Stift.
	brauchen	für	Sie braucht das Konto für ihr Gehalt.
	demonstrieren	für/ gegen	Wir demonstrieren für höhere Löhne und gegen längere Arbeitszeiten.
	denken	an	Sie denken viel an ihre Familien in der Heimat.
	diskutieren	über	Man kann über viele Probleme diskutieren.
(sich)	einsetzen	für	Frau Moik setzt sich für die Rechte von Frauen ein.
(sich)	einstellen	auf	Wir müssen uns auf eine andere Kultur einstellen.
(sich)	engagieren	für	Ulyana engagiert sich für alte Menschen.
(sich)	entscheiden	für	Wir haben uns für diese Wohnung entschieden.
(sich)	entschuldigen	für	Ich entschuldige mich für mein Fehlen im Unterricht.
(sich)	erinnern	an	Frau Bauer erinnert sich gern an ihre Jugend.
(sich)	freuen	auf	Er freut sich schon auf den Urlaub im nächsten Monat.
(sich)	freuen	über	Sie hat sich sehr über das Weihnachtsgeschenk gefreut.
	gehören	in	Flaschen gehören in den Glascontainer.
	gewöhnen	an	Ich kann mich an das schlechte Wetter nicht gewöhnen.
	halten	für	Ich halte ihn für einen guten Menschen.
	hoffen	auf	Ich hoffe auf besseres Wetter.
	impfen	gegen	Ich lasse mich gegen Grippe impfen.
(sich)	informieren	über	Ich möchte mich über die Fortbildung "Pflegemanagement" informieren.
(sich)	interessieren	für	Ich interessiere mich für neue Computerprogramme.
	kämpfen	für	Wir kämpfen für unsere Arbeitsplätze.
(sich)	konzentrieren	auf	Ich konzentriere mich auf die Arbeit.
(sich)	kümmern	um	Der Mann muss sich um seine Versicherungen kümmern.
	lachen	über	Wir haben viel über den Film gelacht.
	nachdenken	über	Er denkt über seine Stärken nach.
	sprechen	über	Sie haben über ihre Erfahrungen im Deutschkurs gesprochen.
(sich)	streiten	über	Wir haben uns über das Fußballspiel gestritten.
(sich)	unterhalten	über	Sie haben sich lange über Fußball unterhalten.
(sich)	verlassen	auf	Er kann sich auf seinen Freund verlassen.

Verben mit Präposition + Akkusativ			
	verschieben	auf	Wir müssen den Termin auf morgen verschieben.
	verzichten	auf	Ich muss leider auf Süßigkeiten verzichten.
(sich)	vorbereiten	auf	Wir bereiten uns auf den Test vor.
	warten	auf	Meine Freundin hat im Café lange auf mich gewartet.

Verben mit Präposition + Dativ			
	abhängen	von	Es hängt von meiner Arbeit ab, ob ich kommen kann.
	aufhören	mit	Könnt ihr bitte mit dem Krach aufhören?
	ausgehen	von	Die Sportler gehen von einem guten Ergebnis aus.
(sich)	beschäftigen	mit	Er beschäftigt sich mit seinem Hobby.
	bestehen	aus	Das Buch besteht aus vielen Kapiteln.
(sich)	bewerben	bei	Sie möchte sich bei einer großen Firma in Deutschland bewerben.
	chatten	mit	Ich chatte oft mit Freunden.
	einladen	zu	Ich lade dich zu meinem Geburtstag ein.
	erzählen	von	Erzähl etwas von deiner Kindheit!
	fragen	nach	Haben Sie nach der Adresse gefragt?
	gehören	zu	Helene Fischer gehört zu den erfolgreichsten Sängerinnen Deutschlands.
	gratulieren	zu	Ich gratuliere Ihnen zu Ihrer neuen Wohnung.
	leiden	an	Er leidet an einer schweren Krankheit.
	passen	zu	Das weiße Hemd passt gut zu der blauen Hose.
	schützen	vor	Ein Fahrradhelm schützt vor Unfällen.
	sprechen	mit	Frau Schmidt hat mit dem Bankberater gesprochen.
	teilnehmen	an	Das gesamte Team hat an einer Fortbildung teilgenommen.
	telefonieren	mit	Doreen muss den ganzen Tag mit Kunden telefonieren.
	träumen	von	Jugendliche träumen oft von einer schönen Zukunft.
(sich)	treffen	mit	Wir haben uns mit Freunden getroffen.
(sich)	trennen	von	Er hat sich von seiner Freundin getrennt.
	umgehen	mit	Wir haben gelernt, mit den neuen Medien umzugehen.
(sich)	unterhalten	mit	Er hat sich mit seinem Kollegen unterhalten.
(sich)	verabreden	mit	Sie hat sich mit ihren Freundinnen in der Boutique verabredet.
(sich)	verabreden	zu	Man kann sich gut zu einem Stadtbummel verabreden.
	verbinden	mit	Können Sie mich bitte mit Frau Schlüter verbinden?
	verbringen	mit	Die Großelten verbringen gern Zeit mit ihren Enkelkindern.
	vergleichen	mit	Sie haben Deutschland immer mit ihrer alten Heimat verglichen.

Verben mit Dativ und Akkusativ / Verben mit Dativ

Wichtige Verben mit Dativ und Akkusativ	
empfehlen	Ich kann dir ein gutes Restaurant empfehlen.
erklären	Die Lehrerin erklärt uns die Grammatik.
erzählen	Anna hat mir die Geschichte von Emmas Hochzeit erzählt.
geben	Kannst du mir einen Stift geben?
kaufen	Ich kaufe meinem Sohn einen Fußball.
mitbringen	Ich bringe meinen Freunden eine Flasche Wein mit.
öffnen	Könnten Sie mir bitte die Tür öffnen?
reservieren	Können Sie mir einen Tisch für heute Abend reservieren?
schenken	Mein Bruder hat mir Pralinen geschenkt.
schicken	Ich schicke Ihnen die Informationen per E-Mail.
schreiben	Er schreibt seinen Kollegen eine Notiz.
senden	Ich sende Ihnen heute noch eine Nachricht.
stehlen	Man hat uns das Geld gestohlen.
verkaufen	Ich verkaufe dir mein Fahrrad.
vermieten	Wir möchten dem Studenten ein Zimmer vermieten.
verschreiben	Der Arzt hat mir einen Hustensaft verschrieben.
vorstellen	Er stellt ihr seine Freunde vor.
zeigen	Sie zeigen ihren Freunden die Sehenswürdigkeiten in der Stadt.
zurückbringen	Wann soll ich dir das Buch wieder zurückbringen?

Wichtige Verben mit Dativ	
antworten	Bitte antworte mir schnell.
Bescheid sagen	Können Sie mir bitte schnell Bescheid sagen?
danken	Ich danke Ihnen.
fehlen	Was fehlt Ihnen?
gefallen	Das Kleid gefällt mir gut.
gehören	Wem gehört die Jacke?
glauben	Ich glaube Ihnen nicht.
gratulieren	Wir gratulieren dir zu deinem Geburtstag.
helfen	Kann ich Ihnen helfen?
leidtun	Das tut mir leid.
passen	Die Hose passt mir nicht.
schaden	Zu viel Stress schadet der Gesundheit.
schmecken	Wie schmeckt Ihnen das Essen?
vertrauen	Ich vertraue meinem Freund.
wehtun	Der Kopf tut mir weh.
zuhören	Bitte hört mir gut zu.
zustimmen	Ich stimme dir zu.

Antwortbogen

Lesen Teil 1

1	a	b	c	1
2	a	b	c	2
3	a	b	c	3
4	a	b	c	4
5	a	b	c	5

Hören Teil 1

1	a	b	c	1
2	a	b	c	2
3	a	b	c	3
4	a	b	c	4

Hören Teil 2

5	a	b	c	5
6	a	b	c	6
7	a	b	c	7
8	a	b	c	8

Hören Teil 3

9	richtig	falsch		9
10	a	b	c	10
11	richtig	falsch		11
12	a	b	c	12

Hören Teil 4

13	a	b	c	d	e	f	13
14	a	b	c	d	e	f	14
15	a	b	c	d	e	f	15

Bildquellen

Cover Cornelsen / Björn Schumann – **U2** Cornelsen / Volkhard Binder – **S. 3** Badge Appl-Store: Apple Inc. – IP & Siensing; Badge Google App – Google Ireland ltd. – **S. 4** 1: Shutterstock / Andrey_Popov; 2: Fotolia / ViewApart; 3: Cornelsen / Hugo Herold Fotokunst; 4: mauritius images / alamy stock photo / lorenzo codacci; 5: Fotolia / gustavofrazao; 6: Fotolia / Syda Productions – **S. 6** 7: Fotolia / trendobjects; 8: Fotolia / Andrey Popov; 9: Shutterstock / Anna-Mari West; 10: Shutterstock / VGstockstudio; 11: Fotolia / lenswideopen; 12: Fotolia / Rido – **S. 9** 1: Imago / Westend61; 2: Glow Images / BlendRF; 3: Shutterstock / Andrey_Popov; 4: Fotolia / kmiragaya; 5: Imago / emil umdorf – **S. 10** Shutterstock / Monkey Business Images – **S. 12** Fotolia / refresh(PIX) – **S. 14** A: Shutterstock / VGstockstudio; B: Fotolia / Kzenon; C: Shutterstock / altafulla; D: Fotolia / mmphotographie.de; E: Shutterstock / Africa Studio; F: Shutterstock / Kristina Stasiuliene; G: Shutterstock / Andrey_Popov – **S. 16** Cornelsen / Hugo Herold, Fotokunst Michael Herold – **S. 17** Cornelsen / Björn Schumann – **S. 19** A: Fotolia / jackfrog; B: Shutterstock / Jack Frog; C: Fotolia / milosljubicic – **S. 20** Fotolia / View Apart – **S. 22** A: Fotolia / industrieblick; B: Shutterstock / Syda Productions; C: Galeria Kaufhof; D: Shutterstock / Ian Law; Mitte: Colourbox.de / PetraD – **S. 23** Shutterstock / DW labs Incorporated – **S. 24** 1: Shutterstock / Goodluz; 2: Shutterstock / Kzenon; 3: Fotolia / Monkey Business; 4: Fotolia / JackF – **S. 25** Shutterstock / auremar – **S. 27** unten: Cornelsen / Björn Schumann – **S. 29** 1: Cornelsen / Hugo Herold Fotokunst, Michael Herold; 2: Fotolia / Photographee.eu; 3: Cornelsen / Hugo Herold Fotokunst, Michael Herold; 4: Shutterstock / Tyler Olson – **S. 30** Fotolia / industrieblick – **S. 31** von links nach rechts 1: Fotolia / michaeljung; 2: Shutterstock / wavebreakmedia; 3: Fotolia / Jeanette Dietl; 4: Fotolia / Firma V; 5: Fotolia / .shock; 6: Fotolia / contrastwerkstatt – **S. 34** 1: Fotolia / Marco2811; 2: Shutterstock / Denis Rozhnovsky; 3: Fotolia / jannoon028; 4: Shutterstock / Smileus; 5: Clip Dealer / Alexandra Buss – **S. 37** Cornelsen / Björn Schumann – **S. 40** 1: Clip Dealer / SeanPrior; 2: Fotolia / Robert Kneschke – **S. 41** Clip Dealer / SeanPrior – **S. 42** 1: Fotolia / drubig-photo; 2: Fotolia / auremar; 3: Fotolia / yanlev; 2a 1: Fotolia / nd3000, 2: Fotolia / luckybusiness, 3: Fotolia / WavebreakmediaMicro – **S. 43** 1: Shutterstock / Dubova; 2: Fotolia / Production Perig – **S. 47** Deutscher Volkshochschul-Verband e.V. – **S. 48** 1: Fotolia / SeanPavonePhoto; 2: Fotolia / Matthias Buehner; 3: Fotolia / Manfred Steinbach – **S. 49** 1: Flonline / Ojo Images; 2: Fotolia / corepics; 3: Fotolia / JPC-PROD; 4: Fotolia / DOC RABE Media; 5: Fotolia / Andrey Popov; 6: Fotolia / Africa Studio; 7: Fotolia / Gabriela – **S. 50** 1: picture alliance / dpa / Britta Pedersen; 2: imago / Rainer Unkel – **S. 52** 1: akg-images; 2: Flonline / Imagebroker RM; 3: akg-images – **S. 54** 1: imago / Leemage; 2: akg-images / Voller Ernst; 3: Shutterstock / Everett Collection; 4: INTERFOTO / ATV; 5: imago / Werner Otto; 6: mauritius images / alamy stock photo / lorenzo codacci – **S. 55** unten 1: Fotolia / Renate Wefers, 2: Colourbox.de / Sura Nualpradid, 3: Fotolia / Robert Kneschke – **S. 57** Cornelsen / Björn Schumann – **S. 60** Fotolia / gustavofrazao – **S. 67** Cornelsen / Björn Schumann – **S. 69** 1: Shutterstock / William Perugini; 2: Fotolia / Rido; 3: Fotolia / Syda Productions; 4: Shutterstock / wavebreakmedia; 5: Fotolia / Kzenon; 6: Fotolia / Monkey Business – **S. 70** Colourbox.de / varuna – **S. 73** Colourbox.com – **S. 75** A: Fotolia / slasnyi; B: Fotolia / akf; C: Fotolia / Ikonoklast_hh; unten: Fotolia / industrieblick – **S. 77** Cornelsen / Björn Schumann – **S. 79** 1: Shutterstock / MEDIAIMAG; 2: Fotolia / bst2012 – **S. 81** oben: Colourbox.com; unten: Shutterstock / wavebreakmedia – **S. 82** oben 1: Shutterstock / DGLimages, 2: Shutterstock / wavebreakmedia, 3: Shutterstock / oliveromg; unten: Fotolia / Robert Kneschke – **S. 88** 1: Glow Images / imagebroker.com; 2: Fotolia / ruzi; 3: Bildagentur Huber / Lukasseck; 4: Shutterstock / Vitchanan Photography; 5: Shutterstock / Tayhutch; 6: Shutterstock / gpointstudio – **S. 89** 1: Fotolia / Andreas P; 2: Flonline / Westend61; 3: Fotolia / slava296; 4: Clip Dealer / Sean Prior; 5: imago / Jochen Tack; 6: Fotolia / JackF – **S. 90** 1: Fotolia / goodluz; 2: Flonline / imageBROKER / Konrad Wothe; 3: Colourbox.de; 4: Fotolia / joyt – **S. 95** 1: Fotolia / spectrumblue; 2: Colourbox.com / Dean Drobot – **S. 96** oben: Fotolia / trendobjects – **S. 97** Cornelsen / Björn Schumann – **S. 99** 1: Fotolia / Andrey Popov; 2: Colourbox.de / STOCKYIMAGES; 3: Shutterstock / Tyler Olson – **S. 100** 1: Forever Clean® Glas- und Gebäudereinigung Dienstleistungs GmbH & ISF / Steffen Jänicke; 2: Shutterstock / Kzenon – **S. 102** 2: Fotolia / dessauer; 3: imago / Schöning; 4: VISUM / Joerg Axel Fischer; 5: Imago / Christian Thiel / Mit Genehmigung Senfsalon Berlin – **S. 104** Fotolia / Trueffelpix – **S. 105** Fotolia / Jeanette Dietl – **S. 107** Cornelsen / Björn Schumann – **S. 110** A: Shutterstock / Rokas Tenys; B: Shutterstock / wonderisland; C: Fotolia / rcfotostock; D: Colourbox.de / Phaitoon Sutunyawatchai – **S. 112** 1: www.colourbox.de; 2: Fotolia / mario_d; 3: Shutterstock / zstock; 4: Clip Dealer / wildcat78; 5: Fotolia / Martin Schlecht; 6: Clip Dealer / LianeM; unten: Fotolia / elaborah – **S. 114** oben: von links nach rechts: 1: Fotolia / Zerbor, 2: Fotolia / Cpro; 3: www.colourbox.de, 4: Fotolia / M. Schuppich, 5: www.colourbox.de, 6a: www.colourbox.de / Prikhodko Vassiliy, 6b: Fotolia / Bjoern Wylezich, 7: www.colourbox.de / saiko3p, 8: Fotolia / anoli; 9: Fotolia / Photography-ByMK, 10: www.colourbox.de, 11: www.colourbox.de, 12: Clip Dealer / c-ts; unten: 1: Fotolia / fotomek, 2: Fotolia / fotomek, 3: Fotolia / fotomek, 4: Fotolia / fotomek, 5: Fotolia / topae, 6: Fotolia / Birgit Reitz-Hofmann, 7: Shutterstock / kvsan – **S. 115** 1-3+5+12: Fotolia / fotomaster; 4: Fotolia / Xavier; 6: www.colourbox.de; 7+9: Fotolia / absolutimages; 8: Fotolia / johnwilhelm; 10: Fotolia / Photo-SD; 11: Fotolia / razihusin – **S. 117** Cornelsen / Björn Schumann – **S. 119** Landschaft: Fotolia / U. Gernhoefer; Banane: www.colourbox.de / saiko3p; Dose: www.colourbox.de; Batterie: Fotolia / Bjoern Wylezich – **S. 120** A: Flonline / Westend61 / zerocreatives; B: Glow Images / CulturaRF; C: Shutterstock / Vlad Teodor – **S. 122** Shutterstock / maroke – **S. 124** A: Fotolia / biker3; B: Fotolia / autofocus67; C: Fotolia / Kara; D: Fotolia / mitifoto; unten: Shutterstock / Andy Dean Photography – **S. 126** Fotolia / Kzenon – **S. 127** Shutterstock / Alexander Raths – **S. 128** 1: bpk-images / Klassik Stiftung Weimar / Olaf Mokansky; 2: weimar GmbH / Maik Schuck; 3: Fotolia / lukas555 – **S. 129** A: F1online / Caia Image / Paul Bradbury; B: Fotolia / contrastwerkstatt; C: Shutterstock / Syda Productions; D: Fotolia / Picture-Factory – **S. 132** 1: Fotolia / Monkey Business; 2: Fotolia / miss_mafalda; 3: Glow Images / Tetra – **S. 134** A: Fotolia / Peter Atkins; B: Fotolia / Monkey Business; C: Fotolia / Monkey Business – **S. 135** links: Fotolia / Zerbor; rechts: Fotolia / womue – **S. 137:** Cornelsen / Björn Schumann – **S. 139** 1: mauritius images / Peter Enzinger; 2: F1online / Fancy / Deborah Jaffe; 3: Fotolia / MABO; 4: Bundesverband Deutsche Tafel e.V. / Dagmar Schwelle; 5: agah Landesausländerbeirat Hessen; 6: imago / Lars Berg – **S. 140** 1: Your Photo Today; 2: Fotolia / Zerbor; 3: action press / Public Address; 4: Deutscher Bundestag / Marc-Steffen Unger; 5: imago / Metodi Popow – **S. 142** 1: www.colourbox.de; 2: Shutterstock / hxdbzxy; 3: Shutterstock / SpeedKingz; 4: Fotolia / Jan Becke; 5: www.colourbox.de; 6: Fotolia / tournee – **S. 144** www.colourbox.de – **S. 147** 1: Cornelsen / Björn Schumann; 2: Cornelsen / Björn Schumann – **S. 149** A: Shutterstock / CREATISTA; B: Fotolia / william87; C: imago / Roland Mühlanger; D: Fotolia / contrastwerkstatt – **S. 150:** Fotolia / alphaspirit – **S. 152** oben: Fotolia / nenetus – **S. 153:** Logo: Deutscher Volkshochschul-Verband e.V.; Foto-Inhoffen; – **S. 154** A: Fotolia / Markus W. Lambrecht; B: Fotolia / Monkey Business; C: Fotolia / FotolEdhar; D: Shutterstock / William Perugini; E: Image Source / Rick Becker-Leckrone; Hintergrund: 1: Shutterstock / Eugenio Marongiu, 2: Clip Dealer / Thorsten Schier, 3: Fotolia / Erwin Wodicka – **S. 157:** Cornelsen / Björn Schumann – **S. 161** 1: Fotolia / Wolfilser; 2: Fotolia / bluedesign; 3: Fotolia / CrazyCloud – **S. 162** 1: Shutterstock / Monkey Business Images; 2: Fotolia / adam121 – **S. 164** 1: Fotolia / Sergey Novikov; 2: Fotolia / denys_kuvaiev; 3: Fotolia / Uschi Hering; 4: Fotolia / weedezign – **S. 166** Hintergrund: Fotolia / ricardoferrando; vorn links: Fotolia / ricardoferrando; vorn Mitte: Fotolia / ricardoferrando; vorn rechts: Cornelsen / Daniel Meyer– **S. 167** 1: Fotolia / contrastwerkstatt; 2: Fotolia / PixieMe; 3: Fotolia / Rido – **S. 168** 1: Fotolia / imagine.iT; 2: F1online / imageBROKER / Christian Handl; 3: Fotolia / Freesurf – **S. 183** Fotolia / Kzenon – **S. 184** Fotolia / alephnull – **S. 195** Cornelsen / Björn Schumann – **S. 196** Cornelsen / Björn Schumann – **S. 197** Cornelsen / Björn Schumann – **S. 198** Cornelsen / Björn Schumann – **S. 199** Cornelsen / Björn Schumann – **S. 200** Cornelsen / Björn Schumann – **S. 201** Cornelsen / Björn Schumann – **S. 202** Cornelsen / Björn Schumann – **S. 203** Cornelsen / Björn Schumann – **S. 204** Cornelsen / Björn Schumann – **S. 205** Cornelsen / Björn Schumann – **S. 206** Cornelsen / Björn Schumann – **S. 264** 1: Ministerium für Inneres und Bundesangelegenheiten des Landes Schleswig-Holstein; 2: Senatskanzlei Hamburg; 3: Ministerium für Inneres und Sport Mecklenburg-Vorpommern; 4: Freie Hansestadt Bremen; 5: Niedersächsische Staatskanzlei; 6: Ministerium für Inneres und Kommunales Nordrhein-Westfalen; 7: Ministerium für Inneres und Sport des Landes Sachsen-Anhalt; 8: Senatsverwaltung für Inneres und Sport Berlin; 9: Ministerium des Innern und für Kommunales Brandenburg; 10: Sächsische Staatskanzlei; 11: Thüringer Ministerium für Inneres und Kommunales; 12: Hessisches Ministerium des Innern und für Sport; 13: Staatskanzlei Rheinland-Pfalz; 14: Ministerium für Inneres und Sport Saarland; 15: Innenministerium Baden-Württemberg; 16: Bayerisches Staatsministerium des Innern, für Bau und Verkehr; Karte: Cornelsen / Volkhard Binder

Textquellen:

Die 16 Bundesländer – die 16 Landeshauptstädte